全球文明史 · 文献读本

Global Civilizations: A Documentary History

张勇安 | 主编

古代近东文明文献读本

The Ancient Near East
A Documentary History

郭丹彤　黄　薇 | 编著 |

中西书局

总　序

让史料讲述历史，让历史告诉未来

　　"史学便是史料学"，中国史学大师傅斯年先生对于史料和文献的钟爱，与远在德国的史学家兰克所倡导的"客观主义史学"遥相呼应，成为东西方史学交流互鉴之典范。事实上，档案文献、实物、口述等史料既是我们研究和书写历史文本最为重要的依托，又是我们鉴往知来的钥匙之一。然而，多数初窥历史门径的年轻学生或史学爱好者更多地则是利用史学原著或原典来认识和了解历史的。问题是，我们所使用和阅读的史学著作其实已经融入了史学者个体的思想与理解，以及时代之需要。我们不否认，这些经典的史学著作是我们理解历史的重要文本，一定程度上，随着时间的沉淀，它们也逐渐地被后世后人所接受，其描述的历史和讲述的故事甚或取代了史料本身的价值。但与此同时，史料的"原汁原味"，却不断地被稀释，有时更因研究者的偏好、移情、时代错位而增加了一些别样的味道。与此相伴，史料的多元性、多样性、多面性，因其时移事易而让事实的真相变得纷繁复杂，甚至真假难辨。加之史料同样有一个不断被发现或被解密的过程，史料的扩充必然对既有的历史叙事和历史文本构成挑战，进而促使我们反过来要重新扎进故纸堆寻觅那些变得模糊、渐行渐远的原始史料。

　　我们非常清楚，史料浩如烟海，一件工作必难以穷尽其万一，职是之故，必须寻求一个新视角、一种新路径，既能够实现我们重拾史料之初心，又能够达到重新认识世界历史之使命，还能够发挥阅读者守正创新之梦想。我们以为，全球文明交流互鉴或可以为理解马克思关于"作为世界史的历史是结果"的著名论断提供一种可能,也可以深化我们对于吴于廑先生关于"世界历史由分散走向整体"以及沃勒斯坦关于"现代世界体系"重要论述的理解。诚如我们所知,早在远古时代,先民们就已经开始了交往的历程。通过交往,不同国家、地区之间,不同民族、种族之间,交换了发明创造,增强了相互理解,促进了智慧交流,于世界和平利莫大焉,于人类发展功德无量。

同时,我们也注意到,尽管目前国内不乏关于全球史的教材,诸如杰里·本特利等的《简明新全球史》、斯塔夫里阿诺斯的《全球通史》、皮特·N.斯特恩斯的《全球文明史》等,但却缺乏一套与教材相匹配的原始文献读本。于是,我们便萌生了与国内外世界史同行一道,策划编著一套《全球文明史·文献读本》的想法。这套书系旨在配合高校历史学专业的教学,通过对原始文献的整理、分类和注释,来重构全球文明史发展进程;在教材所提供的知识框架之外,培养学生和读者对原始文献的掌握和运用能力;更为重要的是,通过阅读这些原始文献,重构起他们自己的全球文明史。

在文献的选取上,我们将遵循以下原则:一是前沿性,本书系注重选取最新的出土文献、解密档案,从而确保读本文献的时效性;二是典型性,本书系将选取在重构历史叙事上具有标志性意义的文献,即研究某一阶段、某一地域的首选文献;三是可靠性,本书系所选取的原始文献均为史学研究各专业领域公认的可靠材料,文献翻译要精准,注释要适当;四是交叉性,在选取文献时,本书系从全球文明史的视角出发,着重选取那些能够反映出文明交往互动的文献资料,以期让读者通过阅读文献就可构建起一部全球文明交往史。

通过该书系,我们期待能够更好地呈现史料本身的面貌,特别是史料本身的形制、丰富而多样的信息,让更多的史学爱好者和学习者通过亲密接触第一手史料认识和了解历史,甚至通过该书系提供的史料来重新认识历史。能够让史料讲述历史故事,该书系每一本均围绕一个大的主题展开,而每个章节又围绕一个中心进行,通过编年排列,这些史料本身将成为历史的讲述者。能够为历史爱好者、未来的史学工作者或有志于史学研究工作的同道提供一套工具书，通过史料的对读，中外文专有名词的对照，更深入地理解和认识彼时的历史，一定程度上也可以发挥部分专业外语的功效。

让史料讲述历史，让读者回到历史现场，或有助于我们一起以不同的方式来触摸历史，感受历史，爱上历史。

张勇安

2019 年 12 月

目　录

导　论 ……………………………………………………………………… 001

第一章　文明的生成(前 3500—前 2000 年) ……………………… 005

　一、两河文明的生成 …………………………………………………… 005

　　1. 苏美尔城邦时期的王权 ………………………………………… 005

　　　1.1 鹫碑铭文 ……………………………………………………… 005

　　　1.2 卢伽尔扎吉西 1 号铭文 …………………………………… 008

　　2. 阿卡德国王的传奇故事 ………………………………………… 011

　　　2.1 萨尔贡：战争之王 ………………………………………… 012

　　　2.2 纳拉姆辛库塔传奇 ………………………………………… 016

　　3. 埃卜拉与乌尔第三王朝的政治经济生活 …………………… 021

　　　3.1 埃卜拉纺织品分配记录 …………………………………… 022

　　　3.2 乌尔第三王朝农业用地清册 ……………………………… 025

　　　3.3 舒尔吉与其大臣的通信 …………………………………… 028

　　4. 神话与神明 ……………………………………………………… 031

　　　4.1 埃塔那神话 …………………………………………………… 031

　　　4.2 伊楠娜的晋升 ………………………………………………… 036

　　5. 社会变革与动荡 ………………………………………………… 041

　　　5.1 乌鲁卡基那改革铭文 ……………………………………… 041

　　5.2　阿卡德咒 ……………………………………………… 045

二、埃及文明的生成 …………………………………………… 050

　1. 专制主义中央集权统治 …………………………………… 050

　　1.1　帕勒莫石碑铭文 ……………………………………… 050

　2. 土地制度和社会经济生活 ………………………………… 060

　　2.1　梅藤自传体铭文 ……………………………………… 061

　3. 来世观念和社会伦理 ……………………………………… 065

　　3.1　金字塔铭文 …………………………………………… 066

　　3.2　普塔霍特普教谕 ……………………………………… 069

　4. 对外交往活动 ……………………………………………… 081

　　4.1　乌尼自传体铭文 ……………………………………… 081

　　4.2　哈胡夫自传体铭文 …………………………………… 089

　5. 国家分裂和社会动荡 ……………………………………… 093

　　5.1　一个人与他灵魂的辩论 ……………………………… 093

　　5.2　奈菲尔提预言 ………………………………………… 100

第二章　文明的发展（前 2000—前 1550 年） ……………… 106

一、两河文明的发展 …………………………………………… 106

　1. 古巴比伦的文学 …………………………………………… 106

　　1.1　近东开辟史诗 ………………………………………… 107

　　1.2　吉尔伽美什史诗 ……………………………………… 111

　2. 古巴比伦的社会生活 ……………………………………… 115

　　2.1　汉谟拉比法典 ………………………………………… 116

　　2.2　泥板学校学习手册 …………………………………… 120

　3. 对外交往活动 ……………………………………………… 124

　　　3.1　卡内什商人信件 ·· 125

　　　3.2　马里先知文献 ·· 127

　　4.叙利亚地区的政权 ··· 132

　　　4.1　伊德瑞米碑文 ·· 132

二、埃及文明的发展 ··· 135

　1.内战与国家的再度统一 ··· 136

　　　1.1　安赫提菲自传体铭文 ·· 136

　　　1.2　泰特黑自传体铭文 ·· 139

　2.王权与地方贵族势力的关系 ······································ 142

　　　2.1　赫努姆赫泰普自传体铭文 ······································ 142

　3.建筑活动和劳动力的征募 ··· 151

　　　3.1　赫利奥坡里斯神庙建筑铭文 ···································· 151

　　　3.2　杰胡提赫特普巨像铭文 ·· 154

　4.对外交往活动 ·· 158

　　　4.1　索白克胡石碑铭文 ·· 158

　　　4.2　塞索斯特里斯三世的塞姆纳石碑铭文 ························ 160

　5.国家的分裂与希克索斯王朝的统治 ······························ 163

　　　5.1　科普托斯敕令 ·· 163

　　　5.2　阿坡菲斯和塞克奈拉的争斗 ···································· 165

第三章　文明的繁荣与交流(前 1550—前 1200 年) ·················· 169

一、两河文明的繁荣 ··· 169

　1.赫梯帝国的扩张 ·· 169

　　　1.1　赫梯-米坦尼条约 ··· 170

　　　1.2　穆尔西里二世年鉴 ·· 174

2. 中亚述王国的社会生活 ················· 178

　　2.1 中亚述法典 ····················· 178

3. 乌加里特的宗教文化 ················· 181

　　3.1 巴力与公牛的诞生 ··············· 181

4. 中巴比伦王国 ····················· 186

　　4.1 加喜特王纳兹马鲁塔什界碑铭文 ····· 186

　　4.2 咏正直受难者的诗 ··············· 188

5. 各国间的交往与斗争 ················· 193

　　5.1 巴比伦与埃及的联姻 ············· 193

　　5.2 亚述王给乌加里特王的信 ········· 196

二、埃及文明的繁荣 ····················· 198

1. 帝国的创建和巩固 ··················· 198

　　1.1 图特摩斯三世年鉴之米吉杜战役 ····· 198

　　1.2 卡迭石战役铭文 ················· 206

2. 专制主义中央集权统治 ··············· 212

　　2.1 瑞赫米拉的职责 ················· 212

3. 社会经济生活 ····················· 218

　　3.1 摩斯诉讼铭文 ·················· 219

　　3.2 都灵税收纸草文书 ··············· 227

4. 宗教信仰和社会伦理 ················· 238

　　4.1 亡灵书（第 125 章） ·············· 238

　　4.2 阿美尼摩普的教谕 ··············· 249

5. 埃赫那吞改革与阿玛纳时代 ··········· 263

　　5.1 阿吞颂诗 ····················· 263

　　5.2 阿玛纳信件 ··················· 269

第四章　文明的震荡、重组与近东一体化的萌芽(前 1200—前 332 年) …… 274

一、两河文明的震荡与重组 ……………………………………… 274

　　1. 海上民族入侵 ……………………………………………… 274

　　　1.1　乌加里特国王信件选读 …………………………… 274

　　2. 新亚述帝国的扩张 ………………………………………… 277

　　　2.1　西拿基立年鉴：围困耶路撒冷 …………………… 278

　　　2.2　《列王记下》：耶路撒冷被围困 …………………… 281

　　3. 两河文明的延续 …………………………………………… 284

　　　3.1　波尔西帕的学者给亚述巴尼拔的信 ……………… 285

　　　3.2　巴比伦历代志 ……………………………………… 288

二、埃及文明的震荡与重组 ……………………………………… 290

　　1. 外族入侵 …………………………………………………… 290

　　　1.1　美楞普塔的利比亚和海上民族入侵铭文 ………… 290

　　　1.2　拉美西斯三世的第一次利比亚战争铭文 ………… 298

　　2. 行政管理体系崩溃 ………………………………………… 307

　　　2.1　都灵审判纸草文书 ………………………………… 308

　　　2.2　都灵控告纸草文书 ………………………………… 313

　　3. 社会动荡 …………………………………………………… 321

　　　3.1　阿姆布拉斯盗墓纸草文书 ………………………… 321

　　　3.2　都灵罢工纸草文书 ………………………………… 323

　　4. 埃及人与外族人的纷争 …………………………………… 329

　　　4.1　皮亚胜利石碑铭文 ………………………………… 330

三、波斯的兴起与近东一体化的萌芽 …………………………… 348

　　1. 波斯征服两河 ……………………………………………… 348

　　　1.1　居鲁士圆柱铭文 …………………………………… 349

　　2. 波斯征服埃及 ·· 352

　　　2.1 乌扎赫尔瑞斯纳雕像铭文 ····························· 352

　　　2.2 索姆图特弗纳赫特石碑铭文 ·························· 358

　　3. 埃利芬提尼的犹太社区 ···································· 362

　　　3.1 埃利芬提尼纸草文书 ································· 362

附录1　古代近东各文明年代对应表 ···················· 366

附录2　参考文献 ··· 367

附录3　专有名词中英对译表 ······························ 376

致　谢 ··· 397

附 图 目 录

图 1　鹫碑残片正面局部 …………………………………………… 006

图 2　两河流域南部的苏美尔城邦地理位置示意图 ……………… 009

图 3　雕有阿卡德国王的石像 ……………………………………… 012

图 4　纳拉姆辛肖像浮雕 …………………………………………… 017

图 5　埃卜拉的地理位置示意图 …………………………………… 023

图 6　乌尔第三王朝创建者乌尔纳姆国王圆筒印章及泥板上的印图 026

图 7　舒尔吉在乌尔建造神庙的奠基石板 ………………………… 029

图 8　伊什塔女神 …………………………………………………… 032

图 9　恩黑杜安娜圆盘浮雕 ………………………………………… 038

图 10　乌鲁卡基那改革铭文圆锥泥板 …………………………… 042

图 11　石碑浮雕残碑 ……………………………………………… 045

图 12　帕勒莫石碑铭文线描图 …………………………………… 051

图 13　梅藤铭文（部分）手描图 ………………………………… 061

图 14　金字塔铭文（部分）手描图 ……………………………… 066

图 15　普塔霍特普教谕（部分）手描图 ………………………… 070

图 16　乌尼传铭文（部分）手描图 ……………………………… 082

图 17　哈胡夫传铭文（部分）手描图 …………………………… 089

图 18　一个人与他灵魂的辩论（部分）手描图 ………………… 094

图 19　奈菲尔提预言（部分）手描图 …………………………… 101

图 20　马尔都克神……………………………………………………… 107

图 21　吉尔伽美什史诗第 11 块洪水泥板 ………………………… 111

图 22　汉谟拉比法典石碑……………………………………………… 117

图 23　亚述书吏像……………………………………………………… 121

图 24　一封从亚述送往卡内什商业区有关金属交易的商业信函……… 126

图 25　基姆利里姆马里王宫壁画……………………………………… 128

图 26　阿拉拉赫的伊德瑞米国王雕像………………………………… 132

图 27　安赫提菲传铭文(部分)手描图……………………………… 136

图 28　泰特黑自传体铭文……………………………………………… 139

图 29　赫努姆赫泰普自传体铭文拓影………………………………… 143

图 30　赫利奥坡里斯神庙建筑铭文手描图…………………………… 152

图 31　杰胡提赫特普巨像铭文(部分)手描图……………………… 155

图 32　索白克胡石碑及下半部分铭文手描图………………………… 158

图 33　塞姆纳石碑及其铭文手描图…………………………………… 161

图 34　科普托斯敕令手描图…………………………………………… 163

图 35　阿坡菲斯和塞克奈拉的争斗(部分)手描图………………… 166

图 36　赫梯帝国疆域图(约前 1350—前 1300 年)………………… 170

图 37　穆尔西里二世年鉴(KBO3.4 正面第一栏)手描图………… 175

图 38　岩石浮雕局部…………………………………………………… 179

图 39　最著名的有关巴力神的系列叙事诗…………………………… 182

图 40　纳兹马鲁塔什界碑……………………………………………… 186

图 41　布面油画《约伯受到妻子的嘲弄》…………………………… 189

图 42　中巴比伦时期圆筒印章………………………………………… 194

图 43　赫梯王图德哈利亚像的岩石雕刻……………………………… 196

图 44　图特摩斯三世年鉴(部分)手描图…………………………… 199

图 45　卡迭石战役铭文(部分)手描图……………………………… 207

图 46　瑞赫米拉的职责(部分)手描图 ···················· 212

图 47　摩斯诉讼铭文(部分)手描图 ······················ 220

图 48　都灵税收纸草文书(部分)手描图 ················ 228

图 49　亡灵书第 125 章(部分)手描图 ·················· 239

图 50　阿美尼摩普的教谕(部分)和手描图(部分) ···· 250

图 51　阿吞颂诗(部分)手描图 ··························· 264

图 52　阿玛纳信件 ··· 269

图 53　海上民族入侵示意图 ······························ 275

图 54　西拿基立年鉴 ······································ 278

图 55　希西家时期修建的城墙遗址 ····················· 282

图 56　亚述巴尼拔最高祭司像 ··························· 286

图 57　那波尼德历代志 ··································· 288

图 58　美楞普塔的利比亚和海上民族入侵铭文(部分)手描图 ······ 291

图 59　拉美西斯三世的利比亚战争铭文(部分)手描图 ······ 299

图 60　都灵审判纸草文书(部分)和手描图(部分) ·········· 309

图 61　都灵控告纸草文书(部分)手描图 ················ 314

图 62　阿姆布拉斯盗墓纸草文书(部分)手描图 ········· 322

图 63　都灵罢工纸草文书(部分)和手描图(部分) ······ 324

图 64　皮亚胜利石碑铭文(上半部分)手描图 ············ 331

图 65　居鲁士圆柱 ··· 349

图 66　乌扎赫尔瑞斯纳雕像 ······························ 353

图 67　索姆图特弗纳赫特石碑铭文(部分)手描图 ······· 359

图 68　埃利芬提尼纸草文书 ······························ 363

导　　论

　　古代近东文明是世界文明的源头。在地域上,古代近东文明主要包括西亚的两河文明、赫梯文明、古叙利亚文明、希伯来文明、波斯文明以及北非的埃及文明。而就时间限而言,本书研究的古代近东文明则以公元前3500年两河文明的苏美尔城邦时期为上限,以公元前332年希腊马其顿征服埃及、西亚北非融入希腊化世界为下限。在此3 000余年的时间长河中,近东诸文明生成并发展出了各具特色的文明形态,而彼此之间的交往也没有停止过。正是由于此种密切交往,才为此后东地中海世界一体化之萌芽——希腊化时代的到来奠定了基础。

　　如此灿烂辉煌的古代近东文明吸引着人们不断探索和研究,而文献和考古资料正是我们重构这些远古文明的主要依据。单就文献资料而言,古代近东诸文明均有大量的文献资料传世。因此,本书选取部分最具代表性的文献资料,并以业已界定的时间和勘定的内容为据进行归类后,通过翻译和注释,从而使阅读这些文献的读者不仅对古代近东文明有所了解,而且还能够使他们运用这些文献重构起他们自己对古代近东文明的理解。

　　根据古代近东文明由各自发展到逐步走向一体化的演进脉络,本书分为四章。

　　第一章关注公元前3500—前2000年间近东文明的生成。公元前3500年,两河文明进入繁荣的苏美尔城邦时期,人类文明的旅程就此开启。这一时期的埃及正处于文明的萌芽——前王朝时期,而叙利亚巴勒斯坦地区正从石器时代进入青铜文明。在公元前3500年到前2000年的这段长达1 500年的缓慢生成过程中,从卢伽尔扎吉西1号铭文到阿卡德国王的传奇,再到舒尔吉与其大臣的通信和乌鲁卡基那改革敕令,读者将从中探究到两河文明从城邦到王国确立的过程以及王国的变革和动荡。而埃及,则经历了从国家的统一、专制主义中央集权统治的建立到王权的衰微和国家的分裂:帕勒莫石碑记载了埃及国王的征战和祭祀活动;作为第一篇自传体铭文的梅藤铭文是埃及土地买卖和行政管理体系的最早记录;古代埃及人独特的来世观念和社会伦理道德则可以通过阅读金字塔铭文和教谕文献来重构;尽管这一时期埃及没有真正意义上的王室文献,但是以《大臣乌尼传》为代表的自传体铭文则明确地告诉我们当时的埃及与西亚交往频繁;1 000余年的统一积留下大量的社会问题,以一个人与自己心灵对话为代表的悲观主义文学作品对埃及国家的衰落进行了细致描述。

第二章聚焦公元前2000—前1550年间文明的发展。在经历了文明自身的震荡和调节后,近东文明步入发展期。这一时期,两河文明在各个领域都取得长足的发展:史诗作为一种文学体裁最早出现在两河流域,《近东开辟史诗》确立了巴比伦尼亚在两河流域的重要地位;《吉尔伽美什史诗》更是两河流域文明最具代表性的文学作品,其中包含的大洪水故事多处与《圣经》中诺亚方舟的故事有所呼应;而阅读《汉谟拉比法典》和《泥板学校学习手册》,读者可以看到古巴比伦政治、经济乃至社会生活的若干片段;古亚述时期的卡内什商人所留下的信件向读者展示出两河文明较早时期已有大规模经济活动的展开;《伊德瑞米碑文》则揭示了叙利亚地区较小政权的生存状态。在埃及,经历了安赫提菲自传体铭文所揭示的国家的分裂和内部纷争后,埃及重获统一。再度统一后的埃及首先面对的是日趋强大的地方贵族势力,赫努姆赫泰普自传体铭文对中央政府对地方贵族势力的削弱进行了充分的记载;通过杰胡提赫特普巨像铭文等文献,读者可以对这一时期埃及的经济生活有所了解;索白克胡石碑则揭示了埃及曾在西亚用兵;尽管《阿坡菲斯和塞克奈拉的争斗》是一篇文学作品,但是它的历史背景却是希克索斯王朝的统治和埃及人驱逐希克索斯人的战争。

　　第三章侧重公元前 1550—前 1200 年间文明的繁荣与交往。尽管这一时段只有 350 年,却是近东文明的繁荣期。在小亚细亚,苏庇路里乌玛一世和穆尔西里二世的相关文献有助于我们重构强盛的赫梯帝国;中亚述王国位于两河流域北部地区,中亚述法典是一份能够从侧面展示中亚述社会生活的重要文献;而这一时期位于两河流域南部的中巴比伦王国处于加喜特人的统治之下,加喜特王纳兹马鲁塔什界碑和《咏正直受难者的诗》都显示出与之前甚至之后时代不一样的文化特征;这一时期的西亚地区,不仅有强大的帝国,还有繁荣的城邦国家,如乌加里特;而西亚各国之间以及巴比伦王国与埃及的书信往来则对这一时期近东诸文明间的密切往来做了诠释。在埃及,图特摩斯三世的米吉杜战役铭文和拉美西斯二世的卡迭石战役铭文则告诉我们,埃及的繁荣源于以军事战争为先导的埃及帝国的创建;宰相瑞赫米拉的自传体铭文则让我们对埃及的专制主义集权统治,特别是官僚体系有了一个全方位的认识;为了争夺土地的所有权而进行了多次诉讼的摩斯铭文和都灵税收纸草等文献则是我们重构埃及法律和经济体系的基本文献资料;从金字塔铭文到棺木铭文再到亡灵书,埃及人的宗教信仰发生了改变,而伦理道德的改变则集中体现在阿美尼摩普教谕中;文辞优美的阿吞颂诗向我们展示了一神教的初露,而阿玛纳信件则充分反映了近东一体化的端倪。

　　第四章注重公元前 1200—前 332 年间文明的震荡、重组与近东一体化的萌芽。乌加里特国王信件和埃及国王美楞普塔、拉美西斯三世的文献,翔实地记载了:公元前 1200 年左右,整个近东地区动荡的始作俑者是海上民族,他们以移民为目的的战争横扫整个近东地区,先后灭亡了赫梯帝国和乌加里特,并对埃及构成威胁。新亚述帝国国王亚述巴尼拔的文献和新巴比伦王国的《巴比伦历代志》又向我们讲述了:新亚述帝国和新巴比伦王国相继崛起于两河流域,它们东征西讨,开疆拓土,后者肇始了以色列人的离散。而在埃及,通过阅读美楞普塔的利比亚和海上民族入侵铭文、拉美西斯三世的利比亚战争铭文,可以重构这一时期之初埃及所遭遇的外族入侵;与此同时都灵审判纸草和控告纸草则直接揭示了埃及政局的动荡;大量的盗墓纸草和都灵罢工纸草告诉我们政局的动荡必然导致社会的混乱；而埃及国家积贫积弱之时，必然遭到外族的统治，这就是努比亚王朝国王皮亚的胜利石碑所讲述的内容。两河文明和埃及文明开始走向衰落的同时，伊朗高原上的波斯帝国却在崛起，它势必成为近东地区的主宰。对此，居鲁士铭文以及埃及的私人自传体铭文或明确、或隐晦地进行了记录。波斯帝国是世界历史上第一个真正意义上的帝国——将西亚和埃及全部纳入其版图，帝国的创立加速了近东一体化的进程，并为之后整个近东世界完全融入希腊和罗马世界打下伏笔。

综上，本书共选取 33 篇两河文明文献和 35 篇埃及文明文献，文献总计 68 篇。其中时代最久远的是公元前 2500 年苏美尔城邦时期的鹫碑和帕勒莫石碑，最晚的文献是公元前 5 世纪的埃勒凡塔岛纸草文书。而在文献类型上，68 篇文献中既有历史文献：如穆尔西里二世年鉴等王表、科普托斯敕令等王室铭文、赫努姆赫泰普自传等私人自传体铭文、汉姆拉比法典等法律文献、都灵税收纸草等经济文献；也有埃塔纳神话和亡灵书等宗教文献；更有诸如吉尔伽美什和阿吞颂诗这样的文学作品。可以说，本书所选文献资料几乎涵盖了古代近东文献的所有类型。

据此，如果读者能够通过阅读 2 000 余年时间跨度里的类型各异的 68 篇文献，对古代近东文明有所认识和探索，那么本书的编写目的也便达到了。

第一章

文明的生成（前 3500—前 2000 年）

一、两河文明的生成

1. 苏美尔城邦时期的王权

两河流域通常被认为是人类文明的摇篮。在历史学家的分期中，早王朝时期（约前 2900—前 2350 年）的巴比伦南部地区出现城邦这样的政治组织形式。一般来说，一个城邦拥有一个城市中心区，其统治权力向外辐射，周边一定范围内乡村的居民也被认为是该城邦的一部分。城邦是具有国家功能的城市及其周围的乡村。公元前 3 千纪晚期，巴比伦地区人口大幅度增长，加速该地区的城市化进程，城市和乡村的规模都开始扩张，这就使得原来相距较远的城邦逐渐接壤，甚至发生领土争端。长期存在于两河流域的一个基本观念认为，每一座城市都居住着一位保护神（或女神），远古时代由神建造了这座城市。

1.1 鹫碑铭文

早王朝时期，在城邦国家稳固的条件下得以出现这样一件石碑，碑上的浅浮雕及苏美尔语碑文描述了拉格什（Lagash）城邦战胜其邻邦温马（Umma）的历史事件。

这件巨大的长方形石板顶部为半圆形，现存法国卢浮宫，经修复后，高 1.8 米，宽 1.3 米，厚度 0.11 米。19 世纪 80 年代在苏美尔地区拉格什城邦的卫星城基尔苏（Girsu），即现今伊拉克南部城市泰罗（Tello）发掘出土。整件石板正反两面都有精美的浅浮雕，反面的浮雕画面还蔓延到石板两侧。正反两面浮雕的阴刻空隙处都刻有碑文。可惜的是，由于仅存 8 块残片，大部分碑文缺失。从仅存的石碑文字来看，此碑由大约公元前 2460 年拉格什的统治者、也被音译称为"恩西"(*ensi*)的埃安纳吐姆(Eannatum)制作，埃安纳吐姆与温马城邦一位不具名的统治者产生了边界争端。温马紧邻基尔苏城西北面，两城邦所争之地是两城间一片被称作古伊甸(Gu'eden)的灌溉区。

鹫碑反映出苏美尔时代的一种二元观念：正面浮雕主体表现神意在历史事件中的作用，反面浮雕则主要描述历史事件的过程。

正面主要人物是拉格什城的保护神宁吉尔苏(Ningirsu)，他一手握着权杖，另一手握着"狮头鹰"。"狮头鹰"抓着一个巨大的网兜，里面挤满了战俘。有一名战俘从网格中探出头来，宁吉尔苏的权杖正好击打在此人头上(参见图 1)。"狮头鹰"也称"安祖鸟"(*anzu*)，是两河流域神话中的一只恶鸟。宁吉尔苏在其母亲"山之神母"宁胡尔萨格(Ninhursag)的帮助下抓住了安祖鸟，正面作展

图 1 鹫碑残片正面局部

拉格什城邦保护神宁吉尔苏一手握"狮头鹰"，另一只手用权杖击打网罗中试图逃跑的战俘

翅状的狮头鹰形象遂成为宁吉尔苏神的标志。从残存浮雕中还可以依稀辨认出宁吉尔苏的母亲也陪伴在侧。可以想见,这些题材是当时人们耳熟能详的神话故事,鹫碑浮雕借此彰显拉格什城邦保护神的勇猛,从而纪念他们击败敌人、战胜温马的成就。

反面浮雕右上方绘有一群飞翔的秃鹫,口中叼着敌人的头颅,表现该历史事件的尾声和高潮,令人印象非常深刻,同时这也是学者将此碑称为"鹫碑"的原因。反面浮雕画面以自下向上的次序叙述拉格什与温马城邦间的斗争。在最后战胜敌人的结局到来之前,浮雕还描绘了城邦统治者埃安纳吐姆主持一场宗教仪式,准备用于献祭的一头牛被绑好放在地上,地上还有其他祭品,祭司正在执行奠酒仪式。接着,上一层的画面则描绘埃安纳吐姆带兵冲锋的战争场景。

鹫碑上的碑文与浮雕画面结合,构成对拉格什和温马争端的历史叙述。尽管大部分铭文无法重现,但仍可知碑文的主要内容大致分为以下 6 个部分:(1)首先对埃安纳吐姆之前的统治者进行描述,为下一步叙述拉格什与温马的争端提供历史背景:温马非常傲慢地侵占宁吉尔苏所喜爱的古伊甸之地;(2)介绍埃安纳吐姆,特别是他与宁吉尔苏神之间的密切关系,使埃安纳吐姆介入争端合法化;(3)在战争开始之前,埃安纳吐姆在睡梦中获得神谕,预言他必将战胜温马;(4)对战争的描写;(5)战争结束后,战败者——温马城邦统治者向六位神明依次宣誓,表明他接受现在边界疆域的划分,这也是整篇碑文最长的一部分;(6)最后一部分,重申埃安纳吐姆的各类头衔和行为,包括他所征服的土地、为宁吉尔苏神重建古伊甸以及为宁吉尔苏神立此碑。①

---

① CDLI(Cuneiform Digital Library Initiative):https://cdli. ucla. edu/search/archival _ view. php? ObjectID=P222399(楔形文字数字图书馆计划,2019 年 8 月 7 日读取),CDLI 编号:P222399;Jerrold S. Cooper, *Reconstructing History from Ancient Inscriptions: The Lagash-Umma Border Conflict*, Sources from the Ancient Near East, Vol.2, fascicle 1, Malibu, 1983, pp.45-47; Winter, Irene, "After the Battle is Over: The *Stele of the Vultures* and the Beginning of Historical Narrative in the Art of the Ancient Near East," in H. Kessler and M. S. Simpson (eds.), *Pictorial Narrative in Antiquity to the Middle Ages*, CASVA/Johns Hopkins Symposium in the History of Art, Washington, D.C., National Gallery, 1985, pp.11-32;拱玉书,《"升起来吧! 像太阳一样"——解析苏美尔史诗〈恩美卡与阿拉塔之王〉》(北京:昆仑出版社,2006),第 341 页,注 4;王光胜,《〈秃鹫碑铭文〉译注》,《古代文明》第 12 卷第 2 期(2018),第 3—11 页;欧阳晓莉,《两河流域王权观念的嬗变》,《文汇报》2016 年 6 月 24 日第 T16 版。

鹫碑铭文（节选）

[……]温马的统治者傲慢无礼蔑视拉格什……侵占拉格什的财产……宁吉尔苏神怒气冲冠："温马！我的草料！我的财产！古伊甸的土地！"[……]主宁吉尔苏神是恩利尔(Enlil)神的战士……宁吉尔苏神为埃安纳吐姆深感欣喜……宁吉尔苏神欣喜地授予他拉格什的王权[……]……埃安纳吐姆宣布："来吧！敌人！温马的统治者……侵占古伊甸，那是宁吉尔苏神所钟爱的土地，宁吉尔苏神必会击败他！"[……]……埃安纳吐姆睡着了，喜爱他的主宁吉尔苏神靠近他头边……"太阳神(Utu)将照亮你的右边……埃安纳吐姆！[……]你将屠戮那里。他们无数的尸体将堆至天际。温马的人民将起来反抗他，在温马杀死他。"[……]……埃安纳吐姆收回了宁吉尔苏神所钟爱的古伊甸。……埃安纳吐姆将恩利尔神的战争之网交给温马的统治者，让他以此起誓。温马的统治者向埃安纳吐姆起誓："我以天地之王恩利尔神的性命起誓！愿我能[付息]开垦宁吉尔苏神的土地。我将永不[毁坏]灌溉渠！我将永不进犯宁吉尔苏神的边界！我将永不改变灌溉水道！我将永不击碎他的建筑！若我有任何冒犯，就让天地之王恩利尔神的战争之网降于温马！我以此网起誓！"……埃安纳吐姆，拉格什之王，恩利尔神赐予他力量，宁胡尔萨格女神以乳汁喂养他，伊楠娜(Inanna)女神赐予他好名字，恩基(Enki)神给予他智慧……埃安纳吐姆在古伊甸为宁吉尔苏神建起纪念碑，在他所钟爱的土地上恢复宁吉尔苏神的控制。

1.2　卢伽尔扎吉西1号铭文

在两河流域早王朝时期的王权概念中，统治者合法的统治权由神明授予，但并不仅限于此。在前一篇《鹫碑》中也可以看到，统治者会被认为是神明的孩子，由女神喂养，不是"普通人"。统治者的职责还包括建神庙、造城墙、挖运河，指派高层次官员等，其中还有一项职责是保护穷人和受压迫者(比如孤儿寡妇)的权利。两河流域留下了许多有关王室活动的历史记载，亚述学家将其整理归类为王室铭文。

早王朝时代晚期两河流域的政治组织开始出现变化,城邦统治范围扩大,城邦间发生冲突,地区权力开始出现集中化的趋势。这种趋势在温马的统治者卢伽尔扎吉西(Lugalzagesi)统治期间非常明显,他先后征服乌尔(Ur)、乌鲁克(Uruk)和拉格什等城邦,基本统一了整个巴比伦南部地区(参见图 2)。在政治制度上,原来独立的城邦组织要转变成为拥有更广疆域的统一国家。与之相应地,在思想观念上,也出现了新的转变。在王室铭文的描述中,卢伽尔扎吉西作为统治者,不仅受到城邦保护神的支持,同时还受到诸神的青睐。

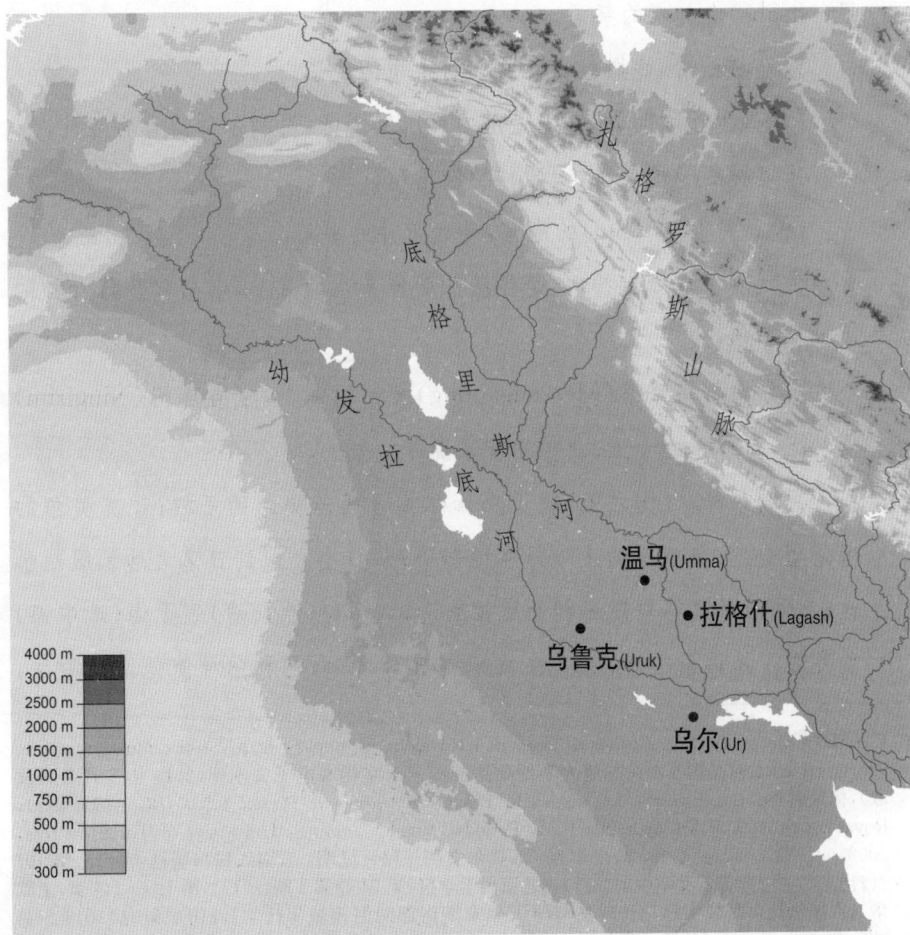

图 2 两河流域南部的苏美尔城邦地理位置示意图

卢伽尔扎吉西1号铭文由学者重构而成,其名称也由学者所拟定。在尼普尔(Nippur)的埃库尔(Ekur)神庙庭院遗址、尼普尔的泥板山等地发掘出土的诸多石钵残片上皆刻有此篇苏美尔语铭文,推测可能用于庆贺卢伽尔扎吉西统治苏美尔的加冕礼上。[①]

卢伽尔扎吉西1号铭文

献给恩利尔神,万国之王!

卢伽尔扎吉西,乌鲁克之王,苏美尔之王,安(An)神的祭司[1],妮撒巴(Nisaba)女神[2]的祭司,

温马统治者、妮撒巴女神的祭司布布的儿子,

[卢伽尔扎吉西]是万国之王安神所喜悦的,恩利尔神的首席官员,

恩基神赐予他智慧,太阳神挑选出他,

[他是月]神辛(Sin)的高官,是太阳神的军长,

他供养伊楠娜女神,他是妮撒巴女神亲生的儿子,宁胡尔萨格女神的乳汁喂养他,

麦斯桑伽乌努格(Messangaunug)神[3]的手下,宁吉瑞姆(Ningirim)女神[4],乌鲁克的女王、众神的管家抚养他长大,

恩利尔神,万国之王,赐予卢伽尔扎吉西苏美尔的王权;让苏美尔的眼睛望向他;将所有的土地放在他脚下;从日出之地到日落之地都服从于他;为他沿着底格里斯河和幼发拉底河,从下海(波斯湾)到上海(地中海)整齐划一地铺设道路;从日出之地到日落之地,恩利尔神使他没有敌手;

① ETCSRI (Electronic Text Corpus of Sumerian Royal Inscriptions): http://oracc. museum. upenn. edu/etcsri/corpus(美国宾夕法尼亚大学博物馆苏美尔王室铭文电子文本库,2019 年 8 月 7 日读取),标题名称:Lugal-zage-si 1;Douglas R. Frayne, *Presargonic Period* (*2700 BC - 2350 BC*), Royal Inscriptions of Mesopotamia Early Periods, Vol. 1, Toronto: University of Toronto Press, 2008, pp. 433 - 437;拱玉书,《日出东方:苏美尔文明探秘》(昆明:云南人民出版社,2001),第 107 页;拱玉书,《论苏美尔文明中的“道”》,《北京大学学报》第 54 卷第 3 期(2017),第 100—114 页;王献华,《卢伽尔扎吉西数字标记计时法与早王朝末期南部两河流域年代学》,《历史研究》2016 年第 3 期,第 133—148 页;刘健,《苏美尔王权观念的演进及特征》,《东方论坛》2013 年第 5 期,第 115—119 页。

在他的统治下,国家太平、人民安乐。苏美尔各城邦的统治者听命于乌鲁克之道(me)。[5]

在他治下,乌鲁克歌舞升平;乌尔仿佛公牛一般昂首向天;太阳神所钟爱的城市拉尔萨(Larsa)欢天喜地;沙拉(Shara)神所钟爱的城市温马抬起它的角;扎巴拉(Zabala)好像母羊与小羊重逢那样欢喜;基安(Kian)也昂起它的脖颈。

一早一晚,卢伽尔扎吉西,乌鲁克的王,苏美尔的王,在尼普尔为他的主恩利尔神献上丰盛的祭品,奠之甘甜洁净的水,并颂:"愿恩利尔神,万国之王,代我恳请其尊贵的父王安神,愿他增加我的寿岁! 愿我治下之国土太平安乐,愿我黎民百姓如绿草般茂盛蔓延,愿上天的乳汁洒向人间,愿黎民共享昌盛! 愿[安神与恩利尔神]他们永赐我吉祥安康! 愿我永为牧羊人。"

[卢伽尔扎吉西]以其生命,他将此献于恩利尔神,他所钟爱的主。

【注释】

〔1〕按,原文中每位神明的祭司都有特定的祭司名称,此处翻译时略去。

〔2〕妮撒巴女神,是掌管书写的女神。

〔3〕麦斯桑伽乌努格神,又被称作"乌鲁克正义之王"。

〔4〕宁吉瑞姆女神,是施咒女神。

〔5〕按,"me"是苏美尔语中的一个包含丰富文化内涵的抽象概念,很难用其他文化中的抽象概念进行对译。此处将其译为"道",参考拱玉书的研究成果,具体书目信息参考上文所列参考资料。

2. 阿卡德国王的传奇故事

萨尔贡(Sargon)的政治生涯始于基什(Kish),他向南打败卢伽尔扎吉西带领的苏美尔城邦联军,统占巴比伦尼亚地区,被冠以"苏美尔-阿卡德之王"的头衔,其疆域东至伊朗,西至地中海,向北到达安纳托利亚。这些军事政治上前所未有的成就,改变了两河流域的政治模式,他所开创的阿卡德王国(约前 2350—前 2200 年),也被称作古阿卡德时期或者萨尔贡时期。

在之后两河流域文明发展史上,萨尔贡始终被认为是伟大的征服者,阿卡德王朝成为备受尊崇的典范。阿卡德国王的传奇故事在两河流域广为流传,并为此后的一代又一代传抄重述。其中,除了王朝开创者萨尔贡之外,就是他的孙子纳拉姆辛(Naram-Sin)的传奇故事最为知名。这类传奇故事的叙述目的往往在于传达一种道德价值观,用来教导未来的国王。

2.1　萨尔贡:战争之王

在有关萨尔贡的所有传奇记载中,《战争之王》讲述了萨尔贡为帮助在安纳托利亚城市布鲁什安达(Burushanda)经商的阿卡德商人,发动远征战役。据考古学家推测,布鲁什安达在安纳托利亚中西部,大约在现今土耳其境内的阿克萨赖(Aksaray)附近。从尼尼微(Nineveh)、亚述和埃及的阿玛纳(Amarna)三地皆发现了此篇不同版本的阿卡德语修订本。阿玛纳留存此篇阿卡德语传奇,应当是埃及学校用来学习阿卡德语的材料。此外,还发现若干赫梯语残篇,这是因为传奇记载的内容与安纳托利亚相关,说明这也是赫梯人熟悉的传奇故事。

叙述以萨尔贡的抱怨开头,指责他曾经征服的安纳托利亚不再恭顺。萨尔贡的官员试图劝解他不要出兵。

图 3　雕有阿卡德国王的石像

一位阿卡德国王用权杖击打网罗中试图逃跑的战俘,石雕现藏卢浮宫

此时,来自安纳托利亚的商人代表来请求萨尔贡的帮助,讲述他们的悲惨遭遇,并承诺战役胜利后会献上丰厚的战利品作为报答。萨尔贡的士兵并不想接受,但这却是萨尔贡一直以来梦寐以求的机会。萨尔贡的军队越过高山和树林,布鲁什安达的统治者努尔达各(Nur-daggal)不知道萨尔贡的军队即将前来,他对自己的军队很有信心,也相信高山和大河是很好的屏障,能够阻挡萨尔贡的军队。但是努尔达各错了,萨尔贡的军队冲进城市,迫使他屈服。最后努尔达各投降,承认是神意带来萨尔贡的军队,他请求成为萨尔贡的附属国。萨尔贡接受了努尔达各的纳贡,3 年后离开了布鲁什安达。①

萨尔贡：战争之王

阿卡德的[女神]伊什塔(Ishtar)[的英雄],

战争[之王],[……]

萨尔贡[向他的士兵]训话,

萨尔贡[束好]腰带,带上武器,

在官殿里,萨尔贡[对他的士兵]说:

"啊,我的勇士！我要向卡内什(Kanesh)宣战！

[……]我曾让它屈服。"

[……]萨尔贡的战士开口对王座[说]:

"陛下！这条路[漫漫],充满艰难险阻,

通往布鲁什安达道阻且艰。

我们何时才能坐在椅子上,哪怕只休息片刻?

我们的手臂筋疲力尽,我们的膝盖疲惫不堪。"

[此时,]商人的使者开口说道:

"啊,札巴巴(Zababa)神！他走过这条路,仔细探查这地,

---

① Joan Goodnick Westenholz, *Legends of the Kings of Akkade: The Texts*, Mesopotamian Civilizations 7, Winona Lake: Eisenbrauns, 1997, pp.102 - 131; Benjamin R. Foster, *Before the Muses: An Anthology of Akkadian Literature*, 3rd ed., Bethesda, Md.: CDL, 2005, pp.338 - 343.

啊,陛下! 从日出到日落,

商人们呕出愤怒,喷洒在大地上,

基什怎能取代阿卡德?

我们以天下之王萨尔贡的名起誓联盟,

我们去见他,才能拥有力量,因为我们不是武士。

陛下! 远征需要的花费,由我们来付。

陛下! 参战的兵役,请国王安排。

让萨尔贡的武士[……]黄金,

让小公牛[……]白银。

我们该怎样着手处理[我们的事务],

现已义愤填膺,而你的神札巴巴却坐视不理?"

商人们聚集在一起,他们走进王宫。

商人们走进来以后,士兵没有接待他们。

战争之王萨尔贡开口说道,他说:

"这传说中的布鲁什安达城,我倒想看看它的[英勇]。

它在哪个方向? 何处是它的高山? 那里[住着]何种安祖鸟,还有什

么样的恶魔?

[据说通往布鲁什安达的]路漫漫,充满艰难险阻,

我担心,你将去往布鲁什安达道阻且艰。

(那里有)高山,山上满是青金石,山下全是黄金,

苹果树,椰枣树,黄杨木,无花果树长满果实。[……]

仆人在那里争斗,去往顶峰的路道阻且艰,

荆棘[满布],道阻且艰。树木,滨藜[……]

带刺灌木 60 肘长,道阻且艰。"

[……]

努尔达各开口对他的士兵说道:

"萨尔贡尚未到来。愿河堤、洪水、高山阻挡他!

愿荆棘灌木长成森林、杂树林,树枝结缠在一起阻挡他!"

他的士兵们回答努尔达各,他们说:

"无论过去还是未来,何曾有王能来到我们的地界,看到我们的土地?"

努尔达各话音未落,萨尔贡就攻入他的城市,将贵胄大门拓宽两倍。

他(萨尔贡)摧毁了它,突破壁垒的最高处,他重击所有士兵!

萨尔贡将他的王座放在门口,萨尔贡开口对他的士兵说:

"来吧! 让努尔达各,恩利尔的最爱,让他振作起来! 让我看看他是否谦恭有礼!"

[努尔达各]头上带着宝石王冠,脚下踏着青金石脚凳,还有五十五位随从伴在他身旁。

[萨尔贡]在他面前坐在黄金王座上,与他相比,[萨尔贡]如同坐于王座之上的神。

谁能像[萨尔贡]这样高大?

他们让努尔达各坐在萨尔贡的面前,萨尔贡开口对努尔达各说道:

"来吧,努尔达各,恩利尔的最爱,你曾说,

'萨尔贡尚未到来。愿河堤、洪水、高山阻挡他!

愿荆棘灌木长成森林、杂树林,树枝结缠在一起阻挡他!'"

努尔达各开口对萨尔贡说道:

"我的陛下,定是你的神为你指示了道路,带你的军队来到此处,

札巴巴神,幼发拉底王国的英雄!

哪个国家能与阿卡德相提并论? 哪位国王是你的对手?

无人能与你抗衡,他们的对手是窑炉中燃烧的火焰。

你的敌人惊恐万分,我已措手不及。

请让他们回去,田地和草地由他们帮忙[修整]。"

[萨尔贡回答:]

"我们永不会再去他的地界,即便他的土地产出各种果实:苹果,椰

枣,枸杞,葡萄,阿月浑子,橄榄,小果子。

我们永不会因其丰富物产而逗留此地。

愿此城安其所在,安享其成。

山长水远,与我何益?"

萨尔贡下令离开此城,已是三年之后。

2.2　纳拉姆辛库塔传奇

阿卡德王朝的开创者萨尔贡以伟大的英雄形象流传于世,与之相比,他的孙子,纳拉姆辛则是一个反例,以失败者的形象为后世所铭记。有关纳拉姆辛的传奇故事分别有巴比伦语、赫梯语和亚述语三种不同语言版本的残篇。早期的研究工作未能辨认出这部作品的自述主角是纳拉姆辛,因为根据故事本身的描述,刻有此篇的石碑立于内尔伽勒(Nergal)神的庙宇中,因此故事主角被认为是一位库塔(Cuthah)王。顺便值得一提的是,《希伯来圣经》曾提及此地与此神:《列王纪下》17：30 写到"古他人造匿甲像",指的便是库塔人与内尔伽勒神。后来学者研究确认,此篇传奇的故事主角是阿卡德的国王纳拉姆辛,因而现在该篇作品往往被冠名为《纳拉姆辛库塔传奇》(*The Cuthaean Legend of Naram-Sin*)。

从文学类型看,这是一篇托名之作,以历史上知名国王纳拉姆辛的名义,用第一人称自述的方式而作。故事开头由纳拉姆辛进行自我介绍,然后简要描述前朝的结束,之后叙述纳拉姆辛受到东部山地部落的侵扰,于是国王进行占卜求问神意。但是纳拉姆辛没有听从占卜结果,执意出兵打仗,结果连年兵败。故事后半部分记载纳拉姆辛最终幡然悔悟,听从占卜结果,顺从神意。最后纳拉姆辛为后来的国王写下训导,并讲述如何刻写碑文、放置石碑。整篇故事要传达的是,作为国王,如果不按照占卜而得的神意行事,则必招致大祸。这种观念存在于两河流域流传下来的箴言、先知、神谕等作品中。同时,王的职责也包括将这些相关的知识与经验传承给未来的王。

根据现有残篇,该传奇故事最早可追溯到大约公元前 2 千纪的古巴比

图 4 纳拉姆辛肖像浮雕

伦时期，不过新亚述时期留下的版本较为完整，下文翻译则以新亚述时期版本为主。①

① O. R. Gurney, "The Sultantepe Tablets IV: The Cuthaean Legend of Naram-Sin," *Anatolian Studies* Vol.5 (1955), pp.93 - 113; J. J. Finkelstein, "The So-Called 'Old Babylonian Kutha Legend'," *Journal of Cuneiform Studies* Vol.11, No.4 (1957), pp.83 - 88; Benjamin R. Foster, *Before the Muses: An Anthology of Akkadian Literature*, 3rd ed., Bethesda, Md.: CDL, 2005, pp.348 - 356; Tremper Longman, *Fictional Akkadian Autobiography: A Generic and Comparative Study*, Winona Lake: Eisenbrauns, 1991, pp.228 - 231.

纳拉姆辛库塔传奇

[……]刻于此碑，[我，纳拉姆辛]，萨尔贡的子孙[1]，永著此书。

[我的祖父]薨逝。[我的父亲]薨逝。[我成为]此地统治者。

岁月飞逝，[伊什塔]对此地心意已变。[……]

[我向]众神[求问]，[就是伊什塔女神，巴乌(Bau)女神]，札巴巴神，安努尼(Annunitum)女神，[那布(Nabu)神]，英雄沙马什(Shamash)神。[我传召占卜者]，备好十四件脏卜，设好芦苇祭坛。

占卜者对我说："[……]线状[……]内脏纹路[……]你的身体[……]"

[恩美卡(Enmerkar)][2]收到来自沙马什神的严酷判决：他的灵魂，[他的孩子]的灵魂，他全家的灵魂，他子孙的灵魂，他子孙的子孙的灵魂，[英雄]沙马什，上天与大地之主，阿努那奇(Anunnaki)众神之主，亡者灵魂之主[的判决]，只能喝泥水，没有干净的水可饮，[他们的]兵器被绑缚，[恩美卡]被打败。他没有将这些刻在石碑上，没有留下记录，他没有留下他的名字，我没有赞美他。

群鸟的躯体成群结队，带着渡鸦面孔的人群，众神创造出他们，在大地上创造出城市。提亚玛特(Tiamat)女神养育他们，他们的母亲贝勒以利(Belit-ili)女神精心呵护他们。他们在群山中长大成人，容貌俊美。

七位俊美的王彼此结盟为兄弟。他们的军队多达三十六万人。他们的父亲安努巴尼尼(Anubanini)是国王。他们的母亲是梅利利(Melili)王后。他们的长兄，也是先锋，名叫米曼达(Memandah)，第二位兄长叫米度度(Medudu)，第三位叫[……]，第四位叫塔尔特达达(Tartadada)，第五位叫巴尔达达(Baldahdah)，第六位叫阿胡丹迪(Ahudandih)，第七位叫哈尔萨基度(Harsakidu)。[3]

他们在银山[4]间驾马飞奔，有士兵追捕他们，他们夹紧双腿[让马儿跑得更快]。他们入侵布鲁什安达，整个布鲁什安达城被劫掠，普赫鲁(Puhlu)被劫掠，普安述(Puranshu)被劫掠。[5]

"我应该去追击他们吗？我应该进攻他们在舒巴特-恩利尔(Shubat-

Enlil)[6]的兵营吗?"

接着他们从苏巴尔图(Subartu)[7]中部[下来],他们分散到海上,还入侵了古提(Gutium)。他们分散到古提,又入侵埃兰(Elam)。他们分散到埃兰,又到达海滨。他们杀害横渡而来的人,他们将迪尔蒙(Dilmun)、马干(Maganna)、美路哈(Meluhha)[8]变成废墟,无论海上有任何[国家],他们都将其击败。十七位王带领九万军队前来支持他们。

我传召一名士兵,命令他:"我给你[一支长矛]和一根针。用长矛击倒他们,再用针[戳他们]。[如果出血],他们就是和我们一样的人,[如果不出血],那么他们就是灵魂,不幸的幽灵,邪恶的魔鬼,是恩利尔神干的坏事。"

士兵回来禀报:"我用长矛击倒[他们],用针戳他们,有血出来。"

我传召占卜者并命令他们。我备好十四件脏卜。我设好圣洁的芦苇祭坛。我向众神求问,[就是]伊什塔女神,巴乌女神,札巴巴神,安努尼女神,[那布神],英雄沙马什神。众神的密符要求我不可去,进入我梦中的神灵[也不允许我去]。于是我对自己说:"哪有狮子会听从占卜?哪有苍狼会求问解梦者?我要去,我要像强盗一样得到我想要的,我要抓住神的长矛!"

下一年到来,我派出十二万军队,没有一个活着回来。第二年到来,我派出九万军队,没有一个活着回来。第三年到来,我派出六万零七百军队,没有一个活着回来。我困惑,迷惘,不知所措,倍感焦虑,十分绝望。我对自己说:"我还剩下多少臣民?作为国王,我未曾给臣民带来福祉。作为牧羊人,我未曾给羊群带来安乐。让我写下我的记载,以效后世。"

狮群,死亡,瘟疫,惊厥,惶恐,疟疾,破产,饥荒,贫困,每一种焦虑不眠都降临到他们中间。在[城市]上空洪水滔天。在[城市]下面,[地动山摇]。

埃阿(Ea)神,城市之主,开口向众神,他的兄弟们说:"啊,诸位![……],你们让我做主,[……]。"

第四年新年到来之际,在祷告埃阿——众神之智者的时候,我献上圣洁的新年祭品。我获得神圣的教导。我传召占卜者并命令他们。我备好十四件脏卜。我设好圣洁的芦苇祭坛。我向众神求问,[就是]伊什塔女神,巴乌女神,札巴巴神,安努尼女神,[那布神],英雄沙马什神。

占卜者对我这样说:"[……]会有[……]倾倒,斧头[……]鲜血如注[……]。"

他们当中有十二名士兵叛变,离我而去,我迅速地追击他们,我战胜他们并把他们带回来。我对自己说:"没有进行脏卜,我不会处决他们。"

于是我为他们进行脏卜。众神的密符要求我以仁慈待之。天空中闪亮的辰星这样说:"纳拉姆辛,萨尔贡的子孙:停止,不要摧毁已经毁坏的种子!(否则)将来恩利尔会使他们崛起成为邪恶[的力量]。他们会等待恩利尔的怒火之心。属于这城的士兵将被屠戮,这里的住所将被焚毁,被围困。属于这城的(武士)将血洒此地。大地会吞噬所有的收成和产物。属于这城的武士将死去。城市与城市反目,家族与家族反目,父子兄弟间反目,人们相互反目,朋友伙伴反目。他们彼此间无半句真话。人们不再讲授真理,只学习奇谈怪论。他们会击败这座敌方城市,俘获那座敌方城市。一锭银两只值半斗大麦。此地不再有强大的王。"

我将[叛兵]作为献给诸神的贡物,我没有伤害他们。

无论你是谁,是恩西,或是王子,或者其他任何人,只要众神传召你统治一个王国,我送给你这部泥板。我在碑上为你刻下这些[记载]。我把它留在库塔,放在埃麦萨拉姆(Emeslam)神庙。在内尔伽勒神的内殿里,我为你把它留在那。

[注意!]要看这碑文!听从碑文的教导!

不要困惑!不要迷惘!不要惧怕!不要战栗!愿你的王权稳固。在你妻子的怀抱中完成你的使命。你的城市必定坚如磐石。你的护城河不会干涸。将你的金库、你的谷物、你的白银、你的货品和你的财物带进你牢固的城中。束起你的兵器,置于墙角。守护你的英雄,看顾你的人民。你的土地可能会发生战争,不要向外寻求战事!你的羊群可能被赶走,不必核查!你的力量可能被消耗[……],你的[……]可能被没收[……]。要谦恭,要虚心。回答他们说:"是的,我主!"他们的恶行,你报以善意。

他们的善意,你报以礼物,去实现他们的愿望。不要试图胜过他们。让老练的书吏叙述你的故事,刻写你的碑文。

　　你若读完我的碑文,则会立下属于你的记载。正如你祝福我,未来的王也会祝福你。

【注释】

　　〔1〕按,通常认为,本篇作品误将"纳拉姆辛"写成"萨尔贡的儿子",或可将此处理解为"萨尔贡的后代"。

　　〔2〕按,根据两河流域留下的历史传统,恩美卡是乌鲁克的创建者,是早前王朝的国王,因此推测此处残缺经文与前朝国王恩美卡有关。

　　〔3〕按,这些名字极有可能是杜撰的。只有安努巴尼尼是一位历史人物,与纳拉姆辛大约同时代,是扎格罗斯(Zagros)山脉卢卢比(Lullubi)人部落王国的统治者。

　　〔4〕银山,指现今黎巴嫩境内的阿玛努斯(Amanus)山。

　　〔5〕按,出于渲染情节的需要,此处说"他们入侵布鲁什安达",是借用著名的安纳托利亚商业城市布鲁什安达加以演绎,后两处地名"普赫鲁""普安达"很可能是杜撰的。

　　〔6〕舒巴特-恩利尔,是公元前 3 千纪晚期一座重要的城市,公元前 18 世纪成为古亚述王沙姆希阿达德(Shamshi-Adad)的都城,遗址在如今叙利亚北部哈布尔(Habur)地区的勒兰丘(Tell Leilan)。

　　〔7〕按,此处用"苏巴尔图"指代美索不达米亚北部地区。

　　〔8〕迪尔蒙、马干、美路哈,指波斯湾地区遥远的国度。

3. 埃卜拉与乌尔第三王朝的政治经济生活

阿卡德王朝的统一政权结束之后,经过短暂的政权分立时期,两河流域又迎来中央集权的回归。苏美尔和阿卡德重新统一于新王朝的王权之下,乌尔成为首都,国王再次保有"苏美尔和阿卡德之王"的头衔,这个时期被历史学家称为乌尔第三王朝(约前 2100—前 2000 年)。

在两河流域的历史上,乌尔第三王朝留下的文献材料数量可能是最多的。其中,最丰富的是有关这一时期经济生活的档案文献,包括城市间生产、贸易、税收各方面档案,比如进行交易时留下的收据,或是清点粮食收成时的记录等。然而，比起后世人对阿卡德王朝诸位国王的传说记载，乌尔第三王朝的国王并没有成为后世记忆的主角。无论如何，这 100 年间的两河流域中南部，在乌尔第三王朝国王的统治下经历了相当程度的繁荣。这些大量留存下来的经济文献材料几乎涵盖经济活动的方方面面，并且这些文献都是政府的官方档案，展示出的是国家层面的经济活动。

历史学家的研究工作通常会受到现存文献材料的限制，比如对于这一时期私人商贸活动的情况基本上无法了解。另一方面，新的文献材料还会不断出现，同时不断更新历史学家对古代社会的认识和了解。对东地中海早期文明埃卜拉的发掘就是一个例证，向我们展示出更为丰富的两河流域社会的政治经济生活。

3.1　埃卜拉纺织品分配记录

对于埃卜拉（Ebla）的发掘和研究是 20 世纪 60 年代之后开始的。意大利学者在阿勒颇（Aleppo）以南 50 公里左右的遗址马迪克丘（Tell Mardikh）发现古代叙利亚文明。马迪克丘遗址是叙利亚地区北部的文明中心，其繁荣期大约在公元前 3 千纪后半期一直持续到公元前 2 千纪中期。这一时期，两河流域上游，包括叙利亚北部及其沿海地区城市、乡村的数量显著增长，出现较大规模的城市化发展。埃卜拉发掘出土的考古材料多来自这一时期的王室宫殿，除了建筑遗址之外，还包括大量泥板文献，从一个侧面反映出叙利亚王国的文化、政治及经济生活。遗址出土两河流域常见的半身雕像，用作献神还愿，上面刻着带有阿卡德语方言特征的碑文，埃卜拉所使用的语言具有明显西闪米特语特征。碑文明确提到此碑由埃卜拉王献立，从而帮助学者确定此遗址为埃卜拉文明遗址。

在较为成熟的原始叙利亚文化期（约前 2400—前 2250 年），埃卜拉王国留下了大量官方文献。不过对于重构埃卜拉的政治史而言，这些资料仍然十分有限。从时间上看，埃卜拉王国的繁荣期差不多与阿卡德的萨尔贡（约前 2371—前 2316 年在位）同时代，其文献所记载的统治者中有一位名叫伊比里乌穆（Ibrium）的王。《希伯来圣经》出现过的人名希伯（Eber）与这位埃卜拉王的名字可能拥有相同字根（希伯是挪亚[Noah]的儿子闪[Shem]的后代）。伊比里乌穆在军事上取得了一定成就，在他统治期间，埃卜拉成功脱离马里（Mari）掌控，并且通过战役扩大领土范围，发展外交关系，在联盟国和附属国间建立联姻政治。在其他两河流域的文献中也可以看到有关埃卜拉的记载。阿卡德的萨尔贡和纳拉姆辛的碑文对埃卜拉皆有所提及。纳拉姆辛百年之后，拉格什的古地亚（Gudea）也在碑文中提过埃卜拉。到乌尔第三王朝时期涉及埃卜拉的经济文献有很多，在温马、普兹瑞什达干（Puzrish-Dagan）、拉格什、尼普尔都留有文字材料涉及与埃卜拉的贸易活动，尽管这一时期埃卜拉已不存在独立的政权，但该地区在经济贸易方面仍然与两河流域南部核心区域有着密切的往来。

埃卜拉的经济支柱主要是农牧业。不过，与两河流域南部地区的富庶相比，叙利亚的农业生产水平要低得多，主要原因在于一方面可耕土地相对较少，另一方面缺乏有效的灌溉系统，农业生产主要依赖雨季降水。在畜牧业方面，埃卜拉王室负责管理羊群畜养业。公元前 3 千纪开始，羊毛纺织品在两河

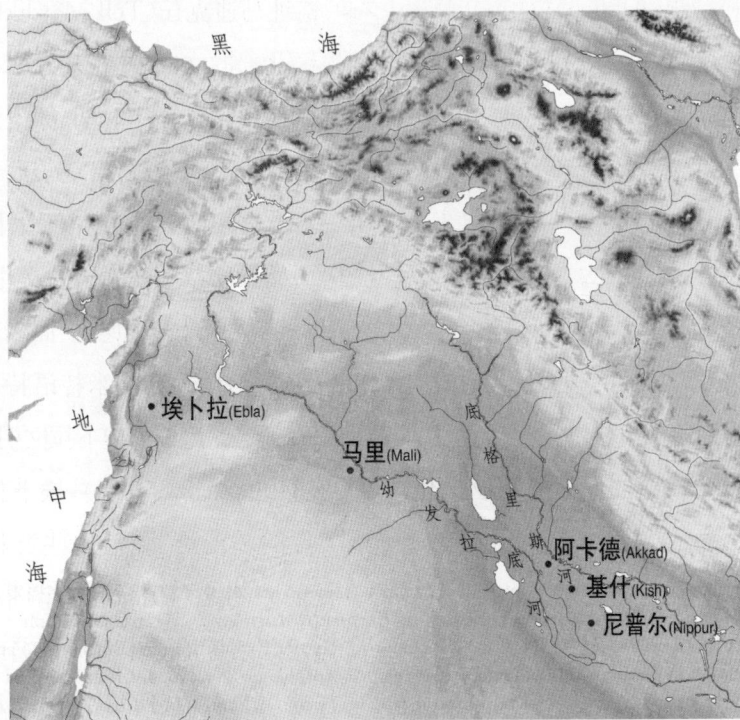

图 5　埃卜拉的地理位置示意图

流域经济中的比重逐渐加大。埃卜拉周边地区是十分适宜牧羊的草原,这与两河流域南部精巧的灌溉农业完全不同,从而发展成不同的经济模式。纺织业在两河流域主要城市间的贸易网络中的重要作用大大促进了埃卜拉羊群畜养产业的发展,同时也保证了埃卜拉王国的生存。

以下展示出的是来自埃卜拉国家档案文献中的一份有关纺织品分配的管理记录。[①]

埃卜拉纺织品分配记录

281 件衣服,

11 件优质彩色腰带,

100 件彩色腰带,

瓦那(Wana)在阿拉伽(Alaga)给了伊比里乌穆。

670 件衣服,

40 件优质彩色腰带,

600 件彩色腰带,

作为回馈给予阿拉伽,交给瓦那。

50 件衣服,

20 件彩色腰带,

在伊比里乌穆去阿拉伽的时候,阿述穆(Ashum)接收。

总计:1 001 件衣服,51 件优质彩色腰带,720 件彩色腰带。

[其中],562 件衣服,

1 件优质彩色腰带,

---

① EbDA (Ebla Digital Archives):http://ebda.cnr.it/tablet/view/19♯5977(埃卜拉数字档案,2019 年 8 月 7 日读取);Paolo Matthiae, *Ebla: An Empire Rediscovered*, Trans. Christopher Holme, Garden City:Doubleday, 1981;Joy Mccorriston, "Textile Extensification, Alienation, and Social Stratification in Ancient Mesopotamia," *Current Anthropology 38*, No. 4 (1997), pp. 517 - 535; Alfonso Archi and Gabriella Spada, *Administrative Texts: Allotments of Clothing for the Palace Personnel*:(*archive L. 2769*), Archivi Reali Di Ebla. Testi 20, Wiesbaden:Harrassowitz Verlag, 2018.

280 件彩色腰带,

供给 281 位去阿拉伽的人,

纺织品分配由埃卜拉国库完成。

[此外],23 件衣服,

1 件优质彩色腰带,

11 件彩色腰带,

分配给来到埃卜拉国库的瓦那代表团。

3.2　乌尔第三王朝农业用地清册

与之前的阿卡德王朝不同,乌尔第三王朝所统治的疆域相对较小,除了传统的苏美尔和阿卡德中心区之外,还有位于底格里斯河与扎格罗斯山脉中间的边缘地带,作为国家的军事管控区。乌尔第三王朝具有一套行之有效的官僚管理体系,地区各省行政长官代表国王进行管理统治,这些官员通常来自当地显赫的家族,国王则会通过联姻的方式与地方贵族保持利益一致。此外,与地区各省长官平级的还有由中央直接任命的军事长官,军事长官所负责的区域并不一定同各省行政区一致,有时一省内会有多位军事长官负责不同区域。中央政府通过建立税收体制向地方各省收取资源。各地区省份提供的产品及其数量根据各地情况不同有所差异,例如基尔苏是粮食生产区,与之邻近的温马则提供制成品,如纺织品等。每个省份所缴纳的物产通常都会根据其农业生产或制造水平进行估算。以农产品为例,负责官员会测量农业区域的面积,从而对收成情况进行估算,在此基础上决定所要缴纳的产品数量。

以下所挑选的行政档案文献是来自基尔苏的农业用地清册,其中包括对土地的测量以及对产量的测算方法。整个土地被分成 4 块,根据其长宽数据看,每一地块均为狭长型,地块面积的测量中考虑到土地实际的使用情况,进行增减变量上的修正。对于产量的估算则按照一定参数进行。记录中有大量土地为空地,也许是出于休耕的需要。此外还包括对种植密度

图 6　乌尔第三王朝创建者乌尔纳姆国王圆筒印章及泥板上的印图

的记录。[①]

乌尔第三王朝农业用地清册

地块长度：660 尼登[(1)]，

地块宽度：77 尼登，

加 78 伊库[(2)]，减 12.75 伊库。

此地块面积为 573.50 伊库。

[其中]91.25 伊库土地，每伊库出产 60 升；

44.50 伊库土地，每伊库出产 180 升；

38 伊库土地，每伊库出产 300 升；

---

① BDTNS (Database of Neo-Sumerian Texts)：http：//bdtns. filol. csic. es/ficha_simple_ventana. php? miReferencia＝24(新苏美尔文献数据库，2019 年 8 月 7 日读取)，CDLI 编号：P108421；Marc van De Mieroop, *A History of the Ancient Near East*, *ca. 3000 to 323 BC*, 2nd ed. Blackwell History of the Ancient World. Malden, MA：Blackwell，2007，pp.73 - 84；Mario Liverani, *The Ancient Near East: History*, *Society and Economy*, Trans. Soraia Tabatabai, London：Routledge，2014，pp.160 - 166；欧阳晓莉，Christine Proust，《两河流域六十进制位值记数法：早期发展的新证据及其分析》，《自然科学史研究》第 34 卷第 2 期(2015)，第 201—221 页；李伟，《古巴比伦的度量衡单位制》，《中国计量》2006(05)，第 48 页。

399.75 伊库为空地。

大麦收成为 16 590 升。[3]

由乌尔舒帕(Ur-Shulpae)记录。

地块长度：670 尼登，

地块宽度：50 尼登，

加 9.50 伊库，减 58.50 伊库。

此地块面积为 286 伊库。

[其中]，30 伊库土地，每伊库出产 180 升；

42 伊库土地，每伊库出产 120 升；

49.50 伊库土地，每伊库出产 60 升；

170.50 伊库为空地。

大麦收成为 8 740 升。

由乌尔沙伽(Ur-Shaga)，巴阿达(Baada)的儿子记录。

地块长度：630 尼登，

地块宽度：36 尼登，

加 15.50 伊库，减 0.75 伊库。

此地块面积为 241.50 伊库。

[其中]，37.75 伊库土地，每伊库出产 120 升；

31.75 伊库土地，每伊库出产 180 升；

14 伊库土地，每伊库出产 60 升；

158 伊库为空地。

大麦收成为 7 390 升。[4]

由乌尔敏穆(Ur-Minmug)记录。

地块长度：630 尼登，

地块宽度：34.50 尼登，

加 15.50 伊库，减 1.25 伊库。

此地块面积为 234.50 伊库。

[其中]，25.50 伊库土地，每伊库出产 120 升；

27.25 伊库土地，每伊库出产 180 升；

15.50 伊库土地，每伊库出产 60 升；

166.25 伊库为空地。

大麦收成为 5 930 升。[5]

由卢辛(Lu-Sin)，乌尔巴伽拉(Ur-bagara)的儿子记录。

由达达(Dada)收取这些大麦。地块名称：卢伽尔那穆如那(Lugal-namuruna)。[种植密度]每尼登开垦 11 道犁沟。管理者：女神宁玛基(Nin-MAR.KI.)的祭司。由巴阿(Baa)监督。在基马什(Kimash)被毁下一年。[6][总计]37 130 升。

【注释】

〔1〕尼登(*ninda*)为长度单位，1 尼登＝6 米。

〔2〕伊库(*iku*)为面积单位，1 伊库＝10 尼登×10 尼登＝3 600 平方米。

〔3〕此处收成正好是总数的 $\frac{2}{3}$。

〔4〕此处收成正好是总数的 $\frac{2}{3}$。

〔5〕此处收成约为总数的 $\frac{2}{3}$。

〔6〕舒尔吉在位第 47 年。

3.3　舒尔吉与其大臣的通信

舒尔吉(Shulgi)在其父乌尔纳姆(Ur-Nammu)手中接过了以乌尔为首都的王权，统治两河流域地区几乎长达半个世纪(前 2094—前 2047 年在位)。在舒尔吉的统治之下，乌尔第三王朝疆域稳固，权力机构的组织形式逐步适应了从城邦到地区国家的转变,建立了中央高度集权的官僚体制,由中央向地方各省收取税贡以维持整个王朝的运行。这一整套专业化的管理体系留下大量的行政管理文献。以下挑选的两封信件是在尼普尔发掘出土的泥板,是古巴比伦时期书吏学校训练书吏所使用的学习材料,其内容是舒尔吉与其大臣阿拉德穆(Arad-mu)之间的往来通信。乌尔第三王朝最高级别的官员就是国王之下的大臣,通常由大臣管理国家的军事和财政事务,同时直接管理国家东部边疆地区。阿拉德穆在舒尔吉统治末年成为大臣,一直到末代皇帝伊比辛(Ibbi-Sin)当政时期,仍然还是王朝大臣。这些信件向我们展示出王朝政治生活的一个侧面。[1]

图 7　舒尔吉在乌尔建造神庙的奠基石板

第三行刻有舒尔吉的名字

阿拉德穆写给舒尔吉的信

请传言于陛下,奴才阿拉德穆如此说:

我按陛下的吩咐去往苏布尔(Subir)省[1],为确保省税[按时]缴纳,考察省内事务,与最高长官安皮勒沙(Apillasha)讨论磋商达成共识。他必须将苏布尔人带回正道。

---

① ETCSL (The Electronic Text Corpus of Sumerian Literature):http://etcsl.orinst.ox.ac.uk/cgi-bin/etcsl.cgi?text＝c.3.1.01&display＝Crit&charenc＝gcirc&lineid＝c3101.3#c3101.3;http://etcsl.orinst.ox.ac.uk/cgi-bin/etcsl.cgi?text＝c.3.1.02&display＝Crit&charenc＝gcirc#(牛津大学苏美尔文学电子文库,2019 年 8 月 7 日读取),CDLI 编号:P473727;P473728; Piotr Michalowski and Erica Reiner, *Letters from Early Mesopotamia*, Atlanta:Scholars, 1993, pp.52－66; Eleanor Robson, "The Tablet House:A Scribal School in Old Babylonian Nippur," *Revue d'Assyriologie et d'archeéologie orientale*. Vol.95, No.1 (2001), pp.39－66.

当我到达王宫门口的时候，没有人过来问候陛下的健康，既没有起身迎接的，也没有向我鞠躬致意的。我感到十分惊讶。

我走进去，看到他的行宫装饰精美，用料考究，柱子上镶嵌着黄金，白银，红玛瑙和青金石，足有 30 萨尔[2]。他盛装打扮，身上的饰物有黄金，有青金石，坐于王座之上，王座上还附有精美的华盖，他双脚踏着金色的脚凳。我走进来，他没有起身迎接。他的精锐部队有 5 000 士兵，驻守在他左右两旁。他传膳备好了 6 头牛和 60 只肥羊，还僭越礼俗，妄自以我陛下的仪式行洁净之礼。在没人迎接我的门口，有人命我进去。

我进门后，有人给我一把椅子，上面的扶手被黄金包裹着。他对我说："坐下！"我回答他："我为陛下之事而来，不可坐下！"2 头肥牛和 20 头肥羊端到我的桌上。尽管我未有冒犯，但陛下的一位士兵推翻了我的桌子！我极其惊恐，从未感到如此担心！

在尼纳苏(Ninazu)节的第 5 天，陛下曾吩咐我此次任务。如今是乌比古(Ubigu)月的第 1 天，我派信使回去。半个月已经过去，迫在眉睫。愿陛下知晓！

舒尔吉的回信

请传言于阿拉德穆，你的主舒尔吉如此说：

我所派去的人不是你的属下，他不需要听从你的命令。你怎么可以无视他的作为？真的是这样吗？

我所命令你的，是要维护省区边疆的稳定，要引导他们的人民顺服并维护和谐。你去往那些省区的各大城市，要去准确地了解他们的意图，了解当地达官显贵的态度。要让各处知晓我的命令，知晓我强大的武力，我英勇的兵器要征服异邦，我的狂风暴雨要遍及全地！不要在草原和田野引起冲突，直到你见到我的最高长官安皮勒沙！这是我要你做的，为什么你没有遵行我的命令？

如果我的最高长官不能够像我一样高高在上，如果他不能坐在带有华盖的王座之上,如果他无法将双脚踏在金色脚凳上、不能行使他作为最高长官的权力去指派官员或是革职官员,如果他不能下斩首令、不能下令致盲作为处罚,如果他不能提拔亲信,那么他如何能够稳固省区边疆的统治?

如果你真的忠心于我,就不要对他心怀妒忌。你已将自己看得太过重要,甚至不了解你自己的士兵!你应该已经见识了(安皮勒沙的英勇和)他的人民。

如果你是我忠心的仆人,你要将此信与安皮勒沙共念。愿和谐共荣成为国家的基石! 此乃最为紧迫!

【注释】
〔1〕苏布尔大概指古提附近横贯底格里斯河的地区。
〔2〕萨尔(*sar*)为面积单位,1 萨尔=36 平方米。

4. 神话与神明

两河流域的神话是帮助理解其文明构成的重要材料。两河流域文明发展达到较为成熟的时代,留下较为完整的长篇神话作品。除了神话之外,诸神还可能出现在其他各类文献材料中,包括颂诗、祷文、咒语,甚至人名中。这些材料为我们提供了理解两河流域宗教观念的渠道。一方面神话是地方性的,是具体知识环境的产物,另一方面神话也会跨区域、跨时代传播。在两河文明生成的早期,就已经存在这类文献作品,在两河文明之后的发展历史中,这些文明元素仍然被记忆并传承下去。

4.1 埃塔那神话

埃塔那(Etana)神话在两河流域传统的发展历史中一直流行。古巴比伦时期、中亚述时期以及新亚述时期著名的亚述巴尼拔(Ashurbanipal)图书馆都留下不同版本的阿卡德语文献证据。实际上,这个神话来自更为古老的传统,公元前 3 千纪阿卡德时期的圆柱滚筒印章上已经可以看到具有埃塔那神话元素的图像。现有的埃塔那神话便是根据这些不同版本及残篇重构而成的。

　　埃塔那神话一开头讲述诸神建造基什城的过程，较低等级的神明从事具体的工作，比如为建城奠基、加固砖墙；城市建成后，较高等级的神明则负责把握大局，为基什城寻找国王并授予其王权。埃塔那获得伊什塔（Ishtar）女神的喜爱，被挑选成为基什王，恩利尔神授予他王权。但是埃塔那却苦于没有儿子，他的妻子做梦得知生育之草可以帮助他们诞下儿子。埃塔那为阿达德（Adad）神建造神庙。神庙附近生长着一棵白杨树，一条蛇居住在树根处，一只鹰居住在树冠。两只动物向太阳神沙马什（Shamash）起誓成为朋友。它们共同分担捕猎，将获得的食物喂养各自的幼崽。鹰的幼崽逐渐长大，鹰不听其子的劝告，趁蛇出去觅食之际吃掉了他的朋友蛇的幼崽。蛇归来后发现它的窝已经不见了。于是蛇向沙马什呼求，控诉鹰的背信弃义。沙马什指示蛇隐藏在野牛的尸体里，当鹰和其他鸟类前来捕食的时候，蛇便可以借此机会报

图 8　伊什塔女神

伊什塔女神手握弓箭站在狮子背上，右手拿着勾状工具，石雕右上角刻有代表太阳神沙马什的标志，两河流域南部出土，现存德国柏林佩加蒙博物馆

仇。蛇按照沙马什神的指示，藏在野牛的尸体中，抓住机会拔掉了鹰的羽毛，折断了它的翅膀，将鹰扔到深坑中挨饿受苦。跌入深坑的鹰先后恳求蛇和沙马什的拯救，最后沙马什决定让埃塔那帮助鹰。同时，由于埃塔那没有后嗣，他正恳求沙马什赐他生育之草。沙马什指示埃塔那去寻找跌入深坑的鹰，鹰可以帮助埃塔那找到生育之草。成功将鹰救出深坑之后，埃塔那骑在鹰的背上飞往上天寻找掌管生育的女神伊什塔。鹰越飞越高，埃塔那感到害怕，他要求回城。接下来缺失一部分故事。回城之后，埃塔那告诉鹰，他梦见自己飞到天上，见到一位坐在狮子上的女神。鹰再次

背着埃塔那飞往上天,这次他们成功到达。神话的结尾部分到此缺失,推测故事最后埃塔那得到了生育之草,他的妻子也顺利诞下儿子。

下文节选神话中鹰与蛇的故事,以新亚述时期版本为主,并参考标准巴比伦语版本补充了一些不完整的句子。①

埃塔那神话(节选)

神庙的阴凉处生长着一棵白杨树,

树冠处栖息着一只鹰,

一条蛇[盘踞]在树根处,

它们每天都需要警惕[野兽出现]。

[鹰]开口对蛇说:

"来吧,[我们]做朋友吧,[你]和我!"

[蛇]开口[对鹰]说:

"[沙马什]可以见证[我们的]友谊。如果你不道德,就是冒犯他,会受到诸神的憎恶。这样,我们起誓。"

它们在勇武的沙马什神面前起誓,

"任何人若[破坏]沙马什的规矩,沙马什会将他交于刽子手,任何人若[破坏]沙马什的规矩,让高山挡住他的去路,让攻击他的武器迎面而至,让沙马什的牢笼困住他!"

它们以阴间之名起誓,

动身登上高山,

---

① CAMS (Corpus of Ancient Mesopotamian Scholarship)/Etana: The Standard Babylonian Epic of Etana, http://oracc.museum.upenn.edu/cams/etana/corpus(美国宾夕法尼亚大学博物馆古代美索不达米亚学术文库:标准古巴比伦语《埃塔那》,2019 年 9 月 7 日读取);Jamie Novotny, *The Standard Babylonian Etana Epic: Cuneiform Text*, *Transliteration*, *Score*, *Glossary*, *Indices and Sign List*, State Archives of Assyria, Cuneiform Texts 2, Helsinki: The Neo-Assyrian Text Corpus Project, 2001; Benjamin R. Foster, *Before the Muses: An Anthology of Akkadian Literature*, 3rd ed.; Bethesda, Md.: CDL, 2005, pp.533 - 554; Stephanie Dalley, "Etana (1.131)," in David E. Orton, K. Lawson Younger, and William W. Hallo (eds.) *The Context of Scripture Vol. I: Canonical Compositions from the Biblical World*, Leiden, New York: Brill, 2003, pp.453 - 457.

每天轮流警惕[野兽出现]。

鹰捕获到野牛和野驴，

蛇享用猎物，然后转身走开，以便幼崽吃食。

蛇捕获到雄鹿和羚羊，

鹰享用猎物，然后转身走开，以便幼崽吃食。

鹰捕获到野羊和大野牛，

蛇享用猎物，然后转身走开，以便幼崽吃食。

蛇捕获到田间的野兽和地上的动物，

[鹰享用猎物，然后转身]走开，以便幼崽吃食。

[蛇的幼崽享用了足够的]食物。

鹰的幼崽苗壮成长。

当鹰的幼崽健康长大的时候，

鹰的心里却另有盘算，

邪恶占据了它的心！

它想要吃掉它朋友的幼崽！

鹰开口对[他的幼崽]说：

"我要吃掉蛇的幼崽，蛇[一定会发怒]，我要飞向天空住在那里。我要从树冠上下来享用果实。"

最小的雏鹰极为聪慧，它对父亲说出如下的话来：

"不要吃，我的父亲！沙马什的网会扑向你，沙马什的网罗和誓言会绊倒你、会追捕你。任何人若破坏沙马什的规矩，沙马什会将他[交于刽子手]！"

它没有听它们的，也没有听[这些话]。

它下去吃掉了蛇的[幼崽]。

那天晚上，

蛇带着捕获的猎物回来，

[把肉放在]它的窝旁。

[它]四处寻找，它的窝不见了！

它向下看，[他的幼崽全都]不[见了]！

[鹰曾用]爪子在地上挖，

尘土飞扬[遮蔽了]天空。

蛇伤心欲绝，在沙马什面前痛哭，

[面对勇武的]沙马什，[它眼泪滚滚]，

"我相信你，[啊！勇武的沙马什]，[我曾经把食物供给]鹰，而今我的窝[却消失不见]！我的窝没了，可它的窝却安好无损，我的幼崽不知所踪，[可它的幼崽]却安然无恙。他下来吃掉了[我的孩子]！啊，沙马什！你可见它对我做出何等恶事！啊，沙马什！你的网罗定如地一样宽，你的牢笼如天一样高。[鹰]必定无法逃出你的网，就像那暗害[朋友的]恶鸟安祖一样！"

[当他听完]蛇的哀叹，

沙马什开口对它说：

"你去越过[高山]，[我]已为你捕获一头野[牛]。[你要]将其开膛[破肚]，埋伏在它[肚子里]，天上各种鸟都会[下来吃肉]。鹰也会和它们[一起下来吃肉]。它不会知道[这背后的谋划]，它会来搜寻最美味的肉，环绕四周细细观看。当它探进肚腹，你要抓住它的翅膀，折断它的翅膀，拔掉它的羽翼，拔光后把它扔进无底的深坑，让它死在那里，死于饥饿和干渴。"

正如勇武的沙马什所命令的，

蛇越过了高山，找到野牛。

它将牛开膛破肚，埋伏在牛肚之中。

天上各种鸟都下来吃肉。

鹰知道这背后的谋划吗？

它不会像其他鸟那样下来吃肉吗？

鹰开口对它的幼崽说：

"来，我们也下去吃野牛肉。"

最小的雏鹰极为聪慧,它对父亲说出如下的话来:

"不要下去,父亲,蛇肯定藏在野牛肚子里。"

鹰自言自语道:

"那些鸟不怕吗？它们不是好好地在那里吃肉么。"

它没有听从它幼崽的话。

它飞下去停在野牛身上。

鹰从前往后细细搜寻这些肉。

从前往后它又细细搜寻一遍,环绕四周细细观看。

当它探进肚腹,蛇一把抓住它的翅膀,说:

"你闯进我珍爱的窝,你闯进我珍爱的窝!"

鹰开口对蛇说:

"请可怜可怜我！我给你一份大礼当作赎金!"

蛇开口对鹰说:

"如果我放过你,我如何能向高高在上的沙马什交待？你的惩罚就会降到我身上,而我要你受到惩罚!"

它折断它的翅膀、羽毛和尾翼,

拔光后把它扔进无底的深坑,

它将会死在那里,死于饥饿和干渴。

4.2　伊楠娜的晋升

在两河文明经典苏美尔文学的书写传统中,有一位恩黑杜安娜(Enheduanna)值得一提。她同时拥有三个身份:阿卡德王朝开创者萨尔贡的女儿,乌尔城保护神月神南纳(Nanna)神庙的最高女祭司,编写并创作许多诗歌的女诗人。苏美尔语写成的赞美诗,即献给神明的颂神诗,是苏美尔文学中非常重要的组成部分。《伊楠娜的晋升》(*The Exaltation of Inanna*)就是一首献给伊楠娜女神的颂诗,由恩黑杜安娜创作或编辑。当然,现有标题为后世学者所拟。

在萨尔贡以前,两河流域的政治组织形态是独立的城邦,城邦间逐渐形成一种松散的联盟。已知有三座城市具有一定的联盟霸权,即北部的基什和南部的乌尔、乌鲁克。萨尔贡首先在基什宫廷建立一定成就,并在附近建起阿卡德(Akkad)新城。温马的统治者卢伽尔扎吉西占领了乌尔和乌鲁克(参见前文选取文献:卢伽尔扎吉西1号铭文,本书第8—11页),是当时萨尔贡的主要对手。阿卡德的萨尔贡在击败卢伽尔扎吉西之后,开创苏美尔城邦时代之后的新局面。不过在萨尔贡统治末期,曾经被军事征服过的城邦反叛了阿卡德王国,将萨尔贡围困于阿卡德城。最后,萨尔贡成功击败叛军,将王位顺利传给儿子里木什(Rimush)。

　　恩黑杜安娜创作或编辑的颂诗从侧面印证了萨尔贡在军事政治上所取得的成就。阿卡德的王有权力指派乌尔城的最高女祭司。萨尔贡将女儿恩黑杜安娜设立为乌尔城最高祭司,代表乌尔城保护神南纳的"新娘"。月神南纳是伊楠娜的父亲,伊楠娜是乌鲁克城的保护神,乌鲁克的圣区埃安纳(Eanna)是伊楠娜和天神安共同的宗教崇拜中心。在颂诗《伊楠娜的晋升》中,伊楠娜成为天神安的爱人,并且被授予得以管理世界的"道"(me)。伊楠娜在阿卡德语中的名字是伊什塔(Ishtar),萨尔贡时期伊什塔成为阿卡德城的保护神。恩黑杜安娜在颂诗中描绘伊楠娜作为女战神勇武的形象,对抗反叛的乌尔王,以及支持乌尔王的月神南纳。恩黑杜安娜在颂诗中向伊楠娜女神祈求她的眷顾,因为她相信伊楠娜的权力高于其父南纳。下文所节选颂诗中,前一部分主要是伊楠娜在战争中面对敌军的精彩描写,后一部分是对伊楠娜至高地位的赞颂。整篇颂诗是苏美尔文学经典篇章的代表。

　　除了与萨尔贡的政治历史背景有关之外,《伊楠娜的晋升》还是一部宗教文献,它表达了苏美尔的信仰和宗教观念。通过献给伊楠娜女神的一系列颂诗,表达出对女神的祈求,描述女神的功绩,赞颂女神的伟大,强调伊楠娜女神在苏美尔宗教中心的重要地位,祷告得到女神的眷顾。类似这样有关神明"晋升"的主题是两河流域文明中的一种宗教文学类型,是政治与宗教叙事结合的产物。萨尔贡时代早期出现的作品《伊楠娜的晋升》可算是此类文献的最早代表,而后期最有名的例子当属巴比伦城保护神马尔都克(Marduk)在两河流域宗教神明谱系中地位的提升。若从比较研究的意义上进行观察,《希伯来圣经》强调耶和华神在古代以色列宗教中的至高地位,可能与古代两河流域宗教文献中所呈现出的语境有着密切的关系。①

图 9　恩黑杜安娜圆盘浮雕

浮雕描绘的是礼仪场景,最左面的祭司在四层祭坛前奠酒,后面紧跟着女祭司恩黑杜安娜,现藏宾夕法尼亚大学考古及人类学博物馆

伊楠娜的晋升(节选)

集万事万物之道于一身的女王,光芒万丈,

正义之女王,为天地所钟爱,

---

① ETCSL (The Electronic Text Corpus of Sumerian Literature): The Exaltation of Inanna (Inanna B), http://etcsl.orinst.ox.ac.uk/section4/tr4072.htm(牛津大学苏美尔文学电子文库,《伊楠娜的晋升》[伊楠娜 B],2019 年 5 月 7 日读取); William W. Hallo and J. J. A. van Dijk, *The Exaltation of Inanna*, New Haven and London: Yale University Press, 1968; William W. Hallo, "The Exaltation of Inanna (1.160)," in David E. Orton, K. Lawson Younger, and William W. Hallo (eds.) *The Context of Scripture Vol.I: Canonical Compositions from the Biblical World*, Leiden, New York: Brill, 2003, pp.518-522; Henriette Broekema. *Inanna*, *Lady of Heaven and Earth: History of a Sumerian Goddess*, Leeuwarden: Elikser Uitgeverij, 2014.

天神安的爱人,[你]身着绚丽华服,

头戴适宜最高女祭司的精美冠冕,

手握"七道"。

啊,我的女王,你是万事万物之大道的守护者!

你拾起,将大道悬于你手,

你搜集,将大道紧抱在你胸口。

好似一条恶龙,你将毒液喷向大地。

你的怒吼仿佛雷雨神伊什库(Ishkur),草木伏倒。

洪水从山间迸发,

啊,你是天地间唯一的伊楠娜!

熊熊烈火从天而降,喷向大地,

天神安赐予[你]大道,[你]骑在神兽上,

[你]的所思所行听从天神安的旨意。

那些重大的礼仪,谁能彻底了解?

大地的毁灭者,暴风借给你翅膀。

恩利尔神所钟爱,你在国土上恣意飞翔。

你时刻服从天神安的命令。

啊,我的女王,听到你的声音,大地俯首称臣。

来到你面前的人,敬畏[你]耀眼的光芒和你手中的道,浑身战栗。

他们哼唱出一首哀歌,在你面前哭泣,

他们带着巨大的哀痛,走向你。

在战争的前线,你击倒所有一切。

啊,我的女王,你拍打着翅膀,啄掉[所有一切]。

带着暴风雨,你向前冲。

呼啸着暴风雨,你咆哮而来。

带着雷雨神伊什库,不间断雷声隆隆。

带着狂风,你喷出鼻息。

你的双脚尚未停歇。

伴着竖琴的低吟,你唱出一首挽歌。

啊,我的女王!

阿努纳(Anunna)众神拍动着翅膀在你面前飞过,聚集在废墟之上。

他们岂敢停留在你的注视下,

他们岂敢直面你的尊荣。

谁能平息你心中之怒?

你的怒气无法平息。

女王,[你的]心情可否平复?

女王,[你的]心可否喜悦?

啊,月神辛的长女,[你的]怒气不可平息!

地上至高无上的女王,没人能够拿走你的所有。

……

[月神]南纳还未曾说:"必定举世皆知!"他说:"全是你的!"

必定举世皆知! 你如天一般高远!

必定举世皆知! 你如地一般广阔!

必定举世皆知! 你摧毁反叛的大地!

必定举世皆知! 你向大地怒吼!

必定举世皆知! 你碾碎[他们的]头颅!

必定举世皆知! 你吞没[他们]的尸首,如同野狗!

必定举世皆知! 你的注视令人战栗!

必定举世皆知！你抬起注视的目光！

必定举世皆知！你目光如炬！

必定举世皆知！你不可动摇、永不屈服！

必定举世皆知！你永远高奏凯歌！

（月神）南纳还未曾说，他说："全是你的！"

你如此伟大，你高高在上，我的女王！

[你是]天神安的所爱，我曾经历你的愤怒！

5. 社会变革与动荡

在两河流域文明的生成阶段，有两次较大的社会变动，一次是苏美尔城邦时代晚期，第二次是阿卡德帝国的结束。对于这两次变动的记忆留存在两河流域的文献中。下面选取的第一篇是有关乌鲁卡基那改革的记载，展示出苏美尔城邦时代末期的一些社会问题；第二篇是虚构性的诗歌体历史文献，表达出一种两河流域的历史观念，即王权不可能永远停留在一座城市，阿卡德曾经辉煌，但也会衰亡。

5.1　乌鲁卡基那改革铭文

苏美尔城邦时代晚期（约前 2300 年），拉格什的统治者是乌鲁卡基那（Urukagina），后来学者也曾将他的名字修正为乌鲁依尼姆基那（Uruinimgina），此处仍然沿用乌鲁卡基那这一读法。乌鲁卡基那统治期间留下一些记载其事迹的铭文，他以在拉格什城邦推行改革而闻名。从他留下的铭文中得以依稀看到当时的一些社会问题。下文节选铭文通常被称作"乌鲁卡基那改革铭文"，来自对 3 个圆锥泥板内容的勘定。铭文记载乌鲁卡基那所实行的改革内容，也对改革之前社会所存在的问题有所描述，比如官员滥用权力，祭司需要缴纳谷物税金，殡葬业收费过高，地位较高的有特权的阶层欺压穷苦百姓，等等。改革的根本目的是要将权力归于神庙，撤除各类监察官员或是那些处理王宫和神庙之间事务的职务，免除神庙向王室缴纳的税费，甚至将王室的房产也

图10　乌鲁卡基那改革铭文圆锥泥板

1905 年在基尔苏发掘出土，现藏法国卢浮宫

归于神的名下。换句话说,在神庙和神明具有最高权力的名义下,王室和神庙的统治都归于中央集权之手。当然也需要注意,这份文献并非一份真正的改革纲领,而是具有政治宣传意义的文件。[①]

乌鲁卡基那改革铭文(节选)

自远古以来,自生命之始。

在那些日子里,领头船夫占用船只,掌管牲畜的官吏占用驴和羊,渔业巡查员占用税金,洁净礼仪祭司忙于缴纳谷物税金到安柏尔(Ambar)。专为收取羊毛的牧羊人用白银付税,替代用白羊缴付。土地勘测员、哀歌领唱人、神庙监察员、酿酒师和公社长老都用白银交税,替代用小羊缴付。

神庙的牛群用来给城邦统治者的大蒜田犁地,神庙最好的土地成了城邦统治者种植大蒜和黄瓜的专门用地。神庙管理者给成群结队的驴和毫无缺陷的牛群缚上牛轭,而神庙管理者的谷物由城邦统治者的人员进行分配。神庙管理者收取以下物品以免除徭役:羊毛衣物、羊毛外套、亚麻褂子、亚麻布、困束好的亚麻织品、青铜头盔、青铜箭、青铜弓、磨光的皮料、黄鸦的羽翼、[……]嫩枝、一头未剪绒山羊的全部羊毛。神庙管理者摘光穷苦者的果园,把所有的果实捆在一起。

当逝者被送往坟地,殡葬业者收取 7 大罐啤酒,420 条面包,2 巴列加[1]谷物,一件羊毛衣物,一头山羊和一张床。一位女哭泣者收取 1 巴列加大麦。若在"恩基的芦苇"处下葬,殡葬业者收取 7 大罐啤酒,420 条面包,2 巴列加谷物,一件羊毛衣物,一张床和一把椅子。年长的女哭泣者收

---

① CDLI (Cuneiform Digital Library Initiative): https//cdli. ucla. edu/search/search_ results. php? CompositeNumber= QOO1124(楔形文字数字图书馆计划,2019 年 11 月 7 日),CDLI 编号: P431154;Douglas R. Frayne, *Presargonic Period* (*2700 to 2350 BC*), Royal Inscriptions of Mesopotamia Early Periods, Vol. 1, Toronto: University of Toronto Press, 2008, pp. 245 - 265; Mario Liverani, *The Ancient Near East: History, Society and Economy*, Trans. Soraia Tabatabai, London: Routledge, 2014, pp.113 - 114;日知选译,《拉格什乌鲁卡基那的改革》,收入《世界史资料丛刊初集·古代埃及与古代两河流域》(北京:生活·读书·新知三联书店,1957),第 60—65 页;李铁匠,《试说乌鲁依尼姆基那改革》,《南昌大学学报》1990 年第 2 期,第 89—92、111 页;杨炽,《关于乌鲁卡基那改革铭文的译注和评述》,收入《世界古代史研究(第一辑)》(北京:北京大学出版社,1982),第 1—11 页。

取 1 巴列加大麦。······

统治者的房产和田地，统治者妻子的房产和田地，统治者孩子的房产和田地相连在一起。法庭执行官掌管从宁吉尔苏神的边界直到海边的审判。

若王的臣民要在他田地的窄边修凿一口水井，盲眼的工人要完成这份工作，盲眼的工人还要为这块田地修建灌溉水渠。

这便是以往日子的惯例。

当宁吉尔苏神，恩利尔神的武士，授予乌鲁卡基那在拉格什的王权，从众人之中挑选了他，他改变了以往的惯例，执行他的主人宁吉尔苏神给予他的命令。他撤除领头船夫管理船只的职权，他撤除掌管牲畜官吏管理驴羊的职权，他撤除渔业巡查员收取税金的职权，他撤除粮仓监察员对洁净礼仪祭司税金的收取，他撤除法庭执行官收取白银以替代白羊和小羊羔的缴纳，他还取消神庙管理者向王宫缴纳的税费。他让宁吉尔苏神成为统治者房产及国王田地的持有者，让巴乌女神成为统治者妻子房产及田地的持有者，让舒尔沙伽那（Shulshagana）神成为统治者孩子的房产所有者。从宁吉尔苏神的边界直到海边，法庭执行官停止审判。

当逝者被送往坟地，殡葬业者收取 3 罐啤酒，80 条面包，一张床和一头"领头羊"。女哭泣者收取 3 本[2]大麦。若在"恩基的芦苇"处下葬，殡葬业者收取 4 罐啤酒，420 条面包，1 巴列加谷物。哭泣的女性收取 3 本大麦。······

神庙管理者不再掠夺穷苦者的果园。若王的臣民收获一只新出生的驴子，他的公社长老对他说："我想从你这儿买下它。"若他愿意卖给他，就会对他说："请付给我所希望的价位。"若他不想卖给他，他的长老必不可对他怒气相向。······

乌鲁卡基那与宁吉尔苏神立下口头之约，他永不会让有权力者欺压孤儿寡妇。

【注释】

〔1〕巴列加(*barig*)为容量单位,1巴列加=60升。

〔2〕本(*ban*)为容量单位,1本=10升。

5.2 阿卡德咒

《阿卡德咒》作为一部经典的苏美尔语诗歌,尽管其写作年代不能确认,但在公元前2千纪至1千纪期间,已经是一部流传甚广的完整作品,有许多泥板保留下来,其中,大部分来自尼普尔,推测最早可能在乌尔第三王朝时期已经完成。《阿卡德咒》讲述阿卡德国王纳拉姆辛在尼普尔为恩利尔神建造神庙,阿卡德时期的文献也记载过此事。这部作品的主题是对于阿卡德城的衰亡以及阿卡德王国结束的反思,具有深广的历史视野。诗歌强调苏美尔的重要性,

图11 石碑浮雕残碑

描绘阿卡德士兵杀戮敌军的场景,1894年在基尔苏发掘出土,约公元前2300—前2250年,现藏法国卢浮宫

强调其传统宗教中心尼普尔的重要性。古提人占领了苏美尔是神对于阿卡德城的怒气导致的后果。这部虚构性的文献通过对以往历史的解释表达出两河流域作者的某种历史观念。同时也说明,阿卡德王国的瓦解在两河流域的历史记忆中是一件值得反思和解释的历史事件。[1]

阿卡德咒(节选)

> 恩利尔怒目而视,
>
> 基什好似天牛一般被屠宰,
>
> 乌鲁克的房屋和大地在尘土中被屠戮,好似[被屠宰的]蛮牛,
>
> 那时那地,恩利尔给予萨尔贡,阿卡德的国王,
>
> 乌鲁克的爵位与统治基什的王权,从低地到高地[1],
>
> 那时,神圣的伊楠娜女神亲自建造阿卡德,作为她崇高的住所,
>
> 在乌勒马什(Ulmash)设好她的王座。

······

> [阿卡德]的国王,牧羊人,是纳拉姆辛,
>
> 像日出般升上阿卡德神圣的王座。
>
> 它(阿卡德)的城墙,像山脉般触碰天际。
>
> 神圣的伊楠娜女神打开它(阿卡德)宽阔的大门,
>
> 好让底格里斯河从这里经过一直流向大海。
>
> 她令苏美尔满载货物,拖着船逆流而上,
>
> 山地的阿摩利人不懂农事种植,
>
> 他们为她(伊楠娜)带来活蹦乱跳的公牛和山羊,

---

① ETCSL (The Electronic Text Corpus of Sumerian Literature):The Cursing of Agade, http://etcsl. orinst.ox.ac.uk/cgi-bin/etcsl.cgi?text=c.2.1.5&display=Crit&charenc=gcirc#（牛津大学苏美尔文学电子文库,2019 年 5 月 7 日读取）;Benjamin R. Foster, *Before the Muses: An Anthology of Akkadian Literature*, 3rd ed.; Bethesda, Md.: CDL, 2005, pp.350 - 358.

美路哈,来自黑岩山的人,

为她带来异国的手工品,

埃兰与苏布尔好似运货的驴子般满载着货物而来,

城市的统治者,神庙的管理者,分配农田的书吏,

带来每月和新年固定的贡纳品。

在阿卡德的城门,多么令人疲倦!

神圣的伊楠娜也没有办法收下所有的贡品,

怎么可能让人能马上建好足够大的神庙收下这些东西。

来自埃库尔[2]的裁定悄无声息,寂静得可怕,

在阿卡德,她(伊楠娜)害怕得颤抖,在乌勒马什,恐惧包裹着她。

她离开了她所在城市的居所,就像年轻的女子离开她童年的家。

神圣的伊楠娜离开了阿卡德的圣所,像是匆忙奔赴沙场的士兵,

她离开充满战事的城市,等于将城市交在敌人手上。

……

纳拉姆辛在梦中见到,

阿卡德的王权不再永久,不再昌盛,

它的未来,看不到希望,

它的根基动摇,它的财富四散。

[纳拉姆辛]明白梦的启示,但他什么也没说,也没和任何人商议。

他身着丧服去往埃库尔,将王车覆盖上芦苇毯,扯下王室驳船的华盖,

他收好自己的国王礼服。

纳拉姆辛不屈不挠坚持了七年,

谁曾见过一位国王如此卑微,整整七年?

他去问卜,却没有得到建造圣殿的预兆,

他再次去问卜，依然没有得到建造圣殿的预兆，

为了改变屈尊俯就的局面，

他试图改变恩利尔的裁定。

……

暴风雨淹没整个大地，上涨的洪水没有谁能躲过，

恩利尔所钟爱的埃库尔被毁，他要毁掉什么作为报偿？

他望向古平（Gubin）[3] 山脉，将那些分散于山区中的人带下来。

古提人无拘无束，没有国土，不守规矩，

他们看似好像人类，却只拥有犬类的头脑和猴子的容貌，

恩利尔将他们从山区带下来！

如同蝗灾，他们布满大地，

恩利尔让他们伸展手臂好似围捕家畜，

什么都逃不出他们的掌心，没有人能脱离他们的控制，

信使无法奔赴大路，送信船只无法驶出航道。

他们将恩利尔的羊群从羊圈驱赶出来，要牧羊人跟从他们；

他们将牛群从牧场驱赶出来，要牧牛人跟从他们。

巡夜人看管货仓，凶手占据着大路，

大地之上的城门都被尘土覆盖，所有异邦土地在他们的城墙上悲痛欲绝。

……

再一次，辛，恩基，伊楠娜，尼努尔塔（Ninurta），伊什库，太阳神，努斯库（Nusku），妮撒巴，以及所有神，都望向这城，狠狠地诅咒阿卡德城。

啊，这座攻击埃库尔的城！啊，恩利尔！就让它这样吧。

啊，攻击埃库尔的阿卡德城！啊，恩利尔！就让它这样吧。

愿哀悼的声音响彻云霄!

愿神圣的居所坍塌散落,变成灰烬,

愿在台阶上矗立的镇守神兽,像醉汉一般瘫倒在地!

愿泥土返回深渊,愿恩基诅咒泥土!

愿谷物返回犁沟,愿谷物女神诅咒谷物!

愿木料返回森林,愿木匠之神诅咒木料!

愿屠牛者屠杀他的妻子,愿屠羊者屠杀他的孩子!

愿乞丐溺毙为他讨饭的孩子!

愿娼妓在妓院门口上吊自杀!

愿怀孕的女祭司杀掉她们的孩子!

愿黄金与白银同价,愿白银与黄铜同价,愿黄铜与合金同价!

啊,阿卡德! 愿你强壮的人失去力量,愿他连供给品也无法搬上马鞍!

……

啊,阿卡德! 愿你的活水中流淌着盐巴!

谁若说:"我要住在这城。"愿他无处容身!

谁若说:"我要酣睡于阿卡德。"愿他无处可眠!

就在那一天,

原来停靠船只的河岸杂草丛生,

原来车轮滚滚的路上野草离离,

更有甚者,原来船只停靠的河岸边,凶猛的野牛与机敏的蛇拦住去路,

原来碧草连天的草原大地,现在布满枝条,

阿卡德的活水中流淌着盐巴。

谁若说:"我要住在这城。"他必无容身之处,

谁若说:"我要酣睡于阿卡德。"他必无安枕之地。

伊楠娜因阿卡德被毁而受到赞美!

【注释】

〔1〕指从南部平原到北部山区。

〔2〕指恩利尔,埃库尔是恩利尔神在尼普尔的圣区。

〔3〕指古提人,他们是扎格罗斯山区的游牧民族。

二、埃及文明的生成

1. 专制主义中央集权统治

早在前王朝(前 3500—前 3000 年)时期,伴随着文字的产生和首都孟菲斯的建立,埃及文明初现端倪。进入早王朝(前 3000—前 2686 年)后,专制主义中央集权统治得以确立,"君权神授"思想基本形成。到了古王国时期(前 2686—前 2155 年),专制中央集权统治得到进一步巩固和强化,并以金字塔的建造为集中表现。在此,我们选取了古代埃及的第一篇王表——帕勒莫石碑(Palermo Stone)。由于该石碑关于第一、第二和第三王朝的记述语焉不详或破损,因此我们节选其中记述较为完整的第四和第五王朝部分进行翻译和注释。

1.1　帕勒莫石碑铭文

帕勒莫石碑是已知古代埃及最早的王室年鉴,因而长期以来一直是学者们研究古代埃及早期历史,特别是第五王朝以前的埃及历史的首选文献资料。由于流传下来的古代埃及早期文献资料数量甚少,帕勒莫石碑在埃及早期历史的构建上越发显得弥足珍贵。

帕勒莫石碑正面的第一行被分成若干个隔断,每一个隔断都刻有国王的名字,名字的下面则雕刻一位坐着的国王。其他行也被分成若干个隔断,但却是由表示"年"的象形文字符号隔成。同一行的隔断宽度相等,不同行的隔断宽度略有不同,属于第四和第五王朝的隔断宽度较之于前 3 个王朝的隔断宽度要大一些。石碑不是用国王的统治年来纪年,也就是说,它的一系列隔断并不是从国王的登基日期算起,而是以埃及历法上的泛滥季的第 1 个月的第 1 天

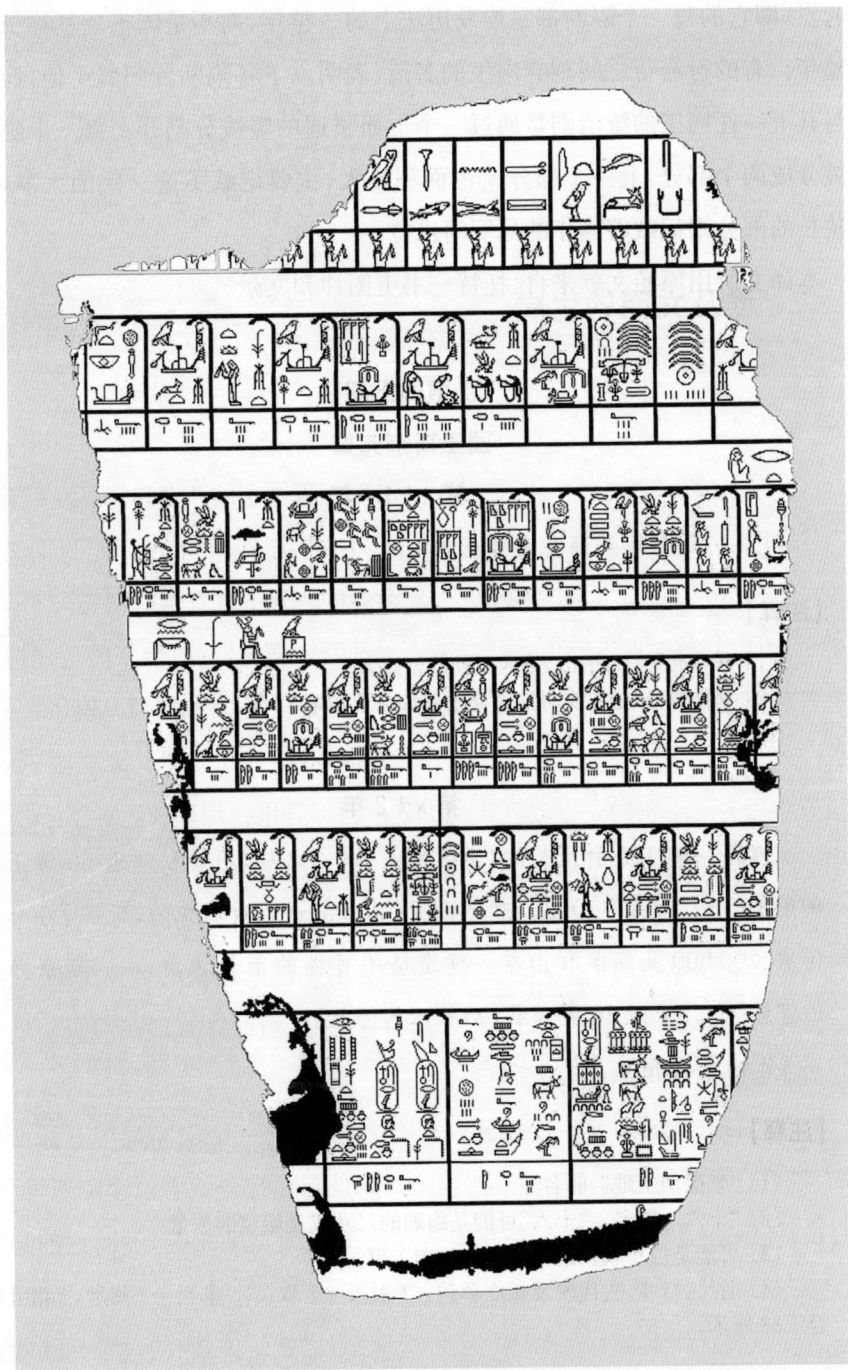

图 12　帕勒莫石碑铭文线描图

为起点，即它的每一个隔断都是埃及历法上的一整年，而不是国王登基称王的一整年。有的行与行之间刻有国王的名衔，表明以下各隔断皆归属于他，而国王与其下一任国王的统治则是通过一个上面贯通的竖线分割开。每一个隔断又被分成两个部分，上一个部分所占面积较大，主要记载了这一年的大事，下面狭长的部分则记载着当年的尼罗河水位。

本译文所用原始文献来自《托特—书吏图片和文献》。①

第四王朝

国王斯奈弗如[1]

第 x＋1[2] 年

［……］"下埃及两公主"［诞生］。［……］

【注释】

〔1〕斯奈弗如（Snefru），第四王朝的创建者。
〔2〕据推算，该处铭文可能是斯奈弗如在位的第 12 年。

第 x＋2 年

建造一艘 100 肘尺长的"崇敬两土地"[1]之船，用雪松建造 60 艘王室御用船——"十六"(?)[2]。对努比亚（Nubia）进行攻城掠地，带回 7 000 名俘虏、200 000 头绵羊和山羊。建造坚不可催的南北城墙——"斯奈弗如的宫殿"[3]。带回 40 艘满载(?)松木的船只。

2 肘尺，2 指寸。[4]

【注释】

〔1〕"崇敬两土地"，船名。
〔2〕"十六"，船名。"十六"可能是指船的尺寸或是船桨的数量。
〔3〕可能是位于埃及边界的军事防御工事。
〔4〕肘尺、指寸，古代埃及长度单位。1 肘尺＝7 掌尺，1 掌尺＝4 指寸，1 指寸约合 1.88 厘米。

---

① http://www.catchpenny.org/thoth/Palermo/index.htm.

第 x+3 年

建造 35 间储藏室（和）122 间农场。用雪松建造一艘 100 肘尺长的"崇敬两土地"之船，并用雪松建造两艘 100 肘尺长的船。

第七次牲畜普查。

5 肘尺，1 掌尺，1 指寸。

第 x+4 年

建造以南大门为基础的"南门之上崇高的斯奈弗如白王冠"，并建造以北大门为基础的"北门之上（崇高）的斯奈弗如红王冠"。[1]（用）雪松为皇宫修建大门。

第八次牲畜普查。

【注释】

〔1〕"南门之上……白王冠""北门之上……红王冠"分别是两个建筑物的名称。

第 x+5 年

［……］国王［……］

统治年已佚失

［……］

国王蒙考拉[1]
统治的最后一年

［第…月］，第 24 日。

【注释】

〔1〕蒙考拉（Menkaura），埃及语含义是"像拉神的精神一样永恒"，他是第四王朝的第六位国王。也有学者认为蒙考拉是第四王朝的第四位或第五位国王。

国王什普塞斯卡弗[1]

第1年

第[……]月,第11日。上、下埃及之王加冕,两土地统一。(阅兵)巡墙。塞什德节[2]。建造威普瓦瓦特[3](的神像)。国王祭典统一两土地之神[……]供粮者。为金字塔"什普塞斯卡弗之泉"[4]选择建造地址。[……]上、下埃及的圣地[……]:20天。[……]1[6]24[……][6]00[……]

4肘尺,3掌尺,2$\frac{1}{2}$指寸。

【注释】

〔1〕什普塞斯卡弗(Shepseskaf),第四王朝的第七位国王,仅在位4年。

〔2〕塞什德(Seshed)节,可能是早期埃及国王加冕仪式的一部分。

〔3〕威普瓦瓦特(Wep-wawat),即国王的保护神,也是冥界的引路人,常以豺狼形象出现。

〔4〕"什普塞斯卡弗之泉",即金字塔名称。

第五王朝

国王乌塞尔卡弗[1]

第1年

[……]

【注释】

〔1〕乌塞尔卡弗(Userkaf),第五王朝的开创者。自第五王朝开始,埃及国王自称"太阳神之子"。

第2年

[……]

第3年

[……]

第 4 年

[……]

第 5 年

第三次牲畜普查[荷鲁斯与塞特[1]]之屋的[贡品清单]。

[……]

【注释】

〔1〕荷鲁斯(Horus),是古代埃及王位保护神,常以鹰隼的形象出现,崇拜中心在上埃及;塞特(Seth),暴雨神或沙漠之神,呈豺狼头人身形象,崇拜中心在下埃及。

第 6 年

上、下埃及之王乌塞尔卡弗,他准备贡品,(向)赫利奥坡里斯[1]的众神献祭:每逢"第六"节[2]献祭 20(份)的面包和啤酒,并(献祭)$36+\frac{1}{2}+\frac{1}{4}+\frac{1}{8}$(?)(=$36\frac{7}{8}$?)斯塔特[3][……]乌塞尔卡弗管辖的土地。向"拉神的庆典"[4]中的众神献祭:24 斯塔特[……]乌塞尔卡弗管辖的(土地),每日(献祭)2 头公牛和 2 只针尾鸭。(向)拉神献祭:44 斯塔特的位于下埃及的州[5]的土地。(向)哈托尔神[6]献祭:44 斯塔特(的位于下埃及的州的土地)。(向)布托[7]之地的众神献祭:54 斯塔特(土地),并(为他们)在公牛山[8]的布托之地的神庙建造祭坛。(向)荷鲁斯神献祭:2 斯塔特(土地),并(为)他的神庙建造坚不可摧的城墙。(向)上埃及神殿之神奈赫白特神献祭:每日(献祭)10(份)面包和啤酒。(向)派尔努[9]的瓦杰特神[10]献祭:(每日献祭)10(份面包和啤酒)。(向)上埃及神殿之众神献祭:(每日献祭)48(份面包和啤酒)。

第三次牲畜普查。

4 肘尺,$2\frac{1}{2}$指寸。

【注释】

〔1〕赫利奥坡里斯(Heliopolis)，地名，位于今开罗的东北部。

〔2〕"第六"节，古代埃及节日的名称，每逢农历的第6日举行。

〔3〕斯塔特，古代埃及面积单位，1斯塔特＝2 752平方米。

〔4〕"拉神的庆典"，太阳神庙名称，位于阿布斯尔(Abusir)金字塔群与阿布-古如布(Abu-Gurob)之间。

〔5〕州(*spat*)，又称为诺姆(Nome)，为古埃及行政区划的单位名称。

〔6〕哈托尔(Hathor)神，为古代埃及王权的保护女神，呈母牛的形象，后与伊西斯(Isis)女神合二为一。

〔7〕布托(Buto)，地名，布托也常被称为"派"，位于三角洲北部，属于下埃及第六州。

〔8〕公牛山，即下埃及的第六州，位于尼罗河三角洲的中部。

〔9〕派尔努(Per-nu)，可能位于布托，据推测，它应该是圆形屋顶的泥砖建筑。

〔10〕瓦杰特(Wadjet)神，即布托城的保护女神，常以眼镜蛇的形象出现。她与秃鹫女神合称为"两夫人"，构成国王的第二王衔。

第7年

[上、下埃及之王乌塞尔卡弗，他准备贡品祭奠：][……]1704[＋x]＋$\frac{1}{2}+\frac{3}{4}$(?)＋$\frac{10}{100}$(＝$1\frac{7}{20}$)斯塔特的下埃及土地[……]。

国王撒胡拉[1]

[……]

【注释】

〔1〕撒胡拉(Sahure)，第五王朝的第二位国王。

第5年

[上、下埃及之王]撒胡拉，他准备贡品祭典：赫利奥坡里斯[……]；[拉神(?)]之子[……]200名沐浴祭司[……]圣船(?)[……]。(向)派尔威尔[1]的奈赫白特神献祭：每日献祭800(份)贡品。(向)派尔奈泽尔[2]的瓦杰特神献祭：(每日献祭)4 800(份)贡品。(向敬奉)拉神(的)神殿献

祭：每日献祭138(份)贡品；(向敬奉拉神的)上埃及神殿献祭：(每日献祭)40(份贡品)；(向敬奉拉神的)屋顶[3]献祭：(每日献祭)74(份贡品)。(向)"拉神之地"[4]的哈托尔神献祭：(每日献祭)4(份贡品)。(向)"拉神之地"的拉神献祭：位于凯姆威尔[5]的24斯塔土地。(向)迈斯[6](?)：位于阿奈地提[7]的2(00?)斯塔特土地。(向)塞姆[8](?)：位于阿奈地提的2(00?)斯塔特土地。(向)肯恩提亚乌弗[9]献祭：位于孟菲斯的2(00?)＋20＋8＋$\frac{1}{4}$＋$\frac{1}{8}$(?)(＝228$\frac{3}{8}$?)斯塔特的土地。(向)在"作为'巴'显现的撒胡拉"[10]的瑞什[11]中的哈托尔神献祭：位于东部地区的2(00?)＋20＋8＋$\frac{1}{4}$＋$\frac{1}{8}$(?)(＝228$\frac{3}{8}$)(斯塔特)土地(和)位于(西)鱼叉州[12]的1(00?)(斯塔特)。(向)卡海地[13]献祭：位于"哈恩特耶布"[14]州的13＋20＋$\frac{1}{4}$＋$\frac{2}{100}$(＝33$\frac{27}{100}$)斯塔特土地。

第三次(清查)荷鲁斯与塞特之屋的贡品清单。

一年后,(进行)第二次牲畜普查。

2肘尺,2$\frac{1}{4}$指寸。

【注释】

〔1〕派尔威尔(Per-wer),地名,位于埃尔-卡布(el-Kab)的上埃及王室圣所,是奈赫白特(Nekhbet)神的崇拜中心。

〔2〕派尔奈泽尔(Per-nezer),地名,位于布托城的下埃及王室圣所。

〔3〕屋顶,可能指的是神庙敞开式的屋顶建筑结构。

〔4〕"拉神之地",太阳神庙名称。

〔5〕凯姆威尔(Kem-wer),地名,下埃及的第十州。

〔6〕迈斯,古代埃及的神明,详情尚不明确。

〔7〕阿奈地提(Anediti),地名,下埃及第九州。

〔8〕塞姆(Sem),古代埃及的神明,详情尚不明确。

〔9〕肯恩提亚乌弗(Khenti-iautef),即普塔(Ptah)神。

〔10〕"作为'巴'显现的撒胡拉",国王撒胡拉金字塔名称,位于阿布斯尔。

〔11〕瑞什(Resh),可能是地名,详情尚不明确。

〔12〕西鱼叉州，即下埃及的第七州，位于尼罗河三角洲的西北部。

〔13〕卡海地(Ka-hedi)，地名，位于尼罗河三角洲最东部的下埃及第十四州。

〔14〕哈恩特耶布(Khant-yeb)，即下埃及的第十四州。

第 6 年

上、下埃及之王[撒胡拉，他准备贡品祭典：]九神系[1][……]，圣地(?)[……][西部州[2]]的王室地产上的圣所(?)[……]。

3 肘尺[……]。

【注释】

〔1〕九神系，即赫利奥坡里斯城的九位主神：阿图姆(Atum)神(也被称为九神系的公牛)、舒(Shu)神、泰弗努特(Tefnut)神、盖博(Geb)神、努特(Nut)神、奥西里斯(Osiris)神、伊西斯神、塞特神和奈弗提斯(Nephthys)神。

〔2〕西部州，即下埃及的第三州。

第 13 年

[上、下埃及之王撒胡拉：他准备]贡品祭典：(向)西方之神——拉：上、下埃及[……]斯塔特[……献祭……]。(向)哈托尔神献祭：[……]204 斯塔特的王室地产(?)[……]所有[……]。进贡的异域物品：绿松石国[1]，6 000(?)(两)铜(?)；蓬特[2]，8 000(两)末药、6 000(两)琥珀金、2 900(两)孔雀石和 23 020(两)[……]杜(?)[……]。

1 年后[3]，(进行)第六次(?)牲畜普查。6(?)月，12(?)日。

【注释】

〔1〕绿松石国，地名，位于西奈半岛，即现今的玛哈拉干涸河道(Wadi Maghara)。

〔2〕蓬特(Punt)，地名，位于埃及东南部，即现今的苏丹或埃塞俄比亚。

〔3〕这一年应该是国王撒胡拉统治的第 13 年。

国王奈菲尔瑞卡拉[1]

荷鲁斯："权威显现"，上、下埃及之王，两夫人"权力上升"。

【注释】

〔1〕奈菲尔瑞卡拉(Neferirkare),第五王朝的第三位国王。

第 1 年

2 月 7 日,建造众神(神像),两土地统一,(阅兵)巡墙。上、下埃及之王奈菲尔瑞卡拉,他准备贡品。(向)圣地(?)神庙中的九神系献祭:位于孟菲斯城的(被称为)"九神系所钟爱的奈菲尔瑞卡拉"的归属于"奈菲尔瑞卡拉的基础"的 4 斯塔特土地。(向)赫利奥坡里斯的众神灵和赫尔阿哈[1]的众神献祭:位于城东的(被称作)"赫利奥坡里斯众神灵所钟爱的奈菲尔瑞卡拉"[2]的 10 斯塔特土地,以及位于东部地区的由两名"伟大先知"[3]和服务于荷鲁斯之地的祭司和官员管理的 250＋x 斯塔特。(向)拉神和哈托尔神:各(献祭)一个祭坛、国王粮仓中的 110(?)(份)神圣祭品、320(份)面包与啤酒,并为他(?)修建两个储藏室[……]人们为他(?),人们为金银合金锻造的伊黑[4]的神像(举行)了隆重的开口(仪式),他是(被称为)"斯奈弗如所钟爱"之城的埃及榕之女主人哈托尔神庙的随从。屋顶上(?)的拉神[5]:同样向他献祭[……]。

3[＋x]肘尺[……]。

【注释】

〔1〕赫尔阿哈(Kher-aha),地名,位于赫利奥坡里斯以南。

〔2〕"赫利奥坡里斯……的奈菲尔瑞卡拉",地名,可能是一块王室地产,位于尼罗河三角洲东部。

〔3〕"伟大先知",即赫利奥坡里斯城拉神的高级祭司。

〔4〕伊黑(Ihy),即古代埃及音乐之神。

〔5〕屋顶上的拉神,可能是指太阳神的神像被供奉在神庙的屋顶上,以迎接晨曦的到来。

第 9 年(第 10 年)

[上、下埃及之王奈菲尔瑞卡拉:他准备贡品祭典:][……]哈特努

布[1]之嘴，[……]奈菲尔瑞卡拉的[……]"拉神所钟爱之地"[2]的拉神：为他巡视(?)[……]国王胡伊：[……]斯塔特。

这一年进行了第五次[牲畜普查]

[……]

【注释】

〔1〕哈特努布(Hatnub)，地名，位于上埃及尼罗河东岸，与阿玛纳(Amarna)相毗邻。

〔2〕"拉神所钟爱之地"，即为奈菲尔瑞卡拉的太阳神庙名称，地点尚不明确。

第 10 年(第 11 年)

上、下埃及之王加冕。[……]在南方之隅浮起(?)一艘玛阿提圣船[1][……][太阳神庙—"拉神所钟爱之地"的][……]。上、下埃及之王奈菲尔瑞卡拉，他准备贡品：(向)"拉神所钟爱之地"的拉-荷鲁斯神[2](?)献祭：7肘尺长的铜制夜行船和昼行船[……]。(向)赫利奥波里斯的众神灵献祭：金银合金[……]。(向)他的南墙的普塔神[3]献祭：

2＋x 斯塔特[……]。(向)南方之地的瓦杰特神献祭：金银合金[……]。

【注释】

〔1〕玛阿提(Maaty)圣船，是圣船中的一种。

〔2〕拉-荷鲁斯神，其原始含义是"拉神，地平线上的荷鲁斯神"。

〔3〕南墙的普塔神，即普塔神的一个名衔。

2. 土地制度和社会经济生活

古王国时期，在专制主义中央集权统治下，国王是名义上的全国土地所有者，他通过赏赐把土地分配给官员和神庙。据梅藤(Methen)坟墓铭文记录，国王曾赏赐给梅藤一块位于三角洲地区的世袭领地。伴随着土地买卖的出现，一些自耕农的土地为王室、官员和神庙兼并，从而导致了以王室、贵族和神庙为主体的大地产经济的形成。

2.1　梅藤自传体铭文

梅藤自传体铭文是迄今所知年代最为久远的古代埃及自传体铭文。它书写于第三王朝时期(约前 2686—前 2613 年),是这一王朝流传下来的唯一一篇自传体文献。

该文献记述了梅藤官职的升迁——从最初的书吏到国家仓库的总管,直

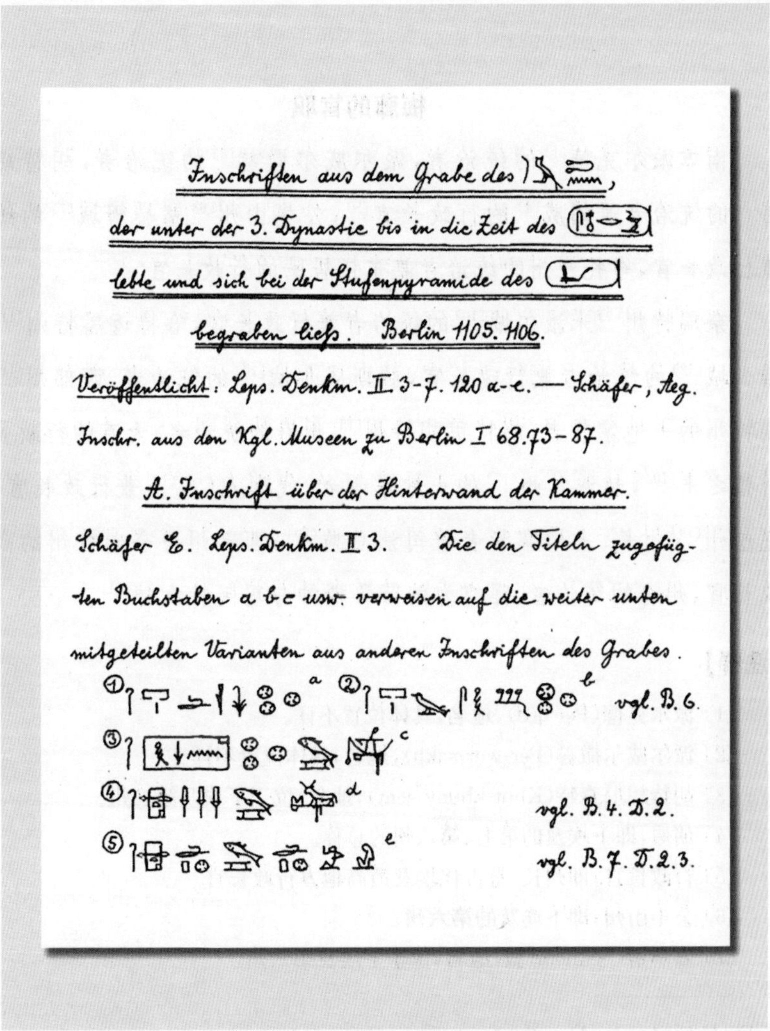
Inschriften aus dem Grabe des ,
der unter der 3. Dynastie bis in die Zeit des
lebte und sich bei der Stufenpyramide des
begraben ließ. Berlin 1105. 1106.

Veröffentlicht: Leps. Denkm. II 3-7. 120 a-c. — Schäfer, Aeg. Inschr. aus den Kgl. Museen zu Berlin I 68. 73-87.

A. Inschrift über der Hinterwand der Kammer.

Schäfer E. Leps. Denkm. II 3. Die den Titeln zugefügten Buchstaben a b c usw. verweisen auf die weiter unten mitgeteilten Varianten aus anderen Inschriften des Grabes.

① a ② b vgl. B. 6.
③ c
④ d vgl. B. 4. D. 2.
⑤ e vgl. B. 7. D. 2. 3.

图 13　梅藤铭文(部分)手描图

至三角洲地区众多城市和地区的行政长官。与此同时,梅藤还管理着三角洲以外的法尤姆东部地区和豺狼州。尤为重要的是,该文献详细记载了梅藤的社会经济活动,比如他曾通过购买和接受馈赠的方式获取土地。因此,梅藤自传体铭文是我们构建埃及早期行政管理体系和社会经济形态的首选文献资料。

本译文所用原始文献来自塞斯的版本,[①]翻译则参照了布里斯特德的译文。[②]

梅藤的官职

南方派尔克德[1]的统治者,派尔威尔撒赫[2]的统治者,胡特胡尼森特[3]的统治者兼胡威[4]的行政长官[5],公牛山州[6]塞赫姆城[7]的统治者兼行政长官,布托[8]州的统治者兼布托居民的行政长官。

奈瑞特州[9]米派尔城[10]的统治者兼行政长官,哈特迈黑特州[11]和两猎犬城[12]的统治者兼行政长官,赫斯威尔城[13]的统治者,西部州[14]与奈瑞特州的土地掌管者,胡特伊胡特州[15]州府的统治者,大漠的行政长官兼狩猎之王[16],赫派什州[17]的土地掌管者、代理人(?)[18]兼行政长官,东伊克尔州[19]州长、土地掌管者兼司法总监[20],西部州与奈瑞特州的高级行政长官、州府的统治者、强有力的荷鲁斯神与玛阿特女神[21]。

【注释】

〔1〕派尔克德(Per-qed),地名,具体位置不详。

〔2〕派尔威尔撒赫(Per-wer-sakh),地名,具体位置不详。

〔3〕胡特胡尼森特(Khut-khuny-sent),地名,位于下埃及第二州。

〔4〕胡威,即下埃及的第七、第八州的总称。

〔5〕行政长官,即州长,是古代埃及最高地方行政长官。

〔6〕公牛山州,即下埃及的第六州。

〔7〕塞赫姆(Sekhem)城,地名,位于下埃及第六州。

---

① K. Sethe, *Urkunden des Alten Reichs*, Leipzig, 1935, pp.1 – 7.

② J. H. Breasted, *Ancient Records of Egypt*, Vol.I, Chicago, 1906, §§170 – 175.

〔8〕布托,地名,现代考古遗址为泰尔-埃尔-法拉因(Tell el-Fara'in)。

〔9〕奈瑞特(Nerit)州,即下埃及第四、第五州的总称。

〔10〕米派尔(Mi-per)城,地名,位于下埃及的第四或第五州。

〔11〕哈特迈黑特(Khate-mekhyt)州,即下埃及的第十六州。

〔12〕两猎犬城,地名,位于下埃及第十六州,具体位置不祥。

〔13〕赫斯威尔(Khes-wer)城,地名,具体位置不祥。

〔14〕西部州,即下埃及的第三州。

〔15〕胡特伊胡特(Khut-yikhut)州,地名,可能位于下埃及第三州。

〔16〕狩猎之王,即古代埃及的一种名衔。

〔17〕赫派什(Khepesh)州,即下埃及的第二州。

〔18〕代理人,即古代埃及的一种名衔。

〔19〕东伊克尔州,地名。伊克尔(Iqer)是上埃及的第六州,东伊克尔位于伊克尔的东部。

〔20〕司法总监,即古代埃及官员的一种名衔。

〔21〕玛阿特(Maat)女神,即古代埃及重要女神之一,头戴鸵鸟羽毛,象征着真理与正义。

梅藤的财产

他获得奖赏——来自众多自耕农[1]的 200 斯塔特的土地。他获得来自他母亲奈布森特 50 斯塔特的土地,她给她的孩子们立了一份遗嘱;只有通过国王的敕令,他们(她的孩子们)才可以(最后)获得(土地)。赫派什州胡特胡尼尼苏泰赫城[2]的统治者。他和他的孩子们获得 12 斯塔特的土地以及依附民和小型牲畜。

他的父亲——法官兼书吏阿努比斯蒙安赫将财产遗赠于他。房中没有谷物,也没有其他的物品,(但是)却有依附民和(驴和猪等)小型牲畜。

【注释】

〔1〕自耕农,原为古王国时期有人身自由的农民。到古王国末期,他们的地位开始下降,仅仅高于农奴。

〔2〕苏泰赫(Sutekh)城,地名,位于下埃及第二州,由第三王朝第六位国王胡尼所建。

梅藤的职业生涯

他被任命为仓库书吏总管[1]，兼任仓库财物总管[2]。在斯姆努[3]［他被任命为］征税［官］[4]。在（晋升为）公牛山州的高级行政长官后，他成为赫斯布[5]的行政长官。他被任命为高级总管[6]，也被任命为王室所有的亚麻场总管[7]。他被任命担任南方派尔克德的统治者兼代理人，也被任命担任布托的行政长官、米派尔和派尔斯帕[8]州府的统治者，兼奈瑞特州的行政长官、胡特森特[9]的统治者和州的代理人、派尔什斯柴特[10]的统治者，南湖地区[11]王室所属城镇的统治者。梅藤城[12]被建立起来，这源于他的父亲阿努比斯蒙安赫给他的赠予。

【注释】

〔1〕仓库书吏总管，古代埃及官员的一种名衔。

〔2〕仓库财物总管，古代埃及官员的一种名衔。

〔3〕斯姆努（Smnu），地名，可能位于现今的埃尔-瑞兹伽特（Er-Rizeikât）。

〔4〕征税官，古代埃及官员的一种名衔。

〔5〕赫斯布（Khesbu），下埃及的第十一州。

〔6〕高级总管，古代埃及官员的一种名衔。

〔7〕亚麻场总管，古代埃及官员的一种名衔。

〔8〕派尔斯帕（Per-spa），地名，具体位置不详。

〔9〕胡特森特（Khut-sent），地名，具体位置不详。

〔10〕派尔什斯柴特（Per-shes-tjet），地名，具体位置不详。

〔11〕南湖地区，即法尤姆（Fayum）地区的另一称谓。

〔12〕梅藤城，即以梅藤之名命名的城市，具体位置不详。

梅藤的功绩

因普特州[1]的土地总管[2]、州长和司法机构总监，哈特迈黑特的双职衔总管[3]，获赠 4 斯塔特的土地，以及依附民和一切物品。王室敕令颁布给仓库和界碑（记录）书吏[4]：

王室敕令命令将土地赠予他唯一的儿子。在西部州和奈瑞特州，他被任命为司法机构巡察总监[5]。为他在奈瑞特州、公牛山与赫派什建立了12座梅藤城,它们(城市)的仆人为他建造官衙;作为奖赏,他获赠来自众多自耕农的200斯塔特的土地;他的祭奠大厅每天都接到来自国王孩子的母亲奈玛阿特赫普[6]的丧葬神庙的100只面包。(为他)建造并装饰了长200腕尺[7]宽200腕尺的房屋,并在那种植了漂亮的树木,建造了一个巨型湖,还种植了无花果树和葡萄树。

依据国王的敕令,(这些)被记录下来;依据国王的敕令,它们(上述建筑)被命名。(房屋周围)种植了大量的树木和葡萄树。上乘的葡萄酒得以酿造。在围墙内为他建造起面积达12斯塔特的花园。在(名字为)伊迈瑞斯[8]的梅藤城和(名字为)伊阿特索白克[9]的梅藤城,漂亮的树木被种植。

米派尔和派尔斯帕州府的统治者、塞赫姆州府的统治者、布托州府的统治者——梅藤,被任命担任布托城的行政长官。

【注释】

〔1〕因普特(Inpt)州,即上埃及第十七州。

〔2〕土地总管,古代埃及官员的一种名衔。

〔3〕双职衔总管,古代埃及官员的一种名衔。

〔4〕界碑记录书吏,古代埃及官员的一种名衔。

〔5〕司法机构巡察总监,古代埃及官员的一种名衔。

〔6〕奈玛阿特赫普(Nemaatkhep),很可能是第二王朝的最后一位国王哈塞赫姆威(Khasekhemwey)的妻子和第三王朝的头几位国王的母亲。

〔7〕腕尺,古代埃及长度单位,1腕尺=0.525米。

〔8〕伊迈瑞斯(Yimeris),地名,具体位置不详。

〔9〕伊阿特索白克(Iat-sobek),地名,具体位置不详。

3. 来世观念和社会伦理

古王国时期是埃及人宗教信仰的形成期,其中最具代表性的宗教信仰就是以冥界之神奥西里斯及其来世审判为基本内容的来世信仰,并集中反映在金字塔铭文中。基于这种宗教信仰,埃及人形成了一套独具特色的、指导人们日常行为的社会伦理规范,从而出现了用以宣传和记录社会伦理道德的教谕文献。

3.1　金字塔铭文

金字塔铭文刻写于第五王朝的最后一位国王乌纳斯以及第六王朝国王们的金字塔中，是古代埃及宗教和神话文献汇编。金字塔铭文以逝去国王的丧葬和再生为主要内容，同时包含了许多神话传说。文献由大量的国王丧葬仪式举行过程中和之后所使用的神话故事构成，因此，尽管它们没有对古王国时期的神话和神学进行系统的阐述，但是却为这一时期宗教思想的重建提供了前提和保障。

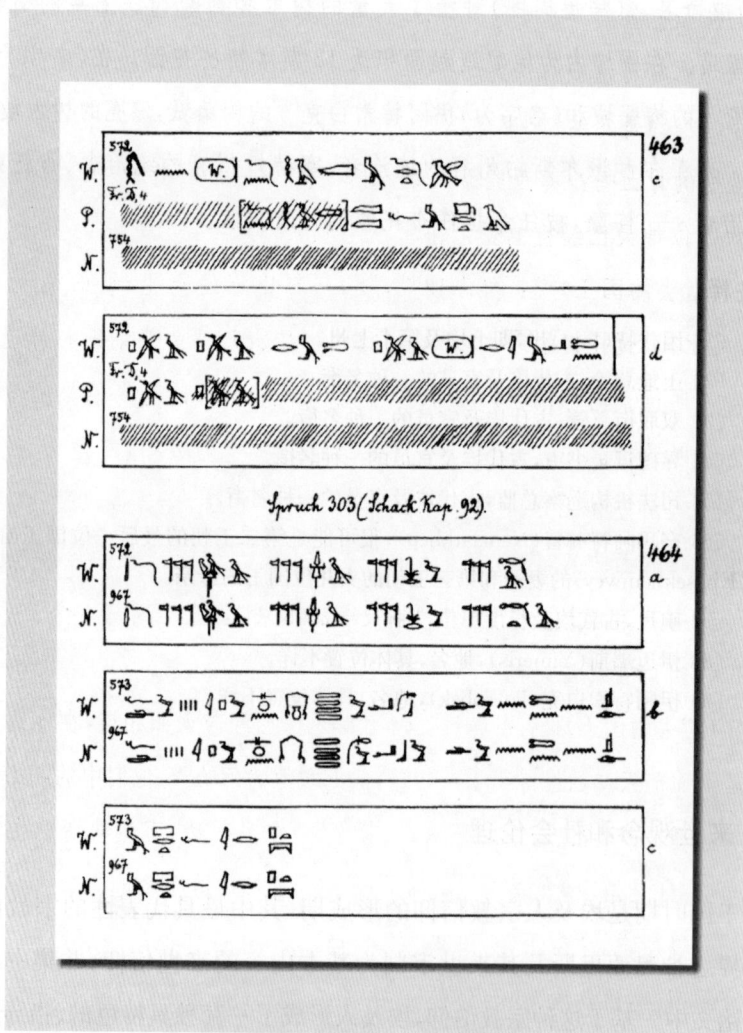

图 14　金字塔铭文(部分)手描图

本译文所用原始文献来自塞特的《古代埃及金字塔铭文》。①

国王乌纳斯的金字塔铭文

第 303—307 节：国王升天

(逝去的国王)说：西方众神、东方众神、南方众神和北方众神,请你们为奥西里斯神准备四只芦苇船,因为他将要上天,他将要渡过冰冷的河水[1],他的儿子荷鲁斯[2]就在他手中,他(荷鲁斯)跟随在他(奥西里斯)身后,他让他成为冰冷河水中的伟大之神。为乌纳斯做这些。你是荷鲁斯,奥西里斯之子吗？你是乌纳斯吗？你是一位伟大之神吗？你是哈托尔[3]之子吗？你是盖博的骨血吗？奥西里斯任命乌纳斯作为第二个荷鲁斯。赫利奥坡里斯的四位神灵已经将他登记在冰冷河水中的两位伟大之神的登记簿上。

(逝去的国王)说：向你致敬,噢,阿努比斯的女儿,她正在从天空观察(河水)。受托特捐助之人[4]正在天梯的底部,请为乌纳斯打开道路,让他得以通行。向你问候,噢,鸵鸟[5],她站在河口,请为乌纳斯打开道路,让他得以通行。向你问候,噢,带有四角的拉神的公牛,四角分别指向西方、东方、南方和北方。为乌纳斯弯下你西方的角,让他得以通行。"你是一位洁净的西方人,"(他们说,)"你来自于鹰之城[6]。"向你问候,噢,供奉之地！向芦苇湿地[7]上的植物问候！向芦苇湿地上的乌纳斯的植物问候！(它们)在那里是洁净的。

(逝去的国王)说：在奥西里斯面前天梯已经与太阳相连,在他的父亲奥西里斯面前天梯已经与荷鲁斯相连,他走向他的阿哈[8],他们中的一个(太阳)在(天梯的)一边,他们中的另一个(荷鲁斯)在另一边,而乌纳斯则在他们的中间。"你是洁净之地的神吗？"(他们说。)他来自洁净之地。"站起来,乌纳斯。"荷鲁斯说。"坐下,乌纳斯。"塞特说。拉神拉住他的胳膊。阿哈,飞向天空。肉身,落入大地！当他们被埋葬的时候,他们将数以千计的面包和啤

---

① K. Sethe, *Die altagyptischen Pyramidentexte*, Vols. Ⅰ-Ⅳ, Leipzig, 1908 - 1922.

酒奉献到西方之首[9]的面前。没有（这样的）铭刻的后代将非常贫穷。[10]于是，乌纳斯用他的大手指进行铭刻，但却从来不用小手指去做这件事。[11]

（逝去的国王）说：这情景是多么美好啊！这场面是多么愉悦啊！众神说，这位神飞上了天堂，乌纳斯飞上了天堂。他的力量跟随着他，他的周围弥漫着他的威严，他的魔力在他的双脚上。盖博把为他自己做的事情也为他做了。布托众神的精神、赫拉康坡里斯众神的精神，属于天空的众神和属于大地的众神向他走来，他们用他们的臂膀合力将乌纳斯托起。所以，乌纳斯，你将升到天堂，你将登上这架所谓的"天梯"[12]。乌纳斯将得到天堂，他也将得到大地，阿图姆说。正是盖博（与阿图姆）说了这件事。接受崇拜的山丘，被荷鲁斯和塞特所赞美的，以及芦苇湿地，他们都在崇拜以宏苏[13]为名的你，生活在他的克斯白特树[14]下的索普杜神[15]。如果他（塞特）杀死了你（乌纳斯），你的心将问（自己）："你应该因为他而死掉吗？"注意，至于你，你却变成了一头狂野的公牛，正在与他作战。作战的公牛——乌纳斯——在他们永恒的精神面前是如此的坚定。

（逝去的国王）说：赫利奥坡里斯人就是乌纳斯，伟大之神：你的赫利奥坡里斯人就是乌纳斯，伟大之神。赫利奥坡里斯人就是乌纳斯，拉神：你的赫利奥坡里斯人就是乌纳斯，拉神。乌纳斯的母亲是赫利奥坡里斯人，乌纳斯的父亲是赫利奥坡里斯人，而乌纳斯本人也是赫利奥坡里斯人，他出生于赫利奥坡里斯城。现在，拉神是双九神系的代表，代表普通人的是奈菲尔泰姆[16]。他是举世无双的，他是他的父亲盖博的继承人。当乌纳斯转向任何一位向他致敬并招呼他的神，面对他的鼻子，如果他举手反对，他将没有面包，在众神中得不到薄饼，他将不能差使他的代理人[17]，他也将无法消除众神间的隔阂，夜行船的船舱将不能向他敞开，昼行船的船舱也将不能向他敞开，他将不能对他辖区中的任何一个人进行审查，并且备品仓库也将不能向你敞开。乌纳斯反对你，正是乌纳斯，那大草原上狂野的公牛，一头来自赫利奥坡里斯的壮硕公牛。乌纳斯反对你，那大草原上的狂野公牛。乌纳斯既是能让你生存的人，也是能让你继续活下去的人。

【注释】

〔1〕冰冷的河水,即对作为原始瀛水的天空的一种称呼。

〔2〕他的儿子荷鲁斯,即死去的国王对自己的称谓。

〔3〕哈托尔,即哈托尔女神。

〔4〕受托特(Toth)捐助之人,即死去的国王。

〔5〕鸵鸟,即尼罗河瀑布女神。

〔6〕鹰之城,即埃及南部的赫拉康坡里斯(Hieraconpolis)城。

〔7〕芦苇湿地,即乐土或极乐世界。

〔8〕阿哈(Akha),埃及人三个精神概念中的一个。阿哈是人们寄存在天堂的自我,人只有在死后,才能与他的阿哈合为一体。

〔9〕西方之首,即奥西里斯神。

〔10〕之所以说"没有这样的铭刻的后代将非常贫穷",是因为在埃及人看来,这样的丧葬文字是一笔遗产,可以传给后代,后代也以它的庇护而兴旺发达。

〔11〕古代埃及人用大手指写宗教文献,而小手指则是用来书写诅咒的。

〔12〕"天梯",即由众神之手臂搭建而来。

〔13〕宏苏(Khonsu),即月神。

〔14〕克斯白特(Kesebet)树,即红树林。

〔15〕索普杜(Sopedu)神,即外国人的保护神,或者是孩童时代的奥西里斯神。

〔16〕奈菲尔泰姆(Nefertem),即蓝色莲花神。

〔17〕代理人,指祭司。

3.2 普塔霍特普教谕

普塔霍特普(Ptahhotep)教谕书写于第六王朝晚期,由 37 条格言以及前言和结语组成。每条格言少则 4 句,多则 12 句。有时一个主题横跨了几条格言,有时同一主题重复出现,以表明该主题在伦理价值上的重要性。

本译文所用原始文献为普利斯纸草①,同时参照了威尔森②、埃尔曼③、利克

---

① Z. Zaba, *Les Maximes de Ptahhotep*, Prague: L'Académie Tchécoslovaque des Sciences, 1956, pp. 15 – 65.(http://www.sofiatopia.org/equiaeon/zaba01.htm,2004.9.3.)

② J. A. Wilson, in *Ancient Near Eastern Texts Relating to the Old Testament*, ed. by J. B. Pritchard, Princeton, 1955, pp.412 – 414.

③ A. Erman, *The Literature of the Ancient Egyptian*, translated into English by A. M. Blackman, London, 1927, Reprint New York, 1966 under title: *The Ancient Egyptian: A Sourcebook of Their Writings*, pp.54 – 67.

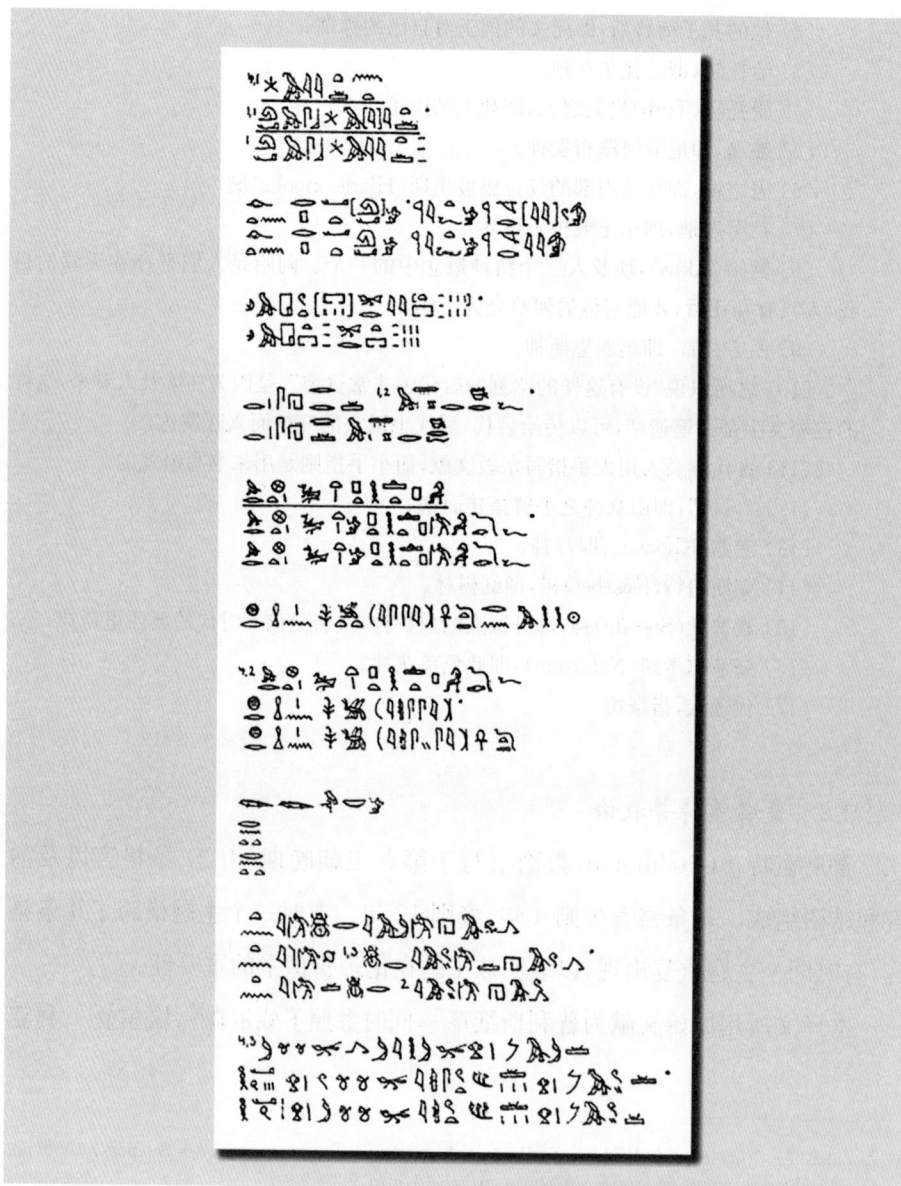

图15　普塔霍特普教谕(部分)手描图

泰姆^①和辛普森^②等人的论著。

前　言

伊塞斯^{〔1〕}国王陛下的臣属，生命永存的城市长官和维吉尔^{〔2〕}普塔霍特普的教谕。城市长官和维吉尔，普塔霍特普说：

国王，我的主人！老朽在即，老迈降临。疲惫不堪，衰弱日增。夜间，心灵在痛苦中度过，日日如此。眼不明，耳不聪，心力衰竭而又力量消逝。口齿沉默，话语不清，心灵荒废。不可追忆往昔，骨骼始终疼痛。好的变成坏的，所有的味觉消失。老迈带给人的是所有的坏事，鼻孔阻塞，不能呼吸，坐立皆难。在管理机构中任用你的仆从，由此可以告诉他那些倾听者的话语，和那些听从神旨的先辈的道路。希望此事能为你而做，因此人们的冲突可以被禁止，两河岸^{〔3〕}为你效劳！这位神王陛下说：用过去的格言教导他，希望他成为伟大人物子嗣的楷模，希望他能够听从并得到忠诚；对他讲话，没有人天生就知道事情。

由地方王子、世袭贵族、神之父神所爱的人、国王亲生长子、城市长官和维吉尔，普塔霍特普所讲述的箴言开始，用精彩而规范的说教来传授无知者以知识，并作为对倾听者的恩惠和对忽视它们的人的告诫。他对儿子说：

【注释】

〔1〕伊塞斯(Isesi)，第五王朝的第五位国王。

〔2〕维吉尔(Vizer)，古代埃及官衔，"维吉尔"是阿拉伯语，相当于古代中国的宰相。

〔3〕两河岸，即尼罗河两岸。

第 1—10 条箴言

1. 不要因为你的知识而骄傲，要向智者和愚者一起请教，技艺的极限

① M. Lichtheim, *Ancient Egyptian Literature*, Vol. I, Berkeley, Los Angeles and London, 1975, pp.61 - 80.

② W. K. Simpson, *Literature of Ancient Egypt*, New Haven and London, 2003, pp.129 - 48.

无法达到,没有任何工匠的技艺能臻于完美,美好的语言比宝石更为难得,但却可以在磨房的女仆那里找到。

2. 如果你正和一个比你强而有力的人发生争端,收起你的手臂,弯下你的腰背。如果你与他对抗,他是不会屈服于你的。你应该蔑视他富有挑战性的语言,但是当他行动的时候不要反对他,这样做的结果却是他将被称为粗鄙的人,而你的自我控制胜过他的一堆话。

3. 如果你和一个与你相当的人发生了争端,当他对你出言不逊时,你应该用沉默使你的价值胜过他。法官会(对你)大加赞誉,在官员的评价中,你的声誉会很好。

4. 如果你和一个不能和你相提并论的人发生争端,不要因为他的弱势而攻击他。让他独处,他会感到惶恐。为了显示你的能力,不要理睬他。不要减弱你对你的对手的不屑,伤害一个可怜的人会招致痛苦。事情的结果正如你所预期的那样,你将通过官员的惩罚来打败他。

5. 如果你是一个领导者,掌管着很多事物,去寻求每一种善行,你的行为将无可指责。"正义"是伟大的,效力永存,自从奥西里斯时代[1]起就没受到过侵扰。逾越规则的人将受到惩罚,然而贪婪的人忽视这点。欺诈将使财富丧失,不道德的行为不会获得成功。他会说:"我将为我自己获取财富。"他却不会说:"我将通过我的勤劳获取财富。""正义"最终永存,一个(正直的)人会说:"它是我父辈的财产。"

6. 不要让民众畏惧,神会(对此)做出相应的惩罚。如果一个人决意以此为生,那么他终将缺少食物。如果一个人决意取得权势,并说:"我要为自己获取我所看到的一切!"如果决意劫夺他人,那么他终将以(把财物)交给一个陌生人而告终。人的计划并不奏效,神的命令才是成功的。在平静中生活,他们的给予将与他的赠予相一致。

7. 如果你是客人中的一员,和一个比你伟大的人同桌进餐,吃那些他给你的食物,当它被放到你面前的时候。你应该看你面前的东西,不要过多地盯着他看,烦扰他就是冒犯了卡[2]。不要对他讲话除非他召唤你,因为你不知道什么会让(他)不悦。当他跟你讲话的时候再开口,这样你的话语就会让他的心灵愉悦。当一名贵族在用餐的时候,他将遵照他的卡的命令而为,对于他所喜欢的人他是慷慨的,一旦夜晚来临,事情就是这样。正是他的卡让他伸出双手。贵族是在没有人给他压力的时候(对别人)赐予,进餐是根据神的旨意,愚蠢的人才会抱怨这件事。

8. 如果你是一个值得信赖的人,被一个官员派遣到另一个官员那里,坚持派遣你的人的本意,像他所说的那样传送消息。警惕不要用话语制造争端,那样的语言会使一个官员和另一个官员争斗在一起。确保真实,不要破坏它。一场争执不应该重演,不要恶意攻击任何人,(事情)不论大小,卡讨厌这样的事。

9. 如果你耕种,并且土地得到了收获,神会让你富足。不要向你的邻人夸耀,因为谨慎的行为是非常重要的。正直的人就是拥有财富的人,在法庭上他就像鳄鱼。[3]不要向没有儿女的人索取!不要称赞没有子嗣的人,不要(对他)恶语相向,也不要为此而夸耀!因为这样的父亲是悲伤的,而生育过的母亲,其他人却有可能比她幸福。神抚养孤独的人,而一家之长却要为他的后人们祈祷。[4]

10. 如果你是一个赤贫的人,服侍一个优秀的人,你所有的行为在神面前都应该是完美的。如果他以前是一个无足轻重的人,不要重提此事,不要因为知道他以前的状况而对他傲慢,要为他对他自己的塑造而尊敬他,因为财富不是自己来的,这是他们(神)对他们所爱的人的律法。他的财富是他自己积聚的,是神使他富有,并在他睡着的时候保护他。

【注释】

〔1〕奥西里斯时代,即古代埃及的神王时代。

〔2〕卡(Ka),即为古代宗教中的精神。

〔3〕"在法庭上他就像鳄鱼"这句话的引申含义是"一个正直的人就会像鳄鱼那样拥有为自己辩护的力量"。

〔4〕"不要向没有儿女的人……为他的后人们祈祷"这段话是作者在警告人们,不要认为没有子嗣的人是可悲的,他们或许比有子嗣的人活得更好。

第 11—20 条箴言

11. 在你活着的时侯，跟随着你的心，不要做超越需求的事，不要缩减"跟随心灵"的时间，缩减这个时间就是冒犯灵魂（卡）。不要在日常事务上浪费时间，除了每天的家庭事务之外。当财富就在你面前的时侯，听从你的心的教导。如果一个人闷闷不乐，财富是没有益处的！

12. 如果你是一个优秀的人，并由于神的恩惠而得到一个儿子；如果他是正直的，和你相像，很好地照顾你的财产，为他做所有好的事情。他是你的儿子，从你的"卡"中来，不要让你的心和他分离。但是，一个后代也可能带来麻烦：如果他迷失了道路，忽略了你的建议，不遵从你说过的话，他的嘴里吐出邪恶的语言，要为他所说过的话而惩罚他！他们（神）将猛力打击他们痛恨的人。他的过失在未出生时就已注定，在他们引导下他不能走错路。他们让没有船的人无法渡河。

13. 如果你是法庭中的一员，要按照第一天就指派于你的级别站立和坐下。不要越权，越权会招致反对。对那些进来通报的人要热情。对被召唤而来的人，要给他宽敞的座位。法庭有（它的）规矩，所有的事务都要按章办事，每个人的位置都是由神来确定的，而（用肘部）打乱次序的人将得不到任命。

14. 如果你在人民中间，通过信誉来赢得支持。值得信赖的人是不会发牢骚的，因为他将成为领导者。一个拥有财富的人得益于他美好的行为。至于你的好名声，你不应该谈论它。武装你的身体，把你的注意力转移到人民上来，人民将因此赞颂你，你却并不知晓。他的心遵从了他腹部的人，他将得到蔑视而非名誉。他将心力憔悴，身体衰弱。伟大的心是神赐予的，而遵从他腹部的人则是他自己最坏的敌人。[1]

15. 汇报你的工作，不要掩饰，在你主人的议事会上给出建议。如果他语言流利，就不难传达信息，而且他也不会被一个伟大的人物给予答复说："有谁能懂得那（汇报）呢？"如果没有传达清楚信息，如果他（的主人）打算为此惩罚他，他应保持沉默，并（只是）说："我已经说完了。"

16. 如果你是一个领导者,你的威严广布,你应该做高尚的事情,记住随后到来的日子(会很美好)。善行不会招致争吵,但是在鳄鱼出没的地方[2]却有敌意产生。

17. 如果你是一个领导者,平静地听取申诉者的话语,不要阻止他准备告诉你的事情,一个在痛苦中的人想诉说他的心里话,这不仅仅是他来的目的。而对阻止诉说的人,一个人会说:"为什么拒绝它(诉说)?"不是所有申诉者提出的事情都会解决,但是认真的倾听会安抚心灵。

18. 如果你想让友谊长存,当你进入房子,不论(它)是主人、兄弟还是朋友的,以及当你进入任何地方,小心不要去碰女人!发生这样的事情是不愉快的,侵犯她们的人是愚蠢的。这短暂的一瞬,像梦一样,许多人背离他们的本性。当他们的(恶事)败露,死亡接踵而至。那是一件邪恶的事情,是一件(让你树立)敌人的事情。如果一个人意图做这件事,(他的)心应该阻止它。由于对她们的欲望而(使自己)名誉扫地的人,他的(任何)事业都不能兴盛。

19. 如果你想让你的行为完美,就要从所有的恶行中脱身,勿要犯贪婪之罪恶,那是病入膏肓之症,无药可医。它离间父母,甚至离间最亲密的兄弟!它使夫妻离异,它是所有罪恶的集合,是一种可恨的东西。一个正确运用"正义"的人将会永存,一个按照自己的职责去行为的人留下这样的遗训:自私的人没有坟墓。

20. 不要在物质分配中贪心,(不要)贪求比你应得的更多的东西。不要对你的亲属吝啬,一个慷慨的人要比吝啬的人高尚得多。躲避自己亲属的人是可怜的,他在他们的祈求面前缺乏同情心。对于他们的请求,即使他只做到了一点点,那么也对悲伤的心灵有所慰藉。

【注释】

〔1〕按,古代埃及人认为人是用心来思考的,而只有愚蠢的人才用腹部思考。

〔2〕鳄鱼出没的地方,指没有善行的地方。

第 21—30 条箴言

21. 当你发达的时候建一所房子,用心爱你妻子,让她食可果腹、衣能蔽体,并用油膏涂抹她的身体。在你有生之年让她高兴,她是她主人的一块丰饶的土地。不要斥责她,但是要让她远离权力,要控制她！她是活跃和敏感的。看住她！这样才能让她永远待在你的房子里。然而如果你对她太过严苛,那么你将招致她的泪水。她将让你得到性的欢愉,作为你给予她的关爱。她所要求的就是让她的愿望得到满足。

22. 尽你所有去援助你的朋友,你拥有他们是神给你的恩惠。对于没有支持自己朋友的人,人们会说:"一个自私的灵魂(卡)。"一个人为明天而计划,但不知明天怎样。正直的灵魂(卡)是让别人得到援助的灵魂(卡)。如果做出了值得称赞的事情,朋友们会说:"做得好!"一个人不可能让全城的人满意,但是他却能在他的朋友需要帮助的时候伸出援手。

23. 不要传播谣言,更不要听信,那是心胸狭隘之人的闲谈。要说你看到的而不是听到的事,否则忘掉它,什么都不要说。倾听你说话的人会辨明你的话是否有价值。当税收被制定并被付诸实施的时候,对抗收税人就等于在对抗税收制度。[1]毁谤就像一场恶梦,要远离它。

24. 如果你是一个有价值的人,坐在主人的议事会上,专注于高尚之事,你的沉默胜过饶舌,当你认为有能力去做的时候再讲话,只有那些有才能的人才应该在议事会说话。讲话比其他工作都难,只有有才能的人才会让它变成现实。

25. 如果你是强大的,以知识和文雅的语言赢得尊敬。不要随意教导人,除非它是适合的。煽动(他人)的人会有麻烦。不要傲慢,否则你[2]会丧失威信。不要默不作声,否则你会遭到谩骂。当你与一个正在发怒的人对话的时候,把你的脸转过去,控制你自己,让冲动之火消失。只有优雅行走的人,他的道路才是平坦的。整日发愁的人将没有快乐,整日游手好闲的人将不能为自己建造一座房子。一个有自我控制能力的人犹如一个能在着陆时把握方向的(水手)。

26. 不要反对一名长官,不要烦扰有重任在身的人。他将对反对他的人发怒,但对于忠诚于他的人他是温和的。他和神[3]一样,是恩惠的施予者。应该为他做他所希望的事。发怒之后,他对你仍是温和的,你仰仗他的情绪生存。对敌人充满敌意,但获得恩惠却是良好的愿望。

27. 告诉伟大人物有用的信息,在人民面前要支持他! 如果你让他的知识打动他的主人,你将得到大量的来自他的赏赐。拥有好的个性对你来说是件好事,它犹如你的衣服。由于你一家人对他的支持,他将大加赞赏你。在你的长官面前支持他,他也会给你很大的援助。对你的喜爱将一如既往,并在心里对你充满了尊重。看,礼貌的倾听将受到赞美。

28. 如果你是一个有地位的长官,受命去平息民众的怨愤,不要在审判中粗心大意,当你说话的时候不要倾向任何一边,当心有人抱怨:"法官,他歪曲了事实!"这样,你的行为将变成了(对你)的审判。

29. 如果你宽恕一桩罪行,并因为他的诚实而怜悯他,忘记它,不要再提,因为从第一天开始,他就对你沉默。[4]

30. 如果你由赤贫变得富有、贫穷之后积累了财富,在一个人们认识你的地方,不要炫耀你是如何变得富有的。不要对你的财富太过自满,它们只不过是神[5]对你的恩赐。这样,你才能不落后于其他人。在他们身上发生过与你同样的经历。[6]

【注释】

〔1〕按,关于税收和诽谤之间的关联,也即在这段关于诽谤的箴言中为什么出现了两句关于税收的句子,目前人们仍未明晰。

〔2〕原文是第三人称"他",但根据上下文的联系,这里的"他"应该是第二人称"你"。

〔3〕这里的"神"指的是"国王"。

〔4〕按,这段话的含义也许是"如果一个人对他所犯罪行供认不讳,且没有为自己做任何辩解,那么法官就应该原谅他。"

〔5〕与注释〔3〕相同,这里的"神"也是指"国王"。

〔6〕按,这段箴言是在提醒那些从贫穷变得富有的人要戒骄戒躁,以免再度贫穷。

第 31—37 条箴言

31. 向你的上级和来自王官的长官鞠躬,这样你的房子会因它的财富而稳固,在适当的时候你将获得报酬。反对上级的人是邪恶的,只有仁慈的人才能享受生活。袒露手臂向他致敬的人他的胳膊不会被扭断。不要抢夺邻人的房子,不要偷窃你附近的人的财物,避免他对你心生怨恨,并把你送上法庭。告状的人缺乏同情心,如果他获悉了不好的行为,他会检举你。在邻居之间挑起争端的人是可恶的。

32. 你不应和一个漂亮的男孩私通,你的行为将激发起他的欲望,他的这种欲望将越燃越烈,不要在夜间做如此淫荡的事,只有在他满足了他的欲望之后他才会安静下来。

33. 如果你想探知朋友的品性,不要询问他身边的人,要单独与他接触,直到你对他的品性有了深入的了解。你将与他熟知,在交谈中测试他的心。如果对他所看到的事情喋喋不休,或者他做了令你称奇的事情,仍然要对他友善,并保持沉默! 不要与他敌对! 不要向他泄露任何事情! 不要带有敌意地回应他! 不要和他断绝关系! 也不要攻击他! 他将最终得到应有的惩罚,没有人能逃脱命运的安排。

34. 在你有生之年都要慷慨,从仓库中拿出去的东西不应再拿回来。每个人都渴望免费的食物。一个腹中空空的人将成为控告者,一个贫困的人将变成敌人。不要和这样的人交朋友。在多年的任职之后,仁慈是一个人的墓志铭。

35. 当你富有的时候,要感谢帮助过你的人。不要对你的朋友苛刻,他们犹如泛滥的河床,比一个人的财富更重要,因为一个人的财富有可能属于另一个人。正直将使他受益终生,善良的品性就是一座纪念碑。

36. 严厉地惩罚! 正确地惩处! 对罪行的惩治将强化人们道德的观念。至于与罪行无关的案件,让那些有抱怨行为的人成为原告。[1]

37. 如果你的妻子是一个愚蠢而肤浅的女人,但是她是阳光的并被她的城镇所知,在能够激发出她天性的时候,她依然如此。不要拒绝她在你的饭桌上吃饭！⑵一个头脑简单的人是令人愉悦的。

【注释】

〔1〕按，这段箴言或许是在劝告一个人：作为法官，他应该尽量避免纷争，直到案件审理完毕。

〔2〕按，这句话的含义是"要一直把她当成你的妻子"。

结　语

如果你倾听我的话语，你所有的事业都会兴旺发达。如果这些真理得以实施，你将看到它们的价值。它们在人们中间口口相传，这是因为这些训诫的价值。如果训诫中的每一句话都能实施，它们就不会在这块土地上消失。它们将被记录下来并被世代相传。政府官员将根据它们来制定规章。这篇文章是教一个男人如何去教导他的后代。让善于倾听的人听从它们，因为对子孙的教导都是忠言，他们有责任去听从它们。

如果一个权贵做了一件善行，那么他将永远享有好的名声，并且他的所有教谕将长存。一个有智慧的人将关注于他的灵魂巴，据此，它将满意于他。有智慧的人因其睿智而被人所知，伟大的人因其善行而为人所知。他的心能控制住他的嘴，当他讲话的时候，他的言论是正直的。他的眼睛在看，他的耳朵因听到了他儿子的好名声而备感欣慰，他以正义为行为准则，他远离错误。倾听对于愿意倾听的人来说是有益的。如果听觉进入了倾听者，倾听的人就会变成听者，倾听得好就会表达得好。

倾听对于聆听的人来说是有用处的，他所听到的事情将影响着他的行为，倾听者终将成为被倾听者。倾听是有益的，宣讲也是有益的，但是倾听要获得更多的好处，倾听好于其他任何事物。通过倾听，人们将对他充满喜爱。儿子能够领会父亲的话是很好的事情，他将依靠它们步入老年。

善于倾听的人被神所爱，神憎恶那些不愿倾听的人。正是"心"让他的主人成为能听见或听不见的人，一个人的心就是他的"生命、兴盛和健康"！能听见的人就是一个能听见话语的人，乐于倾听的人就是按语言而行事的人。儿子能倾听他父亲是多么好的事，他就会说："我的儿子，他因善于倾听而备感愉悦。"善于倾听的人将能自给自足，并被他的父亲表扬。人们对他的记忆将长存于世，无论是现在还是将来。

如果权贵接受了他父亲的话语，他的努力将从不会失败。教导你的儿子成为一个倾听者，一个将被长官赞赏的人，一个以被告诫的话来引导自己行为的人，一个被认为是倾听者的人。这个儿子是优秀的，他的行为是杰出的，失败跟随着那些听不见的人。聪明的人将因教导而走向成功，而愚蠢的人终将碌碌无为。

至于那些不善倾听的、愚蠢的人，他们终将一事无成。他以无知看待知识，以有害看待有益。他做所有被人所憎恶的事，并由此而每天受到谴责。他以让人死亡的事来生存，他的食物是荒谬的语言。他的举止被长官所知，他是典型的活死人。人们不会在意他愚蠢的行为，因为他每日都有众多的麻烦。

善于倾听的孩子是荷鲁斯的追随者，当他倾听的时候，事情会对他有好处。当他年老的时候，他将赢得尊敬，他将对他的孩子重复他父亲的教谕，因为每个人都会按照自己的行为教导后代。他将教导他的孩子们。培养他们的性情，不要向他们灌输邪恶的东西。强化"正义"，以此你的孩子们将获得永生。第一个有不良行为的人，当人们再看到（不良行为）时会说："那很像他。"当人们听到（不良行为）时会说："那也很像他。"听从每个人的劝告，并尽量让民众保持安静。[1]没有他们，财富是无用的。[2]不要说到，但却没有做到，不要用一件事情代替另一件事情。当心不要放松对自己的约束，正如智者所认为的，为了稳妥起见，要认真倾听。如果你想在倾听者的口中永存，在你掌握了足够的知识之后再说话！这样你才能成功地宣讲，你的事业也才能秩序井然。

隐藏你的心，控制你的嘴，这样你的建议才能被长官采纳。在你的主人面前，要正直，这样人们才能对他说："这是那个人的儿子。"那些听到这句话的人也会说:"那个生育他的人是有福分的!"说话的时候要考虑仔细,这样才能说出有价值的事情。长官听到后会说:"从他嘴里说出的事情是多么好呀!"按此做事,你的主人也会对你品评道:"他被他的父亲教导得多么好呀! 当他从他的身体里出来,他告诉他所有在(他)头脑中的事,而他做的甚至比他被告知的要多。"

看,这个好儿子,神的礼物,做了超越他主人告诉他的事情,当他的心是正直的时候,他会执行正义。如同你承继我的职位,[3] 你将越来越精力充沛。国王对你所做的一切都很满意,你的生命将得到延长。我在世上做的事都是有意义的,我已经活了 110 岁,这是国王的赠礼,荣誉超过了前辈,因为我为国王履行正义,直到接受崇拜!

它从开始到了结尾,就像在文字中看到的那样。

【注释】

〔1〕按,这句话的含义是"尽量避免让民众进行讨论"。

〔2〕按,这句话的含义不甚清晰。

〔3〕按,这句话揭示出这篇文献的作者是一位年迈的宰相,他的儿子将继承他的职位。

4. 对外交往活动

古王国时期埃及的主要交往对象有两个:一个是南部的努比亚,另一个是东北部的西亚;其交往方式以贸易和战争为主。第六王朝的大臣乌尼(Uny)在他的坟墓铭文中提到埃及曾至少发动了 5 次对亚洲的军事战争,而军事将领哈库弗(Harkuf)的坟墓铭文则记录了埃及和努比亚的联系。

4.1　乌尼自传体铭文

《大臣乌尼传》撰写于第六王朝时期。因其体裁发展得较为成熟,内容完备,以平朴的叙述为基调,又不乏夸张的生动情节,因而具有极高的文学价值。更为重要的是,该铭文对古王国的政治背景、官僚体系、宫廷案件、坟墓建造、对外关系和语言风格等方面的研究都具有极高的价值。

本译文所用原始文献来自塞斯的版本①,译文则参考了威尔森②、利克泰姆③和辛普森④的翻译。

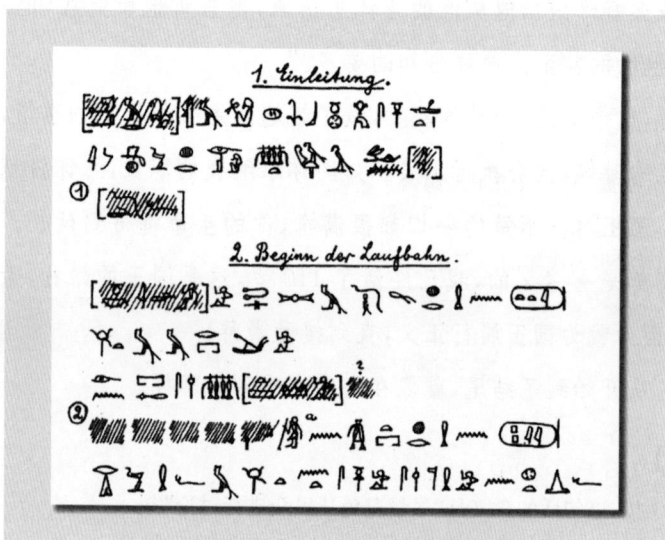

图16　乌尼传铭文(部分)手描图

前　言

[地方州长和南方总管[1]],他在宫殿之中,赫拉康坡里斯城[2]监管人,埃尔-卡布城[3]市长,(国王)唯一的朋友,奥西里斯——西方首领前受尊敬之人,[长者]乌尼。[他说]:

【注释】

〔1〕南方总管,地方官员的名衔,具有较强独立于中央政府之外的权力。

〔2〕赫拉康坡里斯城,地名,位于上埃及。

---

① K. Sethe, *Urkunden des Alten Reichs*, Leipzig, 1935, pp.98 - 110.

② J. A. Wilson, in *Ancient Near Eastern Texts Relating to the Old Testament*, ed. by J. B. Pritchard, Princeton, 1955, pp.227 - 228.

③ M. Litchtheim, *Ancient Egyptian Literature*, Vol. I, Berleley, Los Angeles and London, 1975, pp.18 - 23.

④ W. K. Simpson, *The Literature of Ancient Egypt*, New Haven and London, 2003, pp.401 - 407.

〔3〕埃尔-卡布，地名，位于上埃及南部，尼罗河东岸。

泰提统治时期的职业生涯

在泰提[1]统治时期，[我还只是一个]头上系着发带的[孩子][2]，我的官职是仓库总管。

【注释】

〔1〕泰提（Tety），古王国第六王朝的创建者。

〔2〕"头上系着发带的孩子"，指古代埃及的一种仪式，通常在孩子的年龄达到 18 岁或是刚刚步入成年时举行的一种成年礼。

国王派匹一世统治时的职业生涯
审理案件

在派匹[一世][1]统治时，当我担任王宫副总管兼任[……]更衣室的高级讲经祭司时，尽管我的官职（仅仅只是）[……]，但是陛下任命我为（国王）唯一的朋友，兼任他金字塔城的祭司副总管。

[陛下任命我]担任赫拉康坡里斯城的高级监狱长，他对我的信任程度远远超过他的任何仆人。因为陛下对我充满了信任，远远超过他的任何一位大臣、他的任何一位贵族和他的任何一位仆人，所以我与维吉尔充满信心审判案件，查询所有与国王有关的以及与后宫和"六大地产"有关的案情。

【注释】

〔1〕派匹一世（Pepy I），古王国第六王朝的第三位国王。

建造王室陵墓

我请求我的君主为我从图拉[1]运回由石灰岩制成的石棺，为了从图拉为我运回这个石棺，陛下动用了配备水手的专门运送祭神物品的船。石棺与他一起，乘王室大船返回，同时还运回了石棺棺盖、假门、横梁、两块门板及一张祭台。尽管我的职位低微——仅仅只是赫拉康坡里斯城的高级监狱长，但是因为我在陛下心中是那么的优秀，因为我在陛下心中是那么的忠心耿耿，所以从来没有他的任何仆人能像我一样受此殊荣，接受如此崇高的礼遇。

陛下任命我作为（他的）唯一的朋友和王室总管，并兼任4个闲置的王室官职。我奉公职守地执行侍卫的保卫工作，兢兢业业地确保（王室）道路上和驻留地的安全，我所做的得到了国王的大加赞赏。我尽心尽力地做好每一件事，以至于得到了国王的夸奖赞美，（在我心里），这种殊荣远远胜过了一切。

【注释】

〔1〕图拉（Tura），地名，位于尼罗河东岸，以盛产石灰岩而著称。

参与后官政变的审判

当后官反对王后——"伟大的权杖"〔1〕的阴谋暴露的时候，陛下只授予我一人审判的权力。因为我是那么优秀，因为在君主的心中我是忠心耿耿之臣，因为陛下完全信任我，所以除我以外，没有维吉尔，也没有任何官吏受此殊荣。我单独担任记录工作，在场的只有一位赫拉康坡里斯城的高级监狱长，而我的官职只是王室总管。因为我是那么优秀，因为在陛下的心中我的优秀远远超过其他官员，远远超过任何贵族，并且远远胜过其他奴仆，除了陛下授予我审判的职能外，以前从来没有人能像我一样能够听审这么隐私的后官案子。

【注释】

〔1〕"伟大的权杖"，王后的一种名衔。

发动攻打贝都因人的战争

陛下在整个南方聚集万人大军，发动了一场大规模的进军，攻打亚洲游牧民族〔1〕的战役。从南到埃利芬提尼〔2〕北到阿弗洛地忒坡里斯〔3〕，从北方，从整个的三角洲地区,从斯杰尔,从斯杰尔乌[4]内部,从伊尔柴特[5]的努比亚人[6]中、迈扎[7]的努比亚人中、伊玛[8]的努比亚人中、瓦瓦特[9]的努比亚人中和卡阿乌[10]的努比亚人中,以及从荼姆[11]的利比亚人中(征募军队)。

【注释】

〔1〕亚洲游牧民族,即贝都因人,北方游牧部落,并一直存在至今。

〔2〕埃利芬提尼(Elephantine),地名,上埃及的第一州,今天的阿斯旺。

〔3〕阿弗洛地忒坡里斯(Aphroditopolis),上埃及的第二十二州。

〔4〕关于斯杰尔(Sdjer)与斯杰尔乌(Sdjeru),有两种观点:一种观点认为斯杰尔(*sjr*)与斯杰尔乌(*sjrw*)可能位于尼罗河三角洲,具体位置不详;另一种观点认为这两者是"要塞"或是"堡垒"。

〔5〕伊尔柴特(Irtjet),地名,位于努比亚的奈赫斯乌(Nehesiu),阿拉克干涸河道(Wadi Allaqi)的南部。

〔6〕努比亚人,属于非洲东北部的苏丹民族,主要分布在今天埃及的南部与苏丹的北部,大约在公元前 1000 年时被称为库什人。

〔7〕迈扎,地名,位于努比亚的阿拉克干涸河道的附近。

〔8〕伊玛(Ima),地名,位于上努比亚,包括科尔玛(Kerma)的一部分。也有可能位于顿库勒(Dunkul)绿洲。

〔9〕瓦瓦特(Wawat),地名,位于努比亚的北部,阿斯旺以南。

〔10〕卡阿乌(Kaau),地名,位于努比亚。

〔11〕荼姆(Tjamu),即古代埃及文献对利比亚人的称谓。

任命为远征军首领

陛下任命我担任这次大军的先锋官,(这支部队包括)世袭贵族、王室御玺掌管者[1]、宫廷唯一的朋友、南方和北方土地的首领和统治者、(国王的)朋友、通译总管、南方和北方的祭司总管、南方和北方军队指挥部总管和他们辖下的田地和城镇总管,以及努比亚总督。我为他们制定军事行动计划,而此时我的职位仅仅只是王室官员总管。由于我的公正严明,军队中没人殴打他的部下,没人从百姓那里掠夺[面包](或是)凉鞋,没人从城里掠夺一匹布,没人从任何人那里牵走一只山羊。我率领他们到达北方岛屿、伊赫泰普之门、赫尔奈布玛阿特高原[2]。此时我的官职[……]每件事,我视察(?)了我的军队,此前从来没有任何仆人视察过军队。

　　摧毁游牧部落,(我的)大军平安返回。荡平游牧部落,(我的)大军平安返回。推倒城垣,(我的)大军平安返回。砍倒无花果树与葡萄树,(我的)大军平安返回。焚毁当地居民的(庄稼),(我的)大军平安返回。在那里(我的)万人大军血洗(游牧部落的)军队,(我的)大军平安返回。从那里[俘获了(大量的)]俘虏,(我的)大军平安返回。[因以上累累战功],我得到了陛下的赞赏,而它则胜过了一切。

【注释】

　　〔1〕王室御玺掌管者,一种名衔。
　　〔2〕伊赫泰普(Ikhetep)之门、赫尔奈布玛阿特(Kher-neb-maat)高原,均位于尼罗河三角洲的东北角。

贝都因人反叛

　　为了镇压游牧部落的反叛,陛下共 5 次任命我率领[我的军队]前往。因我的累累战功,[我得到了陛下的赞赏,而它则胜过了一切。]

攻伐巴勒斯坦南部

　　我听说定居在什瑞特伽赫斯[1]的外国人之间发生纠纷而导致了军事叛乱。我和我的大军一同乘坐木筏前往弹压。当我的一半军队(仍)在路上行军的时候,我就已经停靠在了游牧部落的北部山脊的后面。我将他们全部俘虏,并将他们全部杀戮后,我凯旋而归。

【注释】

　　〔1〕什瑞特伽赫斯(Sherit-gekhes),地名,位于卡美尔山(Khamer)的山岬。

法老迈瑞拉统治时期的职业生涯
担任重要官职

　　当我(被任命)为官廷教师和提鞋者[1]时,上、下埃及之王迈瑞拉[2]——

我的君主,万寿无疆——任命我担任世袭贵族与南方总管,南到埃利芬提尼,北到阿弗洛地忒坡里斯。陛下对我的评价是优秀之臣,因为在陛下心中我忠心耿耿,因为陛下欣赏我。我(被任命)为一名宫廷教师和提鞋者,因为我在履行护卫职责时,我的机警睿智远远胜过他的任何一名官吏,远远胜过他的任何一名朝臣,更是远远胜过他的任何一位仆人,从而得到了陛下的大加赞扬,以前从来没有任何(像我这样的)仆人获得了这样的官职。作为一名南方总管,我的功绩使陛下十分满意,因为在我的辖区,没有人可以无故施暴于他的随从。我尽心尽意地完成我肩负的职责,我两次清点南方送往王室的各种税收,在南方两次为王室(的建筑工程)征募人力和物力,我尽心尽意地完成肩负的重任,我圆满地完成了对南方的清查与征募工作。以前从来没有人能像我这样圆满地完成对南方的清查与征募工作。我的工作是如此地卓越,以至于陛下对我大加赞扬。

【注释】

〔1〕"提鞋者",古代埃及的一种名衔。

〔2〕迈瑞拉(Meri-Ra),古王国第六王朝的第四位国王。

远征南方采石场

为了建造哈奈菲尔迈瑞拉[1],陛下派遣我去伊布哈特[2]获取"生命之主"[3],连同它的棺盖以及昂贵的庄重的小金字塔(被一同取回)。陛下派遣我去埃利芬提尼获取花岗岩假门、供台、门框和花岗岩门楣,并且还为我的女主人——哈奈菲尔迈瑞拉的前墓室取回花岗岩门、窗户和供台。(它们)在我的监管下被装载在 6 条宽驳船、3 条拖船和 3 条八骨船上向北顺流而下来到哈奈菲尔迈瑞拉。在(以往)历代国王执政时,从来没有人能通过在不可预测的湍急险流造访伊布哈特与埃利芬提尼两地。我尽心尽意地出色完成了陛下交代的每一项任务。

【注释】

〔1〕哈奈菲尔迈瑞拉(Kha-nefer-meri-Ra),即迈瑞拉建造的金字塔名称。

〔2〕伊布哈特(Ibhat),地名,位于努比亚,或者是位于努比亚的采石场名称。

〔3〕"生命之主",即石棺的名称。

开采哈特努布雪花石膏

陛下派遣我前往哈特努布[1]去取哈特努布温润清透的雪花石膏大供台。我仅仅用了17天就将这张在哈特努布开采并精工雕刻的大供台装载在货船上向北顺流而下取回,我为它(供台)砍伐洋槐建造了一艘60肘尺长,大约30肘尺宽的大货船,在夏季的第三个月中,大约只用了17天便将其建成,尽管此时河水已经干涸,但我还是在哈奈菲尔迈瑞拉安全着陆。我尽心尽意地出色完成了陛下交代的每一项任务。

【注释】

〔1〕哈特努布,地名,位于上埃及第十五州的尼罗河东岸,以盛产雪花石膏而著称。

第二次远征南方采石场

陛下派遣我去南方开凿5条运河,并建造3条驳船与4条瓦瓦特(努比亚)洋槐拖船。伊尔杰特、瓦瓦特、伊玛和迈扎的首领们为此运来木材。我仅仅用了一年的时间就将重任完成,船被放进水中,并装载着花岗岩石料前往到哈奈菲尔迈瑞拉。现在为王室全部开通这5条运河既可以节省(开支),(也可以缩短运输的距离),上、下埃及之王迈瑞拉(万寿无疆)也因此而声名远震,龙威燕颔,远胜过其他任何神祇。(我)听命于他的卡的指令,尽心尽意地出色完成了每一项任务。

尾 声

我确乎是一位父亲所钟爱之人,母亲所赞扬之人,深受兄弟喜爱之人。世袭贵族、真正的南方总管、奥西里斯神前受尊敬之人,[长者]乌尼。

4.2 哈胡夫自传体铭文

哈胡夫自传体铭文撰写于第六王朝,哈胡夫是第六王朝的重臣,曾服务于第六王朝的国王迈瑞拉与派匹二世,并在他任职期间 4 次远征努比亚。因此,这篇铭文对于我们研究古代埃及对外关系(尤其是努比亚地区)及商业往来提供了十分重要的原始文献资料。同时,因其在人物描写上手法细腻生动,而且铭文中包含了书信等文献材料,因而该铭文具有很高的文学价值。

本译文所用原始文献来自塞斯的版本①,译文则参照了布里斯特德②、利克泰姆③和辛普森④的翻译。

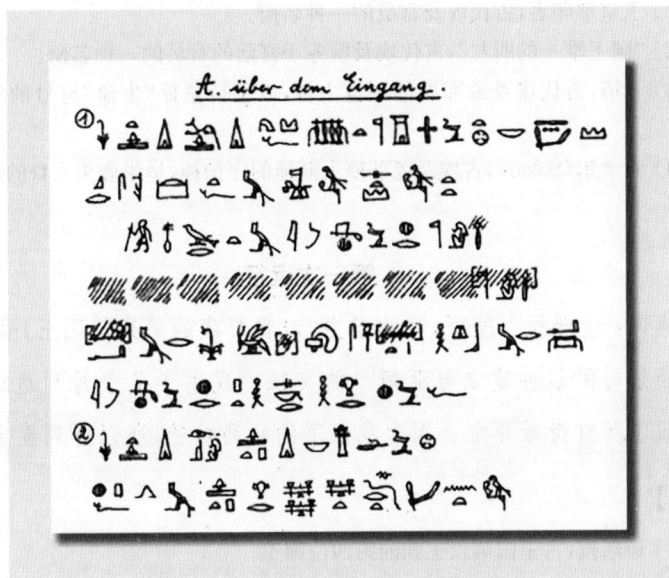

图 17　哈胡夫传铭文(部分)手描图

引　言

地方州长,(国王)唯一的朋友,讲经祭司,赫拉康坡里斯城的监管人,

① K. Sethe, *Urkunden des Alten Reichs*, Vol.I, Leipzig, 1935, pp.120-131.
② J. H. Breasted, *Ancient Records of Egypt*, Vol.I, Chicago, 1906, §§325-336;§§350-354.
③ M. Litchtheim, *Ancient Egyptian Literature*, Vol.I, Berleley, Los Angeles and London, pp.23-27.
④ W. K. Simpson, *The Literature of Ancient Egypt*, New Haven and London, 2003, pp.401-407.

埃尔-卡布城市长,王室掌印者[1],(国王)唯一的朋友[2],讲经祭司,外务部总管,所有南方事务的总管,陛下所钟爱之人,哈胡夫。

王室掌印者,(国王)唯一的[朋友],讲经祭司,外务部总管,(我)将带回的所有异域物产献给陛下,(我)将带回的贡品献给了已震慑天下的王室。南方所有外国领地的总管,在外国领地(我)树立起了荷鲁斯的声望。(我)所做的,得到了陛下的大加赞赏。王室掌印者,(国王)唯一的朋友,讲经祭司,外务部总管,普塔[3]—索卡尔[4]神前受尊敬之人,哈胡夫。

【注释】

〔1〕王室掌印者,古代埃及官员的一种名衔。

〔2〕"国王唯一的朋友",古代埃及服务于宫廷的官员的一种名衔。

〔3〕普塔,古代埃及孟菲斯的创世主神,以手持象征"生命"符号的木乃伊形象示人。

〔4〕索卡尔(Sokar),古埃及孟菲斯大墓地的守护神,呈隼鹰头人身的神祇形象。

第一次远征

他说:迈瑞拉[1]陛下,我的君主,派我与我的父亲、(国王)唯一的朋友和讲经祭司伊尔去建立与亚姆[3]的交往。我用了7个月到达这里,从这里带回了所有奇珍异宝。因为我立下的汗马功劳,所以得到重金奖赏。

【注释】

〔1〕迈瑞拉,古王国第六王朝的第四位国王。

〔2〕亚姆(Yamu),地名,位于上努比亚,包括科尔玛的一部分。

第二次远征

陛下再次派我孤身一人远征,我从埃利芬提尼[1]启程,我从伊尔柴特[2]境内的伊尔柴特[3]、玛赫尔[4]和特瑞瑞斯[5]返回,(总共)历时8个月。我从这片广阔富饶的外国领地带着贡品返回。以前从来没有这样的稀有物产从这片土地上被带回过。我从撒柴乌[6]与伊尔柴特首领的领地上满载而归,(并从此)打开了与这些外国领地交往的大门。以前从来没有任何一位到达伊玛[7]的(国王)唯一的朋友与外务部总管(能像我一样与其)建立起密切联系。

【注释】

〔1〕埃利芬提尼,上埃及第一州,位于尼罗河第一瀑布北部,即今天的阿斯旺。

〔2〕伊尔柴特,地名,位于努比亚。

〔3〕伊尔柴特,地名,位于努比亚的奈赫斯乌,阿拉克干涸河道的南部。

〔4〕玛赫尔(Makher),地名,位于努比亚。

〔5〕特瑞瑞斯(Tereres),地名,位于努比亚。

〔6〕撒柴乌(Satjeu),地名,位于努比亚。

〔7〕伊玛,地名,位于上努比亚,包括科尔玛的一部分。也有可能位于顿库勒绿洲。

第三次远征

现在,陛下第三次派我到伊玛去,我从绿洲上的柴尼[1]启程。然而,我发现此时伊玛的统治者为了攻打位于西方之地的柴姆赫人[2],已开拔前去柴姆赫。我紧随其后,也动身前往柴姆赫。他应该感谢所有的神祇,因为君主(派)我平息了他(的怒火)。

[我派遣……]和[荷鲁斯]的随从伊玛[伊特]去通知我的君主迈瑞拉陛下,在伊玛统治者踏上(征途后),我紧随其后,我平息了伊玛统治者(的怒火)后,当我发现因同一个原因伊尔柴特、撒柴乌和瓦瓦特结成联盟,我从伊尔柴特的南部和撒柴乌北部的[……]返回。我带领有 300 只驴的队伍驮着香、黑檀木、油、香料、豹皮、象牙雕刻以及大量的各种品质上乘的异域物产返回。伊尔柴特、撒柴乌和瓦瓦特的统治者看到浩浩荡荡实力强大的伊玛军队跟我回到驻地,并且还有远征军护送我,(于是)伊尔柴特的统治者陪同我巡视并送给我公牛和山羊(或是绵羊),并带领我走出伊尔柴特高原的山路。由于我的能征善战和机警敏锐,远远胜过任何一位之前征战过伊玛之地的同伴和外务部总管,现在,当这位仆人(哈胡夫)朝着北方的王宫航行时,国王派遣[地方州长],(国王)唯一的朋友,两个沐浴室总管胡尼乘着驳船载着红枣酒、蛋糕、面包和啤酒前来见我。[地方

州长],王室掌印者,(国王)唯一的朋友,讲经祭司,神祇掌印者,敕令[3]的朋友,受尊敬之人,哈胡夫。

【注释】

〔1〕柴尼,下埃及第八州。

〔2〕柴姆赫人,古代埃及文献对利比亚人的称谓。

〔3〕敕令,这里指代国王。

写给派匹二世的书信

御玺,统治的第2年,泛滥季的第3月,第15日。向(国王)唯一的朋友,讲经祭司和外务部总管哈胡夫颁布王室敕令。

你寄给身在议事厅的国王的这封信备受关注,信上告诉我,你与你的远征军已从伊玛凯旋归来。你在信中说,你带回了哈托尔神——伊玛阿乌[1]女主人献给上、下埃及之王奈菲尔卡拉[2](愿他万寿无疆)之卡的所有品质上乘的贡品。你在信中说,你从这片圣洁的土地上带回能向神献舞的侏儒,就像是伊塞斯[3][陛下]在位时,神玺掌印者巴威尔戴德[4]从蓬特[5]带回侏儒时那样。你对陛下说,以前从来没有任何一位到过伊玛的人能带回侏儒。

【注释】

〔1〕伊玛阿乌(Imaau),地名,位于努比亚。

〔2〕奈菲尔卡拉(Neferkare),即派匹二世(Pepy Ⅱ),古王国第六王朝的第五位国王。

〔3〕伊塞斯,古王国第五王朝的第八位国王。

〔4〕巴威尔戴德(Bawerded),古王国第五王朝的大臣。

〔5〕蓬特,地名,其确切地理位置一直存在争议,曾有学者认为位于现今的索马里,后又有认为位于苏丹的南部。

国王的敕令

确实,你是那么的博学多才,你所做的也正是你的君主所渴望的,他会嘉奖(于你)。你日日夜夜、尽心尽意地做陛下所渴望的、赞扬的和指派的事情。陛下对你寄予极高的厚望,以至于这样的荣耀惠及于你的百子千孙,以至于当所有的人听说陛下要嘉奖于你时,他们都会说:"有谁能向(国王)唯一的朋友哈胡夫那样,远征伊玛,凭着他的机敏睿智,凭着他锲而不舍的精神出色圆满地完成君主所渴望的、赞扬的和指派的但却备尝艰辛的任务?"

立即北上进宫。快!把你从遥远之地带回的侏儒带来,愿永生、稳固、安康,为神献舞,令上、下埃及之王奈菲尔卡拉(愿他万寿无疆)纾解疲劳,使其神怿气愉。

当他与你乘坐一条船时,要派遣熟悉水性的人在船的两侧保护他,当心,以免他掉进水中!傍晚时分,当他就寝之时,派遣机警睿智的人守卫在他的房屋周围。陛下心急如焚,焦急等待这个侏儒的程度远远胜过任何从蓬特带回的贵重金属,(因而他每日)夜晚巡逻 10 次。如果你到达王宫时,这个侏儒仍然与你随行,愿永生、稳固、安康,如果陛下看到了这个侏儒,陛下将重重犒赏你,远远胜过伊塞斯[陛下]在位时从蓬特(带回侏儒的)神玺掌印者巴威尔戴德所获的殊荣。急件已经送达到新建城市的市长、朋友和祭司总管的手中,命令(他们)从他们管辖的每座粮仓和每座神庙中征调食物。均所承担,不准推责。

5. 国家分裂和社会动荡

古王国的繁荣稳定持续了 500 余年,到公元前 22 世纪的末期,埃及进入政治混乱、经济衰退的第一中间期时期。第一中间期,包括第九、第十王朝以及第十一王朝的前半部分,时间断限大约为公元前 2160—前 2055 年,是古代埃及历史上的第一个分裂时期。为此,本书选取了充分体现国家分裂和社会动荡的两篇文献,即《一个人与他的灵魂的辩论》和《奈菲尔提预言》。

5.1　一个人与他灵魂的辩论

《一个人与他灵魂的辩论》成书于第十二王朝时期。该文献描写了一个对

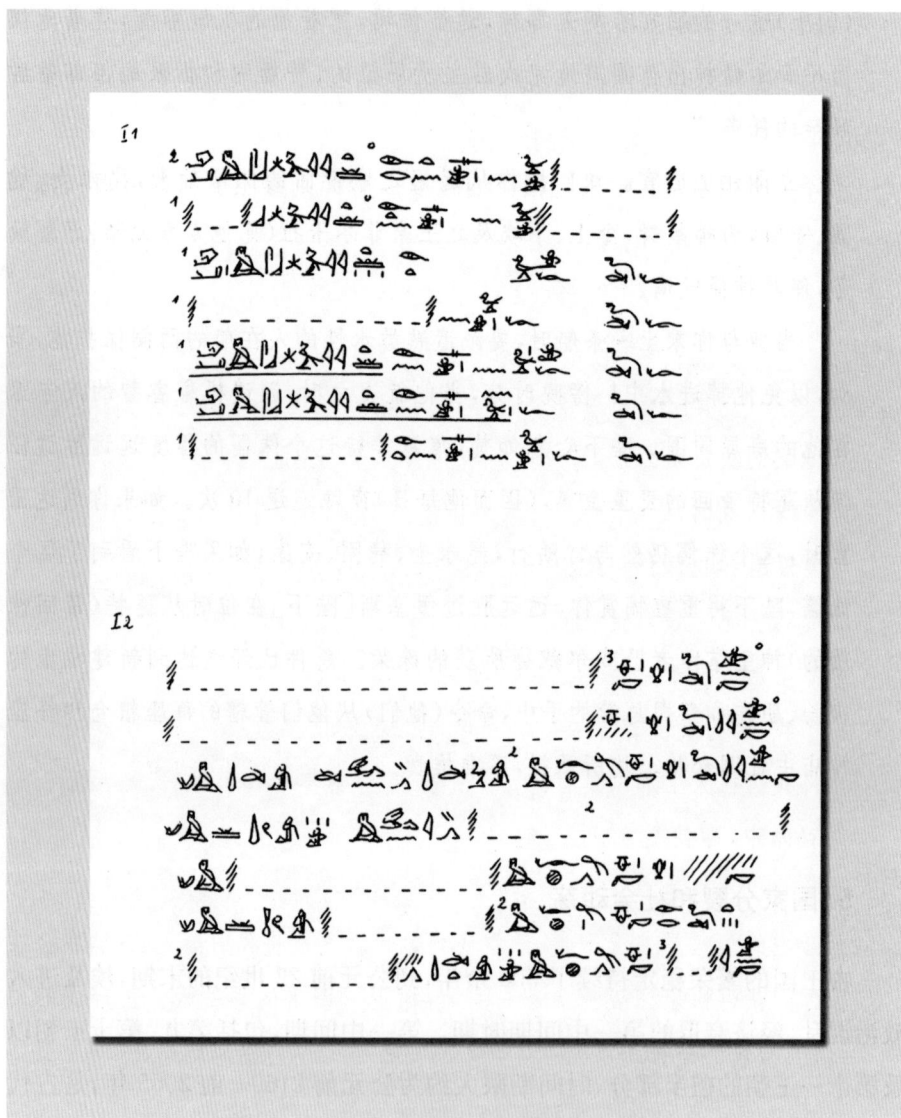

图 18　一个人与他灵魂的辩论(部分)手描图

生活失去兴趣、牢骚满腹的人,经受不住内心苦难的折磨而想一死了之。但是他的灵魂(巴)为了劝说他放弃这种念头,威胁说要永远离开他。这个人害怕灵魂离他远去,转而祈求灵魂不要弃他而去。他的灵魂则讲述了死亡的痛苦,劝说他不要追求死亡,应该享受尘世的快乐。最终,这个人放弃了死亡的想法。

本译文所用原始文献来自福克纳版本①,翻译则参照了利克泰姆②、福斯特③、帕金森④和托宾⑤的译文。

第 1—30 列

[……]你[……]为了说,因为他们的决定是公正的,[……]贿赂,因为他们的决定是公正的。

我向我的灵魂开了口,回答它所说的:"今天,我非常难受,我的灵魂[1]没有和我保持一致,这比反对我还要坏,因为它似乎遗弃了我。可是我的灵魂不应该离我而去,它应该保护我。我将用绳索(把它扣留在我的身体里),以至于它将不能在我极度痛苦的时候逃脱掉。瞧,我的灵魂欺骗了我,因为我没有听从它的劝告。在我被推向正在到来的死亡的时候,它将我掷在火上加以折磨![……]在极度痛苦的时候,它仍然应该在我的躯体中,即使是在西方,它也应该和我站在一起,以确保我获得幸福。尽管它现在想要离开我,但是它终究会回到我的身体里。我的灵魂,无视生活中的烦恼是多么愚蠢,请在我到达死亡之前将我引向死亡吧,我会在西方[2]获得快乐。活着就是一瞬间,树也有倒下的那一天。击碎我的幻想,因为我的痛苦是永无止境的。愿托特神[3]评判我的对错,他会说服诸

① R. O. Faulkner, "The Man Who Was Tired of Life," *JEA* 42 (1956), pp.21-40.

② M. Lichtheim, *Ancient Egyptian Literature*, Vol.I, Berkeley, Los Angeles and London, 1975, pp.163-169.

③ J. L. Foster, *Echoes of Egyptian Voices*, Norman, 1992, pp.11-18.

④ R. B. Parkinson, *The Tale of Sinuhe and Other Ancient Egyptian Poems 1940-1640 BC*, Oxford, 1997, pp.151-165.

⑤ V. A. Tobin, "A Re-Assessment of the Lebensmude," *BiOr* 48 (1991), pp.342-363.

神。愿宏苏神[4]为我辩护,他会如实直书。愿拉神听我申诉,他引航太阳圣船。愿伊塞德斯神[5]在圣堂为我辩护,因为我(赴死)的愿望是如此的强烈,以至于我毫无快乐可言,只有诸神能消除我最隐秘的痛苦。”

【注释】

〔1〕按,在古埃及人的来世观念里,人有三个灵魂,它们分别是巴、卡和阿哈。本文献中提到的灵魂是指“巴”。

〔2〕西方,即死亡及死后的世界。

〔3〕托特神,古代埃及神明之一,主司文字、音乐和舞蹈,是智慧之神。

〔4〕宏苏神,古代埃及宗教中的月神。

〔5〕伊塞德斯(Isedes)神,一个无法确认的神,或许与托特神有很大联系。

第31—85列

我的灵魂对我说:“你还是个男人吗? 至少你还活着! 像坟墓主人那样去思考你的生活,你将有所收获。难道我不是正在跟一个轻视自己现世生活的人说话吗? 的确,你现在漂泊不定,你自己无法掌控自己,任何一个流氓无赖都能领走你。你(的灵魂)已经死了,尽管你的名字(肉体)还活着。极乐世界是休息之所,它是你心灵的渴望之地。西方才是你(最后的)目的地。”

(我说:)“如果我那顽固的灵魂能够听从我的话,如果他将与我默契相处,那么他将得到好处。因为我会让他像拥有坟墓的人那样到达天堂。他的后人将看到他盘旋在他的坟墓之上。我将为你(灵魂“巴”)的躯体修建庇护所,你将使其他虚弱的灵魂羡慕。我将建造庇护所,它会十分凉爽,你将让其他(遭受)酷热的巴羡慕。我将在河边喝水,并储存食物,那么你将让其他饥肠辘辘的灵魂羡慕。如果你阻挡我走向死亡,在西方你将找不到安身之所。你应该和善,我的灵魂,我的兄弟,直到能够进献供品和主持葬礼的我的继承人出生了,这样他就能够(为我)准备坟墓了。”

我的灵魂开了口,回答了我提的问题:“如果你一心想着死亡,这是一件悲哀的事情,这使一个人痛苦,从而带来哭泣。这是把一个人从他的家中拉出来,(并把他)扔在高地[1]上。对于你来说,你再不可能走上去看到太阳。甚至那些用花岗岩修建坟墓的人,那些用精湛的手艺完善坟墓的人,于是这些建造者变成了神。[2]他们却没有了供品,就像一个因死在岸边而没有纪念物的人。[3]因为洪水带走了一些(纪念物),而太阳又带走了其他的(纪念物),只有鱼儿对河边的他们感兴趣。为了你自己,你应该听我说!瞧,能听话语的人是好的。抓住美好的时光,忘记烦恼!

"一个涅杰斯[4]耕种他自己的份地。他将他的收获物运到他的船里,因为缴税的就要到了。他看到了阴森的北风,于是他在船中十分警觉。太阳落山了,接着又升起了,而他的妻儿却丧生于布满鳄鱼的湖里。最后他坐下,并大声地哭泣说:'我不会为(死去的)母亲哭泣,因为她没有力量从西方的世界回来,为了现世的生活。我哭泣的是那些还没有成年就死去的孩子,他们看到了鳄鱼的脸,否则他们不会死。'[5]

"(另)一个涅杰斯要东西吃,他的妻子对他说:'晚餐的时间就要到了。'他出去生了一会儿闷气后,他返回到家里,如同变了一个人似的。他的妻子与他说话(?),他也不听她的,他郁郁寡欢,以至于他的家庭破裂了(?)。"[6]

【注释】

〔1〕高地,指适合修建坟墓的沙漠台地。

〔2〕按,在这里,这句话的含义是否定的,意思是说即使是这些修建坟墓(金字塔)的能工巧匠也不免一死。

〔3〕按,这句话的含义是能工巧匠们不仅会死,而且还会死得更悲惨。

〔4〕涅杰斯(Nedjes),即平民阶层,该阶层在第一中间期时期非常活跃。

〔5〕按,此段文字是这篇文献记述的两篇寓言中的第一篇。

〔6〕按,此段文字是另一篇寓言。

第 86—102 列

我对我的灵魂开了口,回答他的问题:[1]

"瞧,我的名字[2]是多么令人厌恶,瞧,超过了兀鹰的粪便,在那炎热的夏天。

"瞧,我的名字是多么令人厌恶,瞧,超过了捕鱼的味道,在那炎热天气里捕鱼。

"瞧,我的名字是多么令人厌恶,瞧,超过了鸭子的臭味,超过了布满水禽的芦苇深处。

"瞧,我的名字是多么令人厌恶,瞧,超过了渔夫的味道,超过了渔夫垂钓的沼泽池塘。

"瞧,我的名字是多么令人厌恶,瞧,超过了鳄鱼的臭味,超过了满是鳄鱼的聚居地。

"瞧,我的名字是多么令人厌恶,瞧,不如一个妇女,一个向她的丈夫说谎的女人。

"瞧,我的名字是多么令人厌恶,瞧,不如一个强健的孩子,一个被他的父亲鄙视的孩子。

"瞧,我的名字是多么令人厌恶,瞧,不如一个君主的一个城市,一个君主(一从国外)回来就面临叛乱的城市。"

【注释】

〔1〕按,从这里开始,文献记述了4首诗歌,这是第1首。
〔2〕这里的"名字"是指名字的主人。

第 103—130 列

"今天我还能相信谁? 手足不睦,朋友反目。[1]

"今天我还能相信谁? 人心贪婪,人人偷盗朋友的物品。

"[今天我还能相信谁?]仁慈没有了,暴虐的人欺压着每一个人。

"今天我还能相信谁? 人们以邪恶为荣,美德被丢掷在地上。

"今天我还能相信谁? 一个人遭遇不幸,他的困境却遭到人们的嘲笑。

"今天我还能相信谁? 人们在抢劫,每一个人都在掠夺他的朋友。

"今天我还能相信谁？邪恶之徒成了知己朋友，兄弟之间结下冤仇。

"今天我还能相信谁？没有人会记起过去，没有人帮助曾经救助过他们的人。

"今天我还能相信谁？兄弟不睦，人们向陌生人寻求慰藉。

"今天我还能相信谁？表情木然，每个人都将他们的脸从他的兄弟那里转开。

"今天我还能相信谁？人心贪婪，没有人可以信赖。

"今天我还能相信谁？没有正直者，全国都是干坏事的人。

"今天我还能相信谁？没有知己朋友，人们向不认识的人倾诉。

"今天我还能相信谁？没有让人信任的人，曾经同舟共济的人现在也没有了。

"今天我还能相信谁？我独自承担悲痛，因为没有知己朋友。

"今日我能向谁倾诉？不公正肆意横行于天下，没有尽头。"

【注释】

〔1〕按，从这里开始是第 2 首诗歌。

第 131—142 列

"今日死亡降临我身，宛如病夫康复，宛如禁闭后重获自由。[1]

"今日死亡降临我身，宛如没药之香，宛如在有风之天坐于船帆之下。

"今日死亡降临我身，宛如莲花之香，宛如坐在绿洲水渠之上。

"今日死亡降临我身，宛如雨天之路，宛如一个人远征后返回家中。

"今日死亡降临我身，宛如天空之清澈，宛如一个人意识到他所忽视的事情。

"今日死亡降临我身，宛如一个人迫切想看到他的家，当他在牢狱中度过很多年之后。"

【注释】

〔1〕按，从这里开始是第 3 首诗歌。

第143—155列

"的确,彼岸[1]的那个人是一位活神,他将驱逐折磨他的邪恶。[2]

"的确,彼岸的那个人会站立在圣舟里,他将向神庙进献精美的东西。

"的确,彼岸的那个人会是一个智者,他将在拉神面前讲话。

"我的灵魂对我说:'把你的牢骚抛在晾衣杆上[3],我的朋友,我的兄弟。向祭坛献祭,为生活而奋斗,正如你所说的。请现在爱我吧[4],忘记西方。你肯定还会渴望西方的世界,但是这只是在你被埋葬在地下之时。你变得虚弱之后,我会飞起[5],那时我们将一起生活。'"

这就是从头到尾的故事,写在书本上。

【注释】

〔1〕彼岸,即西方世界。

〔2〕按,从这里开始是第4首诗歌。

〔3〕按,这句话的引申含义是"将牢骚像将一件衣服扔在晾衣杆上一样抛掉"。

〔4〕按,这句话的引申含义是"享受现世的生活"。

〔5〕按,这句话的意思是说:"当你死后,我,也即人的灵魂'巴'就会从人的躯体中以人头鸟身的形象飞出。"

5.2　奈菲尔提预言

《奈菲尔提预言》成文于第十二王朝的第一位国王阿蒙奈姆赫特一世(Amenemhet Ⅰ)统治时期。该文献讲述了发生在第四王朝国王斯奈弗如统治时代的一个故事:国王斯奈弗如想要寻取欢乐,于是臣下推荐赫利奥坡里斯的强有力的涅杰斯(也即平民)、圣人奈菲尔提为国王斯奈弗如讲述故事,以博取国王高兴。国王向他问询将来的事情,他预言国家将遭受严重的旱灾,并引发了人民大起义。与此同时,亚洲人入侵埃及,国家将会被战争摧毁;最后,一个名叫阿美尼的人将平定内乱,重新统一上、下埃及,并且消灭亚洲人和利比亚人。

该文献假托圣人奈菲尔提之口,以预言的形式追溯了第一中间期的社会动乱,埃及所面临的内忧外患,并且预言阿美尼(阿蒙奈姆赫特一世)将统一上、下埃及。实际上,它是第十二王朝的政治宣传品,为阿蒙奈姆赫特一世篡夺第十一王朝的政权提供合理性的论证。

　　本译文所用原始文献来自海尔克的版本①,同时参照了布鲁曼托②和古地克③的翻译。

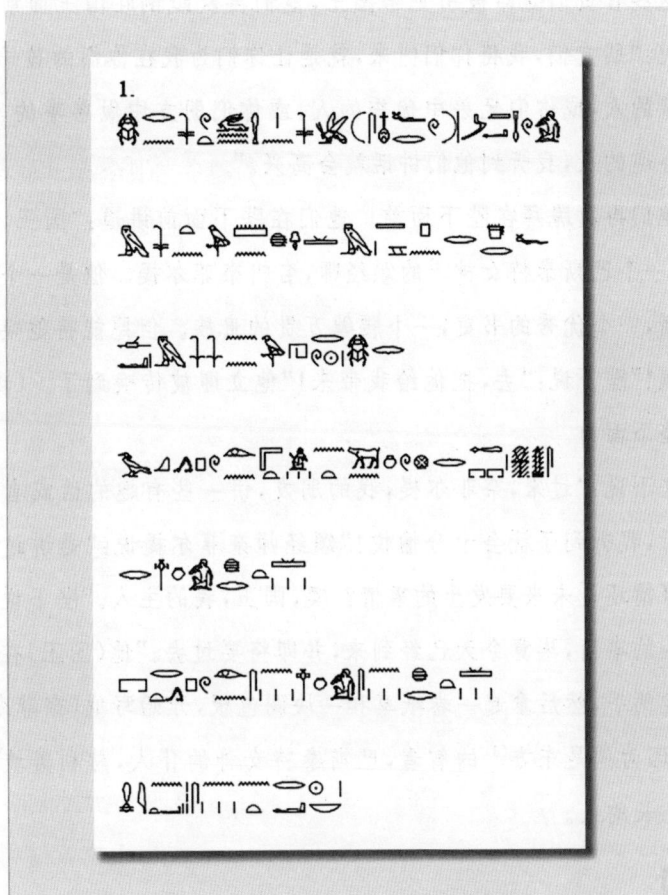

图 19　奈菲尔提预言(部分)手描图

故事缘起

这个故事发生在仁慈的上、下埃及之王：斯奈弗如[1]统治埃及时期。

① W. Helck, *Die Prophezeiung des Nfr. tj*, Wiesbaden, 1992.
② E. Blumenthal,"Die Prophezeiung des Neferty," ZAS 109 (1982), pp.1 - 27.
③ H. Goedicke, *The Protocol of Neferty*, Baltimore, 1977.

一天,王宫的官员到王宫觐见国王。然后,他们依照惯例问候完法老后就退了出来。陛下对身边的掌印官说:"去,把刚刚觐见的王宫官员们传入宫中。"

这些官员们立即被引见给国王,他们再次跪倒在国王面前。陛下对他们说:"朋友们,我将你们叫来,就是让你们为我在你们的孩子中寻找一个聪慧的人,或你们兄弟中优秀的人,或你们朋友中做善事的人,或一个能说会道的人,我听到他们讲话就会高兴。"

他们再次跪拜在陛下面前。他们在陛下面前讲道:"国王,我们的主人,有一个巴斯泰特女神[2]的颂经师,名叫奈菲尔提。他是一个强有力的涅杰斯,一个优秀的书吏,一个腰缠万贯的贵族。但愿能将他唤来以悦陛下龙颜!"陛下说:"去,把他给我带来!"他立即被传唤到了。(现在)他跪拜在陛下面前。

陛下说:"过来,奈菲尔提,我的朋友,讲一些有趣的话或者至理名言给我听,我听到了就会十分愉悦!"颂经师奈菲尔提说:"是讲过去已经发生的事情还是未来要发生的事情?噢,国王,我的主人。"陛下说:"讲未来要发生的事情,毕竟今天已经到来,并即将要过去。"他(国王)在台案上伸展开他的手,然后拿起一卷纸草和一块调色板,开始写他(奈菲尔提)所说的话,因为他是东方[3]的智者,巴斯泰特女神的仆人,赫利奥坡里斯城[4]土生土长的人。

【注释】

〔1〕斯奈弗如,第四王朝的第一位国王。

〔2〕巴斯泰特(Bastet)女神,古代埃及宗教中的猫神,太阳神拉的女儿。

〔3〕东方,即下埃及三角洲东部地区。

〔4〕赫利奥坡里斯城,位于孟菲斯附近,是太阳神崇拜中心。

预言之一:亚洲人入侵和社会动荡

他预测到国家将要发生的一切。他预测到(埃及)东部的局势:亚洲人用武力袭击(埃及),使正忙于收割的农夫惊恐万状,他们夺走了正在犁地的牲畜。他(奈菲尔提)说:"我的心在颤抖,为这块生我的土地哭泣,在邪恶面前不敢出声。瞧,人们在诉说着这可怕的事情。瞧,高贵的人被打翻在这块他们出生的土地上。不要感到焦虑,它(混乱的局面)就在你的面前,愿你能奋起反抗发生在你面前的一切。瞧,高贵的人不再领导国家,做和不做是一样的。太阳在邪恶中升起,国家被彻底摧毁了,没有一点剩余,哪怕是指头大小的土地也没有逃脱厄运。国家被摧毁了,没有人关心它,没有人说起它,也没有人为它哭泣。这块土地怎么了? 太阳被遮住了,人们不能看到它的光芒。一旦乌云遮住太阳,人们就不能生存下去。没有了太阳,人们就会处在昏迷之中。

"我要说将发生在我面前的一切,也将预言将来发生的一切。埃及的河流将会干枯,人们可以徒步跨越。每个人都在寻求船只可以航行的水。河道干涸,变成了河岸。河岸挤走河水,河水变成了河岸。南风驱逐着北风。天空不再有一种风。

"一种奇异的鸟[1]将在北部的沼泽地出生。它在人们身边筑巢。因为从来没有见过这种鸟,所以人们让它生活在身旁。然而它损害了那些好东西,那些湖泊和盛产鱼、家禽的池塘。由于遍及大地的亚洲人所制造的混乱,所有的好的东西都被夺走和掷在地上。敌人出现在东方,亚洲人到达了埃及。一些要塞不复存在,因为它们被亚洲人占据。没有人留意那些入侵者。进攻发生在晚上。要塞被摧毁,睡眠从所有人的眼睛里被攥走。他们已经熟睡,但现在却醒了。因为没有人驱逐外国的畜群,所以它们将在埃及的河流上饮水,在河岸上恢复精神。这块土地被劫掠了,没有人意识到将要发生的一切,因为这在我的预言中。人们的听觉和视觉都已经丧失,唯有缄默者幸存于世。我在为您展示国家的混乱,从未发生的事情出现了。人们拿起了武器,国家一片混乱。人们将要制作铜箭头,渴望浸血的面包,嘲笑痛苦。没有人为死亡落泪,没有人在死亡来临的时候是清醒的。每个人只为自己着想,没有人会感到悲痛。人心彻底地死了,一个人坐在一边,在他的背后一个人残杀了另外一个人。我让你看到成为(父亲的)敌人的儿子,成为敌手的兄弟,屠杀自己父亲的人。

"每个人嘴里说的是'只爱自己',所有好东西都失去了。国家被毁掉了,尽管颁布了法令。手工制品遭到了毁坏,满目都是破坏的景象,所做的一切荡然无存。人们的财产被抢夺了,其他人却获得了这份财产。我在向你讲述伤心的主人,高兴的仆人。没有财产的人获得财物,而有财产的人却两手空空。人们不情愿地拿出了自己的财产,只是为了堵住别人的嘴。人们手里拿着棍子回答他人的询问,人们口口声声说'杀了他'。人们的言语就像火一样刺痛了他人的心,没有人能够承受这样的话语。"

【注释】

〔1〕奇异的鸟,可能指的是带有恶兆的鸟。

预言之二: 国家分裂

"国家贫弱,但君主众多。国家一片废墟,但税收多如牛毛。谷物产量低,但量具很大,(量具)满得流了出来。拉神远离了人类。尽管他如约升起,但是没有人知道中午的降临。因为没有人能分辨他的影子,即使人们看到了他,人们也没有喜悦之感。人们的眼睛不再瞩目于他,他像月亮一般挂在天空。然而他在夜晚却不会迷失,他的光芒终究会像以前一样照在人们的脸上。

"我向你诉说骚乱中的国家。贫弱的人变成了强大的人。接受问候的人,现在向问候他的人致敬。我向你诉说下层人变成了上层人。随从变成了主人。低贱的人获得了财富,高贵的人以劫掠为生。吃着面包的是贫穷的人,仆人在欢呼雀跃。赫利奥坡里斯不再是诸神的诞生地。〔1〕"

【注释】

〔1〕按,在古代埃及,如果作为太阳神拉的崇拜中心赫利奥坡里斯遭到了毁坏,就意味着整个埃及宗教的毁灭。

预言之三：国家统一

"然后,有一个来自南方的国王,名字叫阿美尼[1]。他是塞提土地[2]上的一名妇女的儿子,是上埃及的孩子。他将获得白王冠[3],将戴上红王冠[4]。他将统一两个强有力的神[5],将让两位主人[6]高兴。国家疆域在他的掌握之中,舵在他的控制之下。欢呼吧,生活在他的时代的人们。这个人将会让他的英名流芳百世。那些有邪恶想法的人和那些企图造反的人,都将因为恐惧向他投降,亚洲人将倒在他的利剑之下,利比亚人将倒在他的光辉之下,反叛者将惧怕他的威严,心存不轨者将惧怕他的威名。王宫前面的乌拉斯蛇[7]将为他制服心存不轨的人。人们将修建"统治者之墙"[8]来防范亚洲人突入埃及。如果亚洲人谦恭地请求喝水,那么,可以让他们的牲畜饮水。正义将重新出现,邪恶将被驱散。欢呼吧,看到这一切的人,追随国王的人。当智者看到我所说的话应验之时,他会为(坟墓中的)我泼出圣洁的水。"

【注释】

〔1〕阿美尼(Ameny),即第十二王朝开国之君阿蒙奈姆赫特一世。

〔2〕塞提(Sety)土地,即尼罗河第一瀑布附近地区的上埃及第一州,也有学者认为该地名指的是努比亚。

〔3〕白王冠,即上埃及的王冠,象征着上埃及。

〔4〕红王冠,即下埃及的王冠,象征着下埃及。

〔5〕两个强有力的神,即兀鹰女神奈赫白特和眼镜蛇女神瓦杰特。

〔6〕两位主人,即荷鲁斯神和塞特神,他们的崇拜中心分别在上、下埃及,为此,他们象征着上、下埃及。让两位主人高兴,即为上、下埃及统一。

〔7〕乌拉斯蛇,即古代埃及王位的保护神。

〔8〕即阿蒙奈姆赫特一世在三角洲东部边境地区(现今的图米拉特[Tumilat])修筑的军事防御工事,以此防止亚洲人的入侵。

第二章

文明的发展(前 2000—前 1550 年)

一、两河文明的发展

1. 古巴比伦的文学

走出公元前 2 千纪的两河流域，以巴比伦城为政治中心的王朝逐渐成为两河流域文明史上最重要的一个时期。这个被称作古巴比伦的政权承认尼普尔作为宗教中心的地位，认可两河流域长久以来流传下来的历史传统和思想观念。巴比伦尼亚地区诸城邦的统治者都相信，王权会顺应着历史的潮流从一个城邦流转到另一个城邦。这种思想观念造就了"王表"这类文学作品的出现，通过将王权按时间先后进行记载，合理化王权的传承。

在两河流域文明史上，古巴比伦时期的确是一个空前绝后的繁荣期。古巴比伦人持守苏美尔文明的文化遗产，并进行更新和重组。苏美尔语虽然不再作为口头语言使用，但在文学传统上，仍然具有宗教和文化上的重要地位。可以想见，只有受过良好教育，有知识有文化的古巴比伦人才能够识读苏美尔语。同时，古巴比伦时期涌现出一批具有历史反思内容的作品，对以往时代的历史人物或事件进行评判，在这一时期形成独有的历史编纂作品。除了"王表"这种文学类型以外，曾在第一章中介绍过的《纳拉姆辛库塔传奇》，也是这类评断历史、表达史观的虚构作品，其形成正是在古巴比伦时期。

下文将介绍的两部史诗作品饱含两河流域的历史、政治、宗教等文化要素，是两河流域文明发展到经典时期的产物，是古代世界留给后世非常精彩的文学作品。

1.1 近东开辟史诗

毫无疑问，古巴比伦时期是两河流域文明发展的经典时期，比如，在广为流传的"四大文明古国"的说法中，"古巴比伦"就成为两河流域政治与文化的代名词。巴比伦城在这一时期的两河流域逐渐成为十分重要的城市。《近东开辟史诗》实际上就是一部提升巴比伦城保护神马尔都克地位的文学作品，史诗的写作目的便是解释马尔都克如何在众神中脱颖而出、居于首位。史诗最后描述在巴比伦城兴建象征马尔都克领导地位的埃萨吉拉（Esagila）神庙。由此，巴比伦城的重要性不言而喻。与大多数古代文献一样，这篇史诗的标题为后世学者所拟：因为史诗讲述天地的创造和人的由来而被冠以此名。实际上，这部史诗与第一章中介绍过的苏美尔经典颂诗《伊楠娜的晋升》具有较为相似的写作目的，因而也可以理解为《马尔都克的晋升》。此后，马尔都克在亚述王室铭文中也被认可为两河流域的主神，而新巴比伦帝国更是延续了这一观念，乃至波斯人在占领巴比伦城的时候，同样使用此观念将其征服行为合法化（参见第四章文献：居鲁士圆柱铭文，第 349—352 页）。

马尔都克原本是巴比伦城的地方神，可能代表正义之神、暴风雨之神以及与开凿运河有关的地方神。马尔都克在苏美尔已有的神明谱系中并不重要，对马尔都克神的敬拜最早也只能

图 20 马尔都克神

此图像源自一个巴比伦圆筒印章

追溯到古巴比伦时期。《近东开辟史诗》的写作可能在大约公元前 16 世纪的加喜特巴比伦(Kassite Babylon)时期,不过对于马尔都克神的敬拜,及该神在两河流域神谱中的至高地位,则是在古巴比伦时期奠定的基础。

该史诗主要讲述众神推举马尔都克作为领袖,与愤怒的原始神提亚玛特对抗,马尔都克勇武地打败提亚玛特,众神因而拥戴他为众神之王。之后,马尔都克创造宇宙万物和人类,众神为他在巴比伦兴建埃萨吉拉神庙,巴比伦以此试图取代两河流域早期的宗教中心尼普尔的地位。史诗还为马尔都克赋予 50 个称号,应当有试图取代尼普尔的主神恩利尔的意味,因为代表恩利尔的数字就是 50。

下文节选第 6 块泥板中的片段,描述的是诸神之战结束之后,马尔都克创造人类、安排众神,随后众神为马尔都克在巴比伦兴建神庙。①

近东开辟史诗(节选)

(第 6 块泥板)

当马尔都克听到众神的话,

就想做出精美的巧物,

于是他将心中设想告知埃阿[1]:

"我将聚血成骨,我将使其站立,名之曰人。

我将创造人类,使其代替众神劳碌,使众神可歇。

---

① ETANA (Electronic Tools and Ancient Near East Archives): Enuma Elish (The Babylonian Epic of Creation), http://www.etana.org/node/581(古代近东档案及电子工具,2019 年 5 月 7 日读取); CDLI (Cuneiform Digital Library Initiative): https://cdli.ucla.edu/search/archival _ view. php? ObjectID=P480701(楔形文字数字图书馆计划,2019 年 8 月 7 日读取),CDLI 编号: P480701; Benjamin R. Foster, "Epic of Creation (1.111) (Enuma Elish)," in David E. Orton, K. Lawson Younger, and William W. Hallo (eds.) *The Context of Scripture Vol. I: Canonical Compositions from the Biblical World*, Leiden, New York: Brill, 2003, pp.390 - 402; Alan Lenzi ed., *Reading Akkadian Prayers and Hymns: An Introduction*, Society of Biblical Literature Ancient Near East Monographs 3, Atlanta: Society of Biblical Literature, 2011, pp.291 - 295;饶宗颐编译,《近东开辟史诗》(沈阳: 辽宁教育出版社,1998);国洪更,《马尔都克不是太阳神》,《世界历史》2003 年第 1 期,第 110—113 页;国洪更,《古代两河流域的创世神话与历史》,《世界历史》2006 年第 4 期,第 79—88 页。

我将精心安排众神,让他们备受崇敬,也要将他们一分为二。”

埃阿回答他,告诉他让众神歇息,又说:

“将众神之中的一位弟兄交于我,用其形来制人。

召集众神,让他们确证交出一位有罪者。”

马尔都克召集众神会聚。他胸怀广大,号令众神,众神无不仔细聆听。

王[2]下令对阿努那奇众神说:

“你们必据实相告! 仅言真相!

是谁引发战事,唆使提亚玛特反叛,摆开阵仗?

将其交于我手,将引发战事的罪人交于我!

我将让其领受惩罚,而你们则可安然退下。”

伊基基(Igigi)众神回答他们的主,众神的统领——卢伽尔迪马兰基亚(Lugaldimmerankia),说:

“是金古(Qingu)引发战事,唆使提亚玛特反叛,摆开阵仗。”

他们将他捆缚,送到埃阿面前。

他们将他定罪并以死刑惩处。

用他的血,埃阿创造了人类,使其代替众神劳碌,使众神可歇。

智慧之神埃阿创造人类之后,使其代替众神劳碌!

这是马尔都克的妙计,是努丁木德(Nudimmud)[3]的创造,简直不可思议!

马尔都克王安排众神的去处,

所有在上在下的阿努那众神,都听命于天神安努。

在天履职者三百位,在地履职者三百位。

天地之间安置六百位。

命令既成,阿努那众神已在天地间就绪,

他们开口对他们的主马尔都克说:

“陛下,如今我们已获得自由,我们该如何报偿?

我们要建起一座神庙，它会成为典范；

你的圣所是我们得以栖息之地，我们会在那里得到平安。

我们要建起一座神殿，好好安置，

若我们来，我们就会在那里得到平安。"

马尔都克听闻此言，容光焕发，如正午日头，[他说]：

"你们若请此命，就去兴建巴比伦！

令其砖墙稳固，神殿高耸！"

阿努那众神开始动工，整整一年他们备好所需的砖。

第二年到来，

他们建起埃萨吉拉神庙，可比阿普苏(Apsu)〔4〕，

他们建起至高的神殿，可比阿普苏。

为安努、恩利尔、埃阿，他们建[……]为居所。

[马尔都克]在他们面前庄严就坐，

其座俯瞰埃沙腊(Esharra)〔5〕的地基。

待埃萨吉拉顺利完工，阿努那众神各择其神殿。

天上三百伊基基众神与阿普苏的六百众神聚集。

贝勒(Bel)〔6〕安坐于众神为他所建的至高王座之上，

安置父辈众神入座以待宴会，[他说：]

"此处便是巴比伦，你们的居所。

请在这里尽享欢愉，作乐其中！"

众神皆已就座，他们举起杯盏，饮杯欢庆。〔7〕

【注释】

〔1〕埃阿，是水神、智慧之神，马尔都克的父亲，苏美尔语称作"恩基"。

〔2〕王，指马尔都克，马尔都克是众神之王。

〔3〕努丁木德，指埃阿。在《近东开辟史诗》开头记载的众神谱系中，努丁木德是天神安的儿子，是智慧神的另一个称号。

〔4〕阿普苏，象征淡水，其配偶提亚玛特象征咸水，阿普苏被称作"原始神"，阿卡

德语 *reštu*,词根本义为"头",故而可称其为"原始神"。该词根还可引申为"至高,高处"之义,此处应取此义理解。

〔5〕埃沙腊,亚述城神庙的名称。

〔6〕贝勒,指马尔都克。马尔都克也称"贝勒"(阿卡德语为 *Bēl*),意思是"主"。可参考《耶利米书》50∶2。

〔7〕按,此处描写的是神庙正式开幕的宴会场景。

1.2 吉尔伽美什史诗

如前所述,古巴比伦时期在两河流域文明史上,是阿卡德语文学创作最为重要的第一个时期。《吉尔伽美什史诗》作为代表两河流域文化最重要的文本广为流传,不仅在巴比伦尼亚和亚述地区,在安纳托利亚和巴勒斯坦也都发现过残篇。该篇作品现存最古老的阿卡德语残篇是古巴比伦时期留下来的。不过,其文学源头可追溯至更为古老的苏美尔语诗歌作品,现有"标准版本"是新亚述时期亚述巴尼拔图书馆留下的抄本,其形成自然也经历许多历史阶段。一般认为,在古巴比伦时期该作品经过整合,已形成较为完整的统一形态,在若干次编纂改写的过程中,可能在加

喜特巴比伦时期添加了反英雄主义的元素,最后阿卡德语标准版本得以形成。《吉尔伽美什史诗》是如今最为人们所熟知的两河流域经典文学,被誉为世界第一部史诗,是世界文学宝库中的一部杰作。

该史诗的主角是乌鲁克城邦的国王吉尔伽美什(Gilgemesh)(在《苏美尔王表》中被列为乌鲁克的第五位国王),这位来自遥远时代的历史人物在这部文学作品中成为一位典型的史诗英雄。故事主线是吉尔伽美什

图 21 吉尔伽美什史诗第 11 块洪水泥板

自尼尼微亚述巴尼拔图书馆发掘出土,现藏大英博物馆

寻找永生的过程,最后以任务失败、英雄人物的悲剧性结局收场。其中率先被学者辨识并释读的故事情节就是第 11 块泥板中的洪水故事。事实上,洪水故事在两河流域的其他文本以不同版本皆有出现,既有苏美尔语也有阿卡德语,可能在较晚期才被整合进《吉尔伽美什史诗》。

吉尔伽美什在挚友恩启都(Enkidu)死去后,开始思考死亡问题,希望自己能够逃脱死亡。他听说乌特纳皮施提(Utanapishti)已经获得永生,于是决心找到他从而得到永生的秘密。在梦的指示下,吉尔伽美什出发去往日落之山。历经千辛万苦,克服重重困难,在海的尽头,他见到乌特纳皮施提的船夫乌尔沙那比(Ur-Shanabi),他说服船夫带他越过死亡水域去见洪水幸存者。获得永生的乌特纳皮施提向吉尔伽美什讲述洪水的经过。下文节选的洪水故事,主要参考新亚述时期留下的标准版本。①

吉尔伽美什史诗(节选)

(第 11 块泥板)

面对与世隔绝的乌特纳皮施提,吉尔伽美什对他说:

"我看着你,乌特纳皮施提,

你的身形没有不同,你与我一样,

你没有什么不同,你与我一样。

我原以为要与你大战一场,

但是我的手[……]而你却躺着。

[说吧],你如何能与众神站在一处?

你如何能获得永生?"

---

① Andrew George, *The Babylonian Gilgamesh Epic: Introduction, Critical Edition and Cuneiform Texts*, Oxford: Oxford University Press, 2003; *The Epic of Gilgamesh: The Babylonian Epic Poem and Other Texts in Akkadian and Sumerian*, London: Penguin, 1999; Benjamin R. Foster, "Gilgamesh (1.132)," in David E. Orton, K. Lawson Younger, and William W. Hallo (eds.) *The Context of Scripture Vol.I: Canonical Compositions from the Biblical World*, Leiden, New York: Brill, 2003, pp.458—460;赵乐甡译著,《世界上第一部史诗〈吉尔伽美什〉》(沈阳:辽宁人民出版社,2015);狄兹·奥托·爱扎德著,拱玉书、欧阳晓莉、毕波译,《吉尔伽美什史诗的流传演变》,《国外文学》2000 年第 1 期,第 54—60 页。

乌特纳皮施提对吉尔伽美什说：

"啊,吉尔伽美什! 让我来为你揭晓这里的秘密!

让我来告诉你诸神的秘密!

你所知道的舒如帕克(Shuruppak),就是在幼发拉底河沿岸的城市,

那座古老的城市,众神曾居住在那里,那时伟大的众神决定降下洪水。

他们向其父天神安发誓,

向他们的决策者,英勇的恩利尔,

向他们的掌管者,尼努尔塔神,

向他们的运河管理者,恩努基(Ennugi)神[发誓]。

领导者埃阿也与他们一同发誓。

他对着芦舍重复着众神的计划:[1]

'芦舍啊,芦舍! 墙壁啊,墙壁!

庐舍啊,你听着! 墙壁啊,仔细听!

舒如帕克人,乌巴尔图图(Ubartutu)之子,

拆掉这房子,打造一条船!

放弃财产,争取活命!

打造一艘方舟,拯救苍生!

所有活物的种子,带上方舟!

你要造的方舟,尺寸量定,等宽等长,

盖上顶盖,仿似深渊(得以隐藏)。'"

……

"第 5 天我搭建好她(方舟)的框架,

她的底面为 1 伊库[2],四周每面高 10 尼登[3]。

同样,她的顶盖四边与地面长度一样,每边 10 尼登。

我划出她的轮廓,我绘出她的线条,

我为她铺设 6 层甲板,将她分成 7 层,在她内部我隔出 9 间。

我把木栓嵌入(方舟)当中,备好船篙,我贮足所需。

我倒入炉灶 3 萨尔[4]沥青,3 萨尔焦油,

除了仪式用油,另有 3 萨尔油供给搬运工,2 萨尔油请船夫封存。

我为这些工人们每天杀牛宰羊,

上好的啤酒,[葡萄]酒,油和椰枣酒,

我供给工人们[饮用],当水一般畅饮,

他们好像过新年节一样饮宴。

[我打开]膏油,用手涂抹(方舟)。

第 7 天,方舟完工。"

……

"整整 6 天[7]夜,

狂风呼啸,暴雨连绵,洪水淹没大地。

直至第 7 日,暴风雨和洪水停止了袭击,

这场暴风洪水就像一场面对死亡的战斗。

大海渐渐平静,暴风雨渐渐平息,洪水退去了。

我看天色,寂静而沉稳,可所有人都已归于尘土。

整个风景好像平坦的屋顶。

我打开舱门,日光照在我的脸上。

我蜷作一团,坐下哭泣,泪水满面。

我望着地平线,看向大海的尽头,

到第 12 日[5],山顶都现出来了。

方舟停在了尼木什(Nimush)山[6],

尼木什山阻挡着方舟,不能动弹。

第 1 天,第 2 天,尼木什山阻挡着方舟,不能动弹。

第 3 天,第 4 天,尼木什山阻挡着方舟,不能动弹。

第 5 天,第 6 天,尼木什山阻挡着方舟,不能动弹。

到了第 7 天,我放飞一只鸽子,鸽子飞出去,然后又回来,

因为没有落脚之地,鸽子飞了回来。

我放飞一只燕子,燕子飞出去,然后又回来,

因为没有落脚之地,燕子飞了回来。

我放飞一只乌鸦,乌鸦飞出去,看到水已经退去,

鸟儿吃食、盘旋、落粪,没有回来。

我(将所有鸟)放飞到四方,我献上祭品。

我在山顶筑好祭坛,我设好七七祭器,

我把芦苇、雪杉、香桃木堆在碗中。

众神嗅到气味,众神嗅到香味,众神像苍蝇一般聚集在祭品上。"

……

"于是恩利尔走上方舟,

他抓住我的手,把我带上前,

他带上我的妻子,让她跪在我旁边,

他站在我们中间,触碰我们的前额,祝福道:

'过去乌特纳皮施提是个凡人,

现在乌特纳皮施提和他的妻子就如我们众神一样,

乌特纳皮施提要住在河流流向的尽头!'

他们带我来到遥远的地方,让我住在河流的尽头。"

【注释】

〔1〕按,此处指埃阿偷偷向庐舍中的乌特纳皮施提传递众神的计划。

〔2〕伊库(*iku*),面积单位,1 伊库=3 600 平方米。

〔3〕尼登(*ninda*),长度单位,1 尼登=6 米。

〔4〕萨尔体积(*sar*),体积单位,1 萨尔体积=18 立方米(1 萨尔面积×1 库什长度[*kush*]=36 平方米×0.5 米)。

〔5〕按,此处有异读,赵乐甡译文为"有十二处地方出现了陆地"。

〔6〕按,另一种读法为尼什尔(Nisir)山。见赵乐甡译文。

2. 古巴比伦的社会生活

一般说来,古巴比伦时代是两河流域文明发展的高峰期,古巴比伦文明可

以作为两河流域的代名词。应当说,两河流域文明的中心逐步从南部城邦地区向北移,开启了以巴比伦城为中心的新阶段。当然,这一时期的文明成就并非一蹴而就,而是在继承以往既有传统的基础上发展起来的。在《汉谟拉比法典》之前的乌尔第三王朝,两河流域已经存在苏美尔语以及阿卡德语的法典,如《乌尔纳姆法典》《里皮伊什塔法典》《埃什嫩那法典》等。这些法典都包含较长篇幅且颇具文学性的序言和后记,将国王的地位与崇高的神权联系在一起,为法典文献本身设立一个政治语境,同时记载一系列标准模式化、文学风格非常枯燥的案例法条。不过,通过这些案例法条,我们得以对当时的社会生活有所了解。

从公元前3千纪晚期一直到公元前1千纪,法律文书以及其他类型的文献,往往经学院书吏之手,在古代两河流域不同朝代政治中心的支持下传承下来。比如,《汉谟拉比法典》在两河流域经历数百个世纪的广泛传播,也自然离不开泥板学校的教育与书吏传抄的贡献。

2.1　汉谟拉比法典

古巴比伦时期最著名的国王,可能也是两河流域历史上最著名的国王,就是汉谟拉比(Hammurabi)。自公元前1792年汉谟拉比成为古巴比伦王朝的第六位继任者开始,巴比伦城的重要性逐渐增加,并成为接下来的1 500年间统治两河流域南部的、具有重要政治地位的城市。著名的《汉谟拉比法典》石碑自1901年在古埃兰首都苏萨遗址被发掘后,便保存在法国卢浮宫博物馆。尽管这件石碑及其碑铭长久以来被称作“法典”,但其并非现代意义上的立法文件,也并非为便于查阅或应用于司法实践中的系统性法律汇编。在古巴比伦的司法实践中,并不引用或是提及《汉谟拉比法典》中的法条。实际上这是一座纪念性石碑,目的是彰显汉谟拉比正义之王的形象。大约公元前1200年,埃兰王苏特鲁克纳胡恩特(Shutruk-Nahhunte)将此石碑作为战利品带回苏萨,这也从侧面说明,此碑的象征意义大过实际使用意义。

石碑铭文由3部分组成,除序言与后记之外,主体部分是282条司法案例。整体上,这3部分铭文构成了对汉谟拉比正义之王形象的塑造。序言陈述表明巴比伦王权的合法性与权威性，汉谟拉比受到众神喜爱，作为马尔都克的代表，要发扬正义，保障王朝的繁荣稳定和人民的安居乐业。后记再次强调汉谟拉比的正义之法令人民持守正道，并要求此后的王要遵循正义之法。序言与后记表现出汉谟拉比时代理想中的王权。而主体部分所列出的案例用以证明汉谟拉比主持正义的能力，而且也作为后世国王得以效仿的典范。此外，这些案例也提供了对古巴比伦社会面貌的描绘。据《汉谟拉比法典》描述，古巴比伦社会中具有不同社会等级的 3 个群体：自由人（阿卡德语称作"阿维鲁"[awilum]）；依附民（"穆什钦努"[mushkenum]）；奴隶（"瓦尔杜"[wardum]）。自由人在经济上独立自足，是传统意义上的土地所有者，此外也包括在王室和神庙部门把控土地及其他资源的中高阶层。依附民的社会地位低于自由人，经济上他们不独立。依附民与自由民之间的差异较难定义，学者间也存在不同意见。奴隶阶层的地位相对明确，存在于整个两河流域历史中，奴隶是隶属于他人的财产，他人对奴隶拥有绝对权力，奴隶主要来自战俘或是从异域购买而来。因社会阶层不同，违法者接受的相应惩罚也有所不同，因此《汉谟拉比法典》也被描述为"有限的同态复仇法"。法典

图 22　汉谟拉比法典石碑

1901—1902 年自苏萨发掘出土，现藏法国卢浮宫

中的案例涉及了古巴比伦社会生活的许多方面,既有民法案例,也有刑法案例。下文节选片段涵盖农业、商业、家庭及人身伤害这几个方面,以期对古巴比伦社会得窥一斑。①

汉谟拉比法典(节选)
农业租地

（第 42—44 条）

如果一名男子租地用以耕种,但田里没能收获谷物,(说明)他种田不够尽力,那么按照邻居的收成,他应赔偿田主同等数量的谷物。

如果他完全没有耕种,任由这块地荒废,那么按照邻居的收成,他应赔偿田主同等数量的谷物。此外,他应用犁镐将荒废的地翻耙好,然后再归还给田主。

如果一名男子以三年期租借一块荒地用以垦殖,但他甩手怠惰,那么他应在第四年用犁镐将地翻耙好,然后再归还给田主。此外,他应按每布尔[1] 3 000 升谷物计,交付田主。

【注释】

〔1〕1 布尔(*bur*)=18 伊库≈65 000 平方米。

卖 酒

（第 108 条）

如果一名酿酒妇不以谷物算酒钱,而用大砝码称重收取银两,这样她收的钱就超过酿酒所需谷物的价值,她的罪证一旦确实,就要将她沉入水里。

---

① M. E. J. Richardson, *Hammurabi's Laws: Texts, Translation and Glossary*, London: T&T Clark International, 2004; Martha T. Roth, with a contribution by Harry A. Hoffner, Jr. *Law Collections from Mesopotamia and Asia Minor*, 2nd edition, Writings from the Ancient World Series 6, Atlanta: Scholars, 1997;日知译,《汉谟拉比王法典》,收入《世界史资料丛刊初集·古代埃及与古代两河流域》(北京:生活·读书·新知三联书店,1957),第 90—129 页;吴宇虹等著,《古代两河流域楔形文字经典举要》(哈尔滨:黑龙江人民出版社,2006),第 1—208 页。

（第 109 条）

如果一群歹徒聚集在酿酒妇的酒馆里,她没有抓捕歹徒,把他们送去朝廷,那这位酿酒妇应被处死。

（第 110 条）

如果女神职人员、女祭司没有住在修道院中,而开设酒馆,或是为了饮酒进了一家酒馆,那这位女子[1]应受焚刑。

（第 111 条）

如果酿酒妇要佘出一桶啤酒,等到收获季节她应收取 50 升谷物。

【注释】

〔1〕女子,指在社会生活中脱离父权家族的自由女子。

离　婚

（第 137 条）

如果一名男子下定决心要离开为他生育子女的女祭司或女神职人员,那他应归还她的嫁妆,并应给她一半田地、果园和物产,以便她能够抚养子女。待她将子女抚养长大后,从给予其子女的全部财产中,应给予她一份相当于一位继承人的财产,以便她选择自己喜欢的丈夫。

（第 138—141 条）

如果一名男子要离弃未曾为他生育子女的原配,那他应给予她相当于聘礼数额的银两,还应归还她从父家带来的嫁妆,方可离弃她。

如无聘礼,那他应给予 1 玛那[1]银两作为离婚费。

如果他是依附民,那他应给予 $\frac{1}{3}$ 玛那银两。

如果一名男子之妻,本一直住在该男子家中,下定决心要离开,她四散家财,或使其夫蒙羞,一旦证实,如果她的丈夫决定离弃她,则不必给她任何离婚费便可离弃她。如她的丈夫决定不离弃她,可再娶他妇,而前妇应留在其夫家中为女奴。

【注释】

〔1〕1 玛那（*mana*）＝500 克。

意外伤害

（第 196—201 条）

如果一名男子伤了另一名男子[1]的眼睛，则应弄伤他的眼睛。

如果他折断另一人的骨头，则应折断他的骨头。

如果他伤了一名依附民的眼睛，或是折断一名依附民的骨头，则应赔偿 1 玛那银两。

如果他伤了一名奴隶的眼睛，或是折断一名奴隶的骨头，则应赔偿等同奴隶价格一半的银两。

如果一名男子打落另一名男子的牙齿，则应打落他的牙齿。

如果他打落依附民的牙齿，则应赔偿 $\frac{1}{3}$ 玛那银两。

【注释】

〔1〕"一名男子""另一名男子"，指两位自由民（阿维鲁）。

2.2　泥板学校学习手册

在两河流域文明史上，训练书吏的传统由来已久。苏美尔文明早期城邦时代，以神庙为中心的城市国家或多或少已发展出附属于神庙的书吏文化。两河流域统一政权的出现促使国家制定出一套较为统一且保证书写品质的规范化书写形式。在乌尔第三王朝时期，专业化服务于行政管理的官方书吏部门成为必需，规范化的书吏学校得以进一步发展。泥板学校，也称"埃杜巴"（苏美尔语：É-DUB-BA-A），作为正式的教育机构，与国家的行政中心关系密切，书吏文化在统治阶层内部传承，国王或是其他王室成员上层阶级在泥板学校接受教育。

古巴比伦时期，泥板学校仍然是传承两河流域文明最重要的场所。尽管

苏美尔语已不再是日常生活用语,不过泥板
学校仍然继续学习以往留下的苏美尔语文
献,同时也将其翻译为阿卡德语。在课程设
置、教学内容以及教材编写等方面也已相当
完备,专业书吏作为教师指导学生记忆各种
字符,学习各种行政文书、法律文件等不同
应用文体的书写。此外,还传承抄写、搜集
整理以往文学的传统。这些原本具有宗教、
政治和学术意义的文学作品由于泥板学校
的教育目的而保留至今,如今我们所知的大
部分苏美尔文学作品便是通过古巴比伦时

图 23 亚述书吏像

期尼普尔的泥板学校才得以保存下来。除了尼普尔,古巴比伦时期的其他城
市,如乌鲁克、乌尔、基什、西帕尔(Sippar)、拉尔萨、马里等遗址也发现泥板学
校的遗迹,以及大量学习所使用的泥板。古巴比伦时期以后,随着家庭私校的
建立,泥板学校"埃杜巴"才逐渐消失。

下文节选自古巴比伦时期泥板学校的教学用泥板,这件四面方柱形泥板
以苏美尔语书写,出自一位专业书吏之手。由于该泥板来自私人收藏,因此发
掘信息不详。不过,推测其应当出自古巴比伦时代早期两河流域南部的泥板
学校,很有可能是尼普尔。这件方柱泥板高约 25.5 厘米,四面皆写有楔形文
字,每面宽 9.5 厘米,分为 4 栏。目前留存下来可辨认的内容共 44 份合同范
本,其中大部分是借贷合同,还有买卖奴隶的合同、婚姻合同以及收养合同等。
整体而言,这些合同范本似乎来自不同地区,这可能说明泥板学校要训练学生
学会书写各地区城市的各类合同。[1]

---

[1] Gabriella Spada, "A Handbook from the Eduba'a: An Old Babylonian Collection of Model Contracts," *Zeitschrift für Assyriologie und vorderasiatische Archäologie* 101 (2011), pp. 204 - 245; Å. W. Sjöberg, "The Old Babylonian Edubba," in *Sumerological Studies in Honor of Thorkild Jacobsen on His Seventieth Birthday, June 7, 1974*, S. Lieberman (ed.) Assyriological Studies 20, Chicago, 1976, pp. 159 - 179; 董为奋,《"埃杜巴"——世界历史上最早的学校》,《苏州大学学报》1987 年第 3 期,第 151—157 页。

泥板学校学习手册(节选)
借贷合同范本

(第 1 份)

300 升大麦[1],[······]

由安某某(An···[-ta])借给伊鲁米德(Ilumide),(伊鲁米德)已收到,

将于二月[2]偿还。

(第 2 份)

600 升大麦,每 300 升利息为 60 升大麦,

由辛巴尼(Sinbani)借给埃尔巴尼(Errabani),(埃尔巴尼)已收到,

将于二月大麦收获时偿还。

(第 3 份)

900 升大麦,没有利息,

由巴巴(Baba)借给乌尔达姆(Urdamu),(乌尔达姆)已收到,

将于约定时间归还。

如逾期不还,他应以每 300 升利息为 100 升大麦来计算以偿还(利息)。

(第 4 份)

1 200 升优质大麦,没有利息,

由[某甲借给某乙,某乙已收到,]

[······]

他应偿还于他。

如没有偿还,他应将此转至下一年并计利息,

他应以王之名起誓。

(第 5 份)

1 500 升大麦,

乃是商人纳拉努姆(Nalanum)借贷给南纳曼舒姆(Nannamanshum)的。

南纳曼舒姆已连本带利偿还给他(纳拉努姆),使他心满意足。

(然而,)之前起草并封存好的泥板在纳拉努姆家遗失。

此后,一旦(遗失的)泥板找到,必定立刻销毁。

他以王之名起誓。

【注释】

〔1〕按,第 1 份至第 5 份借贷合同范本,大麦数量由 1 至 5 逐条增加,其计量单位为古尔,1 古尔(*gur*)=300 升。

〔2〕二月,应指尼普尔历的第二个月。

买卖奴隶合同范本

(第 37 份)

一名(来自埃兰的)奴隶,名叫伊里埃努姆(Iliennum),是阿胡尼(Ahuni)的[奴隶]。

他的[主人][某甲]从阿胡尼手上买下他,他的全价为 $\frac{1}{3}$ 米纳[1]银两。

此后,阿胡尼不再称"我的奴隶"。

他以王之名起誓。

【注释】

〔1〕米纳(*mina*),计算银两的重量单位,1 米纳≈570 克。此处为 $\frac{1}{3}$ 米纳银两,约 190 克。若按一斤十六两计,此奴隶价格约为 6 两银子。

婚姻合同范本

(第 42 份)

乌卡伊拉姆(Uqqailam),瓦尔德达姆(Waraddamu)的儿子娶[某女],伊丁[某]的女儿为妻。

2 伊库田地,10 棵椰枣树,(每棵树结果实)30 公斤,毗邻瓦尔德伊什塔(Waradeshtar)的果园,毗邻阿胡尼的房子另有占地 $\frac{1}{3}$ 萨尔[1]的房子,2 把椅子,1 张床,1 件石磨[……];由伊丁[某]给乌卡伊拉姆(作为嫁妆)。

丈夫乌卡伊拉姆给她(作为聘礼):6 伊库田地,1 伊库果园,占地 18 平方米的房子,一位女奴,一位男奴。

他以王之名起誓。

若[某]女对乌卡伊拉姆说"你不是我的丈夫",那她则失去她的财产。

若她的丈夫乌卡伊拉姆对她说"你不是我的妻子",那他则付给她 $\frac{1}{3}$ 米纳银两。

他以王之名起誓。

【注释】

〔1〕1 萨尔面积=36 平方米。此处占地面积 12 平方米。

收养合同范本

(第 44 份)

一个被遗弃在窑炉的孩子,名叫阿胡尼,舒伊什塔(Shueshtar)的儿子。

伊卜拉图姆(Iblatum)从他父亲舒伊什塔那里收养了这个孩子,立他作继承人。

他称量出 1 又 $\frac{1}{3}$ 舍客勒[1]银两作为抚养孩子的费用给他[……]。

伊卜拉图姆将称他为"我的孩子",不再称他为"我的奴隶"。

他以王之名起誓。

【注释】

〔1〕1 舍客勒(shekel)=8.3 克。此处金额约为 11 克银两。

3. 对外交往活动

公元前 2 千纪初期,两河流域北部亚述地区进入古亚述时期,其中心为亚述尔(Assur)城。古亚述的文化从政治制度、经济结构、语言及艺术等诸多方面已经显示出与其之前的时代乌尔第三王朝以及同时代的古巴比伦王朝有着明显不同。一些取得非凡个人成就的统治者活跃在这一时期两河流域的政治舞台上,因其军事上的成功,打败周边邻居,从而形成各个地区国家:两河流域北部有古亚述,南部有古巴比伦,后来在安纳托利亚有赫梯王国,还有许多较小的政权和群体。政权不能永久存续,不过他们留下的文献材料显示出地区间的合作交往,以及矛盾冲突。

值得指出的是,对一个地区和一个时代的认识受限于所能发现的文献材料。换句话说,现有的文献材料提供的是对某一地区某个时代某一方面的信息,是更广大、更复杂历史图景的一部分。

3.1　卡内什商人信件

亚述地区多山,富有木材和矿产品,土地资源相对有限,与两河流域南部地区相比,农业生产活动不算发达,但很早就开始了贸易活动。亚述尔城的地理位置使其成为亚述地区南部的商业枢纽。古亚述时期的商业已经相当发达,亚述与安纳托利亚、叙利亚、两河流域南部、扎格罗斯山区、亚美尼亚等地有很多商业联系,亚述在安纳托利亚还建立了许多贸易区(阿卡德语称作"卡鲁姆"[karum]),从亚述尔城沿着底格里斯河向东就可以去往安纳托利亚。安纳托利亚中部的卡内什(Kanesh)是其中一个最著名且规模较大的贸易区。亚述商人远离家乡,在这里聚居并从事商贸活动。此外,他们还建立另一种规模较小的贸易定居区(阿卡德语称作"瓦巴尔图姆"[wabartum]),由商旅客店发展而成,通常依附在非商业城市周边,或是坐落在与常规路线有一定距离的城市。这些小规模贸易定居区与较大的贸易中心城形成一个商业网络。

在卡内什,保留下来数量可观的泥板文书,其中大部分都是从亚述尔城寄来的信件。这批文献见证了亚述与安纳托利亚之间繁荣的贸易活动。亚述通常使用毛驴商队,主要向安纳托利亚出口锡和羊毛纺织品,并在安纳托利亚本地从事羊毛、羊毛纺织品以及铜的贸易,然后将获取的黄金白银运回亚述尔城。值得指出的是,尽管直到公元前 2 千纪才有大量泥板材料的涌现,不过在

图24　一封从亚述送往卡内什商业区有关金属交易的商业信函

现藏美国沃尔特斯艺术博物馆（The Walters Art Museum）

亚述商人到来之前，卡内什可能已经是安纳托利亚当地重要的贸易站。亚述商人到来之后，利用当地已有的贸易网络，加上他们带来的先进商业税收制度，成为这一贸易网络中的领头者和强有力的贸易伙伴。

这些贸易活动中最具特色的做法是，亚述的商人家庭会派家族中的男性成员定居在安纳托利亚的贸易区，将家族生产的产品销售出去，并将获利寄回亚述。下文选取的这封信，由一位亚述商人写给家族中的生产者。从信中可以看出他关心产品的质量，对织布过程、成品布匹的尺寸提出要求，同时还要求提高不同种类布料的质量。亚述生产者产出的是品质上等的织布，价格昂贵，是安纳托利亚的上层阶级才会购买的奢侈品。①

卡内什商人信件

普祖尔亚述（Puzur-Ashur）对瓦库尔图姆（Waqqurtum）[1]这样说：

"我封好1米纳[2]银两，额外添加税费已付清，由亚述伊底（Ashuridi）带给你。你之前寄给我的上等织布，必须要保证一样的品质，再由亚述伊

---

① K. R. Veenhof, *Aspects of Old Assyrian Trade and Its Terminology*, Studia Et Documenta Ad Iura Orientis Antiqui Pertinentia 10, Leiden: E. J. Brill, 1972, pp.104–109; J. Eidem, and Markus Wäfler, *The Old Assyrian Period*, Orbis Biblicus Et Orientalis 160/5, Fribourg: Academic Press, Vandenhoeck & Ruprecht, 2008; Amélie Kuhrt, *The Ancient Near East*, *C. 3000 – 330 BC*, Routledge History of the Ancient World, London: Routledge, 1995.

底带给我,然后我会按每匹布料$\frac{1}{2}$米纳银两寄给你。

布料一面要精梳,不要修剪得过于光滑,要保留织布纹理。跟早先你寄给我的织品相比,每匹布你要再加 1 米纳羊毛来织,必须保证品质!

布料的另一面要轻轻地精梳。如果看起来仍然起毛,那必须要细细地修剪,要像库塔努(kutanu)[3]布那样。

你寄给我的阿巴尔内(abarne)[4]布,这种布以后不要再寄了。如果你还想做,就要按我穿过的那种布去做。

如果你不想再做上等织布——我听说在你那儿可以大量购买到,那么你就直接买好再寄给我。

你织好的每一匹布,要保证 9 肘长、8 肘宽[5]。"

【注释】

〔1〕瓦库尔图姆,一位女性的名字,她的名字还出现在其他信件中。

〔2〕1 米纳约 570 克。

〔3〕库塔努,一种常见纺织品的名称,可能是一种床单布。

〔4〕阿巴尔内,原本是地名,后成为一种布料的名称。

〔5〕9 肘长、8 肘宽,这样的布匹尺寸约为:长 4.5 米,宽 4 米。

3.2 马里先知文献

公元前 3 千纪后半叶到公元前 2 千纪前半叶,马里是一座在政治和经济上具有一定地位的重要城市。以此城为中心的马里王国控制幼发拉底河中游的广阔地区,还控制着从巴比伦到叙利亚的商路。公元前 18 世纪初,在古巴比伦的汉谟拉比最终征服马里之前,马里王国最后两任国王亚什马赫阿杜(Yasmahaddu)和基姆利里姆(Zimrilim)统治期间留下大量不同种类的王室文献,比如行政管理类、协议条约类、宗教仪式类等,其中有为数不少的先知预言。这些文献一般以王室信件的形式寄给国王,寄信人可能是王后或是高级官员。简单地说,先知预言指的是对神意的记录,先知是向人传达神意的中介者。一般说来,对神意的揭示往往需要凭借某种形态的占卜活动来获得,比如占星或是脏卜。然而,先知不需要占卜,他们作为诸神之口,可以直接传达神意。

先知预言的内容与国家大事有关,一般包括军事上的和祭祀礼仪上的。许多保留下来的先知预言中,马里的国王会战胜敌人。以下共挑选 5 篇先知预言。前 3 篇是关于汉谟拉比的先知预言,表达出对马里国王基姆利里姆的鼓励,预言汉谟拉比的失败。不过,这些预言显然没有实现,最终马里毁于汉谟拉比的征服。另外 2 篇先知预言则关心马里与其周边部落的矛盾冲突。

西方学者对古代近东先知作品的关注源自他们对《圣经》中先知作品的理解。然而,从古代近东文献材料中显示的先知文学的丰富性,反过来又使这些文献成为帮助理解古代以色列先知作品的“新”材料。①

图 25　基姆利里姆马里王宫壁画

1935—1936 年出土,现藏法国卢浮宫

---

① Martti Nissinen, Robert Kriech Ritner, C. L. Seow, and Peter. Machinist, *Prophets and Prophecy in the Ancient Near East*, Writings from the Ancient World 12, Atlanta: Society of Biblical Literature, 2003, pp. 33, 44 - 47, 62 - 64; Ehud Ben Zvi and Michael H. Floyd, *Writings and Speech in Israelite and Ancient Near Eastern Prophecy*, Symposium Series 10, Atlanta: Society of Biblical Literature, 2000.

穆康尼舒姆给基姆利里姆的预言

对我主说,你的仆人穆康尼舒姆(Mukannishum)[1]这样说:

"我已向达干(Dagan)神献好祭品以求我主长寿。

"图图尔(Tuttul)[2]达干神的先知如此说:'巴比伦,你都做了什么?我要将你网罗[……]七位同谋的所在地以及他们的全部财富,我都要交在基姆利里姆的手里。'

"同样,贝列特埃卡里姆(Beletekallim)[3]的先知起来说:'啊,汉谟拉比![……]'[……]"

【注释】

〔1〕穆康尼舒姆,基姆利里姆统治期间马里的高级官员。

〔2〕图图尔,达干神的圣殿所在地,在幼发拉底河上游。

〔3〕贝列特埃卡里姆,一位女神,她名字的字面意思是"宫殿的女主人",是马里王朝的保护者,其神殿占据马里王宫的很大一部分区域。

基布里达干给基姆利里姆的预言

对我主说,你的仆人基布里达干(Kibri-dagan)[1]这样说:

"我将此泥板寄送给我主之时,大山仍未投下影子[2]。一位女子,自由人的妻走到我面前,关于巴比伦,她如此说:'达干派我来此。请写信给你的主,告诉他不必惊慌,不必焦虑。汉谟拉比,巴比伦的王[……]即将彻底毁灭。'"

【注释】

〔1〕基布里达干,基姆利里姆统治时期泰尔加(Terqa)的地方长官。

〔2〕大山仍未投下影子,指黄昏时分。

舍卜图给基姆利里姆的预言

对我主说,你的仆人舍卜图(Shibtu)[1]这样说:

"宫殿完好无损。

安努尼（Annunitum）[2]女神的神意传达者[3]伊立哈兹那亚（Ilihaznaya）走到我面前，在安努尼的神庙，有关巴比伦的消息送到我主面前：汉谟拉比［……］

［……］

至于巴比伦，我以饮（水）的迹象求问此事。这人无法成功为此城决定许多事。我主将看到神将如何处置此人。你将俘获他，监视他。他的日子已耗尽，他命不久矣。我主当知道这些。

伊立哈兹那亚带来源自安努尼的消息之前，整整5天前，我亲自求问此事。安努尼送来的消息与我求问得到的消息是一样的。"

【注释】

〔1〕舍卜图，马里的王后，基姆利里姆的妻子。
〔2〕安努尼，女神伊什塔在马里的昵称，是天神安努的配偶。
〔3〕神意传达者，阿卡德语是 assinnu，是一个头衔。在马里文献中，这一头衔总是与安努尼女神的神庙联系起来。除了预言之外，它还具备其他许多宗教职能。

阿胡姆给基姆利里姆的预言

对我主说，你的仆人阿胡姆（Ahum），安努尼女神的祭司，这样说：

"女祭司胡巴图姆（Hubatum）送来神谕：

'将要兴起一阵大风刮过此地！我要考验它的翅膀和它的双颈[1]。

'基姆利里姆和西玛阿人（Sim'alite）[2]，你们快收割庄稼！

'基姆利里姆，完整的国土，不能在你手上脱离！'

此外，她还说：'啊，雅悯纳人（Yaminites）[3]，你们为何要来侵扰？我将考验你们！'

这些便是女祭司的话。现在我将她的头发和衣服上的穗子一并给我主。"

【注释】

〔1〕考验它的翅膀和它的双颈，此句中的动词"考验"，字面意义是"求问"，下文提到"考验"雅悯纳人，使用的是同一个词；"翅膀"是风的形象化表达，"双颈"则意义不明。

〔2〕西玛阿人指住在幼发拉底河北面的部落,字面本义是左边。

〔3〕雅悯纳人指住在幼发拉底河南面的部落,字面本义是右边。

伊图尔阿斯度给基姆利里姆的预言

对我主说,你的仆人伊图尔阿斯度(Iturasdu)这样说:

"当我寄送此泥板给我主时,来自沙卡(Shakka)的马利克达干(Malik-dagan)走到我面前,对我如此说:

'我在梦中和另一个人共同计划从萨伽拉图(Saggaratum)经上区去往马里。到达马里之前,先到泰尔加。进入城里,我去达干神庙,我向达干神俯拜。在我俯拜的时候,达干神开口对我这样说:

"雅悯纳的王和他们的军队是否已经和基姆利里姆的军队握手言和?"我回答说:"没有,他们还没有握手言和。"

我离开之前,他对我这样说:

"基姆利里姆的使者为何没有按时到我这里来? 他为什么没有告诉我整个行动的全部经过? 若非如此,我早就将雅悯纳交在基姆利里姆手中! 如今,你去吧,我派你向基姆利里姆如此说:

'派你的使者到我这里来,告诉我行动的全部过程,我要让雅悯纳的王在渔夫篓中挣扎,将他们带到你面前(任由你来处置)。'"'

这便是那人在梦中所见并告知于我的全部内容。如今我写信告诉我主。请我主核查此梦。此外,如蒙我主喜悦,请我主将他行动的全部过程告知达干神。请我主的使者按时去达干神那里报告。

告诉我这梦的人将为达干神献上祭品[1]。我尚未派他去。另外,因为这人比较可靠,我没有取他的头发和他衣服上的穗子。"

【注释】

〔1〕按,原文中提到此祭祀仪式名称为 *pagrum*,可能与亡者祭仪有关。

4. 叙利亚地区的政权

在两河流域文明的生成阶段,叙利亚地区的埃卜拉曾经出现古叙利亚文明。进入公元前 2 千纪,叙利亚地区成为周边各大小政治力量的角逐之地。虽然早在公元前 3 千纪中期,两河流域上游地区已经出现胡里特人(Hurrian)建立起的数个城邦,不过要到公元前 17 世纪末期,胡里特人才将两河流域上游在政治上统一起来,建成一个被称作米坦尼(Mitanni)的地区国家,米坦尼王室成员的名字皆属印度-伊朗语族(Indo-Iranian),这或许可以用原始印欧人大迁徙的理论来进行解释。在米坦尼王国兴起之前,古代近东地区未出现印度-伊朗语族的人名,而随着米坦尼王国的衰落,也再未出现此种现象。由于缺乏来自米坦尼王国自己的档案文献,学者们对于该王国政权的更迭,包括具体年代所知甚少,只能通过周边地区的记载进行了解。根据这些文献,我们得以了解大约公元前 15 世纪米坦尼王国的政治势力范围,西至安纳托利亚南部的基祖瓦特纳(Kizzuwatna),东至底格里斯河以东的努兹(Nuzi)。许多小国作为附属国,依附于米坦尼王国,其中就有叙利亚北部的阿拉拉赫(Alalakh)。来自阿拉拉赫的文献反映了米坦尼的政治结构及其与附属国之间的关系。《伊德瑞米碑文》便是一份研究公元前 2 千纪中期叙利亚地区历史的重要文献。

图 26　阿拉拉赫的伊德瑞米国王雕像

现藏大英博物馆

4.1　伊德瑞米碑文

伊德瑞米(Idrimi)是阿拉拉赫的王,这份碑文刻于国王的雕像上(参见图 26)。碑文讲述伊德瑞米如何成为阿拉拉赫王的过程。碑文在整体叙述上符合传说故事的结构:年轻的王子凭借其雄心壮志和大胆开拓的精神,在遭受困难的情况下最终成功登上王位。

伊德瑞米本是阿勒颇王的儿子,其父在政治事变中失去王位。伊德瑞米并不满足于客居他乡,后来他成为游离于主流社会之外半游牧群体哈俾路人(Habiru)的领袖,最终统治穆基什(Mukish),在首都阿拉拉赫称王。为稳固他的王位,伊德瑞米需要获得当时主要政权米坦尼王巴拉塔纳(Barattarna)的支持,阿拉拉赫成为米坦尼王国的附属国。①

伊德瑞米碑文

我,伊德瑞米,伊利姆伊利马(Illimilimma)的儿子,阿达德[1]神的仆人,西帕(Hebat)女神[2]和伊什塔女神[3]的仆人,阿拉拉赫的女主人是我的女主人。在我父亲的家乡阿勒颇(Halab)发生事变,我们不得不逃亡。依玛(Emar)的贵族是我母亲的亲戚,于是我们就住在依玛。我的诸位兄长与我同住,比我年长,但是他们却从未考虑过我所考虑的问题。我有如下这般考虑:"那些在我父亲家乡的统治者是王室高贵的长子,没有(成为统治者)而留在依玛的人民,便是仆人。"

我骑上我的马,驾着我的战车,带着我的随从,穿越沙漠。我进入(游牧民)苏图人(Sutu)的领地,与他们一起,我在战车上过夜。次日我出发去往迦南的阿米亚(Ammiya)城。在阿米亚,有来自阿勒颇、穆基什、尼伊(Ni')和阿马乌(Ama'u)的人住在那里。他们一见到我,知道我是他们陛下的儿子,他们便听命于我。这样我便是高贵的(领袖),号令四方。我在哈俾路人那里住了7年。我放飞鸟儿(占卜),献祭羊羔。第7年的时候,阿达德神青睐我。于是我制造船只,上面载

---

① CDLI(Cuneiform Digital Library Initiative):https://cdli.ucla.edu/search/search_results.php? SearchMode=Text&ObjectID=P500443(楔形文字数字图书馆计划,2019年8月7日获取),CDLI 编号:P500443;Edward L. Greenstein and David Marcus, "The Akkadian Inscription of Idrimi," *Journal of Ancient Near East Studies* 8 (1976), pp.59-96;Sidney Smith, *The Statue of Idri-Mi*. Occasional Publications of the British Institute of Archaeology in Ankara 1, London: British Institute of Archaeology in Ankara, 1949.

满我的士兵，出海去往穆基什，到达哈兹（Hazi）山脚下的土地。我的人民听到我的到来，他们把大牛小牛都送到我面前。仅仅一天，尼伊、阿马乌、穆基什，还有阿拉拉赫我的城市，都来到我面前。我的兄弟听到后也来到我面前。他们与我签订条约，我将他们视为真正的盟友。

长达7年，巴拉塔纳，强大的国王，胡里特人的勇士，对我仍有敌意。在这7年间，我派阿万达（Awanda）去见巴拉塔纳，强大的国王，胡里特人的勇士，告诉他我的祖先曾与他们签订条约，曾是他的盟友，我们曾取悦胡里特诸王，他们曾签订盟约。强大的国王（巴拉塔纳）听说了我们祖先与他们的盟约，他们把盟约逐句念给他听。因此，根据盟约条款，他收下了我的纳贡。我表示绝对忠诚，我献上祭品，归还他遗失的财产。我向他宣誓，作为他忠诚的附属国。

由此我便成了阿拉拉赫的王。但周围的王都来阿拉拉赫攻击我。正如他们曾将我祖先的尸体堆积在地上，如今我也将他们的尸体堆积在地上，结束战事。然后我带兵进攻赫梯（Hatti）王国。他们治下有七座城市：帕沙胡（Pashahu）、达马路特拉（Damaruttla）、胡拉罕（Hulahhan）、兹拉（Zila）、伊埃（Ie）、乌路兹拉（Uluzila）、扎路纳（Zaruna）。我摧毁了这些城市。赫梯王国并没有聚集起来对抗我，于是我随心而行，我带走战俘，拿走他们的财物、财宝和财产，分给我的军队、亲属和朋友。我与他们一起共享（这些战利品）。

然后，我回到穆基什，走进我的首都阿拉拉赫。带着从赫梯得到的战俘、物品、财物与财宝，我建造了一座宫殿。我的王座与（其他）国王的王座一样（高贵），我的兄弟如（其他）国王的兄弟一样，我的儿子如同他们的儿子一样，我的盟友如同他们的盟友一样。我国土上的居民，我让他们安居乐业，那些没有住处的我给他们住所。依照我们祖先的方式，我安排我的国土和城市，依照祖先所立的规矩敬拜阿拉拉赫的神明，按照祖先献祭的方式，我也按时向祖先献祭。我做了这些事情，又把这些事委托给我的儿子泰舒卜尼拉瑞(Teshubnirari)。

谁若移除我的雕像,愿天神咒诅他,愿下方大地摧毁他的子孙,愿天神与地神分割他的王国。愿他们用绳子测量他[4]。谁若胆敢改动或擦除,愿天地之神阿达德,以及伟大的众神从他的土地上根除他的子孙。

沙鲁瓦(Sharruwa)是书吏。他写下、誊抄并修改(这个文本)。现在,愿天地众神赐给书吏沙鲁瓦健康,(是沙鲁瓦)为他写下雕像上的文本,愿众神保护他,成为他的守护者。愿沙马什,阴阳两界的主,精神之主,成为他的保护者。

我统治 30 年。在我的雕像上刻着我的成就。愿读到这些的人为我祝福!

【注释】

〔1〕阿达德(Adad),神祇名,叙利亚巴勒斯坦地区的暴风雨之神。也可以读作泰舒卜(Teshub),这是胡里特人的叫法。下文提到的几位神明都有胡里特人的对应称呼。

〔2〕西帕女神,胡里特人的母亲之神,被视为万物之母。

〔3〕按,对应伊什塔女神的胡里特的战争女神是沙乌什卡(Shaushka)。

〔4〕用绳子测量他,此句的意思是处决他。

二、埃及文明的发展

中王国时期是古代埃及文明的发展成熟期,包括第十一王朝的后半期、第十二王朝和第十三王朝。这一时期,埃及的专制主义中央集权统治日渐成熟,社会经济和文化形态日渐完善。对此,我们将从内战和国家的再度统一、王权与地方贵族势力的关系、建筑活动和劳动力的征募、对外交往以及国家的衰落与希克索斯王朝的统治等 5 个方面选取文献,对这一时期的历史进行解读。

1. 内战与国家的再度统一

第一中间期后期，南方的底比斯王朝和北方的赫拉克利奥坡里王朝开始了内战，最后底比斯王朝，也即第十一王朝国王蒙图霍特普二世（Mentuhotep Ⅱ）在内战中胜出，并重新统一埃及。然而，第十一王朝的稳定统治并没有持续多久，到最后一位国王蒙图霍特普四世（Mentuhotep Ⅳ）时期，由于其统治的合法性受到质疑，从而使中央政府丧失对全国的控制，于是，埃及重新陷入内战之中。在这场内战中阿蒙奈姆赫特一世夺取了王位，创立第十二王朝。

1.1　安赫提菲自传体铭文

安赫提菲（Ankhetyfy）自传体铭文被铭刻于位于摩阿拉的安赫提菲坟墓墙壁之上。文中运用比喻和暗喻的手法描绘了当时社会的动荡与民不聊生，又以大量夸张生动的手法，烘托出墓主的卓越功绩。安赫提菲是第一中间期期间（第九王朝）赫拉康坡里斯的州长，任职期间曾为人们赢得了宁静安乐的

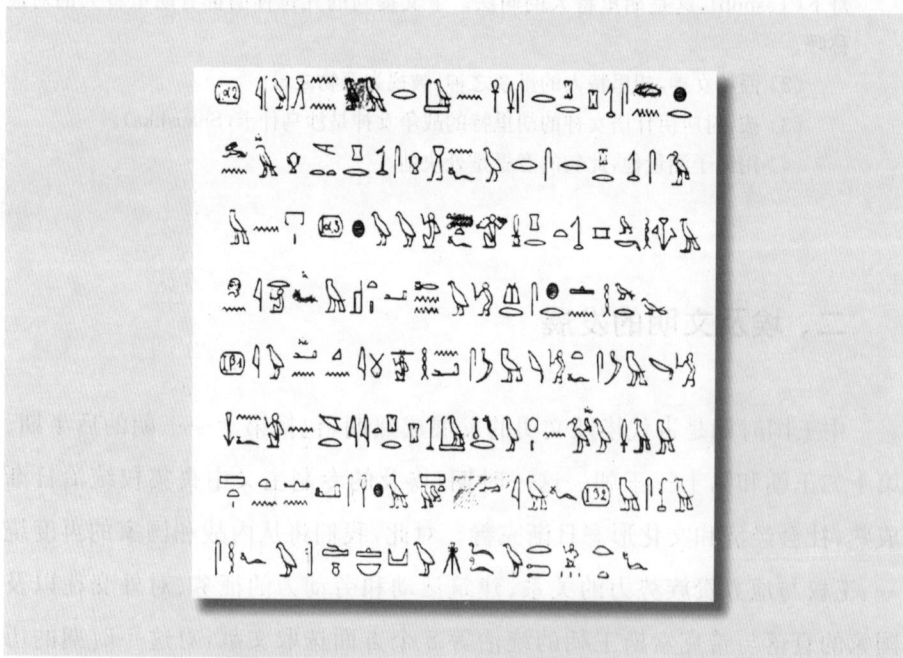

图 27　安赫提菲传铭文（部分）手描图

生活,但他也曾与他的政敌互相争斗。

本译文所用原始文献源自万迪尔的版本①,译文则参照了利克泰姆②和寿③的翻译。

世袭贵族、地方州长、王室掌印者、(国王)唯一的朋友、讲经祭司、大将军、缉查长、外务部总管,埃德弗[1]和赫拉康坡里斯的伟大市长安赫提菲说:

"为了重建它,荷鲁斯将埃德弗州送给我,愿长寿、稳固和安康,我会将(它)建成。荷鲁斯希望它能被重建,因此他把它送给我就是为了重建它,我发现'赫威威之屋'[2]在泛滥季犹如湿地,在叛乱的时候被(原来的占有者)放弃,并由无名小卒接管。我使人们(忘却过去)去拥抱他的杀父仇人(和)他的杀兄仇人,就此埃德弗得以重建。在(重建的)这一天,我发现这个州是多么秩序井然,政治上的激烈斗争将不被这里所接受,现在,人们所憎恶的所有的邪恶都被镇压下去了。

"我是人们的先驱,(我是)人们的捍卫者。我找到了解决不足的方法。这块土地的领袖凭借其出色的指挥,深入人心的讲演,促使三州在这一天结成联盟[3]。我是一位英勇无畏的捍卫者,没人能与我匹敌。当我训话时,人们静静聆听。在惶恐的日子里,上埃及一片沉寂。

"由于我意志坚定,决策英明,每位臣服于我的统治之下的臣民都没有不幸降临于他们的身上。但是,至于那些站在(我)[对立面]的愚昧之人,那些不幸之人,我将以其人之道还治其人之身。受到我谴责的人将成为可怜人,他的[战争?]犹如泥船过河。我是一位英勇无畏捍卫者,没人能与我匹敌。

---

① J. Vandier, "Moàlla: La tombe d'Ankhtifi et la tombe de Sebekhotep," *Bibliotheque d'etude*, 18, Cairo, 1950.

② M. Litchtheim, *Ancient Egyptian Literature*, Vol. I, Berkeley, Los Angeles and London, 1975, pp.85-86.

③ I. Shaw, *The Oxford History of Ancient Egypt*, Oxford, 2000, pp.130-131.

　　"因为从前没人能像我这样功勋累累,从前也没有像我这样(的英雄)降临于世间,我是人们的先驱和捍卫者。我的功劳已经超过了前辈,在几百年内不可能有人与我的丰功伟绩相提并论。我把面包施舍给饥饿之人,并把衣服赠予衣不蔽体之人,我给没有膏油的人施抹涂油,我把鞋施于赤足者,我把女人送给没有娶妻之人。在阿坡菲斯的这片沙洲之上,每当乌云笼罩且[⋯⋯]饿殍遍野的危急时刻,我都将在赫法特镇[4]与赫尔迈尔镇[5]济灾赈贫。来自南方的人们与来自北方的人们,他们带来了品色上乘的油,(并)用它换取我赠予他们的大麦。[6]我的大麦(被)运往上游直达他们的(家乡)下努比亚,(我的大麦被)运往下游直达他们的(家乡)塔威尔[7]。整个上埃及饿殍遍野,无法忍耐饥饿的人们吃掉自己的亲生骨肉,但是,在这个州里,我决不允许任何人死于饥饿。[8]

　　"在这些年,在重建赫法特镇与赫尔迈尔镇以后,我开始关注埃利芬提尼和亚特奈伽恩小镇[9]的建设,我喜欢赫法特的山幽谷荫,喜欢赫尔迈尔的清幽暗隐。蝗虫洗劫了包括上游和下游在内的整个国家,但是我绝不允许任何人临危溃逃到其他州。我是[举世无双的英雄,没人能与我匹敌]。"

【注释】

　　〔1〕埃德弗(Edfu),上埃及第二州。

　　〔2〕"赫威威(Khewewe)之屋",即埃德弗(上埃及第二州)的别称。

　　〔3〕结成联盟,指安赫提菲把赫拉康坡里斯、埃德弗和埃利芬提尼结成联盟,用以直接对抗底比斯(上埃及第四州)。

　　〔4〕赫法特(Khefat)镇,位于上埃及第三州的城市,现今考古遗址为埃尔-摩阿拉(el-Moalla)。

　　〔5〕赫尔迈尔(Khermer)镇,位于上埃及第三州的城市。

　　〔6〕按,正如这句话所揭示的,文献作者并非如文中所描述的是一位慈善家:他把谷物运输到南方与北方的前提是必须进行物物交换。

　　〔7〕塔威尔(Tawer),上埃及第八州。

　　〔8〕按,通过夸大其他州的饥荒程度——人们吃自己的亲生骨肉,与文献作者所管辖的州却没有发生此类事情相对比,从而凸显其功绩。这样,在来世审判中就会因此而受到神的赞扬。

　　〔9〕亚特奈伽恩(Yat-negen)小镇,位于上埃及。

1.2　泰特黑自传体铭文

泰特黑(Thethi)生活于中王国早期,在第十一王朝国王因特夫二世(Intef Ⅱ,统治时间约为前 2112—前 2063 年)和因特夫三世(Intef Ⅲ,统治时间约为前 2063—前 2055 年)统治时期担任国库总监。这篇文献除了对墓主泰特黑的职业生涯进行记述外,还记述了因特夫二世时期底比斯王朝的统治范围、因特夫二世与因特夫三世之间的政权更迭等信息,是我们研究中王国历史的重要文献资料。

图 28　泰特黑自传体铭文

　　本译文所用原始文献来自布莱克曼①的版本,译文则参照了布里斯特德②和布莱克曼的翻译。

　　　　永生的荷鲁斯,上、下埃及之王;拉之子:因特夫[1],所有美好的创造者,愿他像拉一样永生。他真正的和最喜爱的仆人,在他主人的厅堂中位居前列,知晓他主人的愿望,明智的官员,追随他到任何他去的地方,是真正的、他主人的知心人。官殿里权贵中的第一人,在我的主人向权贵们隐瞒的禁地中掌管宝物的人,一个用他(国王)所需要的来使荷鲁斯之心(国王)高兴的人,他的主人所信任的人,受他主人喜爱的人,在禁地中掌管他的主人喜爱的宝物的人,首席司库,国王之下的第一人,受尊敬的人,说:我是主人所喜爱的那个人,(我)每天以及每一天都赞美他。我在我主人的统治下度过了许多年。

　　　　永生的荷鲁斯,上、下埃及之王;拉之子,因特夫,从南方直到埃利芬提尼直到提尼特州[2]的提斯这片土地一直在他的权威之下。那时,我是他的贴身仆人,他的臣民,他真正的臣属。他使我伟大,他提升我的地位。在他私密的官殿里,他使我成为他信任的人,宝物受我掌管,(它们)在我的印章之下,甚至是那些被献给我主,由那些来自上、下埃及的,所有能带来愉悦的东西中精选的宝物。这些宝物是所有土地出产的,因为所有的土地都畏惧我的主人。另外,恐惧不曾通过那些统治着红土地[3]的酋长们的手带给我主,因为对我主的畏惧传遍了所有的山地国家。现在他把这些宝物委托给我,(因为他)知晓我是多么的勤勉,我向他汇报(我的工作),(它们)从没有任何会招致惩罚的缺陷,因为我是谨慎的。我曾确实是我主信任的人,一位明智的官员,一位在我主的厅堂里谦逊的、明智的官员,对着伟大的人会弯下手臂。我不曾追求邪恶,因为人们厌恶邪恶。

① A. H. Blackman, "The Stele of Thethi, Brit. Mus. No. 614, " *The Journal of Egyptian Archaeology*, Vol.17, No.1/2, 1931, pp.55 - 61.

② J. H. Breasted, *Ancient Records of Egypt*, Vol.I, pp.201 - 203.

我是一个喜爱美好且厌恶邪恶的人，一个在他主人的厅堂被喜爱的人，一个根据他主人的意愿去执行每一项职责的人。任何他命令我参与的事务，比如为请愿人处理事务，参与到有需要的人的辩护中去，我曾正确地去做这些事。我不会违反他的指示，所以他喜爱我。我不曾把一个人的东西放到另一个人的地方。我不会夸大我的财富。我不会用错误的行为来拿东西以进行交易。为了使我进行工作，我的主人把所有的王室居所都委托于我，甚至是任何他灵魂上的需求，我都会为他完成。因为我的谨慎，从不会有任何缺陷。我为城市制作了迈哈船，我制作了斯赫特船[4]，为了当我的主人与权贵进行审判时伴随他，以及为了任何护航和调配（的需要）。因此我富有，我伟大，因为我为自己提供财富，我的主人给我的财富，因为他总是喜爱我。

永生的荷鲁斯，上、下埃及之王；拉之子，因特夫，愿他像拉一样永生，直到他平静地走向他的地平线[5]。当他的儿子[6]继承了他的地位，荷鲁斯，强壮的主人，美好之主；上、下埃及之王；拉之子，因特夫，创造美好之人，愿他像拉一样永生。我跟随他去了所有美好的消遣的地方。他从不指责我，因为他是明智的。他任命我的所有职务如同他父亲的年代（中我的职务），在他的意志之下，（我）继续担任。在（我）活着的所有的时间里（我）都是作为国王之下的第一人。在我主的统治之下，我曾经强大且富有。

愿国王给予阿布斯尔[7]之主奥西里斯以恩惠，在阿拜多斯之主的权杖前，在他所有的地方，1 000[8]份面包和啤酒，1 000 只牛和 1 000 只鸟，1 000份雪花石膏和衣服，1 000 份所有好而纯净的东西，当餐食被放下的时候就会到来。供奉桌的需要：阿拜多斯之主的食粮，蒙图[9]厅堂的纯净面包、酒、食物，那些神灵永远希望进食的东西，都来自国库总管，国王的臣民，受爱戴的泰特黑。他穿过天空，直到接近伟大的神，大地平静地站在美丽的西方。沙漠向他张开她的双臂，西方向他伸出她的双手，直到他到达众神的集会。[10]那时，阿拜多斯伟大的神会对他说"欢迎"，在航向西方的奈斯赫迈特船上，双手会向他伸出，他会快乐地在平静中走向地平线。在奥西里斯那里，道路被打开,他将进入那扇在高地的门。那些富足的人将会在荒地上给他以他们的[⋯⋯]。食物将被给予(他),他的卡伴随着他——受爱戴的泰[特黑]。

【注释】

〔1〕因特夫,即因特夫二世。

〔2〕提尼特(Thinite)州,地名,位于上埃及,靠近底比斯。

〔3〕红土地,即尼罗河流域周边的沙漠地带。

〔4〕斯赫特(skhyt)船,太阳船的称谓。

〔5〕走向他的地平线,即死亡后进入来世。

〔6〕他的儿子,即因特夫三世。

〔7〕阿布斯尔,位于中埃及的一座城市,奥西里斯崇拜中心。

〔8〕"1 000"是在古代埃及的供奉中常用的数字。

〔9〕蒙图(Menthu),古埃及神话中的战神,在第一中间期和中王国早期被广泛崇拜,崇拜的中心是底比斯。

〔10〕按,这几句话的意思是,死者会在众神的陪伴下航向西方。

2. 王权与地方贵族势力的关系

经过第十一王朝末期的内战,第十二王朝的统治趋于稳固,但是,在第一中间期和第十一王朝末期的内战中业已形成的地方势力严重威胁着王权。根据赫努姆赫泰普(Khenum-hetep)自传体铭文记载,为了削弱地方势力,中央政府采取了一系列措施,并最终使专制主义中央集权统治得到进一步的强化。

2.1 赫努姆赫泰普自传体铭文

赫努姆赫泰普二世(Khenum-hetep Ⅱ)自传体铭文刻写于位于贝尼-哈桑(Beni-Hasan)的赫努姆赫泰普二世坟墓墙壁之上,是我们研究古代埃及第十二王朝时期地方贵族势力和中央政府之间关系的重要文献资料。布里斯特德①和塞斯②分别于19世纪末和20世纪初对该铭文进行了拓录,蒙泰特③和德

---

① J. H. Breasted, *Ancient Records of Egypt*, Vol.I, Chicago, 1906, p.279.

② K. Sethe and W. Erichsen, *Urkunden Mittleren Reiches*, Leipzig, 1935, pp.25 – 41.

③ P. Montet, "Les dernieres lignes de grande inscription de Beni Hasan," *Kemi* Ⅲ (1930 – 1935), p.112f.

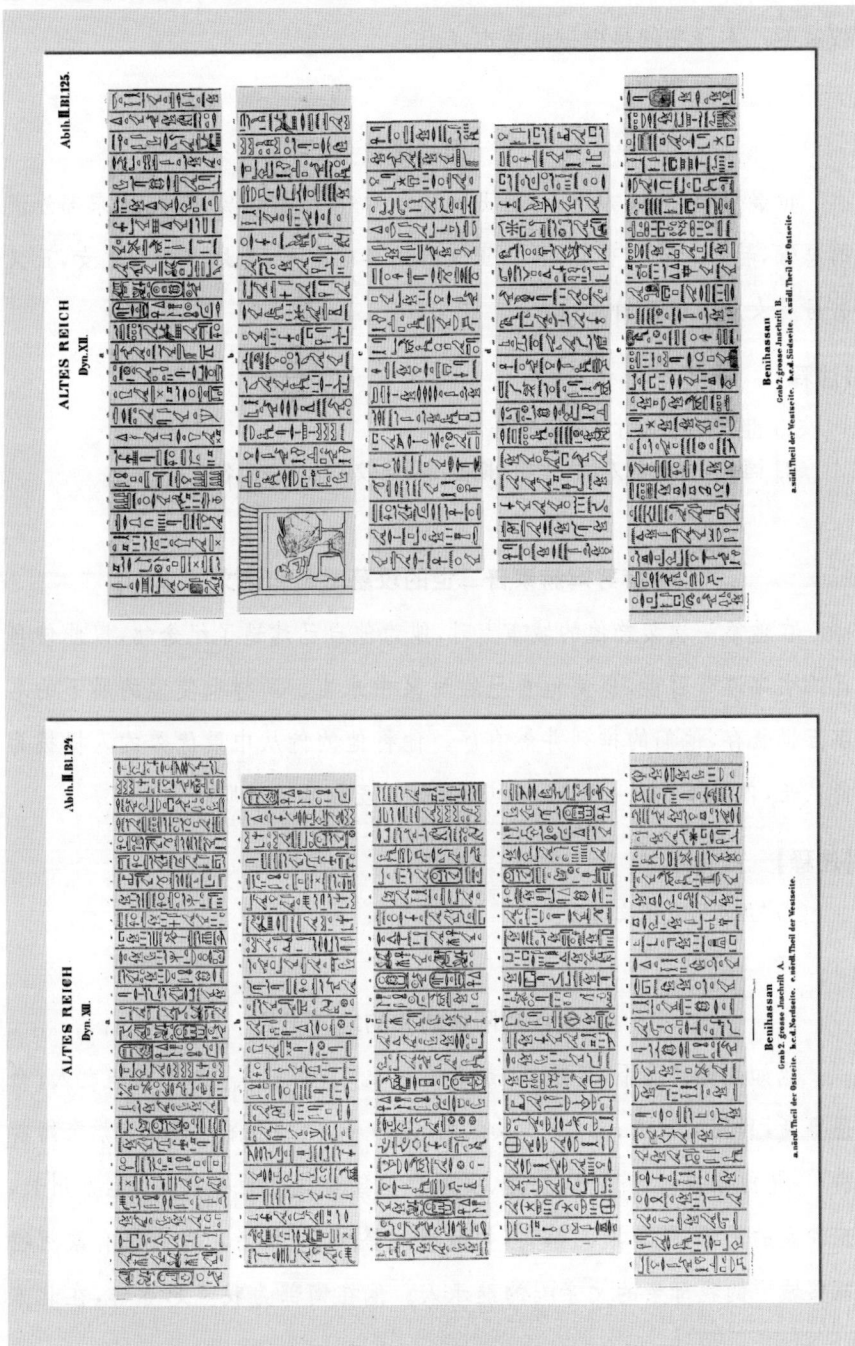

图 29 赫努姆赫泰普自传体铭文拓影

布克①分别对原文破损部分进行了填补。目前,德布克的版本是最完整的,也是最权威的。本译文便是根据此版本译出。

前　言

世袭贵族[1],地方州长,国王所熟知的人[2],神所宠爱的人,东部沙漠的总管,赫努姆赫泰普(二世),正义的纳赫瑞之子,为地方州长之女,正义的房屋女主人巴克特所生。

【注释】

〔1〕世袭贵族,地方官员的名衔。
〔2〕国王所熟知的人,中王国时期使用得比较广泛的一个名衔。

赫努姆赫泰普二世的坟墓壁画和铭文

在他第一次装饰他的城市[1]时,他为他自己建造了纪念物,以此使自己的名字流芳百世,也使他自己在坟墓中永生。同样也使他的属下的名字万世长存,他们的排列井然有序。他将他的侍从中最优秀的人提拔为侍从长,他手下的每一位官员和所有的工匠都各司其职。

【注释】

〔1〕"城市",此指坟墓。

他就任蒙阿特胡弗的地方王公

他如是说:"陛下,荷鲁斯,热爱真理之人;两夫人,热爱真理之人;金荷鲁斯,真理的声音;上、下埃及之王,奈布卡乌拉;拉神之子,阿蒙奈姆赫特[1],愿他像拉一样长寿、稳健、安康。他任命我为世袭贵族,地方州长,东沙漠的总管,荷鲁斯的祭司,帕赫特的祭司[2],并指定我为领有蒙阿特胡弗城[3]的我母亲的父亲[4]的继承人。他在南部为我竖起界碑,在北方

① A. de Buck, *Egyptian Readingbook*, Chicago, 1948, pp.67 – 72.

为我确立起犹如天堂的秩序。此外,他将河流从中截断,就像为我的母亲的父亲所做的那样,陛下,荷鲁斯,再生;两夫人,再生;金荷鲁斯,再生;上、下埃及之王,斯赫特普伊布拉;拉神之子,阿蒙奈姆赫特[5],愿他像拉一样永世长寿、稳健、安康。"

　　他任命他为世袭贵族,地方州长,位于蒙阿特胡弗之地的东部沙漠总管,他在南部竖起界碑,在北方确立起犹如天堂的秩序。此外,他将河流从中截断,河流的东部属于荷鲁斯山地州,直至东部沙漠地区。当陛下来到时,他摧毁了谬误,犹如阿图姆神[6]。他恢复了被毁坏的一切,并夺取邻国的城池。他为各城划分了疆界,竖立起的界碑如天堂般井然有序。按照记录,(他)重新测量水位,并依据惯例(为各城)分配水资源。他是如此地热爱真理。

【注释】

　　〔1〕荷鲁斯,两夫人,金荷鲁斯,上、下埃及之王,拉神之子,古代埃及法老的 5 个王衔。阿蒙奈姆赫特(Amenemhet),指第十二王朝的第三位国王阿蒙奈姆赫特二世。

　　〔2〕帕赫特(Pakht)的祭司,是祭司的一个等级,其主要职司是在宗教仪式中为神祇穿衣服。"帕赫特"则为古代埃及的狮子女神。

　　〔3〕蒙阿特胡弗(Men-at-huf)城,荷鲁斯山地州的首府,位于东部沙漠地区。

　　〔4〕母亲的父亲,指赫努姆赫泰普二世的外祖父赫努姆赫泰普一世。

　　〔5〕阿蒙奈姆赫特,指第十二王朝的第一位国王阿蒙奈姆赫特一世。

　　〔6〕阿图姆神,古代埃及宗教中的创世神。

他的祖父就任羚羊州的地方王公

　　然后他任命他为世袭贵族,地方州长,优雅的臂膀[1],羚羊州[2]的州长。他竖立起界碑:(羚羊州的)南部边界远到野兔州[3],它的北部边界远到豺狼州[4]。此外,他将河流从中截断:河水、田地和撑柳直至西部沙漠地区[5]。

【注释】

　　〔1〕"优雅的臂膀",一种名衔。

　　〔2〕羚羊州,上埃及的第十六州。

　　〔3〕野兔州,上埃及的第十五州。

〔4〕豺狼州,上埃及第十七州。

〔5〕西部沙漠地区,应该也是一个州。

他的舅舅奈赫特就任蒙阿特胡弗的地方州长

他任命他的长子,正义的奈赫特,令人崇敬的州长,作为国王宠臣去管理他在蒙阿特胡弗城的遗产。[1]此敕令来自荷鲁斯,出生的生命;金荷鲁斯,出生的生命;上、下埃及之王,赫普尔卡拉;拉神之子,塞索斯特里斯[2],愿他长寿、稳健、安康,像拉那样永生。

【注释】

〔1〕按,赫努姆赫泰普一世的另一个儿子阿蒙奈姆赫特于塞索斯特里斯一世统治的第18年继任豺狼州州长,此事在这篇铭文中没有被提及。

〔2〕"荷鲁斯"至"拉神之子"云云,即第十二王朝的第二位国王塞索斯特里斯一世的5个王名。

赫努姆赫泰普二世的出生

我一出生就是贵族,我的母亲是世袭女贵族[1]和女伯爵,是像拉一样永远长寿、稳固和安康的羚羊州州长的女儿,嫁到胡特塞赫泰普伊布拉[2],成为世袭贵族,地方王公,"新城"的市长,令人崇敬的城市之主,正义的纳赫瑞的妻子。国王册封她为下埃及的王公。

【注释】

〔1〕世袭女贵族,即非王室妇女使用的名衔。

〔2〕胡特塞赫泰普伊布拉(Khutsekhetep-ibu-Ra),即第十二王朝的首都伊什塔威的别名。

他就任蒙阿特胡弗的地方州长

上、下埃及之王,奈布卡乌拉(阿蒙奈姆赫特二世),愿他长寿、稳健、安康,像拉那样永生,让我以地方州长之子的身份成为我母亲的父亲的继承人,因为他是如此地热爱真理。他就是阿图姆,奈布卡乌拉,愿他长寿、稳健、安康,像拉那样永生。他在他统治的第 19 年任命我为蒙阿特胡弗的地方州长。

他的建筑活动和祭祀活动

大量的建筑工作已经完成,然后我对它们进行了装饰。我保持我父亲的名字,我装饰建筑物里的每个礼拜堂。我随着我的雕像来到神庙,我奉献了祭品:面包、啤酒、奠酒、牛奶和其他食物祭品,包括肉。我将这些祭品分配给了卡祭司[1]。

我向神庙捐赠田地和仆人,我在任何节日上敬献用以祈祷的面包、啤酒、牛和家禽等祭品:在岁首节[2]、新年[3]、大年[4]、小年[5]、岁末节[6]和大节日[7]上,在大燃烧节[8]和小燃烧节[9]上,在年外 5 天的节日[10]上,在什杰特阿什阿节日[11]上,在每个整月节[12]和每个半月节[13]上,在每个让活人和死人快乐的节日上。而且,无论是卡祭司还是其他任何人,如果他们破坏了这些祭祀活动,那么,他将死去,他的儿子也会因此而赶赴黄泉。

【注释】

〔1〕卡祭司,古代埃及祭司中的一个等级。

〔2〕岁首节,阴历年的第 1 天,即阴历年的开始。

〔3〕新年,太阳年中的第 1 天,即天狼星偕日同升与尼罗河水泛滥同时发生的那一天,也即古代埃及泛滥季的第 1 个月的第 1 天。

〔4〕大年,阴历年中的大年,即 1 年为 13 个月。

〔5〕小年,阴历年中的小年,即 1 年为 12 个月。

〔6〕岁末节,阴历年中的最后一天,即夏季的第 4 个月的第 30 天。

〔7〕大节日,该节日被庆祝于泛滥季的第 1 个月的某一天。

〔8〕大燃烧节,即泛滥季的第 3 个月的第 1 天。

〔9〕小燃烧节,即泛滥季的第 4 个月的第 1 天。

〔10〕年外 5 天的节日,太阳年一年的最后 5 天,即赫里奥坡里斯城的 5 位神的生日:奥西里斯、大荷鲁斯、伊西斯、塞特和奈弗提斯。

〔11〕什杰特阿什阿节日,某个节日名称,具体情况不详。

〔12〕整月节,即新月节。

〔13〕半月节,即满月节,每个月的第 15 天左右。

赫努姆赫泰普在宫廷的荣誉

在宫廷里我的荣耀超过了其他任何一位唯一之友[1]。他提拔我为众贵族之首,我的地位之显赫是空前的,宫廷的所有成员都赞美我。由于在国王册封我之前,我得到了太多的赞美,我被委以重任。这样的事情从未发生在其他的官员身上,因为他知晓我是充满活力的。我是国王推崇的朝臣,他的宫廷中充满了对我的赞美,我的魅力显现在其他朝臣面前。世袭贵族,地方州长,纳赫瑞之子,赫努姆赫泰普,令人崇敬的州的主人。

【注释】

〔1〕"唯一之友",古代埃及宫廷官员的名衔。

他的儿子奈赫特就任豺狼州州长

我赢得了另外的荣誉:赫提所生的我的长子奈赫特被任命为豺狼州的州长,由此成为他外祖父的继承人。他被提升为唯一之友,被授予管理上埃及的权力。陛下把显赫的官职授予了他,荷鲁斯,统治着两土地;两夫人,使真理显现;金荷鲁斯,让神慰藉;上、下埃及之王,哈赫普瑞拉;拉神之子,塞索斯特里斯[1],愿他像拉一样永远长寿、稳健、安康。他在豺狼州修建了他自己的纪念物,修复了他所发现的毁坏了的东西,征服了邻国的城市。根据土地登记册,他清楚地知道他的城市的边界。依据惯例,他勘查土地,他在南部竖起界碑,在北方确立起犹如天堂的秩序。界碑竖立在低地上,最大的石碑总共有 15 块,竖立在一直到奥克芮赤特州[2]的北部边界上。他把河流从中截断,豺狼州的西部边界远达西部沙漠地区。世袭贵族,地方州长,令人崇敬的州的主人,正义的赫努姆赫泰普之子奈赫特呼吁道:"我的后裔的确不知道国王的赞美。"

【注释】

〔1〕"荷鲁斯"至"拉神之子"云云,是第十二王朝的第四位国王塞索斯特里斯二世的 5 个王名。

〔2〕奥克芮赤特(Oxyrhynchite)州,上埃及第十九州。

次子赫努姆赫泰普的荣誉

另外一个儿子是大法官,最伟大的国王唯一之友,王室物品的管理者。没有人能比得上他,其他法官服从于他,他的裁定是最高裁定。他是一位能够给国王带来好处的人,他有自由出入国境的权利。赫努姆赫泰普(三世),纳赫瑞之子赫努姆赫泰普(二世)的儿子,女主人赫提所生。[1]

【注释】

〔1〕按,这段铭文揭示出赫努姆赫泰普三世是负责埃及对外事务的政府官员。

赫努姆赫泰普修复祖先的坟墓

我让祖先的名字万古长存。我发现了门上的毁坏之处[1],并且在毁坏的地方做了标记以便记住,准确地默记在心,以至于(将来对其进行修复的时候)不会弄错地方。瞧,就是这个优秀的子孙保存了祖先的英名,纳赫瑞之子,令人崇敬的州的主人,正义的赫努姆赫泰普。

【注释】

〔1〕按,在古代埃及,坟墓主人的名字和名衔通常被刻写在坟墓的墓门上,因此,保持墓门的完好是十分必要的。

他的父亲纳赫瑞的丧葬建筑

我主要的功绩在于修建了坟墓,因为一个人应该仿效他父亲的所作所为。正是在迈尔奈菲尔特[1],我那高贵的父亲用上好的阿努石[2]为他自己修建了卡礼拜堂,以此使他的英名万世长存,他永远地建造了它。他的英名为上流社会所传颂,他的英名为活着的人所铭记,(他的英名将永存)于他的坟墓里,他的漂亮的永恒之地,他的永生之所,因为他的荣誉来自国王,他是宫廷最受宠爱的人。

【注释】

〔1〕迈尔奈菲尔特(Mer-nefert),地名,位于羚羊州。

〔2〕阿努石,即从石灰石产地阿努开采出来的石料。

他的父亲的卓越功绩

当他还是一个刚割掉包皮的孩子的时候,他就开始管理他的城市和王室信息。当他在襁褓之中时,这两个职位,他就拥有了它们,因为国王知道他是朝气蓬勃的。索白克安赫之子,令人崇敬的州长,正义的纳赫瑞,国王从众贵族中挑选他来统治他的城市。

他自己的建筑

地方州长赫努姆赫泰普所做的:就在我自己的城市里,我修建了高贵的纪念物,我在废墟上建造了柱厅,我树立起了一些刻有我的名字的新柱子。我将我父亲的名字刻在纪念物上,以此使我父亲的英名流传百世,而且我将我所做的一切也刻在了纪念物上。我用奈伽[1]雪松制作了1扇6腕尺的门,作为坟墓的第一道门。我为墓室中的壁龛制作了5腕尺2掌尺的两扇门。祭品和由面包、啤酒、牛和家禽组成的祈祷祭品供放在我制作的纪念物旁。我布置了花园[2],为柱式前庭安装了门。在这座城市里,我的纪念物比我的祖先的纪念物还要宏伟,这座城市将繁荣昌盛,因为墓地的纪念物比祖先的纪念物要精美得多。

【注释】

〔1〕奈伽,地名,位于黎巴嫩地区,生产云杉和雪松。

〔2〕按,在古代埃及,坟墓附近的"花园"通常是为丧葬祭司和丧葬仪式提供食物和祭品的。

教导手工艺人

我擅长建造纪念物,并且我教导城市里的技艺不精的手工艺人。我的名字在我建造的纪念物上是精美绝伦的,人们都信任我,我在那里无所不能,我让船只顺流而下。

结　论

世袭贵族,地方州长,纳赫瑞之子,赫努姆赫泰普,为正义的令人崇敬的巴克特所生。坟墓的管理者[1],掌印官[2],巴克特[3]。

【注释】

〔1〕坟墓的管理者,即一种名衔。

〔2〕掌印官,即一种名衔。

〔3〕按,在铭文的结尾,刻写该铭文的书吏刻下了他的名字和名衔。

3. 建筑活动和劳动力的征募

中王国时期的建筑业有了长足发展,出现了大型神庙建筑群。第十二王朝国王塞索斯特里斯一世在卡纳克(Karnak)建造了第一座阿蒙神庙,此后,埃及历代国王几乎都在此地留有建筑,从而形成规模宏大的神庙建筑群。此外,第十一王朝的国王蒙图霍特普二世建于戴尔-艾尔-巴赫瑞的神庙成为后世国王竞相效仿的对象。频繁的大规模建筑活动需要大量的劳动力,征募劳动力也便成了国家行政管理的一个重要内容。

3.1　赫利奥坡里斯神庙建筑铭文

这篇铭文分为两个部分,年代分别是第十二王朝国王塞索斯特里斯一世和三世统治时期。第一部分铭文来自神庙墙壁,主要是一份物品清单,其上开列了塞索斯特里斯三世为众神供奉的物品。第二部分记载了塞索斯特里斯一世为建成赫利奥坡里斯神庙所举行的纪念活动。在此,我们节选第二部分中的建筑活动进行译注。

本译注所用原始文献来自斯登的版本①,译文则参考了布里斯特德的翻译②。

---

① Ludw Stern, "Urkunde über den Bau des Sonnentempels zu On," *ZÄS* 12(1874), pp.85 - 96.

② J. H. Breasted, *Ancient Records of Egypt*, Vol.I, Chicago, 1906, pp.242 - 245.

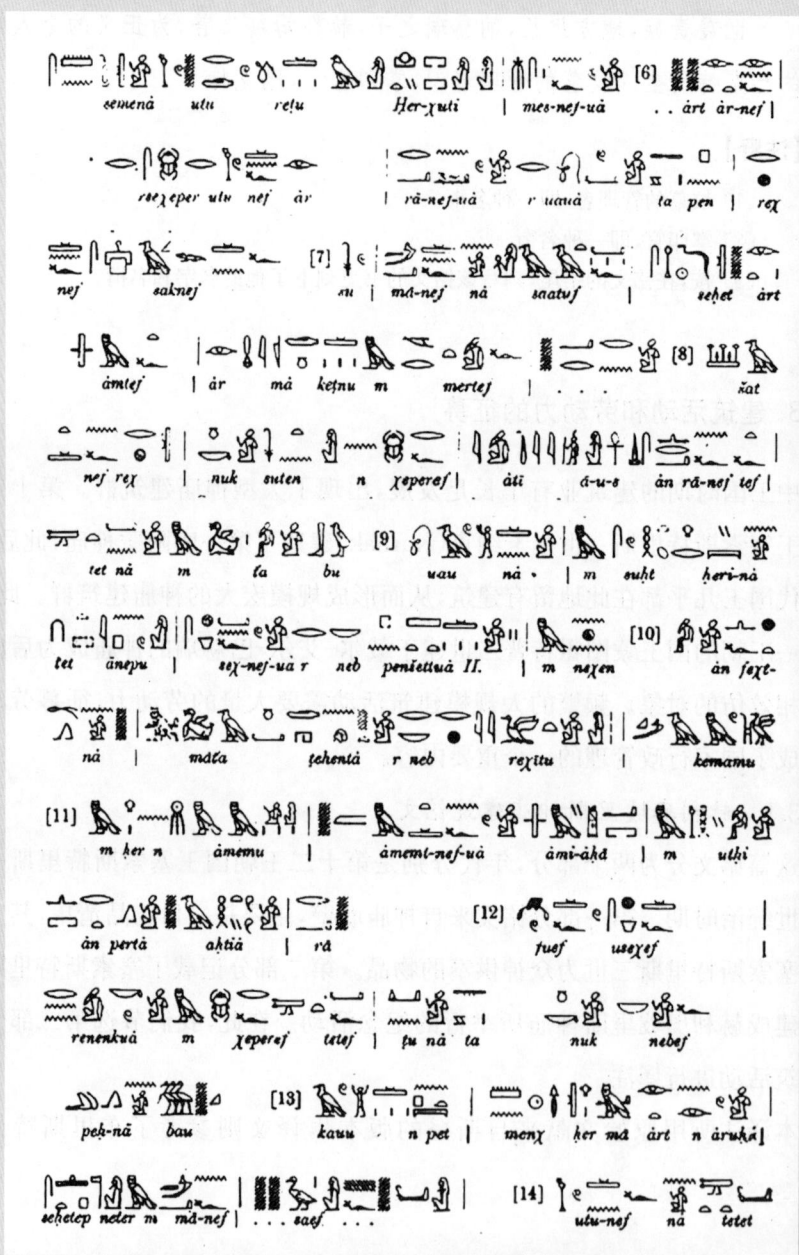

图 30　赫利奥坡里斯神庙建筑铭文手描图

赫利奥坡里斯神庙建筑铭文

第 3 年,泛滥季的第 3 个月,第[……]天,上、下埃及之王,赫普尔卡瑞;拉之子,塞索斯特里斯(一世),永恒的胜利者。

国王戴着双王冠出现并端坐在谒见厅中,与他的随从商议,与臣僚们在会议中商议,与在[……]的王子们商议。一人下令,余皆聆听,一人建议,余皆知晓:注意,陛下下达一项指令,采纳意见是重要的。我将修建一座纪念碑,并竖立在赫拉赫提[1]的石碑旁。

他让我去做他所做之事,执行他所命令之事。他任命我为这片土地的牧羊人。他知道(他就是那应保卫这片土地之人),他给了我他所保护的,而那就是他身体上的眼睛[2],是光明。贯彻他的心愿,我已经实施了他所急需的[……]。我是他的品质化身而成的国王,对那些他不[……]的国王,我像年轻人一样去征服。在母体中我即强大,[……]他指定我为两个一半[3]的主人。在我还是个孩子、褪去褓褓之前,他就指定我为人民之主,[……]出现在人民面前。我作为一个年轻人,在我的两个[……]出来前,他使我完美,让我变成宫殿的占有者。他给了[我]他的长度和他的宽度。是他选择按照他的品质来教育我这个被给予土地的人;我是土地的主人。我的名字传达到了天堂的高度,我的美德[……]。[……]他命令我去征服他已经征服了的,[……]荷鲁斯,那正数着肢体的神。

我已经备好了给众神的供奉,我将完成一项工作,建造一座宫殿,为我的父亲阿图姆。他[4]将使它宏伟,因为他委派我去征服。我将为他在地上的祭坛供奉食物,我将在[……][5]建造我自己的宫殿。愿美好被铭记在他的宫殿中,我的名字即是这方尖碑,我的名字即是这湖泊[6],[我]的事迹即是永恒;国王永生,他将因为他的成就而被提及。[……]被提及的确实是我的名字,因为永恒而不会逝去。我现在做的在将来依然会是这样,我寻求的是出色的事物。精美的食物[……]。警醒于永恒。

国王的同伴们在他们的神[7]面前回答说:胡(在)你嘴中,埃斯伊在你身后[8]。哦,国王! 这就是你已实现的安排,哦,国王,你是两女神最爱的最闪耀的人。[……]在你的神庙中。看向明天是极好的,那美好事情到来的时候。人们不能完成任何事,如果没有你,因为国王你是所有人的双眼。你是伟大的,你将为你自己建造纪念碑,在赫利奥坡里斯,那神的居所。在你的父亲前,宏伟宫殿的主人,阿吞,众神的公牛。让你的宫殿崛起,以此能够为供桌供奉;以此能够供奉服务于它最喜欢的雕像,因为你的形象在万物和永恒之中。国王他如是说。唯一的朋友,掌印者,那白色的两宫殿的主管,[……]的亲密顾问[说]:这是你的议会,它应当使国王你希望的事情完成,就像它本应该是的那样;你是它的指挥者,谁会来做将根据谁在我的心中,[……]警惕,它将没有松懈的实现,所有的工作[……]我已经命令那些工作的人去完全按照你应该的那样去做。国王被用王冠加冕,所有人都跟随了他,主祭司和圣书书吏松开绳索,[……桩]在土地里[9],在这神庙里[……]被完成了,国王让一个王室书吏走到人们的面前,人们被集中[在]一个地方,南边,北边,[……]

【注释】

〔1〕赫拉赫提(Kharakhty),荷鲁斯的一个名衔,其原意为"地平线上的荷鲁斯"。

〔2〕他的眼睛,这里指太阳。

〔3〕两个一半,即上、下埃及。

〔4〕按,应该是第一人称"我"。

〔5〕按,神庙的建造地点缺失。

〔6〕按,这句话的意思是"进入这座神庙的人将记住他的名字"。

〔7〕他们的神,这里指国王。

〔8〕按,这里的胡和埃斯伊是经验与智慧之神。

〔9〕按,这是一个为测量神庙水平面而举行的仪式的描述,该仪式由国王亲自主持。

3.2　杰胡提赫特普巨像铭文

杰胡提赫特普家族是野兔州的地方贵族。他的坟墓铭文提到了他生活在第十二王朝的国王阿蒙奈姆赫特二世以及塞索斯特里斯二世和三世统治时期,他继承了他祖父的职位成为野兔州州长。他的坟墓铭文详细地描绘了他的

Transport der Kolossalstatue des Fürsten

aus den Alabasterbrücken von Hatnub

nach seiner Totenkultkapelle im Niltal,

dargestellt in seinem Grabe.

Veröffentlicht: Newberry, El Bersheh I pl. 14/15 = L.D. II 134 =

Sethe, Aeg. Lesestücke S. 77/78.

A. Die grosse Inschrift vor dem Fürsten,-

der hinter der Statue einherschreitet.

(nach Abklatsch 123 des Berliner Museums kollationiert).

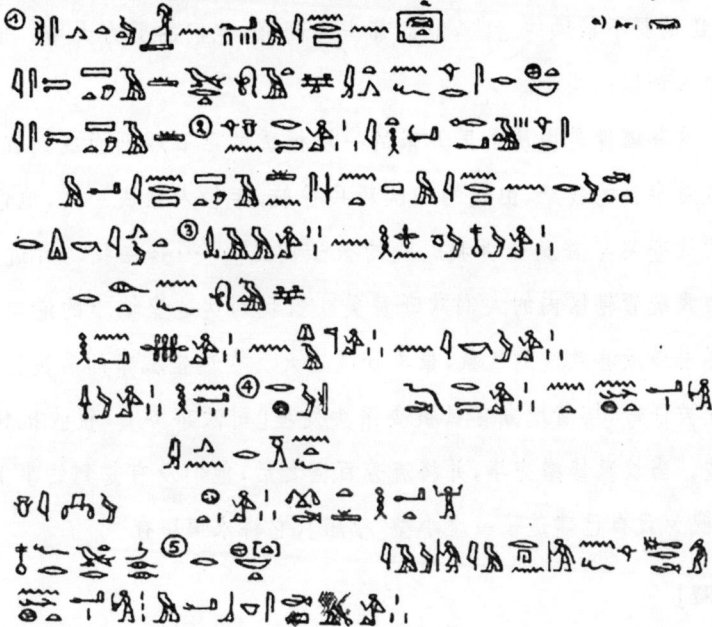

图 31　杰胡提赫特普巨像铭文（部分）手描图

巨型雕像的运输过程,从而为我们研究中王国时期地方政府的组织机构和组织能力提供了重要的历史资料。

本译文所用原始文献来自塞斯的版本①,译文则参考了布里斯特德的翻译②。

运送巨型雕像

来自哈特努布[1]13肘尺高的石制雕像。由于雕像由石头刻成,紧挨地面,它在途中的运输极其困难,人们难以想象他们在路上拖拽这么一尊巨大的东西。

我派遣一队新兵和一组采石场工匠前去准备运输事宜,并且(他们的)首领与他们一同前往。魁梧威猛的壮汉们说:"我们会把它运回。"[2]我十分高兴,城中洋溢着欢声笑语,景象壮观宏大。无论是魁梧威猛的壮汉,还是弱不禁风的老人,他们都士气高涨,他们的臂力大增。他们之中每个人都以一当千。

这尊雕像是由从山里开采的一块极重的巨石雕刻而成。航行时,船承载着丰富的物产,由我的一队新兵护航,年轻人站成一列,他们将国王对我的夸奖与赞美告诉我。我的孩子们是[……],在我之后进行装饰。来自我统管辖区内的人们欢呼赞美。当我到达这座城市的港口,[城市]中洋溢着欣喜欢悦的气氛,景象壮观宏大。在这座城市的居民区中,州长首先被任命,接着地方官员被委派去处理[司法事务]。税收机构被建在岸边。当坟墓修缮完毕,并将流芳百世之后,他们没有想到的事情我做到了,我为我自己建造了一座小型[祭庙],它将永恒留存。

【注释】

〔1〕哈特努布,地名,位于上埃及第十五州的尼罗河东岸,以盛产雪花石膏著称。

〔2〕按,可能用类似于滑橇似的工具,由人或牲畜将其运回。

① K. Sethe and W. Erichsen, *Urkunden des Mittleren Reiches*, Leipzig, 1935, pp.47 - 50.
② J. H. Breasted, *Ancient Records of Egypt*, Vol.I, Chicago, 1906, pp.306 - 12.

第一队人马

来自东方威奈特[1]的年轻人平安地到来,说:"我的君主已经来到柴瑞特[2],奈姆提为此万分欣喜,同时他的长辈们也高兴地予以庆祝,也因他巍然耸立的石碑而喜悦。"

【注释】

〔1〕威奈特(Wenet),即上埃及第十五州的名称,又称为"野兔州"。

〔2〕柴瑞特(Tjeret),地名,位于巴勒斯坦地区。

第二队人马

来自东方威奈特祭司家族的一位,平安地到来,说:"托特神所钟爱之人,杰胡提赫特普,国王所钟爱之人,他的城市所钟爱之人,被所有女神所赞扬之人! 众神庙高兴地予以庆祝,见证了国王对你的赞美。"

第三队人马

一队威奈特将士平安抵达,已经被他们的主人训练过的新兵说:"因君主的恩泽而兴旺的继承人,我的主人! 我们到来,并让他的子孙与他一样兴旺。我们因国王(愿万寿无疆!)的恩泽而幸福安康。"

第四队人马

来自西方威奈特的年轻人平安地到来,说:"看见他们主人的石碑,西方高兴地予以庆祝,继承者成长于他们之中,当他还是孩子的时候,他的房子就是他父亲的房子。"作为君主的恩赐,他建造了他的石碑。威奈特高兴地予以庆祝,老年人恢复活力,年轻人朝气蓬勃,孩子们欢呼愉快,当他们看见他们的主人和他们主人的儿子之时,他们欣喜若狂。(运输)这尊雕像的首领(喊着号子)说[1]:"杰胡提赫特普,国王所钟爱之人!"他带来了来自他的辖区威奈特的最好的供台,用以安放尊敬的地方州长杰胡提赫特普这尊雕像。

【注释】

〔1〕按,运输雕像的人员有一百七十二名,他们被分成4组。一些人负责拿水向地上泼,以减少地面的阻力,另一些人拿着撬板拖拽雕像。

4. 对外交往活动

中王国时期,因红海商路的畅通,埃及与周边国家和地区的联系更加频繁。通过对外交往,埃及获取了大量的纯原料和劳动力,为社会经济的发展注入了活力。自埃及文明开启以来,因南部邻居努比亚生产纯原料,埃及从未放松对它的控制。中王国时期,埃及在努比亚建造了一系列军事防御工事,以保障努比亚商路的畅通,同时防止努比亚人的反叛。

4.1 索白克胡石碑铭文

索白克胡(Sebek-khu)石碑,又名胡索白克(Khusobek)石碑,是迄今为止

图32 索白克胡石碑及下半部分铭文手描图

最早记录法老进行亚洲战争的古代埃及文献。该文献写于中王国第十二王朝国王塞索斯特里斯三世统治时期,记载了一位生于阿蒙奈姆赫特二世统治第27 年的大臣索白克胡(又名杰阿阿[Djaa])的生涯。他曾征战亚洲和努比亚,因多次立功而受到法老奖赏。国王任命他掌管一座城市并在国王的护卫队中效力。最后他为自己在阿拜多斯修建了陵墓,并将他一生的功绩刻在墓碑上。

本译文原始文献来自埃及学家电子论坛之古埃及文献网[①],同时参照了布里斯特德的翻译[②]。

索白克胡石碑铭文(节选)

陛下向北进发,去镇压亚洲人。陛下到达了一个叫斯克迈克姆[1]的地方。陛下乘胜前进,在返回"生命、繁荣、健康"之宫殿时,斯克迈克姆早已陷落,卑鄙的瑞特努[2]也(遭遇了同样的命运),而此时我正走在后卫部队中。

然后,公民兵也加入进来[3],与亚洲人战斗。我在战斗中俘虏了一个亚洲人,并让两名公民兵缴获了他的武器,(因为)我没有离开战斗,我一直在面对敌人,我并没有将我的后背留给亚洲人。

塞索斯特里斯在世的时候,因为我的真诚,他把 1 根上等金子做成的手杖交到我手中,同时还有 1 张弓、1 把由上等金子做成的匕首以及他的武器[4]。

世袭贵族,大臣,双足坚定之人,让他正在为之开辟道路的偏爱他的人感到满意,两土地的主人赐予他众多财富,他(君主)的爱提升了他的职位,雄伟王宫的守卫司令,杰阿阿。

他说:"我已为自己修建好了这座豪华陵墓,它坐落于伟大的神,生命之主,阿拜多斯守护者的阶梯之上,位于'献祭之神'之角和'生命之女主人'之角[5]。(在这里我能)闻到从这里(?)散发出的熏香,好像神所散发

---

① www.Khusobek/Stela%20of%20Khusobek,%20named%20Djaa.htm.
② J. H. Breasted, *Ancient Records of Egypt*, Vol.I, Chicago, 1906, §§680-687.

的气味。"

王宫主管杰阿阿,他说:"我生于上、下埃及之王,公正的奈布卡乌拉[6]统治的第27年。"

上、下埃及之王,公正的哈卡拉[7],头戴双王冠[8]出现在人世间的荷鲁斯宝座上。陛下让我成为一名武士,与殿中其他六人一样,护卫在陛下前后左右。

当我在他身边时,陛下任命我为"统治者的扈从"。当陛下向南征讨敌人库什时,我统领六十人(跟随他)。随后,我在我的城市附近的(?)俘获了一名黑人。而后,我又与王宫中的六人向北进发。之后,他(国王)又任命我为随从们的指挥官,作为奖赏,他让我统领一百人。

【注释】

〔1〕斯克迈克姆(Skemekem),地名,位于古代叙利亚地区,具体位置不详。

〔2〕瑞特努(Retenu),古代埃及语对巴勒斯坦地区的称呼。

〔3〕按,古王国和中王国时期,埃及的常备军规模较小,而且多用于边疆防卫、保护商队和守卫采矿场。因此,对外战事发生时,中央政府往往临时征募平民参战,他们多由地方贵族或官员带领。这里提到的两个公民兵应该是由索白克胡带领的。

〔4〕按,这里的"他"是指上文提到的被俘虏的亚洲人。

〔5〕"献祭之神"之角和"生命之女主人"之角,地名,位于阿拜多斯(Abydos)城附近的沙漠边缘中两处隆起的地方。

〔6〕奈布卡乌拉,即第十二王朝国王阿蒙奈姆赫特二世。

〔7〕哈卡拉(Khakare),即第十二王朝国王塞索斯特里斯三世。

〔8〕头戴双王冠,其中"双王冠"分别代表上、下埃及的红冠和白冠,"头戴双王冠"表明国王是整个埃及的统治者。

4.2　塞索斯特里斯三世的塞姆纳石碑铭文

塞索斯特里斯三世是古代埃及第十二王朝的第五位法老。他在位期间在努比亚建立了4个军事防御工事,以此对该地进行有效的管理,塞姆纳(Semna)便是其中最为著名的一个。塞姆纳石碑是界碑,有两块,立碑时间分别是塞索斯特里斯三世统治的第8年和第16年,它们是研究埃及第十二王朝时期对努比

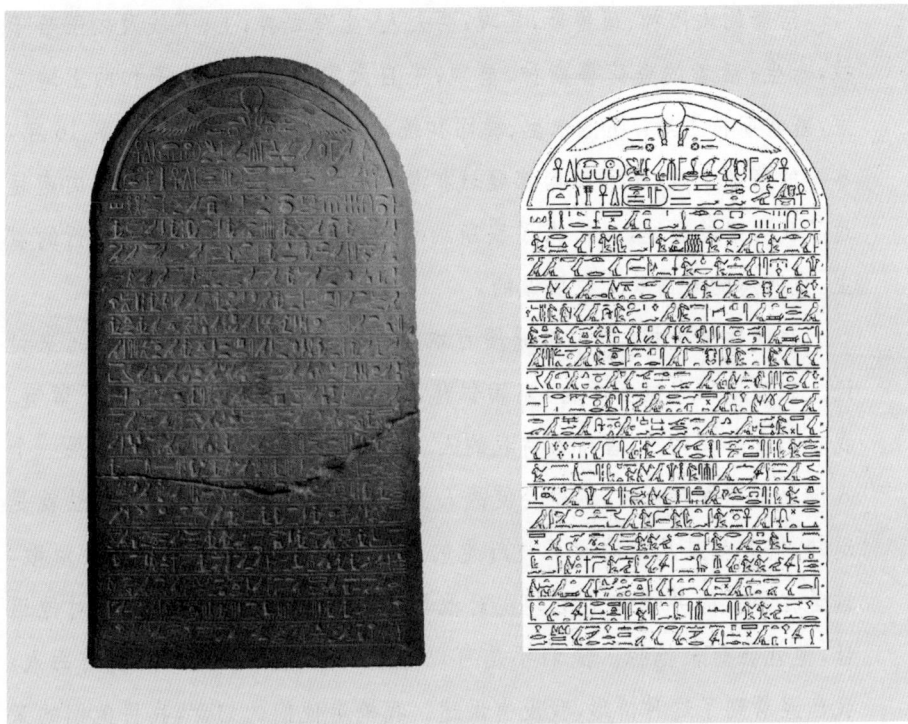

图 33　塞姆纳石碑及其铭文手描图

亚统治的重要史料。

本译文原始文献来自古代埃及文献译注网站[1]，同时参照了布里斯特德的翻译[2]。

塞姆纳石碑铭文

西方。南部疆界定于上、下埃及之王哈卡拉[1]统治的第 8 年，愿他永生。为了禁止一切努比亚人带着他们的牲畜越过疆界向北前行——无论是通过陆路还是乘坐船只，这些努比亚人被允许在伊肯[2]进行贸易，他们将受到善待。同时禁止努比亚人的船只越过塞姆纳疆界[3]向北航行，直到永远。

---

① http://www.reshafim.org.il/ad/Egypt/texts.

② J. H. Breasted, *Ancient Records of Egypt*, Vol. I, Chicago, 1906, §§ 652-656.

活着的太阳神、荷鲁斯，显现；两夫人，生育之神；上、下埃及之王哈卡拉，永生；活着的金荷鲁斯神，显现；来自太阳神身体的儿子和两土地之主，塞索斯特里斯：愿他永生、稳固和统治权力永久。（统治的）第16年，冬季的第3个月，陛下将南部疆域扩展到塞姆纳。我使我的疆域向南超过了我父亲的疆域，我扩大了我所继承的疆域。我是一个言出必行的君主，我所想的事情就是我要做的。

我凶猛地抢掠，动作迅速便可取得胜利，我从未花整夜的时间来讨论。我为地位卑微者考虑，充满仁慈，但是我对攻击我的敌人毫不留情。我攻击攻击我的人，善待善待我的人。我从容应对发生的事情，如果一个人被攻击却保持沉默，那就会使敌人更加猖狂。强大就是勇猛，胆怯就是退却，懦夫就是从他的疆界被赶走的人。一声大吼，努比亚人就会溃败，这是在警告他并迫使他退却。对他勇猛无畏，他就会转身离去，对他退让，他就会前来抢掠。他们不是可以尊敬的人，他们是卑微、怯懦的人。我已经看到了这种情形，我没有误述。我抢走他们的妇女，我将他们的亲人带出家门，我赶走他们的牛群，收割他们的庄稼，并在那里纵起大火。正如我的父亲仍然活着，我所说的都是事实，出自我嘴的话没有一句是虚夸的。

现在，我的每个儿子，如果他将来守住我所开创的这片疆土，那么，他就是为我所生下的。儿子（对父亲的）模仿就是对父亲的护卫，他守住生育他的人的疆土。现在，如果他不为之奋斗，他就不是为我生下的我的儿子。现在，我使我的一座雕像立于我所创造的这片疆土，你们因它而繁荣，你们为它而奋斗。

【注释】

〔1〕哈卡拉，塞索斯特里斯三世的第四王衔。

〔2〕伊肯(Iken)，古代埃及第十二王朝时期建在努比亚的军事要塞，位于塞姆纳北部。

〔3〕塞姆纳疆界，即古代埃及第十二王朝在努比亚第二瀑布附近建立的军事防御工事，是埃及的南部疆域。

5. 国家的分裂与希克索斯王朝的统治

中王国末期，埃及国家走向分裂，并最终被希克索斯王朝所取代。希克索斯王朝，也称第十五王朝，在埃及年代学上，第十五王朝和第十七王朝被称为第二中间期，其时间断限约为公元前 1650—前 1550 年。希克索斯人征服埃及以后，第十三王朝仍然存于底比斯，这个王朝被顺延成第十七王朝。希克索斯王朝统治末期，底比斯王朝开始了驱逐希克索斯王朝的战争，并最终将希克索斯人成功驱逐出埃及。

5.1　科普托斯敕令

科普托斯（Coptos）敕令揭示了第十三王朝时期，至少是在这一敕令的颁布者因特夫统治时期，埃及国家分裂，政权林立。从第十二王朝灭亡到第十八王朝建立，即第二中间期时期，埃及国家始终处于内乱之中，并因希克索斯人的入侵而使国家更加动荡。

图 34　科普托斯敕令手描图

本译文原始文献来自皮特里的版本①,译文则参照了布里斯特德的翻译②。

日　期

第 3 年,第 2 季的第 3 个月,第 25 天,在上、下埃及之王,努布赫普如瑞;太阳神之子,因特夫的统治之下,他的生命像拉神那么长久。

敕令的标题

国王敕令如下:

王室印玺佩戴者,科普托斯长官,米奈姆海特;国王之子,科普托斯指挥官,克奈;王室印玺佩戴者,敏神祭司,神庙书吏,奈菲尔霍特普尔;科普托斯整个军队以及神庙的所有世俗祭司。

发现罪行

注意,带给你这个敕令是为了让你知道:陛下(愿他长寿、繁荣和健康)派遣阿蒙神神圣的财政书吏,希阿蒙和[⋯⋯]阿蒙努塞瑞前往敏神神庙视察。我的父亲敏神(Min)神庙的下级祭司向陛下(愿他长寿、繁荣和健康)汇报道:"神庙发生了一桩罪行,我们发现反叛者敏霍特普之子,泰提,在诅咒他的名字。"

惩治犯罪嫌疑人

按照之前对与神的敌人(?)[1]作对的人的惩治办法,将他逐出我的父亲敏神神庙;免去他、他的儿子,以及他的后代在神庙中的职位[2],[⋯⋯]在世上;剥夺他的面包,他的食物以及他的肉类[3]。他的名字将不再出现于这座神庙的记录上。他将被从敏神神庙库房以及每一本账目[4]中除名。

---

① W. M. F. Petrie, *Koptos*, Vol. VIII, London: Rarebooksclub.com, 2012.

② J. H. Breasted, *Ancient Records of Egypt*, Vol. I, Chicago: The University of Chicago Press, 1906, §§773 - 780.

没有一个王朝的国王对他仁慈

至于任何对他仁慈的国王或者任何统治者,他将无法接受白王冠,他将无法佩戴红王冠,他将无法坐在活着的荷鲁斯的宝座上[5],两位保护女神[6]将不把他作为她们的所爱,而对他不予理睬。至于任何军事将领任何官员,如果他向国王(愿他长寿、繁荣和健康)请求豁免他,他的仆人、他的财产、他的土地,都将被我的父亲、科普托斯之主敏神剥夺。

犯罪嫌疑人的官职被授予米奈姆哈特

他的亲属,他父亲和他母亲的家庭成员,都将被剥夺他的官职的继承权,他的职位将被授予王室印玺的携带者和王室财产总管,米奈姆哈特。他的面包,他的食物和他的肉类也将随之给与他。他、他的儿子以及他的后代都将被登记在我的父亲、科普托斯之主敏神神庙中。

【注释】

〔1〕按,原文如此,但意思正好是相反的。根据全文的记述,这里的"敌人"应该删除。

〔2〕按,他的官职是世袭的。

〔3〕按,这些食物是他的官职薪酬。

〔4〕按,这些账目应该是他的纳税记录。

〔5〕按,这句话的含义是,任何对反叛者仁慈的国王都将王位不稳而被他推翻。

〔6〕两位保护女神,即古代埃及的两位王权保护女神,蛇女神和秃鹫女神。

5.2　阿坡菲斯和塞克奈拉的争斗

关于阿坡菲斯(Apophis)和塞克奈拉(Seknenre)争斗的这篇文献记录了希克索斯王朝统治后期,一个埃及人的政权兴起于底比斯,即埃及的第十七王朝,并由此开始了驱逐希克索斯王朝的战争。

本译文所用原始文献来自伽丁内尔的《新埃及语故事》。①

---

① A. H. Gardiner, *Late-Egyptian Stories*, Bruxelles, 1981, pp.85 – 88.

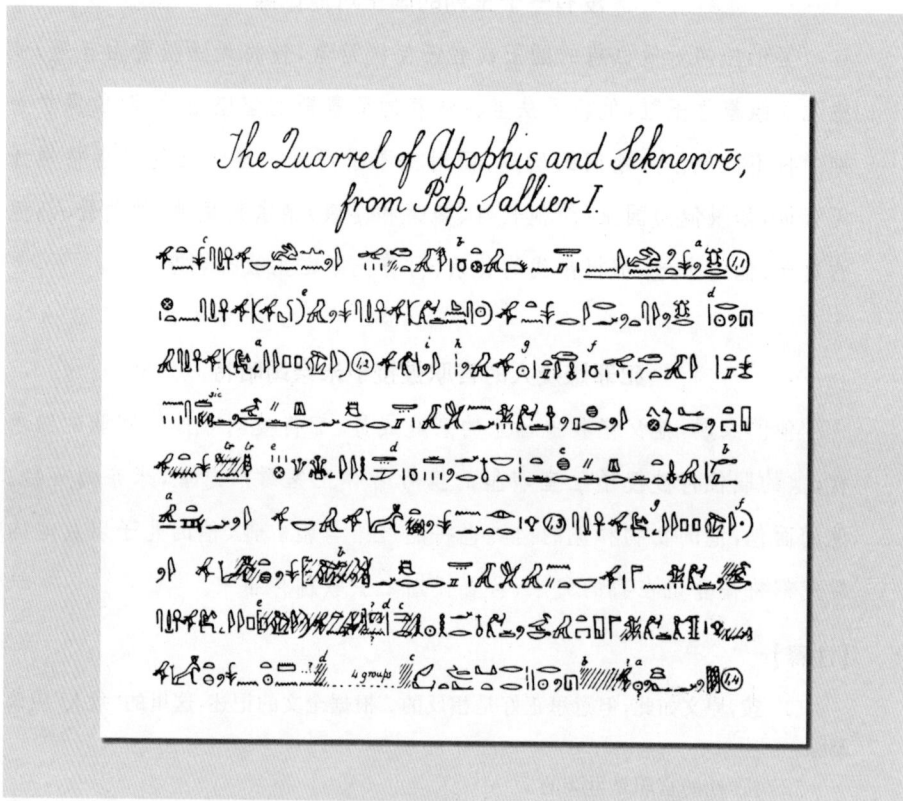

The Quarrel of Apophis and Seknenrēs,
from Pap. Sallier I.

图 35　阿坡菲斯和塞克奈拉的争斗（部分）手描图

阿坡菲斯和塞克奈拉的争斗

痛苦悲伤的气氛笼罩着整个埃及，因为这一时期没有正式的君主。这时，国王塞克奈拉（愿他长寿、繁荣和健康）成为南部城市[1]的统治者。于是，痛苦悲伤仅仅在亚洲人的城市[2]中蔓延了，而（亚洲人的）统治者阿坡菲斯（愿他长寿、繁荣和健康）就在阿瓦利斯，整个埃及都要向他缴纳贡赋，要把埃及人的所有税收和所有品质上乘的产品献给他。

　　［国王］阿坡菲斯（愿他长寿、繁荣和健康）把塞特[3]作为国家的主神，同时拒绝接受整个国家其他神的崇拜。在王宫（愿他长寿、繁荣和健康）附近的工匠村他建造了一座雄伟的神庙，每天［黎明时分］他都出现在

[……]向塞特神献祭,[王宫](愿他长寿、繁荣和健康)中的官员们手持花环(伴随左右)。在[……]帕拉赫拉赫提神庙,献祭仪式被严格地执行着。

现在至于国王阿[坡菲斯](愿他长寿、繁荣和健康),他希望给国王塞克奈拉(愿他长寿、繁荣和健康),南方的统治者,传递一个信息。许多天以后,国王[阿坡菲斯(愿他长寿、繁荣和健康)]把[王宫]中的[高级官员]召集起来,[并命令他们中的一个信使向南方城市的统治者]传递[……关于河流的不满],[为此他无法让自己平静下来]。[于是他的]书吏和贤人[……]以及高级官员们[说道:"噢,]我的君主(愿他长寿、繁荣和健康)[我们的主人,请命令把位于城市[4]东部湖水中的河马牵走,因为他们使我无论是在白天还是在夜晚都无法入睡,他们的叫声灌满了我们的耳朵。"国王阿坡菲斯回答他们说:"我应该向南部城市的统治者传递一个信息[……]命令[……]我们可以推断出作为他的保护者的神的力量。除了众神之王,阿蒙-拉神,他不依赖于这个国家的任何一位神。"

许多天又过去了,国王阿坡菲斯(愿他长寿、繁荣和健康)派人前去拜会南部城市的统治者,并转达了他的书吏和智者的抱怨。当国王阿坡菲斯(愿他长寿、繁荣和健康)的信使到达南部城市时,他被带到了南部城市的统治者的面前。塞克奈拉对阿坡菲斯(愿他长寿、繁荣和健康)的信使说道:"为何你被派往南部城市? 你来到这里所为何?"接着信使回答道:"正是阿坡菲斯(愿他长寿、繁荣和健康)派我[……]拜会你,并向你表达这样的信息:'让人把位于城东湖水里的河马牵走,因为它们无法让我在白天甚至夜晚入睡,因为它们的叫声充满[……]他的耳朵。'"南方城市的统治者惊呆了许久,以至于他无法回答阿坡菲斯(愿他长寿、繁荣和健康)信使的问题。(最后)南方统治者对他说:"就这件事情来讲,你的主人(愿他长寿、繁荣和健康)对[南部城市东部湖水中的河马]进行调查了吗?"接着信使回答道:"他派我来就是为了贯彻执行这件事的。"于是南部城市统治者用上好的食物盛情款待了阿坡菲斯(愿他长寿、繁荣和健康)的信使:肉、点心、[……南方统治者对他说道:"回去后请(把我的话转告给)]你的

[主人],'无论你[5]要求他[6]什么,他都会照办的。'你就这样告诉他。"
[……]然后,阿坡菲斯(愿他长寿、繁荣和健康)的信使火速返回。

　　南方城市统治者召集他的高级官员们以及他的每一位有军衔的士兵,他向他们讲述了关于阿坡菲斯(愿他长寿、繁荣和健康)派信使来的事情。他们全部沉默了好久,无论是好话还是坏话,他们都只字未说。然后,阿坡菲斯(愿他长寿、繁荣和健康)派遣[……]

【注释】

〔1〕南部城市,指底比斯城。
〔2〕亚洲人的城市,指希克索斯人的首都阿瓦利斯,位于三角洲东部。
〔3〕塞特,古代埃及宗教中的暴雨神和外国人的守护神,三角洲地区是其崇拜中心。
〔4〕城市,即底比斯。
〔5〕"你",指阿坡菲斯。
〔6〕"他",指塞克奈拉。

第三章

文明的繁荣与交流
（前 1550—前 1200 年）

一、两河文明的繁荣

1. 赫梯帝国的扩张

古赫梯王国是古代近东史上重要的参与者,在本书第二章中曾挑选亚述商人在安纳托利亚进行商贸活动时所留下的文献,以便从一个侧面反映古赫梯王国的历史。赫梯帝国的出现,开启了安纳托利亚加入古代两河流域国际关系体系的新阶段。直到大约公元前 1200 年,随着两河流域青铜时代的落幕以及整个地区原有政治体系的瓦解,赫梯帝国首都哈图沙(Hattusa)也遭到严重破坏,之后再没有赫梯王室文献留存于世,赫梯帝国不复存在。在古代近东世界,或许正因为赫梯帝国地处安纳托利亚,并与两河流域文明以外的地区文明有更多的接触,而导致赫梯帝国最后的衰亡极为迅速和彻底。

赫梯帝国的开创者是苏庇路里乌玛(Suppiluliuma)一世,他的卓越战功极大地开拓了赫梯帝国的疆域。赫梯首都哈图沙位于安纳托利亚中部,其军事扩张主要集中在安纳托利亚南部以及叙利亚北部地区,因而赫梯在此地区的竞争者自然是埃及和米坦尼。直至苏庇路里乌玛一世去世的时候,赫梯已经稳固地掌握了对叙利亚北部地区的控制。他的儿子穆尔西里(Mursili)二世也是一位出色的军事领导者。叙利亚地区一直是赫梯军事行动的重点,导致帝国北部的边疆地区缺乏军事控制。赫梯王的编年史中记载了穆尔西里二世平息北部卡斯卡侵扰的功绩。

1.1　赫梯-米坦尼条约

此处节选的是一份赫梯与米坦尼缔交的外交合约，以赫梯王苏庇路里乌玛一世的口吻写成。另有一份与之对应的外交合约，就以米坦尼国王沙提瓦萨(Shattiwaza)的口吻写成。两份条约的语言风格和内容都遵循一定规范。其中，以赫梯王口吻写成的合约，其结构安排更完备。条约开头用较长篇幅回顾历史事件，为的是彰显赫梯王曾取得的功绩。公元前14世纪中期，赫梯不断向北叙利亚扩张。在这一过程中，苏庇路里乌玛一世战胜米坦尼王图什拉塔(Tushratta)，吞并米坦尼王国，将原本附属于米坦尼王国西部的一些小国变成赫梯帝国的附属国。表面上看，这虽然是一份赫梯与米坦尼之间签订的条约，但实际上是赫梯帝国扩张，并将米坦尼变成傀儡政权的文件。

在这份合约的记述中，米坦尼王图什拉塔被诋毁为傲慢之人，赫梯王扶植阿尔塔塔玛(Artatama)二世及他的儿子舒塔尔那(Shuttarna)三世，让他们接

图36　赫梯帝国疆域图(约前1350—前1300年)

替图什拉塔做米坦尼的王。参考另一份对应合约对这段历史的描述,阿尔塔塔玛二世和他的儿子舒塔尔那三世并没有回报赫梯王的提携,反而选择与亚述交好,背叛了赫梯。另一方面,图什拉塔在宫廷政变中被谋杀,他的儿子沙提瓦萨(Shattiwaza)侥幸逃脱,并寻求赫梯王的支持。赫梯王于是扶植沙提瓦萨成为新的米坦尼王,并立下条约。[①]

赫梯-米坦尼条约(节选)

陛下我,苏庇路里乌玛大帝,英雄赫梯王,风暴神的所爱,与阿尔塔塔玛(Artatama)[1],胡里特人王国的国王曾彼此立约。彼时,米坦尼王国的国王图什拉塔(Tushratta)引起大帝,英雄赫梯王的注意。

我,大帝,英雄赫梯王,注意到米坦尼王图什拉塔:我夺取幼发拉底河西岸的土地,我占领黎巴嫩山。再一次,图什拉塔王放肆地对我说:"你为何夺取幼发拉底河西岸的土地?"图什拉塔王这样说道:"若你夺取幼发拉底河西岸的土地,我也要夺取幼发拉底河西岸的土地。"图什拉塔王欲将霸占此地,(他说):"若你夺取此地,我又如何能(夺取)?若我王国内的一只羔羊或一个孩童[……],我必将从幼发拉底河东岸横跨而来。"

我,大帝,英雄赫梯王,在他面前保持着我的尊严。在父辈赫梯王的时代,伊苏瓦(Isuwa)[2]王国举兵反叛,赫梯军队就踏入伊苏瓦王国。在我父亲的时代,基尔塔利萨(Kirtalissa)城的军队,阿拉瓦纳(Arawanna)城的军队,扎兹阿(Zazia)王国,卡拉斯马(Kalasma)王国,提马纳(Timana)王国,哈利瓦(Haliwa)山,卡尔纳(Karna)山,图尔米塔(Turmitta)城,阿尔哈(Alha)王国,胡尔马(Hurma)王国,哈拉纳(Harana)山,特加尔马(Tegarama)[3]一半的王国,特普尔兹亚(Tepurziya)城的军队,哈兹卡(Hazka)城的军队,阿尔马塔纳(Armatana)城的军队皆举兵反叛。然而,

---

① Gary M. Beckman and Harry A Hoffner, *Hittite Diplomatic Texts*, Writings from the Ancient World Vol.7, Atlanta: Scholars Press, 1996, pp.42-44. James B. Pritchard, *Ancient near Eastern Texts Relating to the Old Testament with Supplement*, Princeton: Princeton University Press, 1969, pp.318.李政,《赫梯条约研究》(北京:昆仑出版社,2006),第55—56、302—307页。

我的陛下，苏庇路里乌玛大帝，英雄赫梯王，风暴神的所爱，击败了他们。如今，那些曾逃离我手的军队进入伊苏瓦王国，所有这些在我父亲时代举兵反叛的军队和王国都去往伊苏瓦王国，与敌人住在一起。

而我，陛下我，苏庇路里乌玛大帝，英雄赫梯王，风暴神的所爱，启程迎击大胆放肆的图什拉塔王。我跨越幼发拉底河，进入伊苏瓦王国。再一次，我征服伊苏瓦王国！第二次！我将他们变成我的臣民。在我父亲的时代进入伊苏瓦王国的军队与王国：基尔塔利萨城，阿拉瓦纳城的军队，扎兹阿王国，卡拉斯马王国，提马纳王国，哈利瓦山，卡尔纳山，图尔米塔城的军队，阿尔哈王国，胡尔马王国，哈拉纳山，特加尔马一半的王国，特普尔兹亚城的军队，哈兹卡城的军队，阿尔马塔纳城的军队——这些军队与王国，我征服了他们并返回赫梯。我释放了那些我俘虏的国王，他们住回自己的地方。所有我释放的人重回他们的人民中间，赫梯合并了他们的领土。

而我，陛下我，苏庇路里乌玛大帝，英雄赫梯王，风暴神的所爱，到达阿尔什（Alshi）王国[4]和库特马尔（Kutmar）地区，我征服了他们。我将阿尔什王国作为礼物送给安塔拉特利（Antaratli）。我进入舒塔（Shuta）并夺取舒塔地区。我到达瓦舒卡尼（Washukanni）城[5]四处搜查。我将舒塔地区的牛、羊和马带回赫梯，还有俘虏和其他财物。但是图什拉塔王逃走了。他没有与我正面对战。

我又跨过幼发拉底河，征服了阿勒颇王国和穆基什王国。塔库瓦（Takuwa），尼亚（Niya）王来到我面前，在穆基什王国向我请求和平。但是在塔库瓦身后，他的兄弟阿基特舒普（Akiteshup）带领尼亚王国和尼亚城举兵反叛。阿基特舒普联合骑兵步兵……与阿拉哈提（Arahati）王阿基亚（Akiya）结盟。他们占领阿拉哈提城，宣称开战，（他们）心里想："我们要与赫梯大帝一战！"我，赫梯大帝，征服了阿拉哈提城。我俘虏了阿拉哈提王阿基亚，还有阿基特舒普，塔库瓦的兄弟，以及他们所有的骑兵，包括他们的财物，我全部带回赫梯。我还将卡特纳（Qatna）城及其财物带回赫梯。

当我去往努哈舍（Nuhashe）王国时，我占领其整个国土。唯独其王沙鲁皮什(Sharrupshi)逃脱[6]，不过我俘虏了他的母亲、他的兄弟和他的孩子，我将他们带到赫梯。我指派塔基坡沙利(Takipsharri)，沙鲁皮什的大臣，统治乌库尔扎特(Ukulzat)城。我去往阿皮纳(Apina)王国，并未攻击金扎(Kinza)王国。但是，其王舒塔塔拉(Shutatarra)以及他的儿子埃塔卡马(Aitakama)，还有他的骑兵前来与我对战。我驱赶他们，他们躲进阿布祖亚(Abzuya)城。我在阿布祖亚城内搜寻，俘获舒塔塔拉和他的孩子、他的骑兵、他的兄弟和他的财物，我一并带到赫梯。我去往阿皮纳王国，阿里瓦纳(Ariwana)，阿皮纳的王，他的贵族成员瓦姆巴杜拉(Wambadura)、阿克帕鲁(Akparu)和阿尔塔亚(Artaya)前来与我对战。我将这些人、他们的王国以及财富全部带回赫梯。由于图什拉塔王大胆放肆，一年之内我夺取了所有这些王国，并把他们带回赫梯。从黎巴嫩山到幼发拉底河最远的河岸都是我的疆域。

他的儿子与大臣谋划，杀掉了他的父亲，图什拉塔王。面对图什拉塔王的死，风暴神决定裁决阿尔塔塔玛，他的儿子将死去的阿尔塔塔玛救回。整个米坦尼王国毁灭，亚述王国和阿尔什王国将其瓜分。如今，我，英雄大帝赫梯王，仍未跨过幼发拉底河东岸，仍未触碰米坦尼王国的一草一木。

当我，赫梯大帝，听说米坦尼王国的困境，我，赫梯王，就让宫廷官员为他们带去牛羊和马匹。但是胡里特人和舒塔塔拉[7]却糊里糊涂，带着骑兵想要杀死沙提瓦萨[8]王子。不过，他成功逃脱并来到陛下我面前。苏庇路里乌玛，英雄赫梯王，风暴神的所爱，我，大帝，如此说："风暴神已依法判决他。我要亲手安排沙提瓦萨，图什拉塔王的儿子，我将让他坐在他父亲的王座上，这样米坦尼王国，伟大的王国便不至于毁灭。我，赫梯大帝，因我女儿的缘故，要让米坦尼王国重新生机勃勃。我亲手安排沙提瓦萨，图什拉塔王的儿子，我要将我的女儿嫁给他。"

沙提瓦萨王子将成为米坦尼王国的国王，赫梯王的女儿将成为米坦尼王国的王后。沙提瓦萨，你可以纳妾，但是其他女子不能高过我的女儿。你不可允许其他女子与她平起平坐，没有任何其他女子能够与她平起平坐。你不可将我的女儿降至次级。在米坦尼王国,她享有王后的权力。沙提瓦萨的儿子以及我女儿的儿子,也就是他们的儿子和孙子,在米坦尼王国享有同等权力。从今往后,米坦尼人决不可谋划反叛沙提瓦萨王子和王后,我的女儿,不可反叛他们的儿子或他们的孙子。从今往后,沙提瓦萨王子是我儿子的兄弟和同辈,沙提瓦萨王子的儿子和他的子孙后代将是我子孙后代的兄弟和同辈。

　　从今往后,赫梯与米坦尼不可互相敌对。赫梯不可对米坦尼恶意相向,米坦尼不可向赫梯恶意相向。当赫梯王投入战事,米坦尼王国的国王也要攻击赫梯的敌人。米坦尼王国的敌人就是赫梯的敌人,赫梯王的朋友就是米坦尼王国的朋友。[⋯⋯]

【注释】

　　〔1〕阿尔塔塔玛,即米坦尼国王阿尔塔塔玛二世,是图什拉塔的儿子,一度得到赫梯王的扶植。

　　〔2〕伊苏瓦,地处赫梯王国东部。

　　〔3〕特加尔马,或许是《希伯来圣经》中提到的陀迦玛族,可参考《以西结书》27:14。

　　〔4〕阿尔什王国,地处幼发拉底河上游的王国。

　　〔5〕瓦舒卡尼城,米坦尼王国的首都。

　　〔6〕按,苏庇路里乌玛与沙鲁皮什的孙子——努哈舍国王泰特(Tette)也曾缔结条约,其中描述到在沙鲁皮什统治期间,米坦尼王国入侵努哈舍王国,沙鲁皮什请求赫梯王支援。

　　〔7〕按,与此对应的那份米坦尼口吻写成的合约,此处为舒塔尔那(Shuttarna),是阿尔塔塔玛二世的儿子。

　　〔8〕按,由于首个楔形字符有三种读法,沙提瓦萨的名字有时也被写作库提瓦萨(Kurtiwaza)或者马提瓦萨(Mattiwaza)。

1.2　穆尔西里二世年鉴

穆尔西里二世坐上赫梯王的位置十分突然。他的父亲苏庇路里乌玛一世和他的兄长阿尔努万达二世(Arnuwanda Ⅱ)短期内遭受瘟疫相继去世,留给穆尔西里二世的是赫梯帝国的广袤疆域。此处节选的是对穆尔西里二世继位头10年统治情况的记载,现代学者将其称为《十年志》(*Ten Year Annals*),其中

图37 穆尔西里二世年鉴(KBO3.4正面第一栏)手描图

大部分内容是赫梯王的军事功绩。就史料角度而言,该文献代表的是赫梯帝国官方的历史书写传统。

　　从结构上看,除了按年份记载的主体部分之外,该文献还包括序言和结语,这两个部分在内容上相互呼应。从叙述线索上看,年少的穆尔西里登上王位,在他之前的两位赫梯王英勇善战却又在短时间内相继去世,致使赫梯周边地区的小国趁机纷纷起义,试图摆脱这位年轻的缺乏经验的新王。不过,穆尔西里二世在这 10 年间成功地征服了这些反叛势力,这份历史记载的写作目的就是回应这 10 年来赫梯所面临的主要军事问题,也是为了彰显赫梯王穆尔西里二世的英勇善战。①

穆尔西里二世年鉴(节选)

　　(第 1 年)

　　来自杜尔米塔(Durmitta)王国的卡什卡开始与我敌对,并且前来开战。接着,另外的卡什卡也一并前来[1]。他们开始攻击杜尔米塔王国。陛下我与他们应战。我袭击卡什卡王国的主要地区——哈利拉(Halila)和杜度什卡(Duddushka)。我掳掠他们,包括他们的俘虏、牛羊,将这些带回到哈图沙。至于哈利拉和杜度什卡两城,我将它们焚毁。

　　当卡什卡听说了哈利拉和杜度什卡的毁灭,全部卡什卡王国前来增援,与我开战。陛下我与他们战斗。我的女主人,太阳女神阿琳娜(Arinna),我主,强大的风暴神,美祖拉(Mezzulla)以及所有众神都为我打头阵[2]。我击败了卡什卡的增援部队,杀掉他们。来自杜尔米塔王国的卡什卡再次臣服,他们开始向我输送军队。

　　接下来,陛下我返程。由于伊舒皮塔(Ishupitta)王国的卡什卡开始与我敌对并拒绝向我输送军队,陛下我便去往伊舒皮塔王国。我袭击了

① Richard H. Beal,"The Ten Year Annals of Great King Muršili II of Ḫatti (2.16)," in William W. Hallo and K. Lawson Younger eds. *The Context of Scripture Vol. II: Monumental Inscriptions from the Biblical World*, Leiden, New York: Brill, 2000, pp.82-90.

[……]城镇,我掳掠他们,包括他们的俘虏、牛羊,将这些带回到哈图沙,同时我焚毁该城镇。我重新征服伊舒皮塔王国的卡什卡。他们开始向我输送军队。一年之内我完成了这些事。

(第 6 年)

下一年,我去往兹姆利亚(Zimurriya)王国。卡什卡曾在我祖父统治时期以武力占领了塔里卡里姆(Tarikarimu)山,从而威胁哈图沙(领地)的安全:他们前来攻击哈图沙的(领地),带来严重的损失。陛下我,前去攻打占领塔里卡里姆山的卡什卡。我的女主人,太阳女神阿琳娜,我主,强大的风暴神,美祖拉以及所有众神都为我打头阵。我击败了塔里卡里姆山的卡什卡,我摧毁了他们,我使塔里卡里姆山成为废墟,将整个兹姆利亚地区放火烧毁。最后,我返回哈图沙,一年之内我完成了这些事。

(第 7 年)

下一年,我去往提皮亚(Tipiya)王国。当我父亲还在米坦尼的时候,提皮亚人皮诨尼亚(Pihuniya)整装待发,多次入侵王国北部,他远行至扎兹沙(Zazisha),掳掠王国北部,将战利品送到卡什卡王国。他又占领整个伊什提提纳(Ishtitina)王国,将其变成他的牧场。此外,皮诨尼亚并未以卡什卡的方式进行统治,卡什卡人原并不是单单由一人掌权,但是突然间皮诨尼亚开始像一位国王那样进行统治。陛下我,走向他。我派信使带信给他,写道:"你掳走的送到卡什卡的那些属于我的臣民,你要送还给我!"但是皮诨尼亚却如此回答:"我不会还给你任何东西!若你要向我宣战,我不会在我的领地和草原上迎战。我要朝你进军,在你的疆域与你对战,在你的疆域内备战!"皮诨尼亚如此写信回复我,他也没有送回我的臣民,于是我朝他进军,攻打他的领地。我的女主人,太阳女神阿琳娜,我主,强大的风暴神,美祖拉以及所有众神都为我打头阵。我征服了整个提皮亚王国,还放火烧毁了它。我俘虏了皮诨尼亚,将他掳到哈图沙。我从提皮亚返回,由于皮诨尼亚曾经占领伊什提提纳,我重建此地,再一次使之成为哈图沙的领土。

【注释】

〔1〕按,与卡什卡人的战役占据了穆尔西里二世绝大多数的时间。卡什卡人的组织形式似乎缺乏集中的权力机构,这一方面使得战胜他们并不是一件难事,但另一方面却使得穆尔西里二世在得胜以后,很难将他们纳入赫梯帝国的附属国系统。

〔2〕按,穆尔西里二世将战功归于众神的帮助,这一句表述多次出现。

2. 中亚述王国的社会生活

亚述王国的政权可以追溯到先前的古亚述时期,尽管米坦尼王国的兴起曾一度对亚述的王权有所挑战,但随着赫梯征服了米坦尼(参见文献:《赫梯-米坦尼条约》,本书第 170—174 页),亚述逐渐从一个以亚述城为中心的小国发展成具有一定疆域的地区国家。古亚述是两河流域南部与边缘山区的商业纽带,与此不同,中亚述王国凭借其农业人口的财富积累以及商业网络上的优势发展出属于他们自己的帝国野心。到公元前 14 世纪中期,安纳托利亚主要是赫梯帝国的疆域,埃及人控制了地中海沿岸地区,两河流域北部的政治军事大权由亚述人掌控,南部则是加喜特人治下的巴比伦尼亚。中亚述成为这一时期两河流域国际政治体系下重要的参与者。与赫梯王苏庇路里乌玛一世同时代的亚述乌巴里特一世(Assur-uballit Ⅰ),成为带领中亚述王国逐步崛起的关键性人物。

2.1 中亚述法典

如同古巴比伦时期的《汉谟拉比法典》,中亚述时期的法律文献也可以帮助我们一窥中亚述王国的社会图景。但是,与《汉谟拉比法典》不同的是,中亚述法典并非刻于石碑之上,而且内容上缺少序言和结语,不属于王室法令,文献明显不具备彰显王室正义、宣扬亚述王丰功伟绩的性质。因此,有可能的是,中亚述时期的书吏试图模仿《汉谟拉比法典》,打造出一套亚述法典,不过他们显然并没有采纳古巴比伦时期的王权观念，因此中亚述时期的这些法律文献并没有包含对王权的宣传，而主要是民法。

此处节选的部分法条与女性行为有关。整体而言，中亚述社会具有典型的父权制结构，女性地位明显屈从于男性——首先是父亲，其次是丈夫，男性具有绝对权威。所选文献出土于亚述尔城，主要是公元前 11 世纪提格拉特帕拉沙尔（Tiglath-pileser）一世时期留下的抄本，原文写作于公元前 14 世纪。[①]

图 38　岩石浮雕局部
提格拉特帕拉沙尔一世，现藏大英博物馆

中亚述法典：泥板 A（节选）

（第 1 条）

若有一女子，是某人之妻或某人之女，进入神庙并从神庙圣所偷窃任何东西，要么从她的财物中被人发现，要么有人发现且能够证实她的罪状，应当请神明进行审判，求问神明，按照神明的指示去处置她。

（第 2 条）

若有一女子，某人之妻或某人之女，言语粗鄙或是口无遮拦、亵渎神明，这女子要因她的冒犯独自承担罪责。而不应谴责她的丈夫、她的儿子或她的女儿。

（第 3 条）

若有一男子，得病或者死亡，他的妻子从他家里偷窃任何物品给任何其他

---

① Martha Tobi Roth, Harry A Hoffner, and Piotr Michalowski, *Law Collections from Mesopotamia and Asia Minor*, Altanta: Scholars Press, 1997, pp.153 - 194; James B. Pritchard, *Ancient Near Eastern Texts Relating to the Old Testament with Supplement*, Princeton: Princeton University Press, 1969, pp.180 - 182.

人，无论男女，这男子之妻应被处死，同样，接受偷窃之物的人也应被处死。若有一人之妻，丈夫身体健康，她从丈夫家里偷窃物品给任何其他人，无论男女，该男子应控告他妻子并加以惩处。从该男子之妻处接受偷窃之物的人应归还偷盗之物，也应对接受者加以惩处，等同该男子对其妻子的惩处。

（第 4 条）

若有一名男奴或一名女奴接受某人之妻的任何物品，该名男奴或女奴的鼻子和耳朵应当全部割去。偷窃之物应当归还，该男子应割掉他妻子的耳朵。但是如果他赦免他的妻子，没有割掉她的耳朵，那么男奴或女奴（的鼻子和耳朵）也不应受割，他们也不必归还偷盗之物。

（第 5 条）

若有一人之妻，从另一人家中偷窃物品，价值超过 300 谢克尔铅[1]，被偷窃物品的主人应当起誓，说："我未曾指使她，说：'来我家偷窃吧。'"若她的丈夫同意，他应将偷窃物品归还并将她赎回，他应当割掉她的耳朵。如果她的丈夫不同意赎回她，被偷窃物品的主人应带走她，他应割掉她的鼻子。

（第 6 条）

若有一人之妻将财物放于家庭之外妥善保管，接受财物的人须承担偷窃财产的法律责任。

（第 7 条）

若一名女子向一名男子下手，并且她遭到控告，她应赔偿 1 800 谢克尔铅，并受鞭打 20 下。

（第 8 条）

若一名女子在争斗中击伤一名男子下体，她应被切掉一根手指。尽管医师能够用绷带包扎，但是如果另一边受到感染，或是她在争斗中将另一边也击伤，那么她应被挖去双[眼]。[2]

（第 9 条）

若一名男子向一人之妻下手，好似发情的公牛一般，并且他遭到控告,证明属实,他应被切掉一根手指。若他亲吻过她,应将他的下唇贴在斧头刀刃边,将其切掉。

（第 10 条）

若有一人(或女人)进入另一人家中杀害一人(或女人),杀人者应被交给家族族长。他可以决定处死杀人者,或者决定赦免杀人者,拿走他们的财产。若杀人者的家中没有任何有价值的物品,也无儿无女[……]

【注释】

〔1〕300 谢克尔铅,即重量为 2 500 克的铅。

〔2〕按,此条可参看:《申命记》25：11。

3. 乌加里特的宗教文化

乌加里特(Ugarit)遗址,现称拉斯沙姆拉(Ras Shamra),位于叙利亚海岸,自 1928 年开始发掘并逐渐为人所知。遗址显示,公元前 1400—前 1300年,乌加里特建有大型宫殿和一座拥有两座神庙的卫城,此外还包括许多大大小小的房屋建筑。遗址出土的各种类别及各种语言的文献反映了青铜时代晚期乌加里特与其他地区的交往及其自身的文化特征。

自从乌加里特语被识读以来,乌加里特的宗教文学作品特别吸引学者的注意。主要原因在于这些宗教作品作为西北闪米特文化的代表,与《希伯来圣经》中的诸多文化元素息息相关,并能够帮助重新理解《希伯来圣经》的宗教观念和历史传统。从广义上说,基督教传统奠定了对《旧约》的一套(或若干套)解读,相应地,乌加里特宗教文献能够提供一套重新理解《希伯来圣经》的传统,而这一传统与书写《希伯来圣经》的地理区域和文化样态更接近。

3.1　巴力与公牛的诞生

乌加里特叙事诗的独特价值在于,它是青铜时代晚期并在《希伯来圣经》以外的,来自叙利亚-巴勒斯坦地区的诗歌、叙事和神话作品的融合,代表了《希伯来圣经》中先知、礼拜仪式以及智慧作品的文化底色。

　　此处节选的乌加里特叙事诗是一篇较为短小的作品。共有三栏,刻于一块较大泥板的其中一面。三栏中第一栏内容完全没有叙述的部分,第二栏的文本保存得最完整。乌加里特文献中最出名的神是巴力(Baal),他住在乌加里特以北的山上。作为暴风雨之神,他对抗代表海洋的神雅姆(Yamm)和代表死亡的神莫特(Mot)。阿娜特(Anat)是巴力的妹妹,是巴力坚定的支持者,一位女性战神。在这篇短小的叙事诗中,她来到巴力的住处,听说巴力去草原狩猎,草原上满是公牛。于是阿娜特找到巴力,巴力建议他们需要延续生命才能对抗敌人。阿娜特注意到一只母牛,她建议巴力繁育牛犊。然后巴力在他的山上,坐在他的王座上。阿娜特负责为巴力管理出生的牛犊,后来她前往巴力的山,向巴力宣告牛犊出生的好消息。[①]

图 39　最著名的有关巴力神的系列叙事诗

1930—1931 年乌加里特发掘出土,现藏法国卢浮宫

---

① Mark S. Smith and Simon B Parker, *Ugaritic Narrative Poetry*, Atlanta: Scholars Press, 1997, pp.181 - 185.

巴力与公牛的诞生(节选)

(第二栏)

[……]

"巴力可在家?

哈达(Hadd)神[1]可在他的宫殿里?"

巴力的侍从回答:"巴力不在家,哈达神在他的宫殿里。

他一手持弓,另一手持箭。

他面向什米克(*shmk*)草原,那里盛产公牛。"

阿娜特姑娘[2]张开翅膀,伸向高处启程高飞,

她飞往什米克草原,那里盛产公牛。

全能的巴力抬起双眼,举目望去,

视线中阿娜特姑娘出现,那是巴力最爱的妹妹。

先于她停稳的脚步,

他向前在她脚边附身鞠躬。

他高声说:

"妹妹! 我们要延续生命!

阿娜特姑娘,你有强有力的犄角,

请让巴力为你那强有力的犄角涂油,让巴力为他们涂油。

在大地之上,让我们用角戳伤敌人,

在尘土之上,(让我们用角戳伤)那些敌对者。"

她抬起双眼,阿娜特姑娘,

她抬起双眼,视线中一头母牛出现,起身行走,慢慢行走。

于美好的,形状美观的[母牛]之中,

阿娜特高声对巴力说:

"巴力,我见到[⋯⋯]。哈达神,我双眼[⋯⋯]"

全能的巴力回答道:

"阿娜特姑娘,我明白!"

[⋯⋯]

(第三栏)

[⋯⋯]

"母牛将为阿娜特姑娘诞下牛犊,那是国民妹妹的小母牛。"

全能的巴力回答道:

"为何,好似我们的创造者[⋯⋯]

好似创造我们的过程[⋯⋯]?"

巴力向前行进,满[心欢喜],

哈达神,满[心欢喜]。

姑娘,是的,阿娜特姑娘,

哦,是的,那是巴力最爱的妹妹。

巴力升到高山之上,

达干[3]的儿子(升到)天空之上。

巴力回到他的王座上,

达干的儿子(回到)他权力的座椅上。

[⋯⋯]对牛叫喊,

发出对牛的叫喊[⋯⋯]

她启程出发,慢慢行走,

于美好的,形状美观的[母牛]之中。

母牛,母牛[⋯⋯]

为巴力诞下公牛,那是驾云骑手的公牛。

　　她拥抱［母牛］，

　　她拥抱［母牛］，

　　她为它披上［……］

　　［……］它的绳索和乳汁，

　　［……］它那充满力量的乳汁。

　　她从高山的侧翼上去，

　　一直到达山脊。

　　她走上高处，直到阿拉鲁（Araru），

　　走上阿拉鲁，要再上扎峰（Zaphon）[4]，

　　直上最美，最具力量的高山。

　　她向着巴力清楚明白地大声宣告：

　　"好消息！巴力！高兴起来吧，

　　高兴起来吧，达干的子孙！

　　一头公牛为巴力所诞生。

　　一头野牛为驾云骑手而生！"

　　全能的巴力万分喜悦！

【注释】

　　〔1〕哈达，是巴力神的名字。巴力实际上是他的称号，意思是"主"。

　　〔2〕阿娜特，战争之神，巴力的妹妹。阿娜特女神的称号（*btlt*），原文字面意思是"女儿"，这一称号表明阿娜特女神是一位年轻的女神，因此她的行为往往可以不受父亲或丈夫的管辖。

　　〔3〕达干，也称大衮（Dagon），是公元前 3 千纪开始叙利亚地区的重要神明，在乌加里特文献中他主要出现在巴力的称号中，巴力被称为"达干的儿子"。在《希伯来圣经》中，大衮是非利士人的神。

　　〔4〕扎峰，就是阿卡德语和赫梯语文献中的哈兹（Hazi）山，可参考第二章的《伊德瑞米碑文》。古典文献中称作"卡修斯山（Mons Casius）"。

4. 中巴比伦王国

公元前 2 千纪中期，两河文明传统的核心地区——南部的巴比伦尼亚遭到赫梯帝国的打击之后，原有的社会政治结构不复存在，两河流域下游地区城市的人口规模、经济和生产力随之锐减。一批拥有加喜特（Kassite）名字的人开始统治巴比伦，加喜特时期的巴比伦也称中巴比伦王国。对于政权更迭的具体情况，我们所知甚少。后来，在公元前 1 千纪左右的巴比伦王表中，加喜特王朝早期统治者的名字与古巴比伦的汉谟拉比王同时出现。加喜特人显然不是原来居住在巴比伦的人群，他们所使用的加喜特语不属于现有语系的任何一支，既没有对巴比伦尼亚地区的语言造成影响，也没有留下任何加喜特语作品。

4.1　加喜特王纳兹马鲁塔什界碑铭文

图 40　纳兹马鲁塔什界碑

苏萨发掘出土，现藏法国卢浮宫

加喜特时期的巴比伦尼亚地区出现了新的领地分配形式。将王室土地分派给王室成员、军事行政或者宗教精英阶层，发展成一种成熟的个人土地所有权，由国王提供保障。份地免征赋税，成为世袭财产。这种分配形式主要以界碑（*kudurru*）的形式保存下来。"界碑"这一翻译往往产生误导，似乎这些石碑作为划分土地界限的标志立在地界相交之处，实际上加喜特时期的"界碑"并未真的用于标识地界，而通常详细记载每一块份地的地理位置及面积大小，更像是一份地契，大多都保存于地产所有者的家中或者神庙中。纳兹马鲁塔什

(Nazi-Marutash)是公元前 14 世纪末期的一位加喜特王,在他治下,中巴比伦王国的发展达到顶峰。以下这块界碑便由国王纳兹马鲁塔什颁布,他将巴比伦城附近的一些土地划归给卡萨格提舒伽布(Kasagti-Shugab),同时另有面积更大的土地则划归给马尔都克神庙。[1]

纳兹马鲁塔什界碑铭文

纳兹马鲁塔什,全局之王,库里加祖(Kurigalzu)之子,布尔纳布里阿什(Burna-Buriash)的后代,无敌之王,将巴比伦附近的这些份地献给马尔都克,他的主。他还将比特穆卡塔里沙(Bit-muqtarissah)城的 T 区,包括 4 个乡镇和可耕种的田地,以及 700 古尔[1]种子献给马尔都克。这些是比特穆卡塔里沙城长官交出的。

可耕地并 70 古尔种子,瑞斯尼(Risni)灌溉区,位于“大沟”岸边。可耕地并 30 古尔种子,提里干(Tiriqan)灌溉区,位于达班(Daban)岸边。总计:可耕地并 100 古尔种子,每 1 伊库[2]耕地播撒 30 西拉(*sila*)种子,按“大肘”[4]测量播种距离。属比特辛马基尔(Bit-Sin-magir)行政区。

可耕地并 70 古尔种子,沙赛(Shasai)灌溉区,位于达班岸边。可耕地并 30 古尔种子,“王之堡”灌溉区,位于达班岸边。总计:可耕地并 100 古尔种子,每 1 伊库耕地播撒 30 西拉种子,按“大肘”测量播种距离。属“帕普苏卡尔(Papsukkal)之堡”行政区。

可耕地并 60 古尔大麦,皮拉里(Pilari)灌溉区,位于“王之运河”岸边。属胡达迪(Hudadi)行政区。

可耕地并 100 古尔种子,每 1 伊库耕地播撒 30 西拉种子,按“大肘”测量播种距离。“内尔伽勒(Nergal)之堡”灌溉区,位于米伽提(Migati)岸边。属杜普里阿什(Dupliash)行政区。

① Liverani, *The Ancient Near East*, pp. 369; L. W. King and H. R. Hall, *The History of Egypt, Chaldea, Syria, Babylonia, and Assyria in the Light of Recent Discovery*, London: George Bell & Sons, 1906.

可耕地并 50 古尔种子,每 1 伊库耕地播撒 30 西拉种子,按"大肘"测量播种距离。"沙马什伊鲁班努(Shamash-ilu-banu)之堡"灌溉区,位于苏穆达尔(Sumundar)岸边。属比特辛阿舍拉德(Bit-Sin-ashared)行政区。

可耕地并 84 古尔种子,每 1 伊库耕地播撒 30 西拉种子,按"大肘"测量播种距离。卡瑞伊(Kare)灌溉区,位于"王之运河"岸边。属乌皮伊(Upi)行政区。

故而,可耕地并 700 古尔种子的 T 城区,国王献出可耕地并总计 494 古尔种子。剩余可耕地并 206 古尔种子,纳兹马鲁塔什,全局之王,库里加祖之子,巴比伦王,献给他的仆人,卡萨格提舒伽布。

无论日后何时,若有行省的统治者,或地方长官,或负责人,或这些地区的区长,若他们声称具有这些地的归属权,或试图从这些土地上征税,愿所有在此界碑上被纪念的伟大神明,或在此界碑的画像上武装完备的神明,或其住所已描绘在界碑上的神明,愿他们诅咒他,抹掉他的名字!

【注释】

〔1〕1 古尔＝300 升。

〔2〕1 伊库＝3 600 平方米。

〔3〕1 西拉＝1 升。

〔4〕1 肘＝76 厘米。

4.2　咏正直受难者的诗

对于两河流域文化传统而言,加喜特人无疑是外来者。苏美尔阿卡德的书吏将加喜特人定义为山区来的人,意指他们是未开化的蛮夷。尽管政权更替,加喜特时期的巴比伦语从古巴比伦语内化发展出中巴比伦语,而这一时期的巴比伦书吏又将二者折中协调,发明出标准巴比伦语,目的在于保留古典巴比伦语的风格,从而用来书写经典的文学作品。加喜特王朝治下,巴比伦的书吏认为这个时代是传统文学定稿的时代,不会再有更新的巴比伦文学出现,因此,传统文学作品随着巴比伦语的标准化而定本成稿,形成标准版本传抄下来。如本书第二章提到的《吉尔伽美什史诗》，现有各现代语种译本多以标准巴比伦语版本为准。

这一时期在文学作品上表现出来的特征是悲观主义和个体化的，巴比伦王朝中央权力的衰落带来社会价值的危机，转而培养出重塑个人价值的需求。人们更关注个人利益。国家面临危机的时代，出现反英雄主义情绪。《吉尔伽美什史诗》最后具有反英雄主义色彩的结尾被认为是加喜特时期添加而成的。时代困境带给个人的生存焦虑在知识分子群体中，逐渐表现出对一些宏大议题的关注，比如神义的本质是什么，人类的命运是什么。这些议题最终形成一种被称作"智慧文学"的文学作品类型。这一主题可以通过不同的文学表现手法呈现，或是对话，或是独白，或是一系列谚语合集等，整体而言呈现出一种较为悲观冷漠的态度。

最具代表性的巴比伦智慧文学被称作《巴比伦神义论》，通过一位受苦者和他充满智慧的朋友的对话表现不同观点的交锋。受苦者的观点是情绪化充沛的悲观主义论调，他认为社会现实表明功绩和美德并不能带来成功，积极努力也可能带来糟糕的结局。而他的朋友则代表另一种对现实的观察，他指责受苦者缺乏理解，不应只关注眼前的状况，而应当将关注放在神的层面，尽管人无法充分理解这一层面，但是应当基于对神的坚定信仰而寄希望于美好的未来。而类似这种对神义的讨论，《希伯来圣经》中的《约伯记》最为典型。

此处节选《咏正直受难者的诗》(*Ludlul bēl nēmeqi*)属于同类文学作

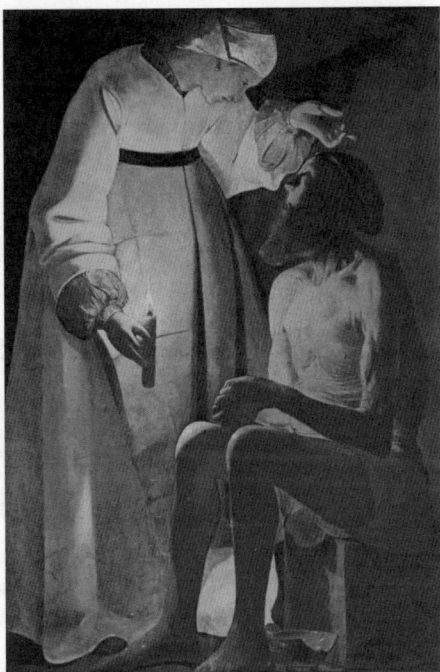

图 41　布面油画《约伯受到妻子的嘲弄》
画家：［法］乔治·德·拉·图尔(1593—1652)

品,以一位受苦者的独白表现对苦难与神义问题的思考。这首诗的开头是献给马尔都克的颂诗,与接下来的叙述内容形成对比。整篇诗歌以第一人称展开长篇独白,这位受苦者在生活中失去所有运气,面对许多不幸,包括工作、身体、以及经济等各方面的困难。他咨询专业人士、探求原因,却得不到答案。不过他仍然抱持着获得救赎的希望;然而一年之后,却没有好转,疾病缠身,死亡似乎就在眼前。在诗歌最后一部分,读者知道了受苦者的名字——舒伯什麦什瑞沙坎(Shubshi-meshre-Shakkan),他最终获得拯救,疾病痊愈。于是他向马尔都克表达感恩,赞颂马尔都克奇迹般的治愈能力,面对最严重的苦难折磨,他也能将人拯救出来。[1]

咏正直受难者的诗(节选)

(第 1 块泥板,第 1—12 行:马尔都克颂诗)

我要赞颂主的智慧,热心的神,

夜晚发怒,白天日渐平静。

啊,马尔都克! 智慧之主,热心的神,

夜晚发怒,白天日渐平静。

他的怒气好似旋风,

但他的微风好似清晨的空气一样轻柔,

他的怒气不可抵挡,他的暴怒就是飓风,

但他内心慈悲,宽宏大量。

天空无法支撑他手的重量,他的手掌温和地拯救垂死之人。

啊,马尔都克! 天空无法支撑他手的重量,

---

[1] CAMS (Corpus of Ancient Mesopotamian Scholarship): CAMS/Ludlul http://oracc. museum. upenn.edu/cams/ludlul/corpus(古代美索不达米亚学术文库,2019 年 8 月 7 日获取); Benjamin R. Foster, *Before the Muses*, pp. 392 - 409; W. G. Lambert, *Babylonian Wisdom Literature*, Oxford: Clarendon Press, 1960, pp.21 - 62; Amara Annus and Alan Lenzi, *Ludlul bēl nēmeqi: The Standard Babylonian Poem of the Righteous Sufferer*, State Archives of Assyria Cuneiform Texts 7; The Neo-Assyrian Corpus Project, Helsinki 2010; Liverani, *The Ancient Near East*, pp.370 - 375;李宏艳,《古代两河流域智慧文学研究综述》,《古代文明》第 4 卷第 1 期(2010),第 30—38 页。

他的手掌温和地拯救垂死之人。

(第 1 块泥板,第 41—57 行：蒙受痛苦)

自那天起,主惩罚我,

马尔都克勇士向我发怒,

我自己的神抛弃了我,消失不见,

我的女神舍弃了我,无影无踪,

时刻伴在我身边那仁慈的天使也已离开,

我的保护神撤退,去寻找别人。

我的力量消失,我的表情阴郁,

我的尊严远走高飞,去寻求新的保护。

骇人的预兆威胁着我：我被迫从家中出来,在外四处游荡。

我的预兆混乱不清,矛盾重重。

连占卜者与解梦者对我的情况也犹疑不决。

据说预示皆为凶兆。

我夜晚躺下,梦境可怖。

(我梦到)国王,众神的化身,人民的太阳,

他对我愤怒满怀,怒气不得平息。

朝臣密谋策划,对我深有敌意。

(第 2 块泥板,第 110—120 行：死亡的威胁)

驱邪师无法净化我的苦痛,

占卜者不知我得以病愈的日子。

没有神来拯救我,没有神来帮助我,

没有女神怜悯我,没有女神来支持我。

我的坟墓已打开,我的葬礼已预备,

早在我死去之前,唱给我的哀歌已完成。

整个国度的人都说:"他真是个可怜人!"

幸灾乐祸的人听到,脸色明亮起来,

当消息传到她耳边,那幸灾乐祸的人,她的心情灿烂。

我的家庭日渐昏暗,

那些认识我的人,他们的日头日渐忧郁。

(第 3 块泥板,第 41—52 行:获得拯救)

有胡子的年轻人,带着王冠,

一位驱邪师,带着泥板,

"马尔都克派我来!

我为舒伯什麦什瑞沙坎[1]带来一条绷带,从(马尔都克)洁净的手中带来一条绷带。"

他将我委托给我的服侍者。

在(我)苏醒的时刻,他送出一条消息,

他向我的人透露吉兆。

我从病痛中苏醒,(治愈之)蛇[2]慢慢爬过。

我的病痛很快结束,我的枷锁被打破。

我主的心平静安定之后,

仁慈的马尔都克得到安抚,接受了我的祷告。

(第 4 块泥板,第 2—14 行:感恩颂赞)

主护卫了我,

主让我站稳脚跟,

主使我复苏,

他将我救出深坑,

他从毁灭中将我召唤出来,

[……]他从死亡之河将我拉出。

［……］他拉着我的手

那击打我的，

马尔都克，他使我恢复健康！

他击打那击打我的手，马尔都克除掉他的武器。

他攻击我的敌人，马尔都克［……］

【注释】

〔1〕舒伯什麦什瑞沙坎，是加喜特国王统治时期（前 13 世纪早期）的一位高官。

〔2〕按，蛇在这里作为治愈疾病的象征。

5. 各国间的交往与斗争

在本章第一节中，我们看到公元前 14 世纪中后期，赫梯帝国的成功扩张致使米坦尼王国成为一个傀儡政权，许多叙利亚北部小国成为赫梯的附属国，赫梯帝国与掌控巴勒斯坦地区新王国时期的埃及帝国埋下产生斗争的伏笔（参见埃及文献：卡迭石战役铭文，本书第 206—212 页）。中亚述王国在亚述乌巴里特一世的领导下崛起成为西亚国际事务的积极参与者，亚述的进一步扩张将对巴比伦产生威胁。此时的巴比伦则不复早期的强盛之势，而是处在加喜特人的统治之下，已称不上两河流域文明的中心区，也不具备强大的军事威胁。在这几个大国尚未衰落之时，两河流域的国际政治体系仍然呈现出相对稳定的状态。

5.1　巴比伦与埃及的联姻

由埃及开罗向南大约 300 公里，尼罗河东岸的阿玛纳是公元前 14 世纪埃及国王阿蒙霍特普四世建立的首都。19 世纪末在这里发掘出土了著名的阿玛纳书信，其中大部分是公元前 14 世纪前后两河流域各大国和埃及附属国与埃及国王的外交通信，展示出青铜时代晚期两河流域各国家间的官方交往，以及一套古代国际关系体系的建立。

这封阿玛纳书信开头严重损毁，缺失送信人及收信人的信息。推测此信由加喜特的巴比伦王卡达什曼恩利尔(Kadashman-Enlil)一世写给埃及王阿蒙霍特普三世(参见埃及文献：EA3：埃及与巴比伦王国的书信，本书第270—271页)。巴比伦王在信中表现出希望积极促成联姻的态度。联姻在各国具有不同的战略意义。通常来说，埃及国王迎娶其他国家的公主，代表埃及处在中心地位，高于其他国家，因此埃及国王往往不会将埃及公主送到其他国家。对巴比伦来说，外交联姻与礼物交换联系起来，具有一定贸易属性。巴比伦的公主送到埃及，目的是换取埃及的黄金。[①]

图 42　中巴比伦时期圆筒印章

印图文字表明图中为巴比伦王卡达什曼恩利尔像，现藏美国沃尔特斯艺术博物馆

阿玛纳书信(EA 4)

[……]

[另]外，你，我的兄弟，我写信给你要娶你的女儿，你却不打算指派

---

① William L. Moran, *The Amarna Letters*, English-language ed. Baltimore: Johns Hopkins University Press, 1992, pp.8–10; Liverani, *The Ancient Near East*, pp.284–286；袁指挥，《阿马尔那时代近东大国的礼物交换》，《东北师大学报》2019年第2期，第90—95页；梅华龙，《从阿玛尔纳书信看古代西亚北非大小国家间的关系》，《阿拉伯世界研究》2017年第4期，第75—90、119—120页。

(一个女儿),[回信跟我]说:"从很早以前开始,埃及王的女儿就不会指派给任何人。"为什么会这样?你是国王,你可以按你的心意行事。如果你愿意指派(一个女儿),谁会说什么?自从我得知这个消息,我就写信[给我的兄弟],写道:"你的国土有长大成人的女儿和美貌的女子。指派给我一位美貌的女子,就当她是你的女儿。谁会说她不是国王的女儿?"但是你根本没有送给我任何人。难道你不想维持我们的兄弟情谊和友谊吗?你若写信给我安排一桩婚事,这样我们彼此更近,我也会以同样的原因给你写信安排一桩婚事,为了兄弟情谊和友谊,这样我们彼此更近。我的兄弟,你为何不送给我一位妻子?或许,既然你不送给我一位妻子,难道我也要像你一样,不送给你妻子?不,我有许多女儿,我不会拒绝给你一个。

还有,当我写信给你讨论婚事,还有当我写信给你有关动物的事情,[……]现在,你不必接受我女儿的子嗣,但是请送来我向你请求的动物。

至于我曾写信给你有关黄金的事情,请送给我黄金,有多少要多少,大量需要,在你的信使来到我这里之前,现在立刻,就这个夏天,在搭模斯(Tammuz)月或埃波(Ab)月,这样我就能够完成已经开动的工程。若你在今年夏天,在搭模斯月或埃波月送来我信里需要的黄金,我就把我的女儿嫁给你。因此请你及时将黄金寄送与我。不然,若你在搭模斯月或埃波月无法送来我在信里提到的黄金,我便无法完成已经开动的工程,那么请求你送给我黄金又有什么意义?一旦我已经完成已经开动的工程,我还需要黄金做什么?也许你会送给我 3 000 塔兰特[1]黄金,但是我不会接受。我会(把黄金)送还给你,也不会把我的女儿嫁给你。

【注释】

〔1〕1 塔兰特(talent)大约为 30 公斤,此处大约 100 吨。这是一个相当庞大的数量。

5.2 亚述王给乌加里特王的信

中亚述王国崛起之后,对赫梯所征服的米坦尼傀儡政权产生威胁。公元前 13 世纪,在赫梯王乌尔希泰舒卜(Urhi-Teshub)统治期间,亚述的重要地位已不可忽视,亚述与赫梯之间的关系对两河流域地区的和平而言也十分重要。三位杰出的亚述王阿达德尼拉里一世(Adad-nirari Ⅰ)、撒缦以色一世(Shalmaneser Ⅰ),以及图库尔提尼努尔塔一世(Tukulti-Ninurta Ⅰ)相继进行统治长达百余年,使亚述在两河流域的政治舞台上占有相当重要的地位。阿达德尼拉里一世统治期间,他曾写信称赫梯王为兄弟,试图建立一种平等的外交关系,当时赫梯王曾回信嘲讽亚述王称自己为兄弟。到图库尔提尼努尔塔一世统治初年,亚述进攻位于两河流域上游的那伊瑞(Nairi)地区,对赫梯造成严重威胁。

图 43　赫梯王图德哈利亚像的岩石雕刻
位于哈图沙圣殿遗址

此处节选的是一封发掘自乌加里特的王室信件,信件开头损毁较严重。由于信件内容里提到亚述与赫梯王图德哈利亚四世(Tudhaliya Ⅳ)在两河流域上游的尼赫利亚(Nihriya)开战,亚述王大获全胜,一种推测认为这封信由亚述王图库尔提尼努尔塔一世写给乌加里特王,另一种推测认为是亚述王撒缦以色一世所写。无论如何,若我们可以相信此信所记述的内容,那么亚述与赫梯在公元前 13 世纪 30—40 年代爆发的这场尼赫利亚之战就具有一定的标志性意义。战后,胜利者亚述王写信给叙利亚北部沿海的乌加里特王,向其夸口自己伟大的军事胜利,指责赫梯对这次战争的爆发应负有责任。显然,亚述的目的在于削弱叙利亚北部赫梯附属国对宗主国的忠诚。[1]

亚述王给乌加里特王的信(节选)

　　赫梯王图德哈利亚写信给我,如此说:"为何你要与我敌对? 为何你要征服我的盟友? 来吧,我们开战! 不然我来带你入战场。"我如此回复:"你又何必兴师动众? 我自然会来。"这样,我在当天召集军队骑兵去往泰德(Taide),不过尚未到达。赫梯王图德哈利亚派来第二位信使,带着两封战书和一封求和信。信使将两封战书给我。当我的士兵听到充满敌意的措辞,他们立刻开始备战。赫梯王的信使也见到此景。

　　3 日之后,赫梯王的信使带给我那封求和信,信上写道:"阿达德与沙马什已知晓:我并未与我的兄弟亚述王开战,我要与之和睦相处。我将逃亡者送还给他,那些在亚述王面前逃跑的人,来到赫梯领土寻求庇护的人,我将他们送回亚述王面前。我们兄弟何必彼此开战?"

　　[······]

　　既然赫梯王在信中对我如此说,尼赫利亚是我的敌人,于是我带领我的军队围困尼赫利亚城。然而,赫梯王的一位官员与赫梯军队正在尼赫利亚城中。因此,我写信给赫梯王:"尼赫利亚是我的敌人。为何你的军队在尼赫利亚城中? 若你真的是我的朋友,不是我的敌人,为何你的军队去支援尼赫利亚? 我要围困尼赫利亚,命令你的军队撤离该城。"但是,他并未同意也未回复我,在我的信使面前,他举起手指向沙马什,说:"沙马什,你已知晓:我不能这样做,因为亚述王已列队应战。"当我听说这些话,我起誓写在泥板上,将其送给他,(说:)"为证实你真正的信仰,在沙

---

[1] Itamar Singer, "The Battle of Niḫriya and the End of the Hittite Empire," *Zeitschrift Für Assyriologie Und Vorderasiatische Archäologie* 75, no. 1 (1985), pp. 100 - 123; Masamichi Yamada, "The Second Military Conflict between 'Assyria' and 'Ḫatti' in the Reign of Tukulti-Ninurta I," *Revue D'assyriologie Et D'archéologie Orientale* 105, no. 1 (2011), pp.199 - 220; Liverani, *The Ancient Near East*, pp.358 - 360.

马什面前手按此泥板。"然而他并不愿意在沙马什面前手按泥板。

就在同一天,我命令军队撤退,在舒拉(Shura)扎营,那里距离赫梯王的军营 120 里格。赫梯军队中的一名逃兵来到我面前,说:"赫梯王已准备好开战,尽管他一直差人送信给你好让你安心。"我听完逃兵的话,立刻对我军营的传令官说:"穿上你们的铠甲,骑上你们的战马! 赫梯王即刻宣战!"我束好缰绳,跨上我的战马,振臂高呼:"赫梯王即刻宣战! 我的士兵和我的骑兵跟随我吧!"我杀入战场,痛击赫梯王,他的军队在我面前落荒而逃。

二、埃及文明的繁荣

新王国时期是埃及文明的繁荣时期和帝国时期,包括第十八王朝至第二十王朝,时间断限约为公元前 1550—前 1069 年。这一时期,埃及国力强盛,经济繁荣,对外交往频繁,是古代埃及文明发展的顶峰。这一时期的文献宏富,本书仅选取最具代表性的文献来对这一时期的古代埃及文明进行解读。

1. 帝国的创建和巩固

第十八王朝的开启以驱逐希克索斯人的战争为先导。在第十八王朝建立后,埃及继续致力于对外战争。到图特摩斯三世(Tuthmose Ⅲ)统治时,经过 17 次对亚洲的征伐,埃及帝国初具规模。

1.1　图特摩斯三世年鉴之米吉杜战役

图特摩斯三世年鉴刻写在图特摩斯三世的卡纳克阿蒙神庙的墙壁上,共 233 行。[①] 图特摩斯三世年鉴记录了图特摩斯三世的 17 次西亚战争,而在所有的战争记述中,第一次战役,也即米吉杜(Meggido)战役的记述最为详尽。[②] 年

---

① J. H. Breasted, *Ancient Records of Egypt*, Vol. II, Chicago, 1906, §§391, note. a.
② J. H. Breasted, *Ancient Records of Egypt*, Vol. II, §§406ff.

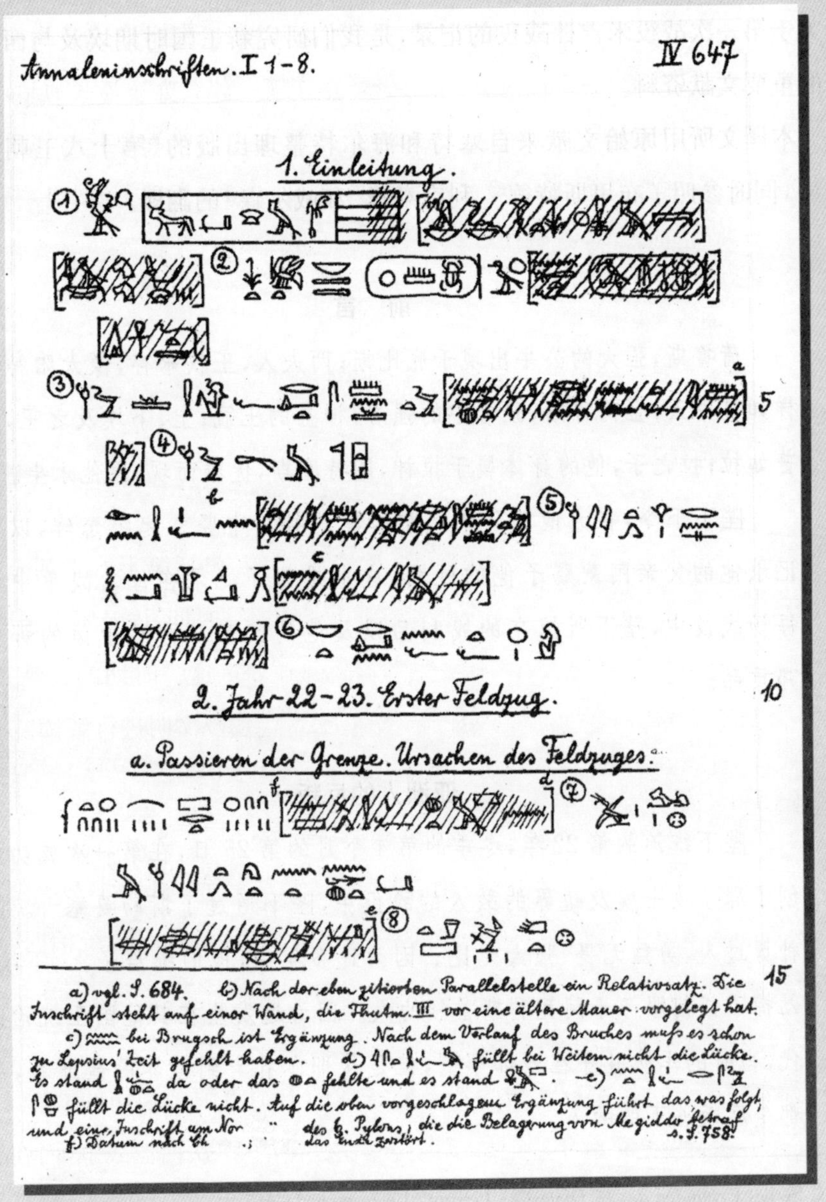

图 44　图特摩斯三世年鉴(部分)手描图

鉴对这次战役的战术、行军的路线和战场的布局进行了细致的描绘,根据这些记述,我们完全可以勾勒出当时战争的场面。故此,图特摩斯三世年鉴,特别是关于第一次战役米吉杜战役的记录,是我们研究新王国时期埃及与西亚关系的重要文献资料。

本译文所用原始文献来自塞特和海尔特整理出版的《第十八王朝铭文册》[①],同时参照了布里斯特德[②]、利克泰姆[③]和威尔森[④]的翻译。

前　言

荷鲁斯,强大的公牛出现于底比斯;两夫人,王权永存,像太阳神拉那样如日中天;金荷鲁斯,强者中的强者,神圣的王冠;上、下埃及之王,蒙赫普如拉;拉之子,他的身体属于拉神,图特摩斯,优雅而现,愿他永生。

陛下下令,在为他的父亲阿蒙所建的神庙中竖立起纪念碑,以此来记录他的父亲阿蒙赐予他的胜利,这也是为了记录在每次战争中和在每场战役中,陛下所掠夺的战利品以及他的父亲拉神赐予他的那些异邦贡品。

亚洲人的反叛

陛下统治的第22年,冬季的第4个月的第25日,在第一次成功地重创了那些攻击埃及边界的敌人的战役中,陛下通过了斯勒要塞[1]。陛下神勇过人、勇猛无畏、强大无比。因为许多年中,他们统治了上、下埃及,劫掠了任何服务于阿瓦利斯首领的人。因为这发生在其他国王统治的时代,当时的军队驻守在沙如罕[2],但是从耶尔扎[3]到世界的最北端,到处都是反叛陛下的敌人。

---

① K. Sethe, *Urkunden des 18 Dynastie*, Leipzig, 1907, pp.645 - 667.

② J. H. Breasted, *Ancient Records of Egypt*, Vol. II, §§406 - 540.

③ M. Lichtheim, *Ancient Egyptian Literature*, Vol. II, Berkeley, Los Angeles & London, 1975, pp.29 - 34.

④ J. A. Wilson, in *Ancient Near Eastern Texts*, ed. by J. B. Pritchard, Princeton, 1955, pp.234 - 243.

【注释】

〔1〕斯勒(Sile)要塞,位于埃及东北边界之上。

〔2〕沙如罕(Sharuhen),巴勒斯坦地区靠近埃及的一个城市。

〔3〕耶尔扎(Yerdja),地名,具体位置不详。

向米吉杜推进途中的事件

陛下统治的第 23 年,夏季的第 1 月的第 4 日,那是国王举行加冕礼的日子,军队到达了名叫"统治者的征服地"的城市,该城的叙利亚名字为加沙〔1〕。统治的第 23 年夏季的第 1 月的第 5 日,陛下离开了这个地方,他神勇过人、勇猛善战、强大无比,为了打倒那些邪恶的敌人,为了扩展埃及的疆界,他的父亲,强大与胜利之神阿蒙授意他去开疆扩土。

陛下统治的第 23 年,夏季的第 1 月的第 16 日,陛下到达了城市叶赫姆〔2〕。陛下开始与他那英勇善战的军队商议:"那邪恶的卡迭石〔3〕敌人已至米吉杜〔4〕,他们此时已在城中。他已在他身边聚集了所有异邦王公,这些王公都曾效忠于埃及,他们也曾效忠于遥远的纳哈林〔5〕的王公,这些王公是哈如〔6〕人、凯杜〔7〕人以及他们的马匹、军队和子民。正如信使所言,他说:'我将在此恭候陛下,我将在这里与您一决胜负。'现在,请告诉我你们的想法。"

他们对陛下说:"我们怎能穿过这条愈走愈窄的道路呢? 而敌人正在以逸待劳,他们人多势众,难道他们不是战马多如牛毛、士兵数不胜数、人口众多吗? 一旦我们的前锋部队投入战斗,而后继部队却在阿如纳〔8〕,那时我们将首尾不能相顾啊! 这里有两条通道。一条在我们的东边,通往塔阿纳卡〔9〕;另一条在杰弗提〔10〕北边,我们经这条路可以到达米吉杜北边。愿我们的英勇的主人能够在最有利的道路上前行,别让我们走那条艰难的道路!"

然后有人带来了邪恶敌人的情报,报告者通报了他们以前所商讨的计划。王宫中的陛下说道:"我发誓,因为拉爱喜我,因为我的父亲阿蒙宠爱我,他赐给了我生命和统治权,陛下将在这条阿如纳的道路上行军! 让那些愿意在那道路上行军的人走吧! 让那些希望跟随陛下的人跟着他吧! 否则那些拉神所憎恶的敌人会说:'因为陛下害怕我们,陛下就会走另条道路。'他们如是说。"

他们对陛下说:"愿您的父亲阿蒙,上、下埃及王位的主人,卡纳克的主人,能够做你希望做的一切! 我们是陛下的追随者,不管陛下走到何处! 仆人都将与他的主人形影不离。"

陛下派人向全军传下命令:"你们英勇的主人将会带领你们在这条越走越窄的道路上前行。"因为陛下已经发誓:"从这个地方开始,我不会让我英勇的士兵走在我前面的!"因此,陛下下定决心要在军队一马当先。每一个士兵都接到了行军的命令,马匹顺次前行,陛下在军队中一骑当前。

陛下统治的第 23 年,夏季的第 1 月的第 19 日,阿如那的王室帐篷中陛下醒来。陛下在他的父亲阿蒙-拉——两土地王位的主人的率领下向北进军,"阿蒙-拉在我的前面开辟道路,拉赫拉赫提[11]增强了我的勇敢士兵的信心,他的父亲阿蒙使陛下的双臂变得强有力,[⋯⋯]保护着陛下。"

陛下统率着排列整齐的军队从关口走了出来,他们遇到一个敌人。军队的南翼在塔阿纳卡,而北翼在齐纳[12]河谷的北边。陛下对行进中的士兵说:"[⋯⋯],他们倒下了! 邪恶的敌人[⋯⋯]阿蒙[⋯⋯]。赞扬他,赞美陛下,因为他的力量胜过众神。他保护着陛下在阿如纳的后继军队。"尽管陛下的后继部队仍然在阿如纳,但是前锋部队已经进入了齐纳河谷,他们漫山遍野,布满河谷。

然后他们对陛下说:"瞧,陛下与他那英勇的军队出现了,布满整个山谷。但愿我们那英勇的主人这次能听我们的话。但愿我们的主人为我们照看他的后继部队以及他的子民们。一旦后继部队在开阔的地方与我们会师,我们将与那些敌人决一死战,这样我们就无后顾之忧了!"陛下在开阔地停止前进。他坐在那观看他那英勇的后继部队的到来。当最后一批部队赶上来,影子改变了方向[13]。

　　7点,陛下到达了米吉杜的南边,齐纳溪水的岸边。士兵为陛下扎下了营,陛下向全军下达了命令:"做好准备！因为早上每一个人都要投入到与邪恶敌人的战斗中去,因为[……]。"在国王大营中歇息。给军官们分发了给养,给随从们分配了物品！安置了军队的岗哨,陛下对他们说:"(你们)要坚定(信念)呀,(你们)要坚定(信念)呀！(你们要注意)保持警戒,(你们要注意)保持警戒！"陛下在国王大帐中醒来,有人报告陛下说:"全军安然无恙,南北两翼的部队都平安无事。"

【注释】

　　〔1〕加沙(Gaza),地名,位于巴勒斯坦南部,是埃及在巴勒斯坦地区的一个统治据点。

　　〔2〕叶赫姆(Yekhemu),地名,位于巴勒斯坦地区。

　　〔3〕卡迭石(Kadesh),地名,位于叙利亚北部地区的奥伦特斯河(Orontes)大转弯处,是北叙利亚的门户。

　　〔4〕米吉杜,地名,位于巴勒斯坦地区,是图特摩斯三世第一次远征的对象。

　　〔5〕纳哈林(Nahrin),即叙利亚地区,尤指米坦尼王国。

　　〔6〕哈如(Kharu),地名,位于叙利亚地区,后用以指代整个叙利亚地区。

　　〔7〕凯杜(Qedu),地名,叙利亚北部的一个地区,位于幼发拉底河与地中海之间。

　　〔8〕阿如纳(Aruna),地名,米吉杜城的南部地区,该地区是通往米吉杜的重要通道之一。

　　〔9〕塔阿纳卡,地名,位于米吉杜附近,也是通往米吉杜的重要通道之一。

　　〔10〕杰弗提(Djefty),地名,位于米吉杜城西北面,距今天的阿布-舒罕城大约5公里。

　　〔11〕拉赫拉赫提(Ra-Horakhty),即荷鲁斯神和拉神组成的复合神。

　　〔12〕齐纳(Qina),地名,位于米吉杜附近,具体位置尚存争议,也是通向米吉杜的重要通道之一。

　　〔13〕影子改变了方向,即中午时刻。

米吉杜城外的战斗

　　陛下统治的第23年,夏季的第1月的第21日,新月升起的节日。国王在拂晓起来,他命令全军穿越[……]。陛下乘坐着上好黄金装饰的战车出发,他身披亮甲,行动就像强有力的主人——荷鲁斯神,他就像底比斯的蒙图神,他的父亲阿蒙使他的双臂力大无穷。陛下部队的南翼在齐纳南边的山丘上,北翼在米吉杜的西北,而陛下在两翼的中间,阿蒙神保护着陛下,塞特的力量充斥了他的全身。

陛下在军队的身先士卒制伏了敌人。当他们看到陛下将他们打败后,他们就仓惶地逃入米吉杜城,他们扔掉了他们的战马和他们那用金银装饰的战车,他们用绳索将自己吊进了城里。因为人们将他们身后的城门关闭了,他们现在只好用绳索将自己拖入城里。当邪恶的卡迭石敌人和米吉杜敌人匆忙向城里逃窜的时候,如果陛下的军队不忙于抢夺战利品的话,那么此刻他们就夺取了米吉杜了。因为对陛下的恐惧深深映刻在了他们心中,当陛下用蛇王权标击打他们时,他们的四肢瑟瑟发抖,如同着魔。

他们的战马被劫掠,他们那金银装饰的战车成为了战利品。他们的部队(的尸体)横七竖八地躺在地上,就像挂在渔网中的鱼,而陛下英勇的士兵们正清点着他们从战斗中夺取的战利品。他们的战利品有邪恶敌人的白银装饰的帐篷,[……]。因为阿蒙神在那天将胜利赐予了他的儿子,全军上下都在赞美和颂扬他。他们赞美和称颂他的胜利。他们展示了他们获取的战利品:手、俘虏、战马、金银装饰的战车,以及未加装饰的战车。

围攻和攻陷米吉杜

[……][陛下命令]他的部队:“注意擒敌!注意擒敌!我勇敢的军队!看啊,在拉神的旨意引导下,今天所有的异邦都聚集在这座城市。因为北方国家的王公都躲到了城里,占领米吉杜就等于抓住了一座城市!(它被)牢牢(地)抓住,牢牢地!”[……向军队首领下令]装备他们的士兵,让士兵都各司其职。他们测量了城市的周长,绕城市挖了一道战壕,用木头将城市围起来。陛下亲临城市的东边堡垒上,日夜守卫着[……被一道厚厚的向墙围绕着……]他的厚度。他们将堡垒命名为“蒙赫普如拉的亚洲人之墙”。他们在陛下的营帐里安置了卫士,这些卫士被传达了这样的命令:“(你们)要坚定(信念)呀!(你们)要坚定(信念)呀!(你们要注意)

保持警惕!(你们要注意)保持警惕!"陛下[……]。[不允许]任何人越过这道墙,除了外面来的人敲击他们堡垒的大门。

关于这座城市、邪恶的敌人和邪恶的军队,陛下所做的一切就是以突围的名字和部队首领的名字在这天所做的记录。[……书吏在这块石碑上记录了很多]。至今,在阿蒙神庙里的一卷皮革上记载着这件事情。

这些异邦的王公们趴着亲吻陛下前面的地面,乞求宽恕,[因为阿蒙的力量和他(法老)的伟大震慑了所有的异邦……],陛下俘虏的所有王公送来了白银、黄金、天青石、绿松石,他们为陛下军队送来了谷物、酒和大小牲畜,一部分王公带着贡品在往南走的路上。陛下为每一座城市重新指定了统治者。

陛下的部队从米吉杜带回的战利品名单,包括俘虏三百四十人、手 83 只、战马 2 041 匹、马驹 191 匹、牡马 6 匹、小雄驹[……],用黄金做成且上面有黄金旗杆的敌人的战车 1 辆、米吉杜王公的 1 辆精美的黄金战车、同盟王公的战车 30 辆、他们邪恶军队的战车 892 辆,战车总共 924 辆,还有敌人的上好青铜盔甲 1 副和米吉杜王公的上好的青铜盔甲 1 副。邪恶敌人的皮甲 200 副、弓 502 把。从敌人营房夺来的白银和迈瑞木做成的旗杆 7 支。陛下的军队抢获了这个城市的牲畜[……]387 只,牛 1 929 头,山羊 2 000 只,绵羊 20 500 只。

国王从伊纳姆[1]、伊努格撒[2]和赫润卡如[3]这些敌人的库房里夺取的物品以及那些忠于这些异邦的城市物品的名录。[……敌人与王公的子女];[……他们的迈瑞纳乌][4]武士三十八人、敌人与王公的子女及王公总共八十四人、他们的迈瑞纳乌武士五人、男女奴隶及其子女一千七百九十六人、因饥饿而出城投降的一百零三人,总计二千五百零三人。另外,还有名贵宝石和黄金做成的碗,各种各样的器皿[……]。叙利亚工人做的大罐子 1 只。罐子、碗、盘子、饮水器皿、大壶、刀共 x+27 件,折合重量约 1784 德本[5]。工艺精湛的盘子状的黄金和许多银圆盘,重量约 966 德本 1 凯德特[6]。1 座银雕像[……],[……]1 座金头雕像,人头手杖 3 柄,象牙、乌木和一种包金木头制成的椅子 6 把，脚凳 6 只，象牙和塞斯杰姆拉赫拉赫提木制成的大桌子 6 张，敌人的凯尔凯尔风格的床 1 张，或包金，或镶嵌名贵宝石，或通体黄金加工。一尊敌人的乌木雕像，全身覆以黄金，头部用天青石装饰[……]以及这座城市，敌人的青铜器皿和大量衣服。

田地被分成若干份，它们被赐予王室的管理者，这样就能及时收割庄稼。陛下从米吉杜城夺取的庄稼名录：小麦 207 300＋x 袋，陛下的军队收割的作为粮草的[……]庄稼除外。

【注释】

〔1〕伊纳姆（Yinamu），地名，位于叙利亚地区。

〔2〕伊努格撒（Yinugesa），地名，位于叙利亚北部，今上约旦河附近。

〔3〕赫润卡如（Kherenkaru），地名，位于米吉杜附近，今约旦北部地区。

〔4〕迈瑞纳乌（Merenau），叙利亚地区特有的贵族武士阶层。

〔5〕德本，古代埃及重量单位，1 德本＝91 克。

〔6〕凯德特，古代埃及重量单位，1 凯德特＝$\frac{1}{10}$德本。

1.2　卡迭石战役铭文

卡迭石战役是埃及与赫梯争夺叙利亚巴勒斯坦控制权的一次大规模冲突。此次战役规模空前，双方都由国王御驾亲征。除此以外，战役还对两国军事、外交政策和近东格局产生了重要影响。这次战役发生于叙利亚巴勒斯坦地区的战略要地——卡迭石城，后世就将这次战役称为卡迭石战役。此役结束之后，法老拉美西斯二世为了宣扬战功，命人将战役详细过程刻写于几座神庙墙壁上，本篇铭文即由此而来。

本译文所用原始文献来自科琛的《拉美西斯时代铭文》[①]，翻译则参考了威尔森[②]和布里斯特德[③]的译文。

---

① K. A. Kitchen, *Ramesside Inscriptions: Historical and Biographical*, Vol. II, Oxford, 1971, pp.102 - 124.

② J. A. Wilson, "The Texts of the Battle of Kadesh," *The American Journal of Semitic Language and Literature*, Vol.43, 1972, pp.278 - 281.

③ J. H. Breasted, *Ancient Records of Egypt*, Vol. III, Chicago, 1906, pp.226 - 228.

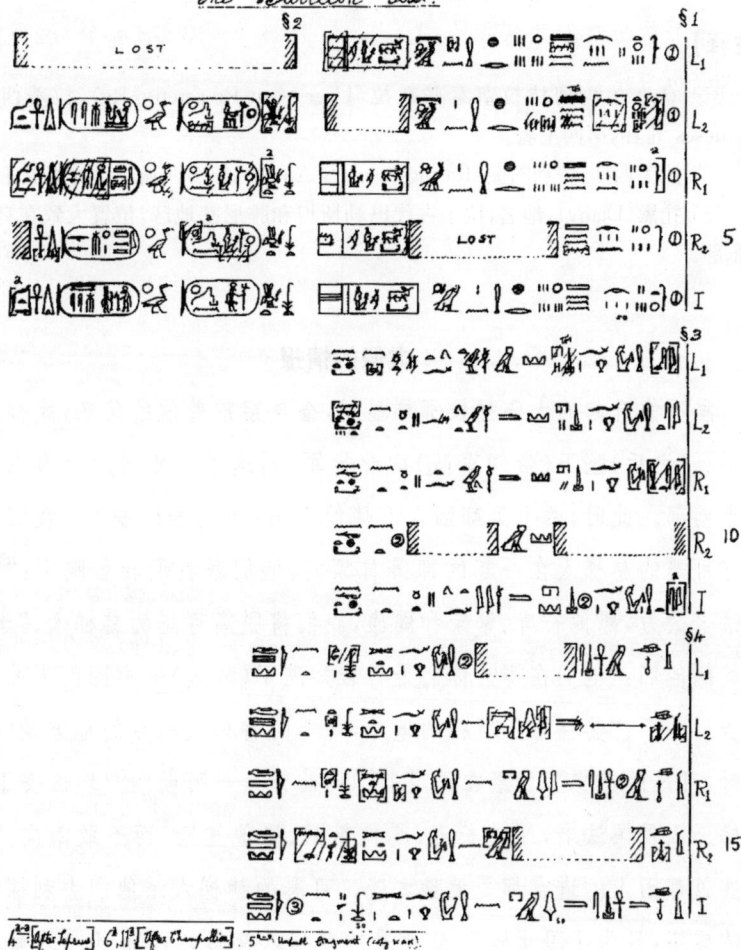

图 45 卡迭石战役铭文(部分)手描图

扎营卡迭石南部

（拉美西斯二世）统治的第5年，夏季的第3个月的第9日，陛下，上、下埃及之王，乌塞尔玛阿特拉塞泰普奈拉[1]；拉之子，拉美西斯-美利阿蒙[2]，得享永生！此时，陛下在扎黑[3]取得了战役的第二次胜利，他极目远眺，愿他长寿、繁荣和健康，陛下在卡迭石南部的高地上安营扎寨。

【注释】

〔1〕乌塞尔玛阿特拉塞泰普奈拉（User-Maat-Re-setep-n-Re），拉美西斯二世（Rameses Ⅱ）的第四王名。

〔2〕拉美西斯-美利阿蒙（Ra-meses-mery-Amen），拉美西斯二世的第五王名。

〔3〕扎黑（Djahy），地名，位于古代巴勒斯坦和腓尼基地区，位置大致在乌伽里特城东部。

虚假的情报

陛下像升起的太阳神拉那样显现，全身穿戴着他的父亲，战神蒙图的盔甲。（之后）陛下（带领军队）向北行军，到达了一座名为什布图恩[1]的城市南部。此时，两个贝都因人[2]悄然而至，他们告诉陛下：我们的兄弟是与可恶的赫梯人在一起的部落首领们，他们派我们转告陛下："我们愿为法老效力，愿他长寿、繁荣和健康，我们将脱离可恶的赫梯人。"于是，陛下就问他们："他们在哪？你们是为告知陛下（敌人）的意图而来的吗？"他们告诉陛下："赫梯王子所在的地方，可恶的赫梯人所在的地方是[……]。此时，可恶的赫梯人已经在图尼普[3]的北部——阿勒颇[4]地区安下营帐。赫梯王因畏惧法老，愿他长寿、愿他繁荣、愿他健康，而不敢南向。"其实，这些贝都因人的进言都是无稽之谈。可恶的赫梯人派他们去刺探陛下驻地的虚实，只为了阻止陛下与可恶的赫梯人交锋。因而可恶的赫梯人派了贝都因人来向陛下进言。

【注释】

〔1〕什布图恩（Shbtuen），也可译为"沙伯图纳（Shabtuna）"，奥伦特斯河上的一处地名，位于河东岸，卡迭石城南部。

〔2〕贝都因人,阿拉伯沙漠中的游牧民族,逐水草而居,放牧为生。

〔3〕图尼普(Tunip),地名,大致位于今叙利亚地区,其范围包括阿勒普城。

〔4〕阿勒颇,幼发拉底河西部的一座城市,位于叙利亚境内。

军队的位置

接着,可恶的赫梯人带着他们的步兵和战车兵,带着那些赫梯统治下的各小国王子所率领的步兵和战车兵出发了。他们以此为掩护排兵布阵。但是陛下对此却一无所知。陛下只顾向北行军,抵达了卡迭石城的西北部,他们在此安营扎寨。陛下端坐于金银合金制成的王座上,屹立于卡迭石城的北部,奥伦特斯河〔1〕的西边。

【注释】

〔1〕奥伦特斯河,发源于巴勒斯坦境内的山区,最后汇入荷莫斯湖。

真实的战况

此时,一个埃及侦察兵绝尘而来,他曾是陛下的贴身侍卫。他带来了两个(抓获的)赫梯侦察兵。那两个赫梯侦察兵被带到陛下面前,陛下问道:"你们是谁?"他们答道:"我们是赫梯人,赫梯王让我们侦查陛下的确切位置。"接着,陛下又问道:"他在哪? 那可恶的赫梯人在哪里? 我听说他在阿勒颇的土地上!"他们答道:"啊! (你们的)敌人已经来了,与他一起袭来的还有很多异邦小国(的军队),他们全都支持赫梯人,敌人有的来自达尔登尼〔1〕,有的来自纳哈林〔2〕,还有的来自克什克什〔3〕、迈斯〔4〕、普德斯〔5〕,也有来自西里西亚〔6〕的,同时还联合了吕西亚〔7〕、卡克米什〔8〕、卡迭石和阿勒颇等城邦。他们都有步兵和战车兵,且个个手执武器,蓄势待发。他们人数众多,如同沙尘。看啊! 他们在卡迭石城后面停下,排兵布阵。"

【注释】

〔1〕达尔登尼(Dardeny),地名,位于小亚细亚半岛西部地区,曾是古代赫梯的势力范围。

〔2〕纳哈林,即米坦尼,位于叙利亚北部,靠近幼发拉底河上游地区。

〔3〕克什克什(Keshkesh),地名,位于小亚东部,赫梯首都哈图沙东北部、黑海沿岸。

〔4〕迈斯(Mes),地名,位于小亚东部,赫梯首都哈图沙东北部,古代迈锡尼人的殖民地,是海上民族的祖先。

〔5〕普德斯(Pudes),地名,位于赫梯首都哈图沙南部地区。

〔6〕西里西亚,地名,今意大利西里西亚地区。

〔7〕吕西亚,也称卢卡地区,小亚西部爱琴海沿岸地区,靠近罗德岛一侧,卢卡人或吕西亚人也被认为是海上民族的祖先。

〔8〕卡克米什,地名,位于阿勒颇北部约100公里处,靠近幼发拉底河上游地区。

拉美西斯二世召集作战会议

于是,陛下将众将领召集到跟前,他将刚才两个赫梯侦察兵的话如实相告。陛下对他们说:"看那些要塞的首领和臣属于法老,愿他长寿、繁荣和健康,和法老土地上的王子们,他们告诉法老,愿他长寿、繁荣和健康,邪恶的赫梯人在阿勒颇的土地上,因为当他听到陛下亲临阵前时,已随即撤退了。他们每天都会向陛下启奏这些军情。可是我刚才从两个赫梯侦察兵的口中得知,赫梯人的确来了,并且有许多异邦小国与他一同袭来。他们人马众多,犹如沙尘。敌人已经在卡迭石的旧城附近驻足并隐蔽了起来。但是,那些异邦的统治者和王子虽然在法老的土地上,愿他长寿、繁荣和健康,却从未告知赫梯人攻来(的消息)!"

陛下面前的众将领如此答道:"那些要塞的军事首领和臣属以及法老土地上的王子们罪责难逃,法老,愿他长寿、繁荣和健康。他们没有发觉可恶的赫梯人的动向,也没有每日向陛下报告敌情。"于是,当部队行至沙伯图时,维吉尔当即下令军队快速行进,以尽快赶到陛下所在的地方。

战斗中的拉美西斯二世

正当陛下与众臣商谈时,邪恶的赫梯人的步兵和战车兵一同袭来,与他们在一起的是很多异邦军队。他们穿过卡迭石城南部的一处浅滩,他们中攻直入,切入到陛下那正在行军且毫无防备的部队中央,而陛下的步兵和战车兵正在向北增援的途中。因此,可恶的赫梯人趁势将陛下的近卫军团团围住。

此时,陛下看见了敌人,他立即起身,迎头痛击敌人,就像他的父亲底比斯之主——蒙图神那样。他拿起战袍,披上战甲,那时的他就像苏泰赫神[1]那样。他驱赶着他的战马"底比斯必胜",孤身犯险,勇往直前。陛下勇力过人,性情刚毅,他的身边围绕着一团烈火,他呼啸而过,灼烧着每一个异邦敌人。他那双眼灼灼生辉,让那敌人不敢正视,他的灵魂也用火焰与敌人战斗。陛下根本就没有把敌人放在眼里,他视敌人如草芥。

那时,陛下冲入敌阵,周围是赫梯人与跟随他们的异邦小国军队,陛下如苏泰赫神那样,勇力非凡,仿佛是那狂暴的塞赫迈特女神[2]。陛下竭尽全力,诛杀赫梯敌人,击杀他们的所有首领和部卒,擒杀所有跟随赫梯人的异邦小国的军队,包括异邦小国的步兵和战车兵。(所有的人)在陛下面前纷纷倒下。尽管陛下孤身一人,无人相随,但他仍一马当先,冲入敌阵,纵横冲杀。敌人被他悉数击倒,(陛下作战)犹如摧枯拉朽。陛下将敌人迎面打倒,又把他们一个个都扔进了奥伦特斯河中。

【注释】

〔1〕苏泰赫神,即塞特神,古代埃及神话中的暴风之神,也是下埃及三角洲地区的守护神。

〔2〕塞赫迈特女神,古埃及战争和力量女神,常以狮子头配上女性身体形象出现。

拉美西斯二世自我赞誉

(陛下说道:)尽管我孤身犯险,即使我的步兵和战车兵都离我而去,无人回转,我仍然歼灭了异邦(的敌人)。我像圣兽般追赶他们!(我发誓),只要我活着,拉神就会喜爱我,我的父亲阿图姆神[1]就会眷顾我。(因为)我如实做了(该做的事),(那就是)在我的步兵和战车兵面前,我就像我所说的那样,身先士卒,(我所说的都)千真万确!

【注释】

〔1〕阿图姆神,古代埃及赫利奥坡里斯创世神话中的创世神。

2. 专制主义中央集权统治

新王国时期专制主义中央集权统治空前强化。在官僚统治机构中,宰相维吉尔具有一人之下万人之上的国家管理权力。因此,解析维吉尔的职责,对探究这一时期的行政管理体系有着重要意义。

2.1 瑞赫米拉的职责

瑞赫米拉(Rekhemire)是古代埃及第十八王朝时期的维吉尔,因此该文献也叫"维吉尔的职责"。该铭文主要包括 3 部分:一是简短的关于瑞赫米拉的

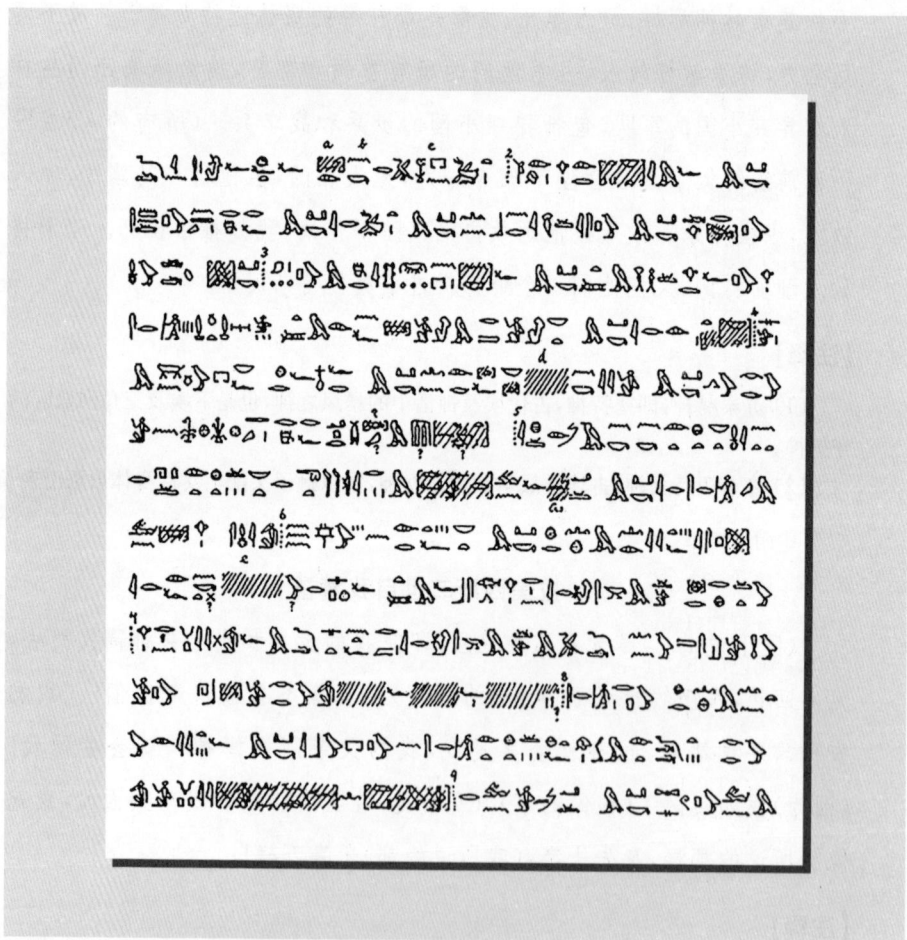

图 46　瑞赫米拉的职责(部分)手描图

生平,二是国王图特摩斯三世的就职演说,三是关于维吉尔职能的表述。该铭文是研究新王国时期埃及行政管理体系的最为重要的文献资料之一,具有很高的史料价值。本书译注的是该铭文的第三部分,即维吉尔的职责。

本译文所用原始文献来自福克纳的版本①,同时参阅了塞特和海尔克②,以及戴维斯③的版本。译文则参考了布里斯特德④、利克泰姆⑤和博姆⑥的翻译。

关于维吉尔办公情景的介绍

市长、(驻留)南方城市[1]的维吉尔[2]在维吉尔办公厅的职责说明。

关于官员的行为:当维吉尔在办公厅听讼时,他坐在普赫珠椅子[3]上,地面上是芦苇覆盖的讲台,他穿着长袍,背后和脚下都有垫子,[……]他,阿巴杖[4]放在他的手边,前面摆放着30卷皮纸[5],上埃及10委员会在他面前站成两排,内务总管站在他的右手边,护卫站在左手边,维吉尔的书吏站在两边。(出席会议的)每个人都要站在自己的位置上,并按照顺序依次汇报,低级官员不得在高级官员之前汇报。如果一位高级官员说:"在我身边没有人汇报",那么这个人将被维吉尔的信使逮捕。

【注释】

〔1〕南方城市,这里指底比斯。

〔2〕按,"维吉尔"是阿拉伯语,相当于古代中国的宰相。

〔3〕普赫珠(Pkhedju)椅子,古代埃及人待客大厅中的一把高椅子,供主人使用。

〔4〕阿巴(Aba)杖,古代埃及官员使用的象征权力和身份的专用工具。

〔5〕皮纸,古代埃及的法令文书。

---

① R. O. Faulkner, "The Installation of the Vizier," *JEA* 41 (1955), pp.18 - 29.

② K. Sethe, *Urkunden des 18 Dynastie*, Leipzig, 1909, pp.1086 - 1093.

③ N. de G. Davies, *The Tomb of Rekhmire at Thebes*, Vol.II, New York, 1944, pp.84 - 88.

④ J. H. Breasted, *Ancient Records of Egypt*, Vol.II, Chicago, 1906, §§ 665 - 670.

⑤ M. Lichtheim, *Ancient Egyptian Literature*, Vol. II, Berkeley, Los Angeles & London, 1976, pp.21 - 24.

⑥ G. P. F. van de Boom, *The Duties of the Vizier: on the Internal Government of Egypt in the Early New Kingdom*, Leiden, 1987.

维吉尔听取汇报

据点的定时关闭和开放需要向他汇报,南北方要塞的情况需要向他汇报。[1]出入王宫的一切事务都要向他汇报,而他的信使则监察出入中央政府的一切事务。警察总监、警察,以及每个行政区的首脑负责向他汇报事务。

【注释】

〔1〕按,这句话揭示了维吉尔的军事职能。

维吉尔和财政大臣向国王负责

每天当两土地[1]的事务汇总到他的办公厅后,他都要去向国王请示。当他进入王宫时,财政大臣正站在北面的柱廊下。于是,维吉尔从东面的双扇大门进入。财政大臣将迎接他,他(财政大臣)将向他(维吉尔)汇报道:"你的所有的工作都是完善而圆满的。中央政府中的每一个部门都向我汇报说你的所有的工作是完善和圆满的,王权是完善和稳固的。"

接着,维吉尔向财政大臣汇报道:"你的所有的工作都是完善而圆满的,王宫中的每一个部门都是完善和圆满的,每一位守卫都向我汇报了据点定时的关闭和开放。在两个官员相互汇报后,维吉尔将派人打开王宫的每一扇门以确保人们出入,他的信使记录了这一切。[2]

【注释】

〔1〕两土地,即埃及。

〔2〕按,这一段和上一段铭文告诉我们,维吉尔和财政大臣的地位相当,他们互相制约,彼此监督。

审判制度

任何官员不得在他自己的办公地行使审判权力。当一个官员在他的办公地受到严厉的指控时,他的上一级官员将负责把他带到法庭,维吉尔将根据他的罪过惩罚他。任何官员不得在他自己的办公地行使处罚权力。那些必须交与维吉尔的办公厅判决的人,都将被报告给他的上一级官员,这样他就可以把他的下属交与维吉尔的办公厅审判。

信使制度

关于维吉尔派往各级官员的信使。在这些官员面前,信使无需鞠躬,不得被带进办公室。信使只是站在官员们面前,把来自维吉尔的信件口头传达给他们,然后返回。按照信的指令,市长和村长来到审判大厅,但却是信使使维吉尔的指示得以施行[……]。如果信使抱怨:"当我带信给某官员的时候,他带我进入他的办公地,并把东西套在我的脖子上。"那么,一场关于这位官员[和信使]的听讼将被举行。[维吉尔]将根据情况惩罚这位官员,他们将由维吉尔亲自在办公厅审问,除了砍掉四肢以外,他们还将受到其他形式的处罚。[1]

【注释】

〔1〕按,这段铭文告诉我们,维吉尔派出的信使是维吉尔的全权代表,因此需要享受与维吉尔同等的待遇。

犯罪记录

关于维吉尔在办公厅听讼时的情况。对于那些[……]没有完成维吉尔所交付的工作的官员,如果他们在听讼会上不能为自己申辩[1],那么他们将被载入存放在"大监狱"[2]的犯罪记录中。如果一个人不能为他的信使申辩,那么他也要被加上同样的罪。如果他们再犯,那么将会被汇报给维吉尔,并载入犯罪记录,同时说明他们的前科。

【注释】

〔1〕按,这句话揭示出,在古代埃及,司法审判是建立在犯罪嫌疑人有罪,而不是无罪的基础上的。

〔2〕"大监狱",应该是拘留所。

档案管理

关于维吉尔派发的任何一份有关于行政管理的文件,如果仍然没有封存,那么(这份文件的)管理员和责任书吏将把它传送给他[1]。他打开并检查之后,加盖维吉尔的印章后放在合适的地方。如果他需要一份被封存好了的文件,那么相关官员将不需要传送。

【注释】

〔1〕"他",这里指的是官员。

关于土地的诉讼

那些受维吉尔派遣前去处理请愿事件的信使们,他允许他们接待请愿者。如果这个请愿者是因为土地而来,那么维吉尔在咨询土地总管和其他政府官员之后,将亲自传唤他。按照法律,如果他的土地在南部或北部,那么他将允许他保有他的土地2个月之久;而如果他的土地在底比斯附近,那么他只能保有3天。他遵照他手中的法律文书聆讯每一位请愿者。

地方行政管理

现在,他要传唤地方行政官员,他们是由他派出的。他们将地方行政事务上报给他,同时一并将记录成册的政绩上呈,由维吉尔亲自密封。

土地划分

他负责土地的划分。如果请愿者说:"我们的地界有所改变。"那么一位官员将被派出检查地界是否遵循了政府的划分。如果地界果真有所改变,那么维吉尔将取消使地界发生改变的地方政府的划分。

开采矿石

关于每一个矿区,每一支前往矿区探测矿藏的远征军,每一位申请者的申请都将被记录在案,而不仅仅是被倾听。任何一位向国王提出申请的申请者,都要在他的申请被记录在案后向他(维吉尔)汇报。[1]

【注释】

〔1〕按,这句话揭示出所有向国王的申诉都必须经过维吉尔,也就是说,维吉尔是国王和所有申诉者的中间人。

任命官员

中央政府派往地方各市镇的信使由他派遣,监督王室敕令执行情况的巡查官也由他派出。他任命[……]上、下埃及以及南部边界阿拜多斯地区的地方行政官员。在每 4 个月之初,他们带着书面材料和他们的属下向他汇报他们的政绩。中央政府派往地方各市镇的信使由他派遣,监督王室敕令执行情况的巡查官也由他派出。

他召集军队[1]负责法老在埃及南北航行的安全,按照王室的指令,他组织其余的军队驻守底比斯和王室禁地。负责法老出行的船长和军队首领要在他的办公厅聆听他的训示。每一位官员,职级无论是高还是低,都要前往他的办公厅,聆听他的训示。

派遣市长和地方官员监督耕种和收割。依照中央政府的指令,他派人砍伐树木。他派遣行政区的官员在全国上下疏通灌溉水渠。

王官中的警察总监由他任命。他听取他派往全国各地的市长和当地官员的汇报。所有的法律诉讼必须汇报给他。上埃及军事要塞的事务以及每个抢劫犯的拘捕都要汇报给他。他将扰乱社会治安者发配到各地,并由他来进行审判。

他派遣书吏去执行政府的指令。地方行政区的汇报都被存放在他的办公厅,以备他听讼每一块土地时查阅。每一块土地、甚至每一块菜地和每一块神庙地产,以及每一块被勘定的土地,都由他来勘定边界。他执行国王的每一个敕令。

【注释】

〔1〕军队,这里指的是警察。

维吉尔的主要职责

　　当一个人和他人诉诸法律的时候,由他来听讼,法官也由他来任命,他还要亲自进行侦讯。只有他才能从国王那里听取命令。

　　他负责对神庙的供品进行分配,把它们分发给那些应该得到它们的人。他在[……]底比斯。他用他的印玺封存文件,他对每一个案件进行听讼。他把献给王室的物品重新进行分配,官员们向他汇报他们的政绩,[……]带到法庭的每一件物品,每一件供品,他都亲自过问。他与财政大臣一起打开仓库,他接收来自各地的贡赋。

　　[……]总管和官员。他为清查的牛登记造册,他每10天记录1次水位[1],[……]办公厅中的每一件事情。市长,村长,以及每一位普通公民都要向他汇报他们的贡品。每一位地区总管,每一位警察,都要向他汇报诉讼,[……]甚至每个月都要向他汇报,特别是贡品。掌印者[……]天狼星的升起[2],尼罗河水泛滥的开始,尼罗河的水位,[……]地区总管,警察[……]。他为需要船只的人派送船只。当国王去出征的时候,国王的每一位信使都由他派出。

　　他[……],每一位海军军官,从高级军官到低级军官,都要向他汇报。他密封呈给国王的每一封信函。携带着国王敕令的信使由他派遣[……]。

　　在维吉尔的办公大厅内,审判大厅的守门人向他汇报所有工作事宜[……]。

【注释】

　　〔1〕按,这里的"每10天"对尼罗河水位的记录是在每月的上、中和下旬各记录一次。

　　〔2〕按,在古代埃及历法中,天狼星携日同升与尼罗河水泛滥同时发生的那一天被定为一年的开始,因此天狼星的观察在古代埃及有着特别重要的意义。

3. 社会经济生活

　　作为埃及的全盛期,新王国时期的埃及不仅专制主义中央集权统治十分稳固,而且社会经济也达到了空前的繁荣。土地买卖活跃,完备的税收体系为国家经济的正常运转提供了保障。

3.1　摩斯诉讼铭文

摩斯是拉美西斯二世时期孟菲斯地区普塔神庙财库的一名书吏。摩斯诉讼铭文主要讲述了发生在摩斯和代理人卡哈伊(Khay)之间的有关摩斯家族土地的诉讼以及他们证词中提到的先前发生的 4 次诉讼。该文献详细记述了摩斯家族内部土地纠纷的全过程,包括提起诉讼、收集证据、庭前辩论及判决执行等法律程序,是我们研究古代埃及民事诉讼的最为重要的文献资料。此外,这一文献对于我们研究古代埃及的税收体系、土地占有情况及官员的受贿行为都具有十分重要的学术价值。

本译文所用原始文献来自科琛的版本①,译文也参照了他的翻译②。

北墙文献③

[……],[……]去做[……],[……]官员(?),将城镇的主要人物带来听取他们的证词。

陈述[由摩斯所做? ……]持盉者谢德罗美特(?),[神的?]拉美西斯二世,[……]:

第 1 次诉讼

就我而言,我是胡伊的儿子,(胡伊)是威瑞尔的儿子,(威瑞尔)是尼什的女儿。在国王乔赛尔-霍普鲁拉-塞太普恩拉[1]——赐予生命之人在位时,就在大法院为威瑞尔和她的兄弟和姐妹达成了一份财产分割协议。王座祭司阿尼伊,大法院的一位官员,被派到了尼什的村子。(财产)在我[2]和我的亲属(兄弟姐妹)之间做了分割。我的祖母,女居民威瑞尔,被任命为她亲属的受托人。

---

① K. A. Kitchen, *Ramesside Inscriptions: Historical and Biographical*, Vol. Ⅲ, Oxford, 1980, pp.418－434.

② K. A. Kitchen, *Ramesside Inscriptions*, *Translated and Annotated Translations*, Vol. Ⅲ, Oxford, 1988, pp.302－312.

③ 现藏埃及开罗博物馆,编号 TN.17/5/25/8。

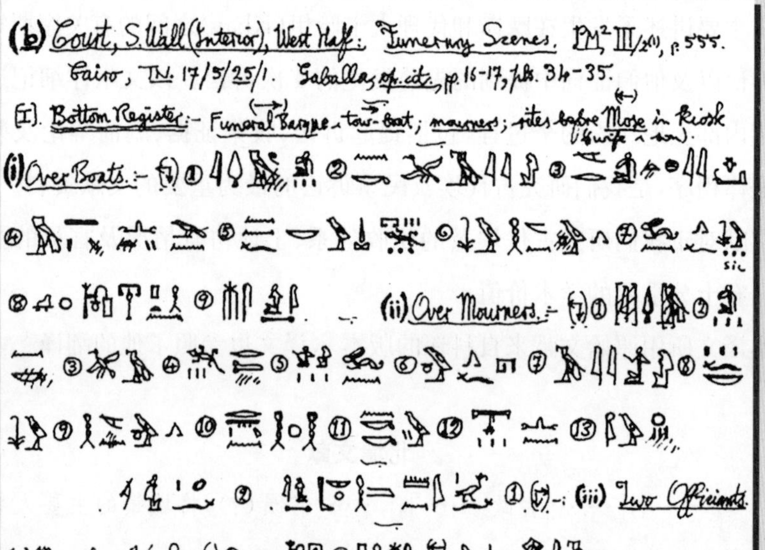

图 47 摩斯诉讼铭文（部分）手描图

【注释】

〔1〕乔赛尔-霍普鲁拉-塞太普恩拉,即第十八王朝最后一位法老赫拉姆海布(Horemheb),此为他的登基名。

〔2〕按,此时的摩斯应该还未出生,因此这里面的"我"应该指的是摩斯的祖母威瑞尔。

第 2 次诉讼

(但是),塔胡鲁,威瑞尔的姐妹[和威瑞尔在]大法院[争论起来]。法院的一位官员被派了出来,6 个继承人中的每一个都被告知了他们所得的财产份额。

第 3 次诉讼

是国王奈布普赫提拉[1]将[……]阿鲁拉[2]的土地作为赏赐给了我的祖先尼什,而且自从国王奈布普赫提拉以来,这块土地就一代接一代地传[到今天]。

(所以),胡伊,我的父亲和他的母亲威瑞尔[同他们的亲属]在大法院和孟菲斯法院都争论过。[……]书写。(后来),我的父亲死了。(然后)我的母亲,努伯诺夫瑞特就来耕种我祖先[尼什]的(土地)份额[3],(但是)她却被禁止来耕种它。

【注释】

〔1〕奈布普赫提拉(Nebpkhetyre),即第十八王朝的创建者雅赫摩斯一世(Ahmose I),此为他的登基名,意为"拉神是力量之主"。

〔2〕阿鲁拉(arouras),古埃及用来表示面积的单位,1 阿鲁拉相当于 0.68 英亩或 0.28 公顷。

〔3〕按,在埃及人的思想中,地产具有"份额"的内涵,即为一种个人的使用权。

第 4 次诉讼

(于是)她就控诉了代理人卡哈伊,[他们就被带到了]身处赫利奥坡里斯的维吉尔面前,(这一年)是国王乌斯玛拉塞太普恩拉,拉之子,拉美西斯二世,赐予生命之人,在位的第14＋x年。她抱怨说:"因为我已经被从我祖先尼什的土地上赶了出去。"她又说:"请将来自财库和同样来自法老谷仓部门的土地登记册带来给我。我确信我是尼什的女儿。(财产)已经在我和他们之间做了分割。我不承认我的[原告?],代理人卡哈伊是我的兄弟。"

代理人卡哈伊在第18年于大法院提交了诉讼。(所以),王座祭司阿蒙涅姆普,大法院的一位官员就随着他(即卡哈伊)被派了下来,(但是)带回来了一份伪造的土地登记册。因此,我不再被认为是尼什的子孙。随后代理人卡哈伊就被任命为他亲属的受托人,取代了我的继承权,(尽管)我才是我的祖先尼什的继承人。

现在你瞧,我在我祖先尼什的村子里,其中有我祖先尼什的农场(?),审查我吧,(让我)看看威瑞尔是不是我的父亲,书吏胡伊的母亲,[那个]被称为尼什儿子的人,尽管他并没有被登记在那份由代理人卡哈伊伙同随他前来的法院的官员为了对付我而伪造的土地登记册上。

第5次诉讼

因此,(我)提起了控诉,为了揭露这是一份为了对付我而伪造的登记册。因为,当我先前被审查时,我被发现(记录)在(真实的)文件上。审查我吧,同我的共同继承人一起,在城镇的大人物面前,(然后)看看我还是不是尼什的子孙!

代理人卡哈伊的陈述:

"我是代理人乌瑟海特的儿子,乌瑟海特是特奇威的儿子,特奇威是普瑞霍泰普[的儿子],在国王乔赛尔-霍普鲁拉-塞太普恩拉,赐予生命之人统治时期,他以书面形式将他的土地份额给了我,有人作证。普瑞霍泰普的儿子,马夫长胡伊从国王阿[蒙诺菲斯三世?],赐予生命之人的时代起就已经在耕种它。我在赫连姆海布,阿蒙所爱之人统治时继承了[他],

直到今天。书吏胡伊和女居民努伯诺夫瑞特夺取了我的土地份额,而且她(? 他们)将它转让给了工匠卡哈伊[瑞]。

我向身处赫利奥坡里斯的维吉尔提交诉讼,他让我和努伯诺夫瑞特在大法院维吉尔面前(为我们的情况)进行辩护。我带了我的[证词]和我手中的[文件?],可以追溯到奈布普赫提拉(即雅赫摩斯一世)时代。努伯诺夫瑞特也带来了她的证词。它们都在大法院的维吉尔面前被展示开来。维吉尔对她说:"就这些文件来说,两方中的一方已经写了它们!"然后努伯诺夫瑞特对维吉尔说:"请将财库和法老谷仓部门的土地登记册带来给我!"因此维吉尔对她说:"你所提的非常好。"所以,我们就被带到了北方,去往培-拉美西斯[1],然后他们就进入了法老的财库,包括法老(愿他长寿、繁荣和健康)的谷仓部门。两份登记册被带到了大法院的维吉尔面前。然后维吉尔对努伯诺夫瑞特说:"你继承人中哪一位的名字被列在了我们手中的这两份登记册上?"努伯诺夫瑞特回答说:"它们之中没有(我的)继承人。""那么你是错误的。"维吉尔这样对她说。

后来,王室桌台书吏,孟图伊姆米恩之子,卡哈对维吉尔说:"关于努伯诺夫瑞特,你的决定是什么?"维吉尔对卡哈伊说:"你是王宫里的人,请(你亲自)去财库调查关于她的事情。"后来,卡哈出来后对她说:"我已经检查了这些文件,(但是)你并不在这些文件上面。"

后来王座祭司——阿姆尼姆普被召来并被派遣出去,"召集继承人,向他们明示土地,为他们做一个财产分割。"他这样被指示道,还有孟菲斯的法院。

然后我带来了马夫(?)鲁-伊尼乌-玛,[伴有头衔,⋯⋯]他曾经是马监。法院的官员阿姆尼姆普召来了摩斯曼,说:"过来,[来看看这个划⋯⋯]他被召唤到了西岸。我分到了 13 阿鲁拉的土地,有[⋯⋯阿鲁拉的]土地分给了[其他的继承人,⋯⋯]在城镇的主要人物面前。"

【注释】

〔1〕培-拉美西斯,地名,位于尼罗河三角洲地区东部,开罗东北 100 公里处的坎

提尔地区,是拉美西斯二世统治时期为防御来自西亚的进攻而建造的新都。

证人证言

牧羊人摩斯曼所做的陈述[……讲道]:

"[以阿蒙永恒的名义],以统治者永恒的名义担保!我为法老所说的都是真的,我绝不说谎!如果我所言不实,(那么)就割掉[我的鼻子和耳朵,而且把我流放到库什]!关于威瑞尔的儿子,书吏胡伊,据说(他是)尼什的儿子(后代)。我见过[这些。关于威瑞]尔,[……]土地。"

代理人卡哈伊所做的陈述:

"以阿蒙和统治者永恒的名义担保!关于书吏胡伊,(他)是威瑞尔的儿子,(威瑞尔)是尼什的女儿(后代),[我要大声说]出来,'这根本不是真的,而且我会抵抗到底!'(然后)以阿蒙和统治者永恒的名义担保!没有[……如果他们要求耕种](它),那就让他们(的声音)不被听见![……如果……某事被要求?……]超出了他们的声明,(那么)就拿走他们的收获![……]"

他的进一步陈述:

"以[阿蒙]永恒的名义担保,以统治者[永恒]的名义担保!应该进行调查,(如果)被发现我耕种了[不属于我的其他人的](土地)份额,[位于]我的控制之下(?),(那么)我将会被处置!"

普塔神庙祭司所做的陈述,[……]

"以阿蒙和统治者永恒的名义担保!我所说的是[真实的],[我不会说]谎。而且(如果)我说假话,(那么)就割掉[我的鼻子]和我的耳朵,而且让我被(流放)到库什!我知道[……书吏胡伊],是威瑞尔的儿子,他年复一年地耕作着[他的]土地,一边忙着耕种它们,一边说:'我是威瑞尔的儿子,(威瑞尔)是[尼什的女儿]。'"

霍瑞[所做的陈述],法老财库的养蜂人,愿他长寿、繁荣和健康:

"以阿蒙和统治者永恒的名义担保!(如果)我所言不实,(那么)就割

掉我的鼻子和我的耳朵[而且让我被(流放)到库什!][关于书吏胡伊],
(他是)威瑞尔的儿子。关于威瑞尔,(她是)尼什的女儿。"

马夫长奈伯努弗尔所做的陈述如下:

"关于书吏胡伊,他过去年复一年地[耕种他的土地],做(这些)就像
他喜欢的那样,他们一年又一年地为他收获他田地里的农作物。而且他
过去曾[和女居民塔]胡鲁争执,(她)是士兵斯门塔威的母亲,而且他和她
的儿子斯门塔威争论,[这土地]应该被分配[给]胡伊;他们是(如此)地
确定。"

马夫布特扎尔特夫所做的陈述如下:

"关于书吏胡伊,(他是)威瑞尔的儿子;关于威瑞尔,(她是)[尼什的
女儿]。"

滕特-巴-伊哈伊所做的陈述:

"以阿蒙和统治者永恒的名义担保!(如果)我所言不实,(那么)我将
会被驱逐到房子的后面!关于书吏[胡伊],(他是)威瑞尔[的儿子];关于
威瑞尔,(她是)尼什的女儿。"

女居民,皮皮-埃姆-威亚所做的陈述类似。

女居民图雅所做的陈述类似。

南墙文献: 主要部分(1—16)

[……]

女市民玛雅在[大]法院前所做的陈述,在[……的时间?]威瑞尔他的母
亲;这[……]拿走[……]交给我的粮食。我为自己带来了代理人[……]。

[头衔所做的陈述,……]:

"以阿蒙和统治者永恒(圣洁)的名义担保![……]我被剥夺了我的
份额。"

一份抄录被誊写和放置在法老的审判厅,愿长寿、繁荣和健康。[……]
法官。

他们的名单：

城市管理者和维吉尔，伊瑞-[……]。

战车的[……]，[……]奥-阿-[……]。

要塞司令，阿雅。

军队司令，胡伊。

[……，头衔，……]

王室代表，鲁尔利亚。

王室代表，阿蒙摩斯。

垫子/土地登记册书吏，阿[……]

垫子/土地登记册书吏，[……]摩斯。[1]

今天于法庭面前，

在国王统治下的第58(或59)年[2]：

上、下埃及之王：乔赛尔-霍普鲁拉-塞太普恩拉；

[拉之子]，赫连姆海布，阿蒙所爱之人。

审查的抄录由[王座]祭司阿尼伊[所做]，他是法院的一名官员，(抄录是关于)船长尼什的农场(?)，[其位于]尼什的村庄中，如下：

我到达了尼什的村庄，这块土地所在的地方，女居民威瑞尔和女居民塔胡鲁所争论(的对象)。她们召集了尼什的后嗣，还有城镇的主要人物，他们[对]尼什的农场(?)进行了[访问]，来听取她们各自的陈述。

尼什的证人名单：

女居民库库雅。

女居民霍努伊-威奇布。

[……][士兵](?)巴卡，总共四人。

来自城镇的证人名单，他们愿意发誓：

田地上的雇工/劳工，赫里-赫尔-奈弗尔-霍尔；

他们的联合声明：

"以阿蒙和统治者永恒(圣洁)的名义担保！我们所讲的是真实的。

[……]。关于我,我来自这个定居点/城镇[……? 今天]。我知道船长尼什的农场(?),它一直在这些后嗣们的控制下[……]。[……]在埃赫塔吞[3] 的堕落者[4] 的时代,[……]

埃赫塔吞,(就是)那个人(即法老)所在的地方。女居民舍里特里,女居民的母亲塔胡鲁[……]阿里出现[……]在了农场(?),耕种[……]关于(?)舍里特里,塔胡鲁的母亲。

现在[以后……]。

【注释】

〔1〕按,以上所列名单为大法院的组成人员。

〔2〕按,由于埃赫那吞所进行的废除阿蒙神崇拜的宗教改革导致埃赫那吞死后被拉美西斯时代的法老们认为是异端,包括他在内的阿玛那时代的 4 位法老(埃赫那吞、斯门卡拉、图坦卡蒙和阿伊)的统治年代,大约 35 年,都被归入到赫连姆海布的统治年代。

〔3〕埃赫塔吞(Akhetaton),地名,位于埃及中部地区,第十八王朝国王埃赫那吞为崇拜阿吞神所建造的新都。

〔4〕堕落者,指阿蒙霍特普四世,后称埃赫那吞。由于其在位期间进行以阿吞神崇拜代替阿蒙神等多神崇拜的一神教改革而被称为"异端"。

3.2　都灵税收纸草文书

都灵税收纸草书写于第二十王朝末期拉美西斯十一世统治时期(前 1099—前 1069 年),其书写者是当时的大墓地书吏宅胡提摩斯。纸草分为正反两面,正面记录了拉美西斯十一世统治的第十二年书吏宅胡提摩斯在库什总督帕奈赫西的命令下,于不同时间前往底比斯南部几座小城征收谷物并将其运至底比斯储藏的情况。此外,正面还记载了将部分谷物分发给工人的情况。纸草背面所包含的信息较少,记录了拉美西斯十一世统治的第 14 年书吏征收谷物的情况。都灵税收纸草详细记录了拉美西斯十一世统治时期的税收流程、储粮经过、缴税者的身份和上缴谷物的具体数目。因此,它是研究新王国后期埃及社会经济生活的主要文献资料,具有很高的学术价值。

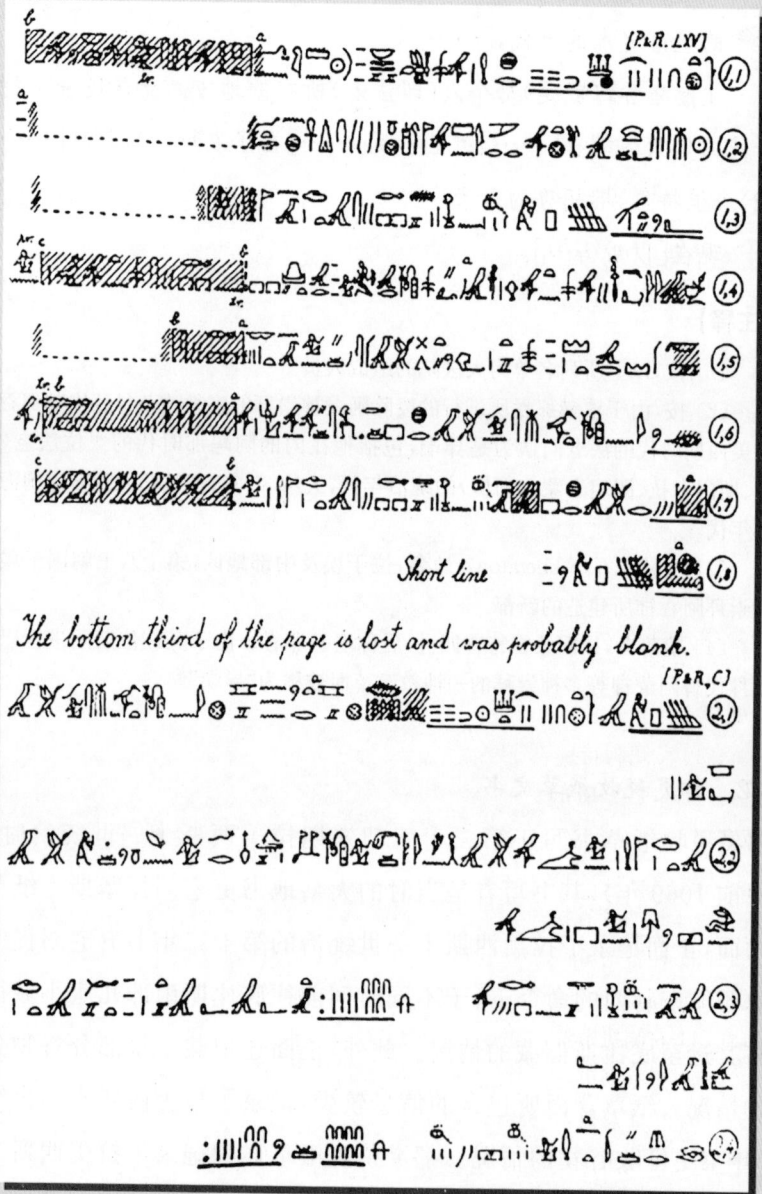

图 48　都灵税收纸草文书(部分)手描图

本译文所用原始文献出自伽丁内尔的版本①,同时亦参照了他的英文翻译②。

纸草正面

(拉美西斯十一世统治的)第 12 年,泛滥季第 2 月的第 16 日,上、下埃及之王和两土地之主,蒙玛阿特拉-塞泰普恩-普塔;拉之子和双王冠之主,拉美西斯-卡伊姆瓦塞特-迈瑞阿蒙[1],赫利奥坡里斯众神的统治者,被赐予永恒生命[……]来自法老卡塔土地[2]的谷物接收文件,从上埃及[……]神庙先知们[3]的手中收取。法老之右侧执扇者[4]、王室书吏[5]、将军、[法老]粮库总监[6]、[库什王子][7]、南部外国土地总监[8]、[法老]弓箭手之首[9],帕奈赫西[……]

(税单)由书吏宅胡提摩斯记载,他(在)高贵而宏伟的大墓地[10](任职),[该大墓地属于万寿无疆的法老]。

由索白克[11](神庙)先知帕赫尼将(这些从)法老的卡塔土地(收上来的)谷物送至大墓地。

【注释】

〔1〕蒙玛阿特拉-塞泰普恩-普塔(Menmaatre-setepen-ptah)、拉美西斯-卡伊姆瓦塞特-迈瑞阿蒙(Ramesses-kaymwaseth-meryamon),是拉美西斯十一世的第四、第五王名。

〔2〕按,该类土地由法老划拨给神庙,名义上属于法老,但是实际使用权归于当地神庙。土地所产谷物的一部分以税收的形式上缴给法老,用以供养工匠村的工人。

〔3〕神庙先知们,即高级祭司。底比斯阿蒙神庙有四个先知,其中"阿蒙第一先知"的地位最高,仅次于维吉尔,他们的主要职责是管理阿蒙神庙的祭祀活动和财产收支。

〔4〕右侧执扇者,一种官衔。

〔5〕王室书吏,一种官衔。

〔6〕粮库总监,一种官衔。

〔7〕库什王子,一种官衔。新王国时期,下努比亚是埃及的属地,埃及派驻该地的

① A. H. Gardiner, *Ramesside Administrative Documents*, Oxford: Griffith Institute, Ashmolean Museum, 1968, pp.36 - 44.

② A. H. Gardiner, "Ramesside Texts Relating to the Taxation and Transport of Corn," *JEA* 27 (1941), pp.22 - 37.

最高统治者被称为"库什王子",即"库什总督"。

〔8〕南部外国土地总监,一种官衔,常与"库什王子"一起连用。

〔9〕弓箭手之首,一种官衔。

〔10〕按,"大墓地"是专有名词,专指尼罗河西岸底比斯附近的诸多神庙、王室祭葬庙和极少数高级祭司的坟墓。

〔11〕索白克(Sobek),即鳄鱼神。第十二王朝时期,鳄鱼神曾是埃及的主神,其崇拜中心为法尤姆。

[总结]税单如下:

第 12 年,泛滥季第 2 月的第 16 日,在小城伊姆伊特如[1],由宅胡提摩斯和两个守门人[2]负责在此收税。

(他们)从索白克(神庙)先知帕赫尼、书吏萨赫奈弗尔、索白克神庙主管帕温奈什的手中收取(神庙上缴的)$54\frac{2}{4}$ 袋[3]谷物。这些谷物均产于法老的卡塔土地。(在该城)北部湿地,征收迈扎伊[4]昂赫瑞坦提丰收税[5]80 袋。

以上总计:$134\frac{2}{4}$ 袋。

【注释】

〔1〕伊姆伊特如(Imuitru),地名,该小镇位于今埃及盖博林(Gebelein),在底比斯南部 40 公里处。

〔2〕守门人,一种官衔。

〔3〕按,新王国时期,一袋谷物的重量约为 76.88 公斤,为晒干后的谷物重量。

〔4〕迈扎伊(Medjay),原为努比亚一个部族的称谓,新王国时期,这一称谓被用来专门指代警察或"沙漠巡视者"。

〔5〕丰收税,即一种实物税。

第 12 年,泛滥季第 2 月的第 21 日,(由)西城[1]管理者[2]帕乌尔阿在储粮库屋顶查收由书吏宅胡提摩斯从伊姆伊特如收取(的谷物),(并将这些谷物)放入(名为)"谷满仓"的第一粮库。

(放入粮库)$131\frac{2}{4}$ 袋谷物;5 袋大麦;总计:$136\frac{2}{4}$ 袋。

【注释】

〔1〕西城,地名,指的是底比斯西部地区。

〔2〕管理者,一种官衔。按,该词在古王国和中王国时期译为"地方州长",拥有这一头衔的人具有较强的独立于中央政府之外的权力;新王国时期该词多译为"市长",此时拥有这一头衔的人居于中央政府管理之下,其独立性已丧失。

第 12 年,泛滥季第 3 月的第 19 日,在小城阿格尼[1],大墓地书吏宅胡提摩斯和两个守门人收取了 $33\frac{2}{4}+3\frac{2}{4}$ 袋谷物。

第 12 年,泛滥季第 3 月的第 23 日,(在阿格尼收取的谷物已)运送至(底比斯)并交给书吏尼苏阿蒙伊派特和阿蒙神庙女乐师[2]塔威赫努特[3]。(他们)共查收 $33+3\frac{1}{4}+\frac{1}{8}+\frac{1}{32}$ 袋谷物。

(收上来的谷物)不足额[4],共 $\frac{2}{4}+\frac{1}{16}+\frac{1}{32}$ 袋。(预支)给了渔民。

总　计:[……]

【注释】

〔1〕阿格尼(Ageny),地名,现今的阿斯弗-埃尔-马塔阿依那(Asf-el-matayna)。

〔2〕女乐师,一种头衔,拥有该头衔的人多为底比斯高级官员的妻子或女儿。

〔3〕按,书吏尼苏阿蒙伊派特(Nesuamonipet)和阿蒙神庙女乐师塔威赫努特(Tawekhnut)是夫妻关系。

〔4〕谷物不足额,是由于一些渔民预支了神庙将要支付给他们的谷物。

第 12 年,泛滥季第 3 月的第 28 日,在小城伊姆伊特如,(书吏)宅胡提摩斯和两个守门人收取外国人帕赫如 10 袋谷物。

(书吏)宅胡提摩斯共收(谷物):$183\frac{2}{4}$ 袋[1]。

【注释】

〔1〕按,该数目是由前文出现的放入粮库的 $136\frac{2}{4}$ 袋,在阿格尼收的 37 袋和在伊

姆伊特如收取的 10 袋谷物相加而得。

第 12 年，泛滥季第 3 月的第 29 日，将（从）外国人帕赫如（那收取的）
10 袋谷物交给西城管理者帕乌尔阿。（帕乌尔阿又将这 10 袋谷物）付给
田间监管人帕巴克。

第 12 年，泛滥季第 4 月的第 12 日，在底比斯，宅胡提摩斯和两个守
门人收到底比斯之主蒙图神庙（上缴）的 6 袋谷物。这 6 袋谷物由众神之
王阿蒙-拉神庙的高级祭司蒙图阿蒙姆伊奈特的下属，记数书吏尼苏阿蒙
代表神庙上缴。

详细说明：（收取）外国人帕奈赫西 4 袋谷物；（收取）建筑工卡如尔 2
袋谷物。

（以上两位纳税人的纳税额）总计：6 袋。

支付给矿工伊如沙拉 $\frac{1}{4}$ 袋。

第 12 年，泛滥季第 4 月的第 13 日，在（名为）"乌塞尔-玛阿特拉-迈瑞
阿蒙的神龛"[1]的神庙中，由书吏宅胡提摩斯和两个守门人从阿蒙神庙女
乐师、神龛总管赫瑞奈弗尔之妻——玛莎奈弗尔的手中收取 30 袋谷物。

【注释】

〔1〕"乌塞尔-玛阿特拉-迈瑞阿蒙的神龛"，神庙名。乌塞尔-玛阿特拉-迈瑞阿蒙
（Wer-maatre-meryamon），拉美西斯三世的上、下埃及之王名。

第 12 年，泛滥季第 4 月的第 14 日，书吏尼苏阿蒙伊派特和阿蒙神庙
女音乐师塔威赫努特接收（昨日）由书吏宅胡提摩斯和两个守门人在（名
为）"乌塞尔-玛阿特拉-迈瑞阿蒙的神龛"（的神庙中）收取的 30 袋谷物，
该神庙的主管是赫瑞奈弗尔。（尼苏阿蒙伊派特和塔威赫努特负责将这
些谷物）放入名为"谷满仓"的第一粮库中。

在这一天收到底比斯之主蒙图神庙（上缴）的谷物，（这些谷物是从）

外国人乌塞尔哈提提乌手中收取的,共计8袋;再加上之前第12日上缴的6袋谷物,(蒙图神庙)共(上缴)14袋谷物。

第12年,泛滥季第4月的第18日,书吏宅胡提摩斯和船长宅胡提乌沙贝特、船员从西城出发。

第12年,泛滥季第4月的第20日,在小城伊乌尼特[1],由书吏宅胡提摩斯和两个守门人负责在此收税。(他们)从克努姆神[2]和奈布神神庙代理主管帕乌尔阿手中收取402袋谷物。在伊乌尼特的克努姆神和奈布神神庙谷仓,从(该谷仓)书吏帕奈赫西手中收取337袋谷物。

详细说明:从代理主管帕乌尔阿手中收取谷物、从田间监管人萨赫塔奈弗尔手中收取丰收税120袋、又从他和田间监管人布塔赫阿蒙、田间监管人[那赫特]阿蒙手中收取谷物80袋。又从他们手中收取谷物 $6\frac{2}{4}$ 袋,再从他们手中收取谷物 $13\frac{2}{4}$ 袋。总计:220袋。(将这些谷物)放到宅胡提乌沙贝特的船上。

书吏宅胡提摩斯将这一天收到的 $98\frac{3}{4}$ 袋谷物(和)$24\frac{2}{4}$ 袋谷物装运至渔民卡宅瑞特的船上。

总计:$123\frac{1}{4}$ 袋。

共计 $343\frac{1}{4}$ 袋[3]。支付给收税人在收税过程中所需的费用:$6\frac{1}{4}$ 袋。[……]给法老[……]337袋。结算给书吏帕奈赫西65袋谷物。总计:402袋。

【注释】

〔1〕伊乌尼特(Iunyt),地名,现代称为艾斯纳(Esna)。

〔2〕克努姆(Khnum)神,原为尼罗河源头之神,后来被认为是创造人类之神,亦称"陶工之神"和"造物之神"。他常以公羊首人身的形象出现。

〔3〕按,这一数目是由 $123\frac{1}{4}$ 袋谷物和之前装运到船长宅胡提乌沙贝特船上的

220 袋谷物相加得来。

第 12 年,泛滥季第 4 月的第 20 日,底比斯(西城)管理者帕乌尔阿接收由书吏宅胡提摩斯和两个守门人从伊乌尼特收取、分别装载在船长宅胡提乌沙贝特的船上和渔民卡宅瑞特的船上的谷物,337 袋。

详细说明:到达(底比斯后),将渔民卡宅瑞特船上的 $110\frac{1}{4}$ 袋谷物上交给(西城)管理者。给渔民伊提奈弗尔 1 袋谷物,共 $111\frac{1}{4}$ 袋。尚缺 2 袋谷物,(这是由于支付给)守门人赫恩奈苏摩斯 $1\frac{1}{4}$ 袋,尼苏阿蒙 $\frac{1}{4}+\frac{1}{8}$ 袋、给渔民卡宅瑞特 $\frac{1}{4}$ 袋。

到达(底比斯后),将船长宅胡提乌沙贝特船上的 $203\frac{3}{4}$ 袋谷物上交给(西城)管理者,支付给船长 20 袋。共计 225 袋。

第 12 年,冬季第 4 月的第 5 日,大墓地书吏宅胡提摩斯和宅邸守门人宅胡提摩斯[1]从阿蒙神庙记数书吏尼苏阿蒙手中收取小麦 $8\frac{2}{4}$ 袋;大麦 $2\frac{1}{4}$ 袋。

详细说明[2]:(从)储藏库负责人宅胡提姆海布(手中收取)7 袋;(收取牛群)烙印者[3]帕赫尔 $1\frac{2}{4}$ 袋,(收取两人)共 $8\frac{2}{4}$ 袋;(收取)牧羊人米阿阿 $1\frac{2}{4}$ 袋;(收取)农民赫斯摩斯 $\frac{3}{4}$ 袋,(收取两人)共 $2\frac{1}{4}$ 袋。总计: $10\frac{3}{4}$ 袋。

在这一天,[……]将书吏宅胡提摩斯(收上来的)$10\frac{3}{4}$ 袋(大麦和小麦)运至(底比斯,并交给)在玛伊乌[4]神庙计量处[5](工作的)阿蒙神庙女音乐师塔威赫努特。

同一天,在小城那派尔伊姆[6],从帕赫西宅邸的牧羊人手中收取 4 袋谷物。(从)警察之首尼苏阿蒙手中收取 1 袋谷物,从渔民哈瑞(手中收取)$1\frac{2}{4}$袋(谷物),(从)渔民帕赫特特姆赫尔(手中收取)$1\frac{2}{4}$袋(谷物)。

在小城伊姆伊特如,记数书吏尼苏阿蒙从外国人伊乌努手中收取谷物 12 袋;(收取)外国人帕赫尔 $1\frac{2}{4}$ 袋(谷物)。总计：$13\frac{2}{4}$ 袋谷物。

【注释】

〔1〕按,此人与大墓地书吏宅胡提摩斯同名。

〔2〕按,此下欲解释尼苏阿蒙上缴的 $10\frac{3}{4}$ 袋大麦和小麦是从下文列举的人员手中收取的。

〔3〕烙印者,即在牛身上做印记的人,以此识别牛的主人。

〔4〕玛伊乌(Mayiu),神名,具体职司不详。

〔5〕计量处,一个称量谷物的机构。

〔6〕那派尔伊姆(Naper-imu),地名,地理位置不详。

第 12 年,夏季第 1 月的第 9 日,从伊姆伊特如带来从外国人伊乌努(手中收取)的 12 袋大麦,外国人帕赫尔 $1\frac{2}{4}$ 袋谷物,共收 $13\frac{2}{4}$ 袋。在那派尔伊姆,收取帕赫曼之子,牧羊人帕奈赫西 4 袋谷物,(收取)警察之首尼苏阿蒙 1 袋谷物,共计 5 袋。(这些谷物)均由阿蒙神庙女音乐师塔威赫努在粮库接收。(并将)12 袋(大麦)和 $6\frac{2}{4}$ 袋谷物〔1〕放入名为"谷满仓"的第一粮库中,(将)$18\frac{2}{4}$ 袋谷物放入名为"净土"的储粮库中。

第 12 年,冬季第 4 月的第 13 日,两个守门人(从由)阿蒙神庙记数书吏尼苏阿蒙所负责的法老仓库(收取)4 袋和 20 袋谷物。(从)尼苏阿蒙(手中本应)(收取)72 袋谷物,(但是,今日加上前几日他所上缴的谷物一共才)$55\frac{3}{4}$ 袋。尚缺 $16\frac{1}{4}$ 袋。

第 12 年,冬季第 4 月的第 13 日,从书吏萨赫特奈弗尔手中收取外国人伊瑞 20 袋谷物。

详细说明：伊姆伊特如之主索白克神神庙尚欠 $10\frac{2}{4}$ 袋谷物。众神之王阿蒙-拉神庙记数书吏尼苏阿蒙负责的法老粮库(欠)8袋谷物。索白克高级祭司多交 $1\frac{2}{4}$ 袋。总计：20袋。

[在这一天]收取[……]；从阿蒙神庙记数书吏尼苏阿蒙手中收取(放于)法老仓库中的谷物；从[……][……]

[从阿蒙神庙记数书吏]尼苏阿蒙手中收取。分给姆特神神庙祭司,3袋[……]总计[……]

【注释】

〔1〕$6\frac{2}{4}$ 袋谷物,是由外国人帕赫尔上缴的 $1\frac{2}{4}$ 袋谷物、牧羊人帕那赫西上缴的4袋谷物和警察之首尼苏阿蒙上缴的1袋谷物相加而得。

纸草背面

第14年,泛滥季第1月的第10日,从哈托尔[1]先知尼苏阿蒙手中收取大麦30袋。

详细说明：

外国人帕克蒙 $5\frac{1}{4}$ 袋。

外国人玛瑞伊4袋。

外国人培塔胡特瑞西 $6\frac{2}{4}$ 袋。

外国人帕克蒙,帕瓦伊蒙之子[2]$\frac{2}{4}$ 袋。

外国人帕宅胡提 $\frac{2}{4}$ 袋。

外国人尼苏阿蒙 $3\frac{2}{4}$ 袋。

外国人伊瑞 $3\frac{2}{4}$ 袋。

外国人伊乌咖本 3 袋。

从先知手中收取 $\left[\frac{3}{4}\right]$ 袋。

[……]总计：30 袋。

【注释】

〔1〕哈托尔,古埃及爱神、舞蹈之神、音乐之神。

第 14 年,泛滥季第 1 月的第 11 日,(在)小城西蒙[1](收税)。

外国人帕瑞努特 $2\frac{2}{4}$ 袋。

外国人阿奈苏弗 10 袋。

外国人阿卡乌奈弗尔 $7\frac{2}{4}$ 袋。

外国人帕奈赫西 4 袋。

总计：24 袋。

【注释】

〔1〕西蒙(Simon),地名,位于盖博林附近。

在伊姆伊特如收到：

外国人赫迈提瑞 3 袋。

外国人帕克蒙 2 袋。

外国人帕塔胡特瑞西 3 袋。

外国人帕赫尔恩伊蒙图[4]袋。

外国人卡查伊 $3\frac{3}{4}$ 袋。

外国人阿图瑞伊[3]袋。

［外国人］索白克斯阿奈赫［……］

［外国人］［……］

泛滥季第 1 月的第 25 日。这一天,在伊乌尼特,从神庙书吏帕奈赫西手中收取克努姆神和奈布神神庙 80 袋谷物。

泛滥季第 2 月的第 7 日。这一天,从神庙书吏帕奈赫西手中收取 70 袋谷物。总计:150 袋。

泛滥季第 2 月,第［……］日。

在这一天,从阿蒙先知帕阿哈伊手中收取 10 袋谷物。

4. 宗教信仰和社会伦理

古代埃及没有成文法典。为此,埃及人用宗教文献来约束人们的现世行为,用教谕文献来展示社会伦理道德。新王国时期的丧葬文献亡灵书,在继承古王国时期金字塔铭文和中王国时期棺木铭文基本教义的基础上,更加倡导个人虔诚是获得永生的必要条件,从而使埃及宗教信仰更加平民化。

4.1　亡灵书(第 125 章)

亡灵书是古代埃及重要的丧葬文献之一,出现于新王国时期。下文选取了其中最为重要也是最为精彩的第 125 章的部分进行译注,借以展现新王国时期埃及人的丧葬习俗和宗教观念。第 125 章的主要内容为死者在世清白的声明,同时伴有死者和众神法庭成员进行问答的场景。死者用他的神秘知识来回答众神提出的问题,并在对答过程中把奥西里斯之死的场景详细展现出来。

该文献的原始版本由查尔斯·梅斯特整理出版[1],威尔森[2]、巴盖特[3]、埃

---

[1] Charles Maystre, *Les declarations d'innocence* (*Livre des Morts, chapitre 125*), Recherches d'archeologie, de philology et d'histoire 8, Cairo, 1937.

[2] J. A. Wilson, in *Ancient Near Eastern Texts Relating to the Old Testament*, ed by J. B. Pritchard, Princeton, 1955, pp.34 - 36.

[3] P. Barguet, *Le Livre des Morts des anciens Egyptiens*, LAPO 1, Paris, 1967, pp.157 - 64.

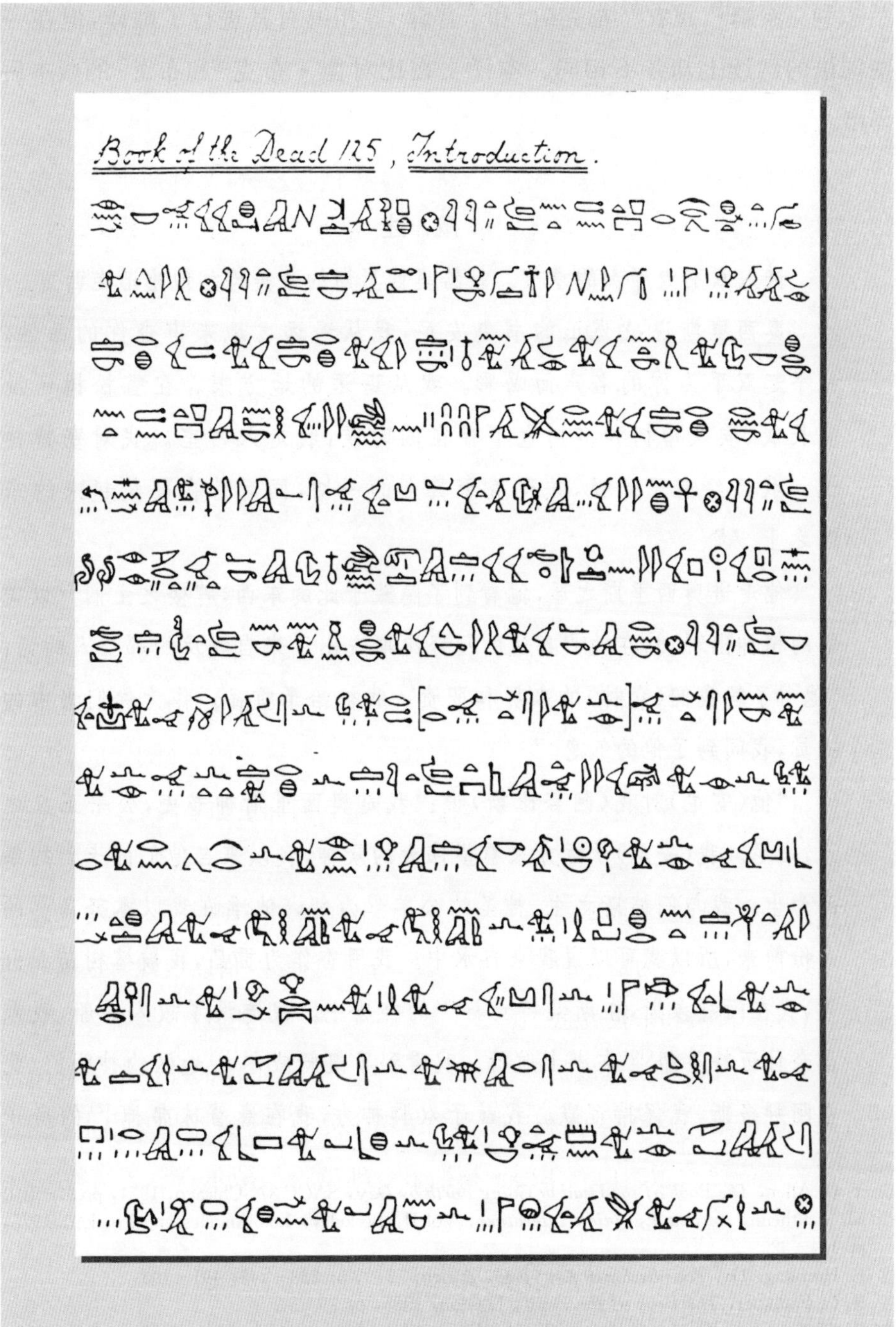

图 49　亡灵书第 125 章(部分)手描图

兰①、利克泰姆②、霍农③、福克纳④和辛普森⑤等相继对其进行了翻译,但在一些词语的解读上却各不相同。本译文在比对德·布克⑥和布奇⑦的版本后译出。

概　述

进入双羽大厅⑴的章节。献给奥西里斯的赞美诗。他生活在西方。

奥西里斯说:"公正的书吏安尼,我从遥远之地来审查你的品性。我举起双手为你的名声而喝彩。我从遥远的地方来。在雪松树还没有长成、埃及榕树和柳树也不存在的时候,我走入密室。我对塞特神说:'我已经有了呼吸,并覆盖于其上的一切,同时落在秘藏起来的东西之上。'"

他走进奥西里斯之屋,他看到了隐藏于此的东西,牌楼之主们⑵以美丽的精神出现,站在他⑶身边的阿努比斯说出了来自埃及的那个人的话:"他⑷了解我们(众神)的来历和职责。我被给予贡品。作为你们当中的一员,我闻到了他的气息。"

"他(安尼)对我(阿努比斯)说:'我是奥西里斯神书吏,公平正义之人,安尼。我(安尼)从远方来看望伟大的众神,我以来自他们的卡⑸的祭品为生。我与门德斯之主、神圣的公羊⑹为邻。他准许我以本努鸟⑺的身份前来,所以我可以说我来自水中。我用香作为贡品,我被榕树苗⑻引领,我在阿拜多斯,在斯柴特女神⑼的神庙中。我淹没了敌人的船,我乘坐奈什迈特圣船⑽在湖上航行。我看到了凯姆威尔⑾地区的神明们,我在阿拜多斯,我保持沉默。我赋予双脚神力,我在泰普珠弗神⑿的房子

① T. G. Allen, *The Book of the Dead or Going Forth by Day*, SAOC 37, Chicago, 1974, pp.97 - 101.
② M. Lichtheim, *Ancient Egyptian Literature*, Vol. II, Berkeley, Los Angeles and London, 1976, pp.124 - 32.
③ E. Hornung, *Das Totenbuch der Aegypter*, Zurich, 1979, pp.233 - 245, 491 - 493.
④ R. O. Faulkner, *The Book of the Dead*, London, 1985, pp.29 - 34.
⑤ W. K. Simpson, *The Literature of Ancient Egypt*, New Haven and London, 2003, pp.267 - 277.
⑥ A. de Buck, *Egyptian Readingbook*, Chicago, 1948, pp.116 - 123.
⑦ E. A. Walls Budge, *The Egyptian Book of The Dead*, New York, 1967, pp.189 - 215.

里,我看到了神庙前的那些神。我进入奥西里斯之屋,我掀开了那些人的头巾,我进入瑞斯查乌[13],我看到了在那里的那些人,我躲藏了起来,我发现了一条通道。我进入尼阿瑞瑞弗[14],我穿上了衣服,以遮蔽我赤裸的身体。我给予围墙(?)内的女人以没药。'"

"注意,他对我说了关于他自己的这些事情。我说:'请在我们之中进行称量。'"

然后陛下[15]对阿努比斯说:"如果你知道这个门的名字,请告诉我。"

然后奥西里斯的书吏,公平正义之人安尼说道:"'远离舒神'是这扇门的名字。"于是,陛下对阿努比斯说道:"你知道上下门扇的名字吗?""'双脚之上的正义之主'是上门扇的名字,'力量之主,牲畜的管理者'[是下门扇的名字]。""你通过了,你了解奥西里斯,你是底比斯众神贡品的书吏、公正的荣誉之主安尼。"

【注释】

〔1〕双羽大厅,即下文的真理大厅。

〔2〕牌楼之主们,指众神法庭的四十二位神。

〔3〕"他",这里指死者安尼。

〔4〕"他",这里指死者安尼。

〔5〕卡,指古代埃及宗教中的精神。

〔6〕门德斯之主、神圣的公羊,即阿蒙神。

〔7〕本努(Bebenu)鸟,古代埃及神话传说中的凤凰。

〔8〕榕树苗,生长于冥界的树。

〔9〕斯柴特(Stjet)女神,守卫南部疆域和下努比亚的女神,用箭为国王消灭敌人。她通常头戴白冠,饰以羊角或羽毛。

〔10〕奈什迈特(Neshmet)圣船,即奥西里斯圣船。

〔11〕凯姆威尔,即下埃及第十州。

〔12〕泰普珠弗(Tepudjuf)神,即托特神的外形称谓。

〔13〕瑞斯查乌(Restjau),吉撒和撒哈拉地区坟墓的总称。

〔14〕尼阿瑞瑞弗(Niareref),墓地名称,位于上埃及第二十州的阿布斯尔-埃尔-迈莱克(Abusir-el-melek)。

〔15〕"陛下",这里指奥西里斯。

前　言

当他到达真理大厅时,他被要求面对众神为他做的所有的错事申辩:

"向你致敬,伟大的神,正义之主! 我来到你面前,我的主人,以至于你可以让我看到你的仪容。我知晓你,我知晓你的名字以及真理大厅之上与你同在的四十二位神的名字,他们是罪恶的清除者,他们在最后审判日在温奈菲尔[1]面前以鲜血为生。注意!'他所钟爱的真理之一双女儿'是你的名字。注意! 我来了,我带给你真理,我为你驱逐罪恶。

我没有做害人的事。

我没有虐待牲畜。

我没有在真理大厅做不公正的事。

我知道我应该做什么。

我没有作恶。

每天我只做分内的事情。

我的名字没有在统治者(拉神)的圣船上。

我没有贬低神。

我没有抢劫孤儿。

我没有做神所厌恶的事。

我从未在主人面前重伤他的仆人。

我从未痛苦。

我从未哭泣。

我从未杀人。

我从未教唆杀人。

我从未做使他人遭受苦难的事。

我从未盗取神庙中的蛋糕。

我从未毁坏众神的食物。

我从未盗取死者的食物。

我(与男孩子)从未有过房事。

我(在地方神的圣所)从未有过好色的行为。

我从未增加也未减少贡品。

我从未缩减丈量土地用的量器刻度。

我从未践踏过田地。

我从未增加天平的刻度。

我从未篡改铅锤的分量。

我从未从孩子的口中抢夺牛奶。

我从未抢夺畜养的飞禽。

我从未捕获众神树林中的鸟。

我从未在他们的沼泽地捕鱼。

我从未在泛滥季把水抽干。

我从未立坝隔水。

我从未在关键时刻把火熄灭。

我从未忘记向他们献祭的日子。

我从未驱赶众神的牲畜。

我从未阻止神的显现。

我是纯洁的,我是纯洁的,我是纯洁的,我是纯洁的!

我的纯净是居于赫拉克利奥坡里斯的伟大本努鸟的纯净,因为我就是呼吸之主的鼻子,在冬季的第 2 个月的最后 1 天,在赫利奥坡里斯为荷鲁斯之眼的复明[2]而举行的仪式上,在大地之主[3]面前,我使万物充满生机。我是亲眼看到在赫利奥坡里斯的荷鲁斯之眼复明的人。在这片土地上或真理大厅上,没有反对我的罪恶,因为我知道居于此的众神的名字以及伟大之神[4]的随从们。"

【注释】

〔1〕温奈菲尔(Wenennufer),即奥西里斯的名衔。

〔2〕按,在关于荷鲁斯和塞特之争的神话传说中,塞特把荷鲁斯的眼睛刺瞎,后在月神托特的帮助下复明。

〔3〕大地之主,即地神盖博。

〔4〕伟大之神,这里指奥西里斯。

众神面前的清白宣言[1]

噢,乌塞赫奈姆泰特[2]——来自赫利奥坡里斯的人,我从未做任何错事。

噢,赫普特斯杰特[3]——来自赫尔阿哈[4]的人,我从未破坏过(他人之物)。

噢,芬地[5]——来自赫尔摩坡里斯之人,我从未抢劫过。

噢,阿姆舒特[6]——来自山洞之人,我从未杀戮过,我从未杀戮过。

噢,奈哈赫尔[7]——来自瑞斯柴阿乌[8]之人,我从未损毁过贡品。

噢,如提[9]——来自天堂,我从未破坏过贡品的量器。

噢,伊瑞提菲伊菲姆德斯[10]——来自撒乌特[11]之人,我从未损坏过神的物品。

噢,奈比[12]——飘忽不定之人,我从未说过谎。

噢,塞杰克苏[13]——来自赫拉克利奥坡里斯之人,我从未抢夺过别人的东西。

噢,瓦杰奈塞尔[14]——来自孟菲斯之人,我从未伤害过任何人。

噢,克瑞瑞提[15]——来自西方之人,我从未通奸过,我从未通奸过。

噢,赫尔弗哈弗[16]——来自山洞之人,我从未哭泣过。

噢,巴斯泰特[17]——来自神秘之地之人,我从未糊涂过。

噢,塔瑞德[18]——来自黄昏之人,我从未僭越过。

噢,温姆斯奈弗[19]——来自屠宰场之人,我从未有过欺骗行为。

噢,温姆巴斯凯乌[20]——来自第三十法庭之人,我从未践踏过耕地。

噢,奈布玛阿特[21]——来自玛阿特女神土地上之人,我从未偷听过他人谈话。

噢,特恩米[22]——来自布巴斯特之人,我从未向他人撇嘴(以示不敬)。

噢,塞瑞地[23]——来自赫利奥坡里斯之人,我从未无缘由地暴怒过。

噢,杰乌杰乌弗[24]——来自布斯瑞斯之人,我从未玷污过他人的妻子。

噢,瓦迈迈提[25]——来自行刑场之人,我从未与有夫之妇同房。

噢,玛阿伊努弗[26]——来自敏神[27]之屋之人,我从未做过好色之事。

噢,赫瑞亚乌[28]——来自伊玛乌[29]之人,我从未制造过恐怖。

噢,赫米[30]——来自希克索斯之人,我从未僭越过。

噢,什德赫如[31]——来自乌瑞伊特[32]之人,我从未暴怒过。

噢,奈赫恩[33]——来自瓦布特[34]之人,我从未对真理置若罔闻。

噢,肯迈提[35]——来自肯姆特[36]之人,我从未制造过悲伤。

噢,伊恩赫泰普弗[37]——来自塞易斯之人,我从未自傲。

噢,塞瑞赫如[38]——来自温斯伊[39]之人,我从未挑起争端。

噢,奈布赫如[40]——来自奈杰弗特[41]之人,我从未草率审判过。

噢,塞赫瑞伊乌[42]——来自乌特恩[43]之人,我从未偷听过别人的谈话。

噢,奈布阿布威[44]——来自塞易斯之人,我从未多嘴过。

噢,奈菲尔泰姆[45]——来自孟菲斯之人,我从未犯罪,我也从未做过错事。

噢,泰姆塞普[46]——来自布斯瑞斯之人,我从未诅咒过国王。

噢,伊瑞伊迈伊布弗[47]——来自安塔奥坡里斯[48]之人,我从未击打过流动的水。

噢,伊赫伊[49]——来自原始瀛水[50]之人,我从未大声说话。

噢,瓦杰瑞赫伊特[51]——来自塞易斯之人,我从未辱骂过神。

噢,奈赫布卡[52]——来自洞穴之人,我从未偷盗过。

噢,奈赫布奈菲尔特[53]——来自洞穴之人,我从未骗取过众神的贡品。

噢,杰塞尔泰普[54]——来自他的神龛,我从未从被赐福之人的手中抢走物品。

噢,伊尼阿弗[55]——来自真理之城,我从未从婴儿手中抢夺食物,也未触犯过地方(底比斯)神。

噢,赫杰伊布胡[56]——来自法尤姆之人,我从未屠宰过圣牛。

【注释】

〔1〕按,本章展现了死者安尼和真理大厅的四十二位神的对话,因此共 42 句话。在此,神的名字是埃及语的音译,注释中有其名字含义的解释。

〔2〕乌塞赫奈姆泰特(Uesekh-nemetet),来世的审判者,语义是"远方的旅行者"。

〔3〕赫普特斯杰特(Kheput-sedjet),来世的审判者,语义是"烈焰的拥抱者"。

〔4〕赫尔阿哈,即巴比伦。

〔5〕芬地(Fendjy),来世的审判者,语义是"长喙者",即托特神的朱鹭形象。

〔6〕阿姆舒特(Amushut),来世的审判者,语义是"阴影的吞噬者"。

〔7〕奈哈赫尔(Nekha-kher),来世的审判者,语义是"危险者"。

〔8〕瑞斯柴阿乌(Restjau),孟菲斯墓地名称。

〔9〕如提(Ruty),来世的审判者,语义是"双狮"。

〔10〕伊瑞提菲伊菲姆德斯(Irity-fy-mu-des),来世的审判者,语义是"双眼熠熠闪光者"。

〔11〕撒乌特(Saut),地名,阿修特(Assiut)城或莱托坡里斯(Letopolis)城。

〔12〕奈比(Nebit),来世的审判者,语义是"火焰"。

〔13〕塞杰克苏(Sedje-qesu),来世的审判者,语义是"碎骨者"。

〔14〕瓦杰奈塞尔(Wadje-neser),来世的审判者,语义是"火焰释放者"。

〔15〕克瑞瑞提(Qrerety),来世的审判者,语义是"山洞定居者"。

〔16〕赫尔弗哈弗(Kheref-khaf),来世的审判者,语义是"脸朝后者"。

〔17〕巴斯泰特(Bastet),来世的审判者。

〔18〕塔瑞德(Ta-red),来世的审判者,语义是"热脚者"。

〔19〕温姆斯奈弗(Wenemu-senef),来世的审判者,语义是"嗜血者"。

〔20〕温姆巴斯凯乌(Wenemu-beseku),来世的审判者,语义是"嗜肠者"。

〔21〕奈布玛阿特(Neb-maat),来世的审判者,语义是"真理之主"。

〔22〕特恩米(Tenemy),来世的审判者,语义是"游历者"。

〔23〕塞瑞地(Seredy),来世的审判者。

〔24〕杰乌杰乌弗(Djeudjeuf),来世的审判者,语义是"穷凶极恶者"。

〔25〕瓦迈迈提(Wamaimaity),来世的审判者,语义是"双蛇"。

〔26〕玛阿伊努弗(Maa-yinu-f),来世的审判者,语义是"过去事情的亲历者"。

〔27〕敏神,古代埃及宗教神话中的生育之神。

〔28〕赫瑞亚乌(Kher-yiau),来世的审判者,语义是"最高长老"。

〔29〕伊玛乌(Imau),地名,现为靠姆-埃尔-黑森(Kom el-Hisn)。

〔30〕赫米(Khemy),来世的审判者,语义是"遇难者"。

〔31〕什德赫如(Shed-kheru),来世的审判者,语义是"干扰者"。

〔32〕乌瑞伊特(Ureit),地名,具体位置不详。

〔33〕奈赫恩(Nekhen),来世的审判者,语义是"圣婴"。

〔34〕瓦布特(Wabwet),下埃及第十九州的城市。

〔35〕肯迈提(Khenmety),来世审判者,语义是"含蓄者"。

〔36〕肯姆特(Kenmut),地名,具体位置不详。

〔37〕伊恩赫泰普弗(Yin-khetep-f),来世的审判者,语义是"贡品的携带者"。

〔38〕塞瑞赫如(Serekheru),来世的审判者,语义是"打断谈话者"。

〔39〕温斯伊(Wensy),下埃及第十九州的城市。

〔40〕奈布赫如(Neb-kheru),来世审判者,语义是"面容之主"。

〔41〕奈杰弗特(Nedjfet),上埃及第十三州。

〔42〕塞赫瑞伊乌(Sekherywu),来世审判者,语义是"控告者"。

〔43〕乌特恩(Uten),努比亚或蓬特境内的地名。

〔44〕奈布阿布威(Neb-abuwy),来世审判者,语义是"角之主"。

〔45〕奈菲尔泰姆(Nefertem),古老的神,莲花之神。

〔46〕泰姆塞普(Tem-sep),来世审判者。

〔47〕伊瑞伊迈伊布弗(Irymeybfe),来世审判者,语义是"随心而动者"。

〔48〕安塔奥坡里斯(Antaopolis),下埃及第十州。

〔49〕伊赫伊(Yikhy),来世审判者,语义是"持叉铃者"。

〔50〕原始瀛水,即世界没有被创造之前的水域,被拟神化为女神努。

〔51〕瓦杰瑞赫伊特(Wadje-rikhyt),来世审判者,语义是"人类的供养者"。

〔52〕奈赫布卡(Neheb-kau),蛇神,埃及和冥界的保护神。

〔53〕奈赫布奈菲尔特(Nekheb-nefert),来世审判者,语义是"美好事物的给予者"。

〔54〕杰塞尔泰普(Djeser-tep),来世审判者,语义是"神圣者"。

〔55〕伊尼阿弗(Ina-f),来世审判者,语义是"携带其手臂之人"。

〔56〕赫杰伊布胡(Khedje-ibukhu),来世审判者,语义是"白牙齿"。

写给真理大厅众神们的话

"向你致敬,(真理大厅的)众神们。我知晓你们,我知晓你们的名字。我将不屈服于你们的屠刀。不要在你们跟随的这位伟大之神的面前列举我的过失。对于你们我没有过失。你们应该在众神之主的面前讲关于我的真话,因为在埃及我做的都是正确的。我不曾诅咒神。我没有对在位的国王不敬。向在真理大厅的众神致敬,他们从不说谎,他们在赫利奥坡里斯以正义为生,他们在以太阳圆盘出现的荷鲁斯面前吞咽真理。愿你们把我从巴巴伊[1]中解救出来,他在末日审判之时以人的内脏为生。注意,我来到你们面前,没有过失,没有罪行,没有邪恶,没有对我不利的证据,没有我反对的任何人。我以真理为生,所以以真理为食。我做了人们要求的以及神喜欢的所有事情。我满足了神所有的愿望。我给面包以饥饿者,给水以饥渴者,给衣物以身体裸露者,给船以无船者。我为众神提供祭品,为死者提供祭品。救我! 保护我! 你在伟大之神面前不要说我的坏话。我的嘴是纯洁的,双手是纯洁的,所以所有人在看见他时,都会说:欢迎,欢迎! 因为我听到了赫普德瑞[2]的房间里驴和猫的谈话[3],当他发出尖叫之时我就在他面前。我看见了孟菲斯墓地破裂开的月桂树。我向众神祈祷,他们知道关于他们的一切事情。我专为正义而来,并将天平放置在这片寂静之地上的一个合适位置。噢! 阿泰弗王冠[4],他高高地端坐在他的宝座之上,呼吸之主[5]成为他的名字。愿您从您的信使手中把我解救出来,他们执行血腥杀戮,他们制造惩罚,他们没有同情心,因为为真理之主行正义之事,因为我是纯洁的,我的前胸是洁净的,我的下身是洁净的,我的内脏是真理之池。我的四肢都是纯洁的,因为我在南方之池中沐浴过,所以我要在北方之城中休息,在蚱蜢之地,在太阳船水手们于夜晚的第 2 个小时和白昼的第 3 个小时沐浴的地方。当众神在夜晚或白昼途经此地之时,他们的心将受其抚慰。”

【注释】

〔1〕巴巴伊(Baaby),凶残的吸血鬼,以狒狒的形象出现。

〔2〕赫普德瑞(Kheped-Ra),神名,含义为“张嘴”。

〔3〕按,古代埃及神话传说中猫女神对以驴的形象出现的塞特神进行了惩罚。

〔4〕阿泰弗(Atef)王冠,即奥西里斯的王冠,上埃及的白王冠两边饰以红色鸵鸟毛,象征着奥西里斯成为冥界之王。

〔5〕呼吸之主,即奥西里斯神的名衔。

祈祷仪式指示

在真理大厅,我们应该做什么。一个人应该说这一章节,他的身体是洁净的,身着衣服,脚穿白凉鞋,涂黑眼影,全身涂抹上好的没药油,携带新鲜的肉、家禽、香、面包、啤酒和蔬菜。现在为你自己绘制 1 张图画[1],用努比亚赭石画在地上,用土将其覆盖,就不会有猪和羊践踏它了。而定制这一章节的人,他和他的子嗣们将兴旺发达。他将在国王及其大臣面前充满自信。他将被赠予 1 块蛋糕、1 壶啤酒、1 条面包和 1 大块肉,它们来自伟大之神的祭坛。他将不能从西方之门返回。他将在上、下埃及之王们的引领下进入(西方)。他将成为奥西里斯的随从。这是百万次都非常有效的。

【注释】

〔1〕图画,即称心场景。

4.2　阿美尼摩普的教谕

阿美尼摩普(Amenemope)教谕是古代埃及教谕文学的巅峰之作。全文共分 30 章,以诗体形式写成。该文献的书写时期应该是拉美西斯时代,但是与其相关的传世作品皆属于后王朝时期。在强调个人道德品质上,阿美尼摩普教谕与以往的教谕文献大不相同。以往的教谕文献认为正确的思想行为是一个人的美德,而该文献则把沉思和忍耐作为一种重要的道德准则。

该文献对《旧约》中的《赞美诗》有着深厚的影响,这不仅表现为二者在语言上有着惊人的相似,而且《赞美诗》甚至直接提到了一部由 30 章构成的文献——毫无疑问就是阿美尼摩普教谕。

该文献最早的版本由布奇整理出版[1],而本译文所用文献版本来自 http://www.uned.es/geo-1-historia-antigua-universal/egipto_ieroglificos_textos.htm。

---

[1] E. A. W. Budge, *Facsililes of Egyptian Hieratic Papyri in the British Museum*, London, 1923, pp. 9 - 18, 41 - 51, pls. 1 - 14.

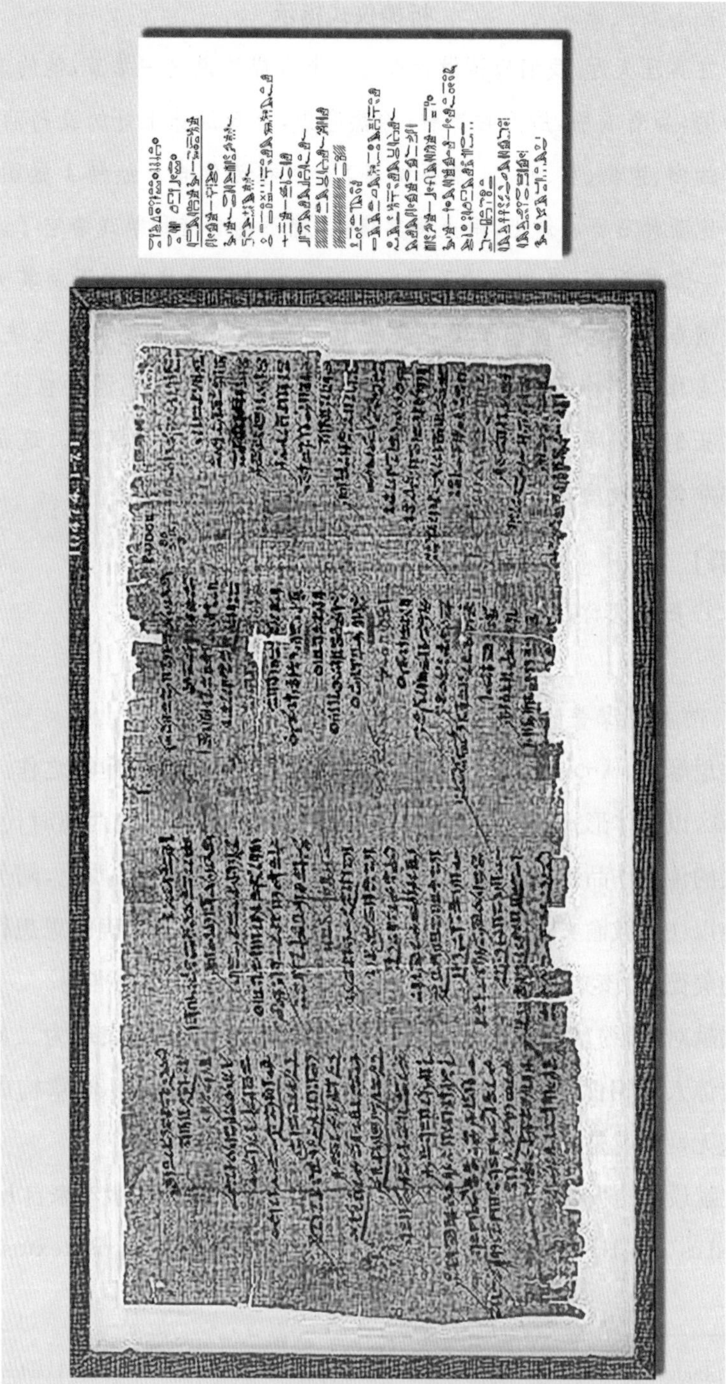

图 50　阿美尼摩普的教谕（部分）和手描图（部分）

布奇①、葛瑞菲斯②、威尔森③、利克泰姆④和辛普森⑤先后对其进行了翻译。

前　言

1) 教谕开始是关于生命的教导、讲授如何幸福安康、与长者相处的每一条规则以及对长官们的行为。要知道如何和讲话的人对话,如何答复传送信息的人。从而指引他走上生活之路,让他在世上兴旺发达。让他的心灵进入它的圣殿[1],远离罪恶。把他从陌生的嘴里挽救回来,让他在人们的口中受到称赞。由土地的监管者所制定,他在官署中阅历丰富,他是埃及书吏的孩子,谷物的监管者,财物的管理者,他让他的主人得到预期的丰收,他登记了新土地上的岛屿[2],以殿下的伟大名义,他记录了地界的标志。

2) 他为国王制作税表,他登记全国的土地,他是为所有的神确定供奉祭品的书吏。他把地契交给人民,他是谷物的监管者,食物的供给者,用粮食填满粮仓。塔威尔诺姆中的泰尼神庙[3]中的真正的沉默者,伊普[4]的公正的人,他在森努的西部拥有自己的坟墓,他在阿拜多斯拥有祭坛,他叫阿美尼摩普,卡奈赫特之子,塔威尔的公正的人。制定给他的儿子,他最小的孩子,他的家中最年幼的,他是敏-卡姆泰弗[5]的信徒,是温奈菲尔[6]的泼水者,他把荷鲁斯安置于他父亲[7]的宝座上,他在高贵的圣坛保卫着他,他[……]

3) 他是神的母亲的守护人,敏神台地上的黑牛的视察者,在他的圣殿里守护着敏神。赫尔姆玛阿赫如[8]是他的真实名字,伊普的贵族的孩子,他是舒[9]和泰弗努特[10]的竖琴演奏手、荷鲁斯的首席歌手,塔乌塞里

① E. A. W. Budge, *The Teaching of Amen-em-apt*, *Son of Kanekht*, London, 1924, pp.93 - 234.

② F. Ll. Griffith, "The Teaching of Amenophis the Son of Kanakht, Papyrus B. M. 10474," *JEA* 12 (1926), 191 - 231.

③ I. A. Wilson, in *Ancient Near Eastern Texts Relating to the Old Testament*, ed. by J. B. Pritchard, Princeton, 1955, pp.100 - 06.

④ M. Lichtheim, *Ancient Egyptian Literature*, Vol. Ⅱ, Berkeley, Los Angeles and London, 1976, pp.146 - 163.

⑤ W. K. Simpson, *Literature of Ancient Egypt*, New Haven and London, 2003, pp.223 - 243.

特[11]之子。（他说）：

【注释】

〔1〕按，这句话的含义或指心灵是寄生在人身体里的一位神灵，又或指沉默的状态。

〔2〕按，这句话是指每年尼罗河泛滥后，都会出现一些新的土地，而它们都属于王室。

〔3〕泰尼（Teny）神庙，是塔威尔城中最大的神庙，供奉的主神是奥西里斯。塔威尔，诺姆（Nome，州）名，其首府为阿拜多斯。

〔4〕伊普（Ipu）和接下来出现的森努（Senu）都位于阿拜多斯北部的帕诺坡里斯（Panopolis）州，其现在地名为阿赫米姆（Akhmim）。

〔5〕敏-卡姆泰弗，即古代埃及宗教中的生殖之神，其崇拜中心是阿赫米姆。

〔6〕温奈菲尔，即奥西里斯神的一个名衔。

〔7〕"他父亲"，即奥西里斯神。

〔8〕赫尔姆玛阿赫如（Khermu-maaru），即阿美尼摩普之子。

〔9〕舒，即古代埃及宗教中的空气之神。

〔10〕泰弗努特，即古代埃及宗教中的湿气之神，与上文的舒神是一对夫妻。

〔11〕塔乌塞里特（Tawserit），即阿美尼摩普的妻子。

第 1 章

竖起你的耳朵，倾听格言，用心去理解它们。把它们放在心里能带来益处，对忽视它们的人示以悲哀！让它们沉浸在你的腹中，以便能脱口而出。当言语的旋风兴起，它们可以成为你（舌头）的避风港。如果你心中有格言并以此为生活的准则，那么你会发现它们的伟大之处。4）你会发现我的话是生活的宝库，你会在世上兴旺发达。

第 2 章

记住：不要去掠夺可怜的人，不要攻击有残疾的人，不要伸出你的手去触碰一位老人，不要对年长者张开你的嘴[1]。不要让自己被委任以坏差使，也不要对执行此事的人表示友好[2]。不要对辱骂你的人大声叫喊，不要亲自答复他。行为邪恶的人，河岸会拒绝他[3]，洪水滚滚把他卷走。

北风到来,将结束他的行为,它(北风)混合着雷暴。乌云密布,鳄鱼残忍贪婪,你这个愤怒的人,现在怎样? 他高声嚎叫,声音在天空中震荡,月神[4]宣布了他的罪恶。5)掌好舵,我们可以运送那些邪恶之人,我们不会像他那样做。把他扶起来,向他伸出你的手,把他留(在)神的手里,用你自己的面包把他喂饱,他会吃饱然后哭泣。神明教诲你的另一件善事就是:在说话之前要慎重。

【注释】

〔1〕按,这句话的意思是"不要在长者面前信口开河"。
〔2〕按,这句话也可以被译成"也不要去执行它"。
〔3〕按,这句话的意思是"行为邪恶的人,将无法从洪水中逃生"。
〔4〕月神,即托特神。

第3章

不要和冲动的人发生争执,不要用言语刺激他。在敌人面前慎行,在对手面前鞠躬,在说话之前,先去睡一觉。暴怒就像稻草上燃烧的火焰,暴怒之人正在暴怒之中。远离他,让他独处,神知道怎么答复他。如果你把这些铭记于心,你的孩子也会遵守这些。

第4章

6)至于在神庙里暴怒的人,他就像一棵长在屋里的树。它的枝叶的生长只维持片刻,在柴房里,它的末日来到。它漂离它的居所很远,燃烧的火焰成了它的裹尸布。真正沉默的人,显示了优越,他就像长在草地上的树。它枝叶繁茂,果实双倍,它立在主人面前,它的果实甘美,树阴怡人,它在花园中寿终正寝。[1]

【注释】

〔1〕按,这一章节用两种树比作两种人,即长在狭窄空间的树犹如暴怒的人,是不会有所成就的;而长在广阔天地的树犹如沉默平和的人,是会成就非凡的。

第 5 章

不要抢夺神庙的财产,不要贪得无厌,你会发现这样做的好处。不要带走神庙的仆人,这样才能帮助别人。不要说今天和明天一样,不然今天会如何结束? 7) 到了明天,今天又消逝,而深水已经变成浅滩。[1]鳄鱼裸露,河马搁浅,鱼群拥挤在一起。胡狼尽享饱餐,鸟禽分享盛宴,而捕猎用的网却没有了。神庙里的沉默者说:"拉神的祝福是伟大的。"保持安静,你就能获得生命,你的生命会在世上成功。

【注释】

〔1〕按,这句话的含义是"行动的最佳时机已经错过了"。

第 6 章

不要移动田界的标志,不要改变量尺的位置。不要贪求那一腕尺的土地,不要侵犯寡妇的土地。踩塌的痕迹会随着时间而漫漶,那些在田地里掩盖它的人,当他通过虚假的誓言得到了它,他也会被月神的力量捕获。8) 记住他在世上的所作所为:他是弱者的压迫者,一个嗜好破坏生命的敌人,他的眼里充满着"夺取生命"。他的房子是城镇的敌人,他的仓库将要遭到摧毁。他的财富将被从他的孩子的手里夺走。他的财产会被给予另一个人。当心不要破坏土地的边界,因此也就不用担心会被控告。一个人通过主人的力量来取悦神,当他勘定土地疆界的时候。让你的生命保持正确,认识"万物之主"[1],不要侵占他人的土地,保持正确,这会对你有益。在你的土地上耕垦,你会发现你所需要的,你会从你的耕地里收获面包。神所给予的 1 蒲式耳也是好的,远胜于通过恶行所得的 5 000。9) 它们不会在箱子和仓库里停留一天,它们不会在啤酒罐里造出食物。它们只在谷仓里存留片刻,晨曦时刻,它们不翼而飞。神手中的财富却是更好的,比起那些仓库里的财富,在愉悦中获取的面包,远胜于在忧虑中获取的财富。

【注释】

〔1〕"万物之主",即奥西里斯神。

第 7 章

不要让你的心沉浸于财富,[不要忽视宿命和命运[1],]不要让你的心迷失,每个人都会到达自己的时刻[2]。不要费力地增值财富,你现在所拥有的,就让它们来供给你。如果你用盗窃来获得财富,那你不会把它们保留到晚上。天亮的时候,它们已离开你的房子,找寻它们,它们已不在原来的地方。大地张开了嘴,侵占了它们,吞食了它们。10) 使它们陷入了达特[3]。它们挖掘了一个和它们大小一样的洞,由此掉进地狱。它们像鹅一样长出了翅膀,飞向了天空。不要为盗窃来的财富感到高兴,不要抱怨自己的贫困。如果主弓箭手向前拥挤,那他的伙伴就会抛弃他。贪心者的船陷(在)泥浆里,然而沉默者的船乘风而行。当太阳升起的时候,你要向阿吞神祈祷,说道:"赐予我财富和健康吧。"

他就会给你生活之所需,你就会平安并远离忧虑。

【注释】

〔1〕宿命和命运,是两位神明的名字。

〔2〕按,这里指人死亡的时候。

〔3〕达特(Dat),古代埃及宗教中的极乐世界,也即人死后的处所。

第 8 章

在人们面前表现你的仁慈,这样大家就会欢迎你。尤拉乌斯[1]受到欢迎,阿坡菲斯[2]遭到唾弃。管好你的嘴,勿发邪恶之言,11) 这样其他人才会喜欢你。你会在神庙中找到自己的位置,你会分享你主人的供奉物品,当你受人尊敬并且你的棺柩要隐藏你的时候[3]。即使是在神愤怒的时候,你也会安然无恙。不要对一个人高喊"罪犯",当(他)逃跑的原因还不明确的时候。你听到的一些事情,无论是好是坏,都要在外面,在别人听不到的地方听。把好的评论放在嘴上,而把坏事隐藏在腹中。

【注释】

〔1〕尤拉乌斯(Uraeus),古代埃及宗教中王权的保护神。

〔2〕阿坡菲斯,即拉神神话中伺机吞噬太阳神的蛇。

〔3〕按,这句话的含义是"当你死亡的时候"。

第9章

不要向愤怒的人表示友好,不要接近他和他说话。注意你的舌头[1],当你答复长官的时候,小心不要侮辱他。不要让他的语言捕获你,不要让他随便牵制你的回答。和一个与你身份相仿的人谈话,小心不要冒犯他。12)恼怒的人的言语是犀利的,胜过水上的风。他用他的语言在毁坏,他用他的语言在修建,当他说出犀利的语言的时候。他也将得到同样的回击,因为犀利的语言的伤害是双方的。他背负着全世界的重物,但所装载的全都是"错误"。他是运送犀利语言的船主,往来之间伴随着争吵。当他在屋里吃喝的时候,他的报应已经应验了,他因罪行而被控告的那一天,对于他的孩子来讲,这是不幸的事情。但愿克努姆[2]能来到他面前,这位制造出冲动的人的陶匠,是他铸造出了那颗有缺陷的心。他就像农家庭院前的一只幼狼,让一只眼睛反对另一只。13)他引起兄弟们之间的纠纷,而他就像云一样在每股风之间奔跑,他暗淡了太阳的光芒。他像云一样跑在每一阵风的前面,他像小鳄鱼一样摇动着尾巴,[他拉长了身体以准备战斗。]他的嘴唇是甜的,他的舌头却是苦涩的,他的肚子里燃烧着烈火。不要和这种人来往,以免灾祸把你带走。

【注释】

〔1〕舌头,指"语言"。

〔2〕克努姆,即古代埃及宗教中的公羊神,他的主要职责是用陶轮造人。

第 10 章

不要强迫自己去取悦愤怒的人,因为那样会伤害到自己的心灵。不要虚假地对他说:"欢迎",此时,你的腹中产生了可恶之事。不要虚假地和一个人说话,神明会憎恶此事。不要把你的舌头和心分离,这样你所有的努力才会成功。你在别人面前会有影响。14) 你在神的手里亦会安然。神明憎恨歪曲语言者,他尤其憎恶隐瞒实情者。

第 11 章

不要觊觎穷人的财产,不要垂涎他的面包。穷人的财产是喉咙里的石块,它会使人呕吐。用虚假的誓言换来利益的人,他的心灵受到肚腹的误导。欺骗产生的地方,成功(的可能)是微弱的,邪恶的事物会破坏美好的事物。在你的上级面前,你显露了罪责,你的叙述混乱。你的辩解招致诅咒,你的屈从换来鞭打。一大口面包——你吞下它,再呕吐出来,你倒空了你的获取。看看穷人的监管者。15) 当棍棒(也)触及他的时候,他的所有子民都被缚以锁链,他被带到刽子手那里。如果你在长官面前得到赦免,你也会被你的下属所憎恨。远离那些在路上的穷人,看着他并且清楚地保持他的财产。

第 12 章

不要渴望富人的财产,也不要随意地大口吃面包。如果他让你管理他的财富,回避他的财富,那你的财富将会兴旺。不要和发怒的人交谈,以至于把邪恶的人当作朋友。如果你被派去运送稻草,远离装草的箱子。如果一个人被知晓在差事中欺骗,那他将不会有第二次机会被派遣。

第 13 章

不要(通过)纸卷上的笔来欺骗别人,神明憎恶此事。16) 不要用虚假的言辞作证,以便通过你的语言来清除一个人。不要向一无所有的人征收赋税,并因此歪曲了你的笔。如果你发现一个穷人欠了巨大的债务,那么把它分成 3 份:忘掉 2 份、保留 1 份,你会发现这是一条生活的道路。睡眠之后,当你早晨醒来的时候,你会发现那是一个好消息。对人民的爱护比你拥有仓库里的财富能得到更多的赞扬,快乐地拥有一块面包好于忧虑地拥有很多财富。

第 14 章

不要让你自己去考虑一个人,也不要强求他的帮助。如果他对你说:"这有一件礼物,[没有穷人]会拒绝它。"不要眨眼看着他,也不要把头低下,也不要转移你的目光。用你的口表达你的敬意,说:"致敬!"17) 这样他就会停止,你就成功了。不要对他接近你表示冷淡,[另外一次,他就会被带走。]

第 15 章

行善事,你会兴旺发达,不要用你的笔去伤害别人。书吏的手指是伊比斯[1]的喙,当心别让它刮到旁边。埃普[2](猿)就住在赫尔摩坡里斯的官殿里[3],他的眼睛环视着两地。如果他发现谁用手指来欺骗,他就会用洪水卷走他的生计。哪个书吏敢用手指来欺骗,他的儿子就不会被登记。如果你牢记这些话语,你的孩子也会遵守它们。

【注释】

〔1〕伊比斯(Ibis),托特神的象征。
〔2〕埃普(Ape),托特神的象征。
〔3〕按,朱鹭和类人猿是托特神的形象,而赫尔摩坡里斯是托特神的崇拜中心。

第 16 章

不要移动刻度和改变重量,不要减少谷物称量份额。不要贪求田地里的谷物称量,也不要(却)忽视库房里的东西。猿就坐在天平的旁边。

18) 他的心就在铅锤线上。哪里有像托特一样伟大的神,发明了这些东西并且制造了它们? 不要为自己制造不足的分量,否则他们会因为神的力量而多有麻烦。如果你遇见了欺骗的人,和他保持距离。不要垂涎铜币,如果一个人在神明面前欺骗,那他穿华丽的服饰又有什么好处呢? 彩陶伪装黄金,白天到来,它依然领先。

第 17 章

小心不要在称量中有欺诈行为来篡改它的分量:不要强迫它满溢,也不要它肚子空空。要根据真实的尺度进行称量,你的手要干净准确。不要把 2 蒲式耳的重量变成 1 蒲式耳,那样你会走向地狱。蒲式耳是拉神的眼睛。19) 它憎恶欺诈的人。一个沉溺于欺骗的称量者,他的眼睛确定了[裁决]反对他。不要接受一个农夫的应得财物,然后向他们征税并伤害他们。不要和测量者策划阴谋,来侵占他人城镇的份额。打谷场的力量是伟大的,比起来自王权的诅咒。

第 18 章

不要因害怕明天而躺下,"白昼来临,明天会怎么样呢?"人们不知明天会如何。神明总是尽善尽美,人类总是有其不足。人们说的是一件事,而神的行为是另一件事。不要说:"我没做错事情。"然后竭力去和别人争吵。这种错误来源于神,他用手指确定了(判决)。在神明面前没有完美,但是在他面前却有失败。如果一个人非要完美,20) 那他马上就会损坏完美。稳定你的心,坚固你的心,不要驾御自己的舌头。如果一个人的舌头是船桨,那么,"万物之主"就是舵手。

第 19 章

进入法庭时,不要走在官员的前面,以免搬弄是非。不要在答复时犹豫不定,当你的证人指控的时候。不要超越对你主人的誓言,不要扭曲审讯时所说的话语。在法官面前讲出事实，以免他把一只手放在你的身上。如果以后你还有机会出现在他面前，他会认同你所有的话。他会把你说的话在三十人会议上叙述，这在另外的审讯中依然适用。

第 20 章

不要在法庭上偏向一个人，21) 而把正义的人放置一边。不要倾向于衣着华丽的人，而断然拒绝衣衫褴褛的人。不要接受有势力的人的礼物，也不要为他去侵夺弱者。"正义"是神的伟大礼物，他把它给予他想要给的人。和他相近的人的力量，拯救穷人于欺辱者手中。不要给自己伪造文件，它们是一种致命的挑衅。它们意味着一个强烈的诅咒，它们意味着一次传令官的审讯。不要在纸草卷上伪造神谕，那样会打扰神的计划。不要用神明的力量来为自己牟利，就好像不存在宿命之神和命运之神。把财产交还给它的主人，然后你会找到自己的生活之路。不要在他们的房子里增长你的欲望，否则你的身体就会属于死刑枷锁。

第 21 章

22) 不要说："为我寻求一个强有力的长官，因为你的城镇中有人伤害了我。"不要说："为我找到一个保护者，因为一个憎恨我的人伤害了我。"真的，你不知道神的计划，不要为明天哀叹。安居在神的手臂里，你的沉默也会战胜他们。鳄鱼无声无息，但对它的恐惧却由来已久。不要向每一个人都倒空你的腹部，那会毁了大家对你的尊敬。不要向其他人传播你的话语，不要和暴露内心的人接触。一个把话留在腹中的人要胜于讲话造成危害的人。没有人奔跑着达到完美，也没有人去毁坏它。

第 22 章

不要向你的敌人挑衅，[使]他讲出他的想法。23) 当你不知道他人在做什么的时候，不要突然来到他面前，首先从他的答复中洞悉，后保持平静,你就会获得成功。让他自己去倒空腹部,知道怎样睡觉,他将会被揭发。[抓住他的腿],不要伤害他,对他要谨慎,不要忽视他。真的,你不知道神的计划,你也不需要为明天悲哀。安居在神的手臂里,你的沉默也会战胜敌人。

第 23 章

进餐之时,不要赶在一位官员之前,为了把你的嘴放到[他]的前面。如果你满足于假装咀嚼食物,那就满足于你的唾液。看着你面前的碗,让它满足你的需求。官员在官邸里是伟大的,就像一口汲水者众多的井。

第 24 章

不要在屋里听官员的答复,24)到屋外就把它传给另外一个人。不要让你的话传到外面,以免你的心灵受到伤害。人的心灵是神的礼物,警惕着不要忽视它。一个站在官员一边的人,他的名字不应该被知道。

第 25 章

不要嘲笑盲人,不要戏弄矮子,不要给瘸子制造麻烦。不要戏弄神明庇佑下的人,不要因为他们的失败而感到生气。人是黏土和稻草做的,神是他们的塑造者。他每天拆掉,塑造,他按照自己的意愿创造一千个穷人,创造一千个首领,当他到了他生命中的时刻。当他安全地处于神明的庇佑之下的时候,他会为到达西方而感到高兴。

第 26 章

不要在啤酒屋里坐下。25)为了接近比你地位高的人,他可能因其身在官署成为年轻又伟大的人物,也可能因其出生在先而身为长者。要和一个身份与你相当的人友好,拉神会在远处帮助你。如果你在外面看到了比你地位高的人,要恭敬地走在后面;向一个饮酒过量的长者伸出你的手,向他的孩子一样尊敬他。伸出的手臂不会因为袒露而遭到伤害,后背不会因弯曲而造成打击。如果他语气舒缓他不会有什么损失,如果他语气火暴他也不会有任何收获。能够看到远方的驾驶员,不会把他的船弄翻。

第 27 章

不要斥责比你年长的人,他在你之前就看到过拉神。不要让他在阿吞神升起的时候把你的行为汇报给他,说:"这个年轻人斥责一位长者。"在帕拉神面前将会感到十分痛苦的人是:26) 斥责长者的年轻人。他打你的时候,你把手放到胸膛;他斥责你的时候,你要保持沉默。如果第二天你在他前面遇见他,他会给你充裕的食物。狗的食物来源于它的主人,它会向给它食物的人吠叫。

第 28 章

当你发现一个寡妇在田地里的时候,不要马上冲过去,而又没有耐心去听她解释。不要拒绝一个陌生人[对]你的油瓶[提出的使用请求],在兄弟面前,双倍赠予他。神明更偏爱尊敬穷人的人,比起爱慕金钱的人。

第 29 章

如果你在渡船上能自由地行走,不要阻止那些渡河的人们。如果在深河被给予一个船浆,弯曲你的手臂,接过它。在神面前就没有罪行,27)[如果乘客没有被放弃]。不要为你自己制造一艘渡船,然后拼命寻找乘客。向富有的人拿船费,放过穷苦的人。

第 30 章

看看这 30 章,它们告知人们,它们教育人们。它们是最重要的书本,如果这些文字被读给无知者,它们使无知者变得聪明,他会因为它们得到净化。让心中充满它们,牢记它们,成为一个解释它们的人,并且要当一

个阐述它们的教师。书吏在他的职位上是有技能的,[人们]发现他成为
朝臣的价值。

结　语

它结束了。由森努所著,他是神之父塔乌塞里特帕米之子。

5. 埃赫那吞改革与阿玛纳时代

第十八王朝国王埃赫那吞(Akhenaton)是埃及历史上的"异端"国王,其所
倡导的独尊一神阿吞的宗教信仰在埃及历史上也是空前绝后的。在他统治的
时期,还出现了一个近东世界密切交往的时代——阿玛纳(Amarna)时代。阿
玛纳是埃赫那吞的首都埃赫塔吞的现代名称。1887 年,一批泥板书信在此地
出土,故此,这批泥板书信被冠名为阿玛纳信件,而这批信件所反映的时代便
也被称为阿玛纳时代。

5.1　阿吞颂诗

阿吞颂诗铭刻于位于帝王谷西部第十八王朝国王埃赫那吞统治时期的大
臣阿伊(Aye)坟墓的西墙上,自上往下书写,共计 13 列。这一文献在古代埃及
宗教和埃及文学研究上都有着重要价值:从内容上看,该文献全面完整地阐
释了阿玛纳宗教[1]中阿吞神的神性以及阿玛纳时代的王权思想。

布里斯特德于 1894 年首次对其进行整理研究。[2] 1908 年,戴维斯对文献
进行了拓摹,并对破损的文献进行了修补。[3] 1938 年,桑德曼再一次对其进
行了整理补白,此原始文献版本遂成为我们目前研究阿吞颂诗的权威版本。[4]

---

① 阿玛纳宗教,出现于古代埃及第十八王朝时期的国王埃赫那吞统治时期(约前 1353—前 1335 年),
以当时的埃及首都阿玛纳命名。

② J. H. Breasted, *De Hymnis in Solem sub Rege Amenophide* IV *conceptis* (*On the Hymns to the Sun
composed under Amenophis IV*), A Dissertation of Berlin Univerisity, 1894.

③ N. de G. Davies, *The Rock Tombs of el Amarna*, London, 1908, pp.18 - 19, 29 - 31, pls.XXVII,
XLI.

④ M. Sandman, *Texts from the Time of Akhenaten*(*Brussels - 1938*), Bibliotheca Aegyptiaca VIII,
compiled by L. G. Leeuwenburg, Leiden, 1943, pp.93 - 96.

此后的一些学者,在对古代埃及宗教进行论述时,都曾引用过该文献的部分章节。①另一些学者则在对古代埃及文学题材进行分析时,引用过它。②威尔森对该铭文进行了翻译,但并不完整,并缺少必要的注释。③

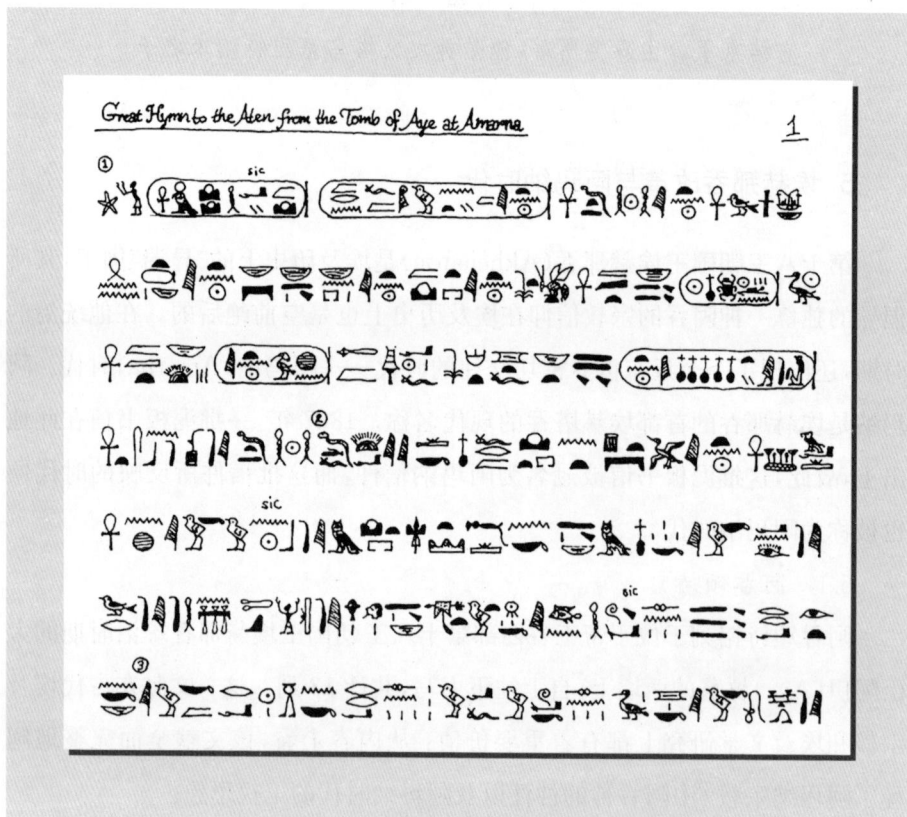

图 51　阿吞颂诗(部分)手描图

① A. Gardiner, *Egypt of the Pharaohs*, New York, 1966, pp.224-9;J. B. Breasted, *Development of Religion and Thought in Ancient Egypt*,Philadelphia, 1972, pp.312-343;E. Hornung, translated by T. Baines, *Conceptions of God in Ancient Egypt: The One and the Many*, Ithaca and New York, 1977, p.142;S. Morent, translated by A. E. Keep, *Egyptian Religion*, Ithaca and London, 1984, pp.251-257.

② M. Litchtheim, *Ancient Egyptian Literature*, Vol. II, Berleley, Los Angeles and London, 1976, pp.89-100;W. K. Simpson, *The Literature of Ancient Egypt*, New Haven and London, 2003, 3rd edition, pp.278-283.

③ J. A. Wilson, in *Ancient Near Eastern Texts Relating to the Old Testament*, ed. by J. B. Pritchard, Princeton, 1955, pp.369-371.

第 1 列

崇拜安赫-拉赫拉赫提[1],他欣喜地升起在地平线上,以他的太阳圆盘中光明的名义,他将万寿无疆,伟大的活着的阿吞神[2],他正在庆祝他的塞德节[3],阿吞所及的万物之主,天空之主,大地之主,埃赫塔吞城[4]中的阿吞神庙之主。上、下埃及之王,他为真理而生;两土地之主,奈菲尔赫普如拉瓦恩拉[5];拉之子,他为真理而生;双王冠之主,埃赫那吞,他将永垂青史。王之伟大的妻子,他所爱恋的两土地之女王——奈菲尔奈弗如阿吞-奈菲尔提提[6],永远健康! 年轻! 万寿无疆!

【注释】

〔1〕安赫-拉赫拉赫提(Ankh-Ra-Kherekhety),意为"活着的拉神和荷鲁斯神出现在地平线上"。这句话告诉我们太阳神拉与荷鲁斯神合二为一。

〔2〕阿吞神,意为"太阳圆盘"。在古代埃及,只有国王的名字被刻于王名圈中,而这里的阿吞神的名字也被置于王名圈之中,据此可知,阿吞也被认为是国王。

〔3〕塞德(Sed)节,意为"王室庆典",是古代埃及法老为了庆祝其统治 30 年而举行的活动,但是第 2 次庆祝活动则在法老统治的第 32 年或 33 年时举行。

〔4〕埃赫塔吞城,埃及语含义是"阿吞的地平线",是埃赫那吞统治时期的埃及首都,现代考古遗址为泰尔-埃尔-阿玛纳。

〔5〕奈菲尔赫普如拉瓦恩拉(Neferkheperu-Ra-wan-Ra),意为"太阳神荣耀地显现,唯一的太阳神",它是埃赫那吞的一个王衔。这一王衔着重强调了他与阿吞的密切关系。

〔6〕奈菲尔奈弗如阿吞-奈菲尔提提(Neferneferuaten-Nefertity),即埃赫那吞的妻子。

第 2 列

你升起在地平线上时是如此俊美,啊,充满活力的阿吞,万物生长之源! 你照耀着东方的地平线,你用你的光芒照拂着每一块土地。你是美好的、伟大的和荣耀的。你升起在每一块土地上,你用你的光芒包围了所有的土地——你所创造的一切。

第 3 列

你是拉,因为你到达了他们的疆界,当你为你所爱的儿子[1]征服了所有的土地的时候。你是遥远的,可是你的光芒照拂在大地上。你就在他们的面前,尽管他们无法看到你。你降落在西方地平线上,大地也因之在死一般的黑暗之中。睡眠者蒙头睡在他们的卧室中,他们无法看到其他的人,以至于别人拿走了他几乎所有的东西,尽管这些盗贼就在他们的头边,可他们却全然不知。

【注释】

〔1〕按,这里指埃赫那吞,揭示了阿吞神和埃赫那吞的父子关系。

第 4 列

每一只狮子都从它们的洞穴中走出,至于所有的蛇——它们正吐着有毒的信子,因为光明已经隐去,大地处于寂静之中,创造出万物的万物之主正在他自己的地平线上休息。只有当他从地平线上升起的时候,大地才能重现光明。当你(阿吞神)在白昼以阿吞的形象照耀万物的时候,你用光芒驱走黑暗。两土地苏醒过来,人们像庆祝节日那样来庆祝你的升起,因为是你叫醒了他们,他们穿上鲜艳的衣服。

第 5 列

当你升起的时候,他们(万物)把他们的双臂高高举起,向你致敬。他们穿行于整片土地,去完成他们的任务。所有的牲畜都在牧场上休息,所有的树木和植物都枝繁叶茂。鸟从巢穴中飞出,它们展开翅膀,在感谢你给予他们的恩泽,所有的动物都在欢呼雀跃。所有的事物都在飞舞闪光。

第 6 列

他们依赖你的光芒生活。船只往来于南北,当你出现的时候,所有的道路都被打开。鱼儿在水里自由地游弋,并在你的面前跳跃,你的光芒直射水底。是你让女人养育婴儿,是你让男人拥有了精子,是你给予仍在母体中的胎儿以生命,是你安慰了哭泣的人。你是万物的保护者。

第 7 列

你给你所创造的一切以呼吸,以至于它们可以脱离母体自由生活。当每一件事物诞生的时候,你把它的嘴打开,以至于你为它们提供它们的所需。仍在蛋壳里的雏鸟就已经能开口讲话,因为你给予了它呼吸,并保护了它。你已经为它突破蛋壳创造了一切,以至于它可以从蛋壳中出来就唧唧叫。它给予它自己行走的力量,就在它刚刚诞生之时。你做了许多事情,尽管这些事情并不被认知。

第 8 列

啊,唯一的神,独一无二的神,你在创造了万物后,你是孤独的。[1]人类、牲畜以及所有禽类,大地上的万事万物,他们都能独立行走,所有飞禽都能用翅膀飞行。他们在外国的土地上,靠尔[2]和库什[3]以及埃及自由穿行,是你安排了每个人的位置,并为他们提供所需。每个人都拥有他们的口粮,并被规定了他们的寿命。他们有不同的语言和外貌特征。

【注释】

〔1〕传统观点认为,这句话充分揭示了以阿吞崇拜为核心的阿玛纳宗教的一神教性质。

〔2〕靠尔(Khor),地名,位于叙利亚巴勒斯坦地区的东北部。

〔3〕库什,地名,位于尼罗河第二瀑布附近的努比亚南部,即现今的苏丹。

第 9 列

他们的肤色是不同的,因为他们属于不同的种族。在地下世界[1],你创造了哈皮神[2],以至于你可以利用它来造福人类。尽管你是为你自己创造的一切,但是他却为他所创造的一切而辛苦[3],万物之主,你是为创造他们而生的。啊,白昼的阿吞,伟大的君主,所有你创造出来的遥远的国度都生机勃勃,因为你把尼罗河放在了天上,这个天上的河流为这些土地普降甘露。

【注释】

〔1〕地下世界,即阴间或是冥界,死人的来世之所。它最早出现在金字塔铭文中。

〔2〕哈皮神,即古代埃及宗教中的尼罗河或尼罗河神。

〔3〕按,这里出现的两个人称代词"他"与前面出现的人称代词"你"同指阿吞神。

第 10 列

天上的尼罗河水〔1〕在山上制造出层层波浪,就好像宽阔的大海,当他们定居的时候,去灌溉他们的田地。你的语言是多么有效,啊,永恒之主,天空的尼罗河,你将把它赠与外国,所有的四足动物都可以自由行走,来自地下的哈皮神〔2〕是为埃及而创造的。当你升起的时候,你的光芒照耀着每一块土地,那是因为你,他们才得以生息繁荣。为了使每一个事物都昌盛,你为他们创造了四季。

【注释】

〔1〕天上的尼罗河水,之所以这样描写是因为埃及基本没有雨,水来源于尼罗河。因此其他国家的雨水被认为是天空中的尼罗河。

〔2〕哈皮神,也即尼罗河神,居住在尼罗河瀑布后面的洞穴里,因此他被称之为"来自地下的哈皮神"。

第 11 列

当寒冷的冬天来临的时候,他们因你而感到温暖。你高高地悬挂在天空,你从那照拂着万物,并俯瞰着你所创造出来的万物。你是孤独的,作为活着的阿吞的外形,照耀万物,当你升起的时候,你光芒四射,既远又近。通过你自己,尽管孤独,你创造了数以百万的城市,村庄,田地,道路和河流。每一双眼睛都瞩目着你,因为你是白天照耀在大地之上的阿吞。

第 12 列

每一双眼睛都在注视着你,但你自己却没有看到,因为你是唯一的,尽管万物都是按照你的意志创造出来的。你在我(埃赫那吞)心中,没有谁能认出你,除了你的儿子奈菲尔赫普如拉乌恩拉,你用你的语言和力量使他(埃赫那吞)聪慧。正是通过你的手,大地才得以出现。你的升起是万物萌生的希望,你的落下是他们死亡的开始。你是万寿无疆的,因为人类依赖于你生存。

第13列

当你落下的时候,你的眼神是柔和的,因为当你在西方落下的时候,所有的工作都停止了。而你的升起则使整个土地繁荣。过错属于人类,因为你已经为他们创建了国家。你将通过从你的身体中剥离出来的你的儿子来统治他们,供养他们。上、下埃及之王,他以真理为生;两土地之主,奈菲尔赫普如拉乌恩拉,他以真理为生;两王冠之主,埃赫那吞,永远光荣和伟大;王之伟大的妻子,他所爱恋的,两土地之女主,奈菲尔奈弗如阿吞-奈菲尔提提,万寿无疆。

5.2　阿玛纳信件

阿玛纳信件共计382块泥板,用当时的近东通用语言——阿卡德语书写。

图52　阿玛纳信件

除了 32 块泥板是文学作品外,其他 350 块都是埃及与西亚各国间的往来书信。在此,我们选取埃及与赫梯、米坦尼、亚述、巴比伦等当时的近东大国之间的书信各一封,借此一窥这一时期埃及的对外交往活动。

以下译文参照了莫兰的英译。①

EA 3：埃及与巴比伦王国的书信

致尼穆瓦瑞亚[1],埃及国王,我的兄弟:卡达斯曼-恩利尔,卡拉杜尼亚斯国王[2],你的兄弟。我这里一切都很好! 你、你的家人、你的后妃、你的王子、你的战车、你的马匹、你的臣僚都好吧!

关于我的女儿,就是你早前来信说要迎娶的那个姑娘,已经长大成人了。她很迷人。现在就可以派出使团来接她了。以前,我父亲曾派出一个使节去你那儿,你就不要再让他继续逗留了。你尽快放其回国吧,同时也把你送给我父亲的精美的问候礼物送过来。

而现在的实际情形却是,你不仅扣留我派到你那里去的使节长达 6 年之久,而且在这 6 年中,你只给我送过一次问候礼物——看起来更像银子的 30 米纳金子。那"金子"在你的使节卡西面前熔化了,他是见证人。当你举行盛大庆典时,你没有派人来邀请我:"来享用美食、畅饮美酒吧!"你也没有给我送来与庆典相关的问候礼物。[3]你送给我只有那区区 30 米纳金子。我收到的礼物与我每年送给你的礼物,在数量上无法相比。

我建了一所新房子。在我的房子里,我建了一个很大的[……]你的使节看到了房子和[……],很满意。现在我将喜迁新居。亲自过来和我一起享用美食、畅饮美酒吧。我可不像你从前的所作所为。我送给你我的五十名仆役——其中男人二十五名,女人二十五名,作为与乔迁之喜相关的问候礼物。

[……]10 辆木制战车[4]和 10 组马匹,这是我送给你的问候礼物。

---

① W. L. Moran, *The Amarna Letters*, Baltimore and London, 1987, pp. 7 - 8, 37 - 38, 41 - 42, 114 - 115.

【注释】

〔1〕尼穆瓦瑞亚(Nimu'wareya),即埃及第十八王朝国王阿蒙霍特普三世。

〔2〕"卡达斯曼-恩利尔(Kadasman-Enlil),卡拉杜尼亚斯(Karaduniyas)国王",即加喜特王朝国王,也即中巴比伦王朝国王。

〔3〕按,这里说的庆典指的是埃及国王阿蒙霍特普三世的 3 次塞德节庆祝活动中的一个,这 3 个节日分别举行于其统治的第 30、34 和 37 年。

〔4〕木制战车,很有可能是那种轻便的两轮战车,而四轮的较重的货车主要用于运输。

EA 15:埃及与亚述王国的书信

致埃及国王,亚述[1]国王阿淑尔-乌巴里特,祝您的家庭、您的国家、您的战车和军队一切都好!

我已派出使节去访问您和您的国家。截止目前,我的先人还未曾给你写过信,那就从我开始吧。我送给你 1 辆漂亮的战车、2 匹马和 1 块用纯正青金石打造的椰枣形宝石作为问候礼物。

不要扣留我派来的使节。他应该在结束访问后就启程回国。他应该在了解你是什么样子和你的国家是什么样子后就启程回国。

【注释】

〔1〕按,此时的亚述为中亚述王国。

EA 17:埃及与米坦尼王国的书信

致尼穆(瓦)瑞亚,埃及国王,我的兄弟:图什拉塔,米坦尼国王,你的兄弟。我这里一切都很好! 也祝你一切都好! 克鲁赫巴一切都好吧! 你的家人、你的后妃、你的王子、你的臣僚、你的武士、你的战车、你的马匹,总之,你的国家一切都好吧!

当我坐在我的父亲的位置上的时候,我还年轻,乌德-黑对我的国家行了大逆不道之事并谋杀了他的主人。因此之故,他不允许我与任何爱我的人交好。我,作为回应,对于发生在我的土地上的逆行,自然不能置之不理，于是我诛杀了害死我的兄弟阿塔苏玛拉的凶手和他的全部同伙。

鉴于你与我的父亲交情甚笃，我因此致信我的兄弟，以使你了解上述事情并感到欣慰。我的父亲爱你，你也爱他。为了保持这种爱，我的父亲把我的姊妹许配给你。还有谁能像你一样支持我的父亲呢？

而且，就在第 2 年，我的兄弟的[……]哈梯的全部土地。当敌人进攻我的国家时，我的主人——泰苏普神，把敌人交在我手里，我打败了他。他们中没有一个人有机会回到自己的国家。

连同此信，我从哈梯土地上的战利品中，挑出 1 辆战车、2 匹马、一名男侍、一名女侍送给你。

作为致我的兄弟的问候礼物，我送给你 5 辆战车、5 组马匹。

同时，作为致我的姐姐克鲁赫巴的问候礼物，我送给她 1 套金胸针、1 套金耳环、1 枚金马苏戒指和 1 个盛满"香油"的香水盒。

对于呈送这封信的我的首辅克利亚，以及图尼普-伊布瑞。愿我的兄弟尽管让他们回国，以便我能及时而喜悦地听到由他们转达的来自我的兄弟的问候。

愿我的兄弟视我为友，愿我的兄弟遣使前来，我将聆听使节们传达的我的兄弟对我的问候。

EA 41：埃及与赫梯的书信

太阳，苏皮路里乌马，大王，哈梯国王，致胡瑞亚[1]，埃及国王，我的兄弟：

我这里一切都很好！你的后妃、王子、家庭、军队、战车，以及国内的一切，都好吧！

无论是我派使节去见你的父亲，还是你的父亲曾向我提出的"让我们之间建立起最亲密的友谊"的倡议，我全都表示赞同。无论你的父亲提出什么要求，我都绝对不打折扣地欣然照办。当然，对于我提出的任何要求，你的父亲也的确从未拒绝过。他的确是倾其所有。

为什么我的兄弟你竟然不再履行你的父亲生前答应送给我的礼物的承诺呢?

如今,我的兄弟,你已经继承了你的父亲的王位,而正如你的父亲和我珍视我们两国之间的和平一样,也期待你和我之间能友好相处。

我的兄弟,不要拒付你的父亲答应给我的任何东西。关于那两尊金像,其中一尊是站姿的,一尊是坐姿的。还有,我的兄弟,两座银质女性雕像,一大块天青石,以及一座大的站姿的[……]

如果我的兄弟同意支付上述物品,就尽管送过来吧。但如果我的兄弟无意支付上述物品,我也就不能将早已准备好的战车和"胡兹"细麻布回赠给我的兄弟了。无论我的兄弟如何定夺,都写信给我吧,以便我把它给你送过去。

在此,我送你一份问候礼物:一只5米纳重的银质雄鹿角杯、一只3米纳重的银质小公羊角杯、两只共10米纳重的银盘、两棵大的"尼克普图"树。

【注释】

〔1〕胡瑞亚(Huriya),可能是阿蒙霍特普三世,也有可能是埃赫那吞或者图坦卡蒙。具体是哪位埃及国王,尚无法勘定。

第四章

文明的震荡、重组与近东一体化的萌芽
（前 1200—前 332 年）

一、两河文明的震荡与重组

1. 海上民族入侵

公元前 1200 年在古代两河流域历史上具有分水岭的意义。自此以后，两河流域原有的、较为稳固的国际关系体系迅速瓦解。现代历史学家将这时期的大变动看作青铜时代的结束，并且将其主要原因归结于大规模外来移民到来而导致的震荡。到达地中海东岸的这批大规模移民被称作"海上民族"，这是沿用该时期埃及国王对这些外来民族的称呼。两河流域的政治生态彻底改变，赫梯帝国不复存在，安纳托利亚的大规模城市，特别是叙利亚沿海城市被遗弃，两河流域北部平原退回到一种游牧的生活状态，中部及南部传统的文明核心区人口锐减。在这场大变动背后，除有外部因素外，也存在着内在的衰落因素才可能导致这样剧烈的文明震荡。

1.1 乌加里特国王信件选读

赫梯帝国衰落以后，原本受其控制的叙利亚城市逐渐独立，也有一些城市被毁，特别是沿海区域的城市。乌加里特是位于叙利亚沿海的赫梯帝国的附属国（有关乌加里特宗教文化的文献，参见：巴力与公牛的诞生，本书第181—185 页），有关海上民族入侵的情况，乌加里特的文献对此有所记录并保留下来。

此处挑选塞浦路斯(Cyprus)与乌加里特之间的3封通信,是在外敌入侵之前写下的,两国在信中表现出相互鼓励扶持、共同抗击敌人的态度。约公元前1200年,赫梯最后一任国王苏庇路里乌玛二世成功征服塞浦路斯,尽管如此,由于出产铜,塞浦路斯不仅具有重要的经济地位,而且在地区政治体系中也有特殊地位。其国王在外交通信中称埃及国王为"兄弟"。以下第1封信来自塞浦路斯,信中建议乌加里特王阿谟拉比必须加固城墙以抵御入侵,同时还要组织士兵和军队备战。但是来自乌加里特的消息并不乐观。通过第2封信可知,敌人的一部分船只已登陆叙利亚沿海,乌加里特几个村庄被劫掠,而当时乌加里特的军队却还驻守在赫梯。由于塞浦路斯位于乌加里特以东,因此乌加里特请求塞浦路斯将海上民族入侵的消息及时通传。第3封信是塞浦路

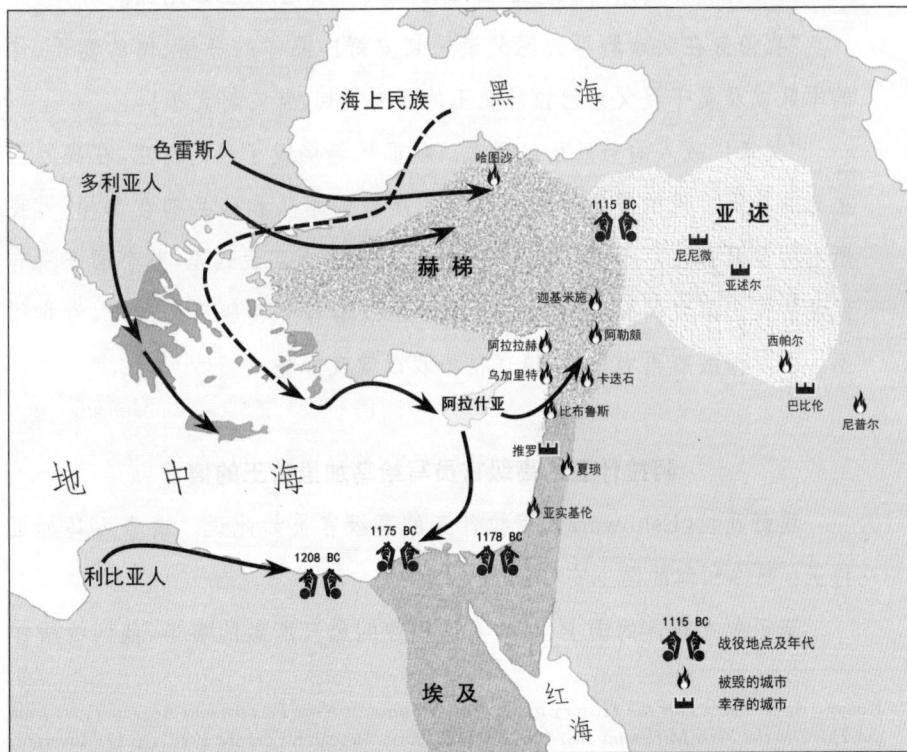

图 53　海上民族入侵示意图

斯通传给乌加里特的敌情通报。①

阿拉什亚(Alashiya)[1]王写给乌加里特王阿谟拉比的信

王如此说,请告诉乌加里特王阿谟拉比(Ammurapi)[2]：愿你一切安好！愿神明保佑你的健康！

至于你之前写信告诉我:"敌人的船只已在海面出现！"若确实如此,敌舰可见,则务必加强武装。你的军队和骑兵在哪里？他们是否与你同在？若非如此,谁将救你于敌军之手？围绕你城修筑城墙,将你的军队与骑兵带入城中。小心敌军！武装起来！

乌加里特王写给阿拉什亚王的信

请告诉我的父亲阿拉什亚王,你的儿子乌加里特王如此说:

"我俯身在父亲脚下。愿父亲一切安好！愿你的房屋、你的妻子、你的军队以及属于我父亲阿拉什亚王的所有一切,都安好无损！

"父亲！敌人的船只已经到来。他们已经烧毁了我的村庄,在我的国土为非作歹。我的父亲难道不知道我所有的军队和骑兵都在赫梯[3],我所有的船只都在卢卡(Lukka)[4]吗？他们尚未返回我这里,整个国土没有武装防御。愿我的父亲知晓这些。如今敌军有 7 艘船只已到来,为非作歹。若其他敌舰再有出现,请送信给我以便我知晓。"

阿拉什亚的高级官员写给乌加里特王的信

埃舒瓦拉(Eshuwara),阿拉什亚的高级官员如此说。请告诉乌加里特王：愿你和你的国土安好！

至于敌人对你的国土、你的人民和你的船只所做的事情,他们的所作

---

① Knapp, A. B. *Sources for the History of Cyprus. Volume 2: Near Eastern and Aegean Texts from the Third to the First Millennia BC.* (Greece and Cyprus Research Center, 1996), p.27; Liverani, *The Ancient Near East*, pp.381 – 389; Van De Mieroop, *A History of the Ancient Near East*, pp.192 – 197.

所为侵犯了这个国家的人民。尽管如此,请勿对我生气。

　　敌人有 20 艘船只早先留在山区,如今已不在后方。他们突然离开,我们无从知晓他们去往何处。我写信给你,让你知晓,以便你能够做好准备,武装起来。切记!

【注释】

〔1〕阿拉什亚,指塞浦路斯,乌加里特王在信中称阿拉什亚王为父亲,体现出塞浦路斯的特殊地位。

〔2〕阿谟拉比,乌加里特最后一位国王。

〔3〕按,乌加里特将军队和船只送往宗主国赫梯,联合军事力量以迎战他们共同的敌人。

〔4〕卢卡,安纳托利亚南部沿海。

2. 新亚述帝国的扩张

　　从青铜时代到铁器时代的大变动,标志着青铜时代辉煌文明的落幕,两河流域由此进入铁器时代。现代历史学家对时代转变、文明更替充满兴趣,从不同角度尝试论证这背后的历史动因,入侵、移民、社会改革或生态环境巨变等都被视为大国衰落的可能性因素。原本稳固的政治体系和大国的衰亡,带来文献及考古材料的锐减,从大范围看,两河流域文明进入一个缺乏史料的黑暗时代,公元前 2 千纪时能够训练并资助书吏的王室阶层如今已衰落,国家间的经济贸易减少,不需要外交通信,也不再需要懂得外交辞令和记录官方活动的书吏。亚述和巴比伦不像地中海沿岸地区那样直接受到海上民族的侵扰,仍然或多或少地保留着一定的王室权力和官僚体系,如此,楔形文字的书写才能够继续下去。阿卡德语在这一时期仍然是两河流域的官方语言,保证文化传统得以传承。

　　公元前 12 世纪中期的中亚述王国受到在叙利亚及幼发拉底河中上游活跃的阿拉米人(Aramean)的困扰。公元前 9 世纪,阿拉米人已经在政治上控制叙利亚地区。公元前 1050—前 935 年间几乎没有留下文献材料,不过,亚述帝国率先走出两河流域文明的黑暗时代,不仅在军事上展开大规模扩张,而且还将国王的功绩记载下来。到公元前 8 世纪，亚述在两河流域的统治地位达到顶点，并将越来越多的地区纳入中央管理体系。在萨尔贡二世（前 721—前 705 年在位）统治期间，他几乎每年出征并扩张帝国疆域。地中海东岸的小国成为亚述的附属国，每年要向亚述纳贡以表示对亚述的臣服。有时叙利亚巴勒斯坦地区的小国组成联盟，并得到埃及的支持以反抗亚述的扩张。亚述帝国疆域以外，还有三大王国，包括两河流域南部传统文明核心区巴比伦尼亚、东南面的埃兰王国以及北面的乌拉尔图（Urartu）。

图 54　西拿基立年鉴

记载了第三次向西远征，包括征服犹大地区围困耶路撒冷的记载，现藏大英博物馆

2.1　西拿基立年鉴：围困耶路撒冷

亚述王西拿基立（Sennacherib）在位期间（前 704—前 681 年），如同他的父亲萨尔贡二世一样，也不断出征以扩张亚述疆域，他的功绩比较详细地记载于王室年鉴中。此外，还有其宫殿中巨大精美的浮雕壁画彰显亚述王的功绩。西拿基立第三次出兵远征的目的地是亚述帝国西部的地中海东岸，即叙利亚巴勒斯坦地区。对于这次远征，王室年鉴有较为详细的记载。除亚述王室年鉴以外，《希伯来圣经》中也出现对亚述帝国扩张的记载。有意思的是，两份文献都对西拿基立围困耶路撒冷这一历史事件进行描述和解释，当然，两者的内容和立场存在一定差异，这反映出两方文献的书写者各自具有的不同立场和态度。

在亚述王的官方记载中，西拿基立王的西征战果累累，叙利亚巴勒斯坦地区的城市要塞逐一臣服在西拿基立王面前。以革伦(Ekron)曾尝试联合犹大王希西家(Hezekiah)反抗亚述,并向埃及求助,但最终都臣服于亚述,犹大王希西家向亚述王纳贡,献上价值不菲的财宝与各种贡品。[①]

西拿基立年鉴(节选)

第三次征战,我去攻打赫梯之地[1]。西顿王(Sidon)鲁利(Luli)惧怕我的傲然气派,他远逃至大海之中,消失不见。大西顿,小西顿,贝特兹提(Bit-zitti),扎里布图(Zaributu),马哈利巴(Mahalliba),乌舒(Ushu)[2],亚革悉(Akzib)[3],亚柯(Akko)——这些城市及要塞,虽有坚固的城墙和充足的粮草作为可信任的庇护,亚述神,我的主,精良闪耀的武器所向披靡,他们顺服在我的脚下。我立谒巴力[4](Ethbaal)作他们的王,要他每年持续向我主进贡纳税。

沙姆斯穆鲁人(Shamsimurunite)米拿现(Menachem),西顿人谒巴力,亚发人(Arvad)[5]阿卜底里提(Abdi-liti),古布利人(Gublite)乌鲁米尔基(Uru-milki),亚实突人(Ashdodite)米亭提(Mitinti),伯特亚扪人(Beth-Ammonite)布都伊鲁(Budu-ilu),摩押人(Moabite)卡穆苏纳比(Kammusu-nadbi),以东人(Edomite)马利克拉木(Malik-rammu),亚摩利(Amurru)诸王,他们所有人带来数不尽的礼物,作为丰厚的纳贡,他们第四次将这些带到我面前,亲吻我的脚。

然而,亚实基伦(Ashkelon)王西底卡(Sidka)仍未臣服在我的轭下。他父亲家族的众神,他本人,他的妻子,他的儿子,他的女儿,他的兄弟,他父亲家族的后人,我将他们掳到亚述。我立沙鲁达利(Sharru-lu-dari),鲁基提(Rukibti)的儿子,他们早先的王,治理亚实基伦。我要他向我进贡纳税,如今他为我牵轭。

接下来在我的征战中,伯大衮(Beth-Dagon)[6],约帕(Joppa),拔奈巴

---

① Daniel David Luckenbill, *The Annals of Sennacherib*, University of Chicago Oriental Institute Publications Vol.2; Chicago: University of Chicago Press, 1924, pp.29-34.

尔卡(Banai-barka),阿祖鲁(Azuru),西底卡,这些城市并未马上屈服在我脚下,我围困,我征服,我带走了他们的战利品。

以革伦的城市官员,长老和普通人将他们的国王帕底(Padi)带上枷锁,因为他只忠于在亚述神面前的誓言,他们将他移交给犹大人希西家,希西家将帕底视同敌人般非法囚禁起来。(然而),他们开始害怕,于是向埃及王求助,请求支援弓箭手,战车兵团和美路哈[7]的骑兵。不计其数的军队前来支援。在伊利提基(Eltekeh)[8]附近,他们将战线推到我的面前,与我兵戎相见。我的主,亚述神带给我鼓舞人心的神谕,我与他们开战,我击败他们。埃及的战车手,他们的王子,还有美路哈王的骑兵,在战斗中我的双手生擒(他们)。伊利提基和亭拿(Timnah),我围困,我征服,我带走了他们的战利品。我靠近以革伦,杀死了罪孽深重的官员和贵族,将他们的尸体挂在绕城四周的柱子上。普通的民众若犯罪程度轻微,我将他们视作战俘。其余那些没有犯罪和没有遭到控告的,我令他们自由。至于帕底,他们的王,我将他带出耶路撒冷,让他坐在王座上治理人民,我要他向我进贡纳税。

至于犹大人希西家,他仍未臣服在我的轭下,我围困46座他的坚固的城池和要塞,及其治下不计其数的小村庄。我下令用破城槌夷为平地,用投石器猛攻城墙,安排步兵突袭,埋地雷,挖地道,掘战壕,我围困这些城市。二十万零一百五十人,有高有矮,有男有女,马匹,骡子,驴子,骆驼,牛和羊,不计其数,我将他们作为战利品带走。他自己,好像笼中之鸟居于耶路撒冷——他的王城中。我建起要塞抵御他,他根本无法踏出城门。我占领他的乡镇,我把他的国土分给亚实突王米亭提,以革伦王帕底,迦萨(Gaza)王西里贝勒(Silli-bel)。这样,我使他的国土疆域缩小。我增加了原有的纳贡,我迫使他放弃他的国土,强行要求他向我纳贡。

我的傲然气派使希西家感到惧怕,他带到耶路撒冷——他都城的那些用以加强防御的雇佣兵离开了他。除了30塔兰特[9]黄金和800塔兰特白银,还有宝石、锑、大颗红石、象牙床、象牙椅、象皮、乌木、黄杨木,以及各种价值不菲的财宝,他的女儿,嫔妃,男女乐师,他将这些送给我,送到尼尼微,我的都城。为了运送这些贡品,完成进贡劳役,他派出他的信使。

【注释】

〔1〕以亚述的立场,"赫梯之地"指的是亚述帝国以西,此时赫梯帝国已不复存在。

〔2〕"大西顿"至"乌舒",这些是推罗(Tyre)本土的主要据点。

〔3〕亚革悉,见《约书亚记》15:44。

〔4〕谒巴力,见《列王记上》16:31,西顿王谒巴力是耶洗别的父亲。

〔5〕亚发人,见《以西结书》27:8,11。

〔6〕伯大衮,见《约书亚记》15:41。

〔7〕美路哈,即埃塞俄比亚(Ethiopia)。

〔8〕伊利提基,见《约书亚记》19:44。

〔9〕1塔兰特约等于 30 公斤。

2.2 《列王记下》:耶路撒冷被围困

对照前一小节亚述文献对西拿基立王西征的记载,《希伯来圣经·列王记下》记载了同一个历史事件,不过后者以犹大国王希西家的立场写成,对现代历史学家而言,这两篇文献均是不可多得的史料,对重构亚述帝国及其附属国的政治架构、历史书写与文化记忆等方面的研究,具有十分重要的价值。

在《列王记下》的记载中,首先记录的是犹大王希西家向亚述王西拿基立献上的贡纳(对比亚述王年鉴的记载,两者数量基本接近)。接着,亚述王的使者发表了一篇较长的讲话,向耶路撒冷的百姓宣扬亚述王的强大,从而威胁他们不可反叛亚述。面对亚述王的威胁,犹大王希西家寻求先知以赛亚的意见,以赛亚则以耶和华神的名义预言亚述王的结局。这段记载的结尾是先知以赛亚的预言得到实现,亚述军队遭到耶和华神的击杀,亚述王西拿基立最终被他的儿子谋杀。

《希伯来圣经》在对亚述王围困耶路撒冷这一事件的记载中,描述了亚述军队威胁犹大,犹大王向亚述王献上贡品,因而耶路撒冷没有遭受亚述军队的屠戮。对《希伯来圣经》的书写者来说,耶路撒冷之所以能幸免于难的关键在于耶和华神的保护。此观念也成为传达给后世阅读者的核心信息。

图 55　希西家时期修建的城墙遗址

该遗址或是因对抗西拿基立王而修建的工事,发掘于以色列耶路撒冷老城内

《列王记下》(和合本修订版节选)

(18:13—18:亚述王西拿基立获得贡金)

希西家王十四年,亚述王西拿基立上来攻击犹大的一切坚固的城,将城攻取。犹大王希西家派人到拉吉,亚述王那里,说:"我错了,求你撤退离开我。凡你罚我的,我必承当。"于是亚述王罚犹大王希西家300塔兰特银子,30塔兰特金子。希西家把耶和华殿和王宫府库中所有的银子都给了他。那时,犹大王希西家将耶和华殿门上的金子和他自己包在柱子上的金子都刮下来,给了亚述王。亚述王差遣元帅、太监长和将军从拉吉率领大军前往耶路撒冷,到希西家王那里去。他们上来,到耶路撒冷。他们上来之后,站在上池的水沟旁,在去往漂布地的大路上。他们呼叫王。希勒家的儿子以利亚敬宫廷总管、舍伯那书记和亚萨的儿子约亚史官就出来见他们。

(18：19—37：亚述使者威胁耶路撒冷的百姓)

将军对他们说："你们去告诉希西家,大王亚述王如此说:'你倚靠什么,让你如此自信满满? 你说,你有打仗的计谋和能力,我看不过是空话。你到底倚靠谁,竟敢背叛我呢? 现在,看啊,你自己所倚靠的埃及是那断裂的苇杖,人若倚靠这杖,它就刺进他的手,穿透它。埃及王法老对所有倚靠他的人都是这样。你们若对我说,我们倚靠耶和华——我们的神,希西家岂不是将神的丘坛和祭坛废去,并且吩咐犹大和耶路撒冷的人说"你们当在耶路撒冷这坛前敬拜"吗? 现在你与我主亚述王打赌,我给你 2 000 匹马,看你能否派得出骑士来骑它们。若不然,怎能使我主臣仆中最小的一个军官转脸而逃呢? 你难道要倚靠埃及的战车和骑兵吗? 现在我上来攻击、毁灭这地方,岂不是出于耶和华吗? 耶和华吩咐我说,你上去攻击这地,毁灭它吧!'"

希勒家的儿子以利亚敬,舍伯那和约亚对将军说:"求你用亚兰话对仆人说,因为我们听得懂。不要用犹大话对我们说,免得传到城墙上百姓的耳中。"将军对他们说:"我主差遣我来,岂是单对你和你的主人说这些话吗? 不也是对这些坐在城墙上、要与你们一同吃自己粪、喝自己尿的人说的吗?"

于是亚述将军站着,用犹大话大声喊着说:"你们当听大王亚述王的话,王如此说:'你们不要被希西家欺哄了,因他不能救你们脱离我的手。不要听凭希西家说服你们倚靠耶和华,他说,耶和华必要拯救我们,这城必不交在亚述王的手中。'你们不要听希西家的话! 因亚述王如此说:'你们要与我讲和,出来投降我,各人就可以吃自己葡萄树和无花果树的果子,喝自己井里的水,等我来领你们到一个地方,与你们本地一样,就是有五谷和新酒之地,有粮食和葡萄园之地,有橄榄树和蜂蜜之地,好使你们存活,不至于死。不要听希西家的话,因为他误导你们说:"耶和华必拯救我们。"列国的神明有哪一个曾救它本国脱离亚述王的手呢? 哈马、亚珥拔的神明在哪里呢? 西法瓦音、希拿、以瓦的神明在哪里呢? 它们曾救撒玛利亚脱离我的手吗？这些国的神明有谁曾救自己的国脱离我的手呢？难道耶和华能救耶路撒冷脱离我的手吗？'"

百姓静默不言，一句不答，因为希西家王曾吩咐说："不要回答他。"当下，希勒家的儿子以利亚敬宫廷总管、舍伯那书记和亚萨的儿子约亚史官，都撕裂衣服，来到希西家那里，将亚述将军的话告诉他。

(19：1—7：希西家求问先知以赛亚的建议)

希西家王听见了，就撕裂衣服，披上麻布，进了耶和华的殿。他差遣以利亚敬宫廷总管和舍伯那书记，并祭司中年长的，都披上麻布，到亚摩斯的儿子以赛亚先知那里去。他们对他说："希西家如此说：'今日是急难、惩罚、凌辱的日子，就如婴孩快要出生，却没有力气生产。或许耶和华——你的神听见亚述将军一切的话，就是他主人亚述王差他来辱骂永生神的话，耶和华——你的神就斥责所听见的这些话。求你为幸存的余民扬声祷告。'"希西家王的臣仆来到以赛亚那里的时候，以赛亚对他们说："要对你们的主人这样说，耶和华如此说：'你听见亚述王的仆人亵渎我的话，不要惧怕。看啊，我必惊动他的心，他要听见风声就归回本地，在那里我必使他倒在刀下。'"

(19：35—37：亚述王的结局)

当夜，耶和华的使者出去，在亚述营中杀了十八万五千人。清早有人起来，看啊，都是死尸。亚述王西拿基立就拔营回去，住在尼尼微。一日，他在他的神明尼斯洛庙里叩拜，他儿子亚得米勒和沙利色用刀杀了他，然后逃到亚拉腊地。他儿子以撒哈顿(Esarhaddon)接续他作王。

3. 两河文明的延续

亚述帝国确实留下很多军事成就的记载，是王室记录的主要内容，形成

"亚述帝国是一个穷兵黩武的军事帝国"的形象。然而,也正是在王室的支持下,亚述表现出对两河流域经典文学及传统学术的浓厚兴趣,其中最著名的是亚述巴尼拔(前 668—前 631 年在位)。他与之前的亚述王不同,没有亲自领兵出征的记载,他在帝国首都尼尼微建立属于王室的中央图书馆,搜集整理并抄写、保留大量泥板,所藏内容非常丰富,有文学作品、占卜书、字典、苏美尔语—阿卡德语的双语文献、书信、帝国的行政管理文书等。这些文献可以代表两河流域文明发展至亚述巴尼拔时期的样貌。

这些文献大多用巴比伦语写成。亚述书吏偏爱使用巴比伦书面语而不是亚述方言来书写大部分王室铭文、史诗和颂神诗,他们还会使用新亚述楔形文字的书写字体"抄写"巴比伦文学作品。对比来看,巴比伦的书吏却不会投桃报李,他们从不使用亚述方言进行书写。这说明巴比伦在两河流域文明上的核心意义,也表现出亚述王试图建立一个属于亚述帝国书写中心的尝试。

在整个两河流域的发展史上,巴比伦始终在文化上和政治上具有独特地位,亚述帝国强盛之时,亚述王可以成为巴比伦尼亚的统治者,能够将巴比伦与亚述统一在一起。但是,大多数时间里巴比伦尼亚始终是与亚述分庭抗礼的一股政治力量。亚述帝国晚期,具有标志性意义的历史事件是公元前 625 年,亚述派去驻守巴比伦尼亚的迦勒底(Chaldean)贵族那波帕拉沙尔(Nabopalassar)在巴比伦建立迦勒底王朝。公元前 612 年,巴比伦与米底结盟,攻陷亚述首都尼尼微,结束亚述帝国在两河流域的统治,开启新巴比伦王国逐步再度统一两河流域的时代。

3.1 波尔西帕的学者给亚述巴尼拔的信

亚述巴尼拔国王想要整理保存历代书吏的学问。这份文献以书信的形式反映了波尔西帕(Borsippa)学者对国王命令的呼应,以学者的口吻写成。波尔西帕是巴比伦尼亚的城市,是那布神的崇拜中心,那布是掌管书写技艺的神明,是巴比伦保护神马尔都克的儿子。此信的语言风格表现出标准巴比伦语的文学特征。

书信开头波尔西帕学者称呼亚述巴尼拔，使用一系列惯用尊称，明确表示巴比伦承认亚述王权，以及那布对亚述王书写技艺的肯定，接下来以当地神明的名义祝福亚述王。书信主体内容是对亚述王命令的回复，亚述巴尼拔要求书吏将波尔西帕所收藏的所有文本文献抄写并送到亚述。亚述王可能也要求巴比伦的书吏完成同样的工作，而巴比伦的书吏并没有很好地完成这项工作。波尔西帕的书吏表示他们不会像巴比伦书吏那样，而会夜以继日加紧工作完成国王的命令。同时，波尔西帕的书吏缺少一份苏美尔语—阿卡德语词汇表，这份材料只有巴比伦马尔都克的神庙埃萨吉拉存有，于是波尔西帕书吏请求亚述王向巴比伦索要此份文献。最后，书信以向神祈愿的常见格式结尾。最后一段说明文字表明，现存文献材料是亚述巴尼拔时代之后抄写的。①

图56　亚述巴尼拔最高祭司像

波尔西帕的学者给亚述巴尼拔的信

遵循贝勒和贝勒提亚（Beltiya）的命令，必定成就！[1]

献给亚述巴尼拔大帝，全能的王，世界之王，亚述王，随心而行的王，住在埃萨吉拉的马尔都克赐给他掌管并代表亚述的王权，赐给他整个国

---

① Grant Frame and A. R. George, "The Royal Libraries of Nineveh: New Evidence for King Ashurbanipal's Tablet Collecting," *Iraq* 67 (2005), pp.265 - 284.

度的王权,他手中握着权杖以征服那些反叛者,他右手持大棒以击倒那些侵略者,住在埃基达(Ezida)[2]的那布让他无所不知,授予他与我一样的书写技艺,我们这样表达(我们的态度)[3]:

愿伟大的主马尔都克,住在埃萨吉拉[4](的主),决定所有命运(的主),赐予你最好的权杖,真正的大棒和华丽的王冠! 愿住在埃基达的那布在马尔都克,他父亲的面前为你说话! 愿那那伊(Nanay),埃乌尔沙巴(Eurshaba)的女主人击倒你的敌人,摧毁你的仇家!

此外,忠实的波尔西帕人把他所写的命令送回到国王,他们的主的面前,他这样写道:"请将书吏所有的学问书写出来,作为那布的财富,并把它送给我。请完成这项命令!"或许国王暗自认为我们和巴比伦一样,会推卸逃避工作,写出含糊不清的话语。注意,我们不会推卸逃避国王的命令。我们会夜以继日辛勤工作以完成国王,我们的主的命令。我们要在书写板上写字,我们会立刻担起责任。至于苏美尔语的词汇表,请您(国王)务必送信,只有埃萨吉拉有(词汇表),其他地方都没有。如今,在我们的主,国王面前,我们请求,您务必送信给巴比伦人。我们的命运与他们的命运[……]我们会书写[……]我们会完成命令。

愿马尔都克和那布,伟大的神明联合起来,天空与地下的主,判定给我们的主,(我们的)国王最好的命运,长久的统治,健康的体魄,完备的心智和笔直的骨骼。

此篇文字刻写于雪花石膏板上,送给每一位同僚。

按照原件誊抄,核对并比照。贝勒乌巴利苏(Bel-uballissu)的泥板,那布穆舍提克乌迪(Nabu-mushetiq-uddi)的儿子,穆舍兹伯(Mushezib)的后人。那布穆舍提克乌迪,他的儿子的手工制作。他敬畏沙马什,必定不会擦除我的手工。

【注释】

〔1〕按,这一句写在泥板最顶面的边缘处,不属于信件正文。

〔2〕埃基达,那布的神庙。

〔3〕按,这句话表明此信是代表全体波尔西帕学者正式作出的回应。

〔4〕埃萨吉拉,马尔都克的神庙。

3.2 巴比伦历代志

公元前 8 世纪之后有关巴比伦的历史文献被现代历史学家称作《巴比伦历代志》。该文献涵盖了亚述帝国时期亚述王对巴比伦的统治,一直到公元前 2 世纪塞琉古王朝晚期。文本记载按时间顺序书写,记录统治巴比伦历任国王的去世以及继位情况(并非每一年都有相应的记录),当然其中大部分内容涉及战争,也包括节日庆典等国家大事。

图 57 那波尼德历代志

记载波斯王居鲁士对新巴比伦的征服,现藏大英博物馆

以下节选《巴比伦历代志》部分内容,包括亚述帝国时期亚述王对巴比伦的统治和对撒玛利亚的征服,巴比伦王尼布甲尼撒攻破犹大城的记载以及波斯王居鲁士(Cyrus)对巴比伦的占领。[①]

巴比伦历代志(节选)

提别月(Tebitu)[(1)] 27 日,撒缦以色(五世)登上亚述和巴比伦的王座。他捣毁了撒玛利亚。

第 5 年。撒缦以色在提别月去世。撒缦以色统治巴比伦和亚述 5 年。

---

① Alan Millard, "The Babylonian Chronicle (1.137)," in David E. Orton, K. Lawson Younger, and William W. Hallo eds. *The Context of Scripture Vol.I: Canonical Compositions from the Biblical World*, Leiden, New York: Brill, 2003, pp.467 - 468; Pritchard, *Ancient Near Eastern Texts Relating to the Old Testament*, pp.301 - 303.

提别月 12 日,萨尔贡(二世)[2]在亚述登上王座。到尼散月(Nisanu),米罗达巴拉但(Merodach-baladan)[3]在巴比伦登上王座。

提别月 20 日,亚述王西拿基立,他的儿子反叛并杀害了他[4],西拿基立统治亚述 24 年。从提别月 20 日直到第二亚达月(Addaru)2 日,叛乱在亚述持续进行。(第一或者第二)亚达月 8 日,他的儿子以撒哈顿(Esarhaddon)登上亚述王位。

第 21 年。巴比伦王在其国内。他的长子,皇太子尼布甲尼撒召集巴比伦的军队去往幼发拉底河岸边的迦基米施(Carchemish)。他跨河而过,直面安营在迦基米施的埃及军队。[5]双方开战,埃及军队在他面前逃走。他彻底击败他们。溃败逃走和巴比伦军队未征服的剩余埃及军队,以及在哈马(Hamath)地区被打败的军队,未有一人返回他自己的国土。那时,尼布甲尼撒征服了整个哈马地。那波帕拉莎尔(Nabopolassar)统治巴比伦 21 年。埃波月 8 日,他去世。以禄月(Ululu),尼布甲尼撒回到巴比伦。以禄月 1 日,他在巴比伦登上王座。

第 7 年。基斯流月(Kislimu),巴比伦王召集军队行军去往赫梯[6]。他正对犹大城扎营。第二亚达月,他占领此城并俘虏其国王。他指派另一位他挑选的国王管理那地,强征高昂的赋税并返回巴比伦。

提斯利月(Tashritu),居鲁士在底格里斯河岸的阿皮斯(Opis)与巴比伦军队开战,巴比伦人撤退。他拿走战利品并杀害许多人。14 日,西帕尔不战而败。那波尼德(Nabonidus)逃走。16 日,乌巴鲁(Ugbaru),古提地方长官,以及居鲁士的军队并未开战即进入巴比伦城。不久,那波尼德撤退之后,他(居鲁士)占领巴比伦。

【注释】

〔1〕按,此处使用惯有的犹太历月份名称中译,括号里是阿卡德语的拉丁字母转写,犹太历月份名称沿用的是巴比伦历法传统。

〔2〕萨尔贡二世,即《以赛亚书》20:1 提到的亚述王撒珥根。

〔3〕米罗达巴拉但,即《列王记下》20:12 和《以赛亚书》39:1 中的巴比伦王巴拉但。

〔4〕按，此处可比照《列王记下》19：35—37 中西拿基立被暗杀的记载。

〔5〕按，据《耶利米书》46：2 记载，尼布甲尼撒打败了安营在迦基米施的埃及军队。

〔6〕按，"赫梯"在《巴比伦历代志》中是对两河流域西部地区的通称。

二、埃及文明的震荡与重组

新王国既是埃及文明发展的顶峰，也是埃及文明走向衰落的转折点。新王国结束后，埃及进入第三中间期时期，包括第二十一王朝到第二十五王朝，时间段为公元前 1069—前 664 年。第三中间期是埃及文明无法自身调节的震荡期，利比亚人、努比亚人和亚述人相继入驻埃及。尽管由第二十六王朝开启的后期埃及时期（前 664—前 332 年），埃及本土文明再次复兴，但最终却在波斯人和希腊马其顿人的入侵下受到重创并被重组。

1. 外族入侵

新王国时期，对埃及国家安全造成威胁的力量有两支，一支是利比亚人，另一支是海上民族。利比亚人是埃及的近邻，自埃及文明开启之日起就不断侵扰埃及西部边境。到新王国时期，利比亚人对埃及的入侵达到顶峰，并成功入主埃及，创立第二十二和二十三王朝。而海上民族对埃及和近东地区的入侵，标志着一个和平稳定时代的结束以及一个动荡不安时代的开始。

1.1　美楞普塔的利比亚和海上民族入侵铭文

关于新王国时期利比亚人和海上民族入侵的文献有开罗圆柱铭文、阿哲瑞毕斯石碑和胜利赞美诗，而卡纳克铭文篇幅最长也记述得最为详细。本书所选取的文献便是这一篇。

以下译文所用原始文献来自《拉美西斯时代铭文》①。

---

① K. A. Kitchen, *Ramesside Inscriptions*, *Historical and Biographical*, Vol. IV, Oxford, 1982, pp. 2 - 12.

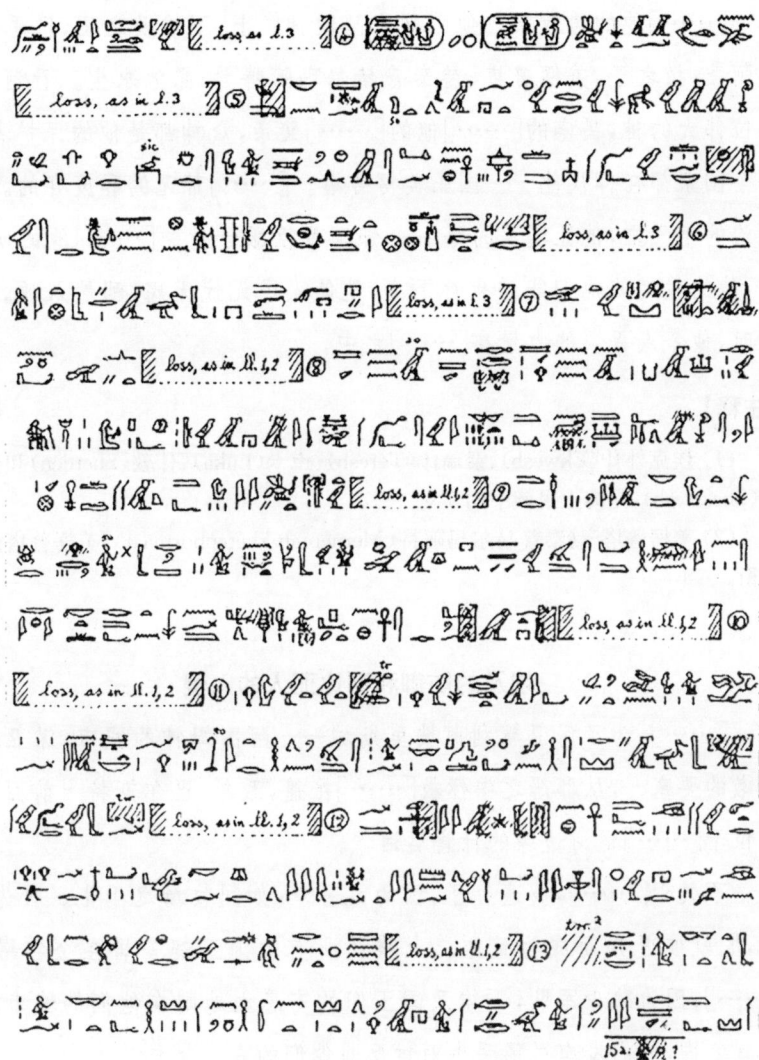

图58 美楞普塔的利比亚和海上民族入侵铭文(部分)手描图

美楞普塔的英勇

（在利比亚的土地上，陛下获得了开局之战的胜利）埃克外什、泰瑞什、卢卡、什敦和什克莱什[1]以及来自所有土地上的北方人。

[……]他的勇敢来自他的父亲阿蒙神。上、下埃及之王，巴恩拉-迈瑞阿蒙；拉之子，美楞普塔-赫泰普赫尔玛阿特[2]，愿他永生。看啊，这是一位伟大的神，昌盛的[……]他的[……]父亲，众神都是他的保护者。每一个国家都在仰视他——国王美楞普塔。[……]荒无的和废弃的。在他统治的年代里，他让埃及的每一个邻国都臣服于他。[……]他的所有计划，他的裁定使他们能够生存下去，他使人民无忧无虑，酣然入睡。与此同时，他令人畏惧的力量在[……]之中。

【注释】

〔1〕埃克外什（Ekwesh）、泰瑞什（Teresh）、卢卡（Luka）、什敦（Sherden）和什克莱什（Shekelesh），是海上民族中的5支。

〔2〕美楞普塔-赫泰普赫尔玛阿特（Merneptah-khetephormaat），美楞普塔的第四王衔。

埃及的防御和利比亚人的入侵

[……]，为了保卫赫利奥坡里斯城——阿图姆神的城市，保卫普塔-塔嫩的要塞[1]，从邪恶之中拯救[……]帐篷，派尔-巴尔斯特[2]前面，到达我位于[……]运河边缘的什肯运河[3]。

不关心[……]，被遗弃了，因为九弓[4]，如同牧场之于牛。自先祖时代，它就被遗弃而成为荒原。上埃及所有的国王都安居在金字塔之中[……]；因为缺少军队，下埃及国王们的安息之地则在他们的城市之中，王宫之内，他们没有弓箭手去对付反对他们的人。

【注释】

〔1〕普塔-塔嫩的要塞，即赫利奥坡里斯城，该城是普塔神的崇拜中心。普塔-塔嫩（Ptah-tatenen），普塔神的一个称谓。

〔2〕派尔-巴尔斯特（Per-berset），地名，位于三角洲西部地区。

〔3〕什肯(Sheken)运河,在赫利奥坡里斯附近,连接尼罗河。

〔4〕九弓,即古代埃及人对异邦的称谓。

美楞普塔迎战利比亚和海上民族的联合入侵

[……]发生了,他继承了荷鲁斯的王位,他被委派去保护活在世上的人们。作为国王,他要保护他的臣民。他有能力去完成它,因为[……]在[……]迈白尔[1],他的最好的弓箭手被集合起来,他的战车从各地运了过来,他的侦察员们都在[……]他的[……]在[……]他的[……],他不假思索地对兵力进行了部署。他的步兵出发之后,重武器军队到达,出现在战场,带领着弓箭手们与每一个敌人作战。

[……]第3季,说道:"可怜的倒下的利比亚的首领迈瑞耶伊,戴德之子,已经在泰赫努[2]与他的弓箭手一起倒下了[……]埃克外什、泰瑞什、卢卡、什敦和什克莱什,带领着他们国家中最能征战的武士,以及他们的妻子和孩子们[……]军队中的将领,他已经到达了皮瑞拉城[3]的西部边界。"

现在,陛下被他们的报告激怒了,他犹如雄狮。他集合臣僚,并对他们说道:"倾听你们主人的命令,我所给予的[……]如同你们将要做的。"他接着说道:"我是你们的统治者,我花费时间去找寻[……]你,如同一位保护他的孩子们的父亲。当你们像鸟儿一样感到恐惧时,你们要知道那也不是因为他做得不好。有人要回答[……]。在这些国家入侵之时,在九弓侵扰边境之时,在叛乱每天都发生的情况下,国家(埃及)将要遭到破坏吗?每一个[……]带来[……]去夺取这些要塞。他们多次侵入埃及的土地,入侵伟大之河[4]。他们停下来,他们意欲长期定居下来[……]。他们到达了北部绿洲[5],占据塔耶赫[6]地区。自有关于王权的记录以来,他们就如此。他们并不知道[……]犹如可怜虫,全然不顾忌他们的身体,只是一味地寻死而轻视生命。他们的心因与埃及人作对而愉悦,[……]他们的首领。在大部分的时间里,为了满足他们的生理需要,他们到处奔走争斗。他们前往埃及,去找寻他们口中所需之物。他们的愿望是[……]

我供养着他们,犹如喂养他已经网获的鱼。他们的首领如同一条狗,一个没有胆量自吹自擂的人。他不能忍受[⋯⋯]使亚洲人走向完结。为了让赫梯存活下去,我曾经给他们船运过谷物。[7]看啊,我是众神[⋯⋯]他,每一个卡[8][⋯⋯]位列我之下,上、下埃及之王,巴恩拉-迈瑞阿蒙;拉之子,美楞普塔-赫泰普赫尔玛阿特,愿他永生。依靠我的卡,依靠[⋯⋯],正如作为一名统治者我使两土地兴旺发达,它将被建造[⋯⋯]埃及。当国王在底比斯发表演说时,阿蒙神点头赞同。他(阿蒙神)将背朝迈什外什[9],并且不再关注利比亚,当他们[⋯⋯]。

【注释】

〔1〕迈白尔(Meber),国名,具体情况不详。

〔2〕泰赫努(Tehenu),即利比亚。

〔3〕皮瑞拉(Perire)城,埃及三角洲西部边境城市。

〔4〕伟大之河,即尼罗河。

〔5〕北部绿洲,位于法尤姆西南部。

〔6〕塔耶赫(Tayeh),即现今的法拉弗拉赫(Farafrah)绿洲,位于北部绿洲西南部。

〔7〕按,这句话似乎揭示出赫梯也加入了入侵埃及的海上民族与利比亚人的联军,因此,美楞普塔认为赫梯忘恩负义,因为埃及曾救济过他们。

〔8〕卡,古代埃及人来世观中的一个概念,是人生本体,是永恒的精神。

〔9〕迈什外什(Meshwesh),利比亚部落中的一支。

美楞普塔的梦和战争进程

[⋯⋯]弓箭手队伍的首领走在队伍的前列,去摧毁利比亚。行军之时,神的手[1]与士兵同在,阿蒙神作为他们的保护者与他们在一起。埃及军队接受命令:"[⋯⋯]在 14 天中,准备进军。"

在梦中,陛下仿佛看见了普塔赫神站在他的前面。他像[⋯⋯]的顶端。他对他说:"把它带给你",同时他向他展现宝剑,"把恐惧从你的心中消除。"然后,国王(愿他长寿、繁荣和健康!),对他说:"看啊![⋯⋯]"

[⋯⋯]大量的步兵和车兵在皮瑞拉地区前面不远处扎下营寨。看

啊,可怜的利比亚首领[……]在第 3 季第 3 个月第 2 天的夜晚,大地被月光照耀得如同白昼。可怜的利比亚首领在第 3 季的第 3 个月的第 3 天来了。他带领着[……]直到他们到达。陛下的步兵与战车一起向前冲去,阿蒙-拉神与他们在一起,塞特神[2]也向他们伸出援手。

　　每一个人[……]他们的鲜血,他们之中没有人能逃掉。看啊,陛下的弓箭手用了 6 个小时去毁灭他们。他们将自己的剑交出[……]国家。看啊,当战斗[……],可怜的利比亚首领停止了进攻,他感到了恐惧,(因此他)又一次撤了回去,停下来,跪下,[……]匆忙中,他把他的鞋、他的弓箭和他的箭囊以及他身上所有的东西都丢在身后。[……]他的四肢,他的整个军队陷入了巨大的恐慌之中。看啊,他们毁灭[……]他的财产、他的装备、他的银子、他的金子、他的青铜容器、他妻子的首饰、他的御座、他的弓箭、他的剑以及他所有的东西,那些他从他的土地上带来的东西,包括公牛、山羊和驴子,所有东西都被掠到(埃及的)宫殿,它们与战俘一起被运进来。看啊,可怜的利比亚首领仓惶逃跑了,与他一起逃跑的还有所有的将领,[……]在被剑刺伤的人之中。看啊,那些骑着陛下战马的将领们紧紧跟在他们后面[……]用箭将他们射倒,抢走(他们身上的东西),并杀死他们[……]。

【注释】
　　〔1〕神的手,用以指代神。
　　〔2〕塞特神,古代埃及宗教神话中的战争之神。

战争的回顾和埃及军队的凯旋

　　没有人在埃及王室年鉴中看到过它[1]。看啊,埃及的土地在他们(利比亚人)控制之下。在埃及国王软弱的时候,当他们的手不能抵抗[……]这些[……]来自他们所爱的儿子的爱,为它(埃及)的君主保卫埃及。如此,埃及的神庙得以保全,从而彰显出伟大之神的强大的力量[……]

　　西面要塞的长官给陛下送来一份报告,报告如下:"该死的迈瑞耶伊来了,因为他的懦弱,他的四肢在颤抖。得益于夜晚,他才从我这里安全逃脱。[……]想要。他被打败,每一位神都支持埃及。他的自吹自擂已经变得毫无价值,从他嘴里说出的所有的话已经不得不被收回。他现在生死不明[……]你[……]他的名望。如果他还活着,他也不能够再发出命令,因为他已经被他自己的军队打败。[2]是你带领我们杀死[……],在利比亚的土地上,他们已经将他的另一个兄弟扶上了王位,他一见到他就会进攻他。所有的首领都厌恶[……]。"

弓箭手、步兵和战车从战场上归来,每一支队伍,无论是新兵还是重武器部队,都在搬运着掠获的物品[……]在他们的前面驱赶着驴子,上面驮着利比亚人的阴茎,以及与他们结盟的那些国家的俘虏的手。[3](他们)就像草地上的鱼儿[4],并且财产[……]他们的敌人。看啊,大地一片欢腾犹如天堂,城镇和乡村为那些发生过的奇迹而欢欣鼓舞。尼罗河[……]他们[……]作为供台上的供品,让陛下看到他的战利品。

【注释】

〔1〕"它",这里指利比亚入侵这一事件。
〔2〕按,指下面提到的利比亚内部发动政变,现任首领被他的兄弟僭越。
〔3〕按,这句话中的阴茎和手都是古代埃及人计算俘虏的方法。
〔4〕按,这里用草地上的鱼来形容利比亚俘虏必死无疑。

俘虏和战利品清单

从利比亚俘获的俘虏以及与利比亚人结盟国家的名单,连同战利品[……]在利比亚的征服者美楞普塔-赫泰普赫尔玛阿特的城堡之间,它位于皮瑞拉城,直至国家南部边界城镇,开始于美楞普塔-赫泰普赫尔玛阿特的[……]。

那些利比亚首领的孩子们的,割了包皮的阴茎被割下[1],6 个。被杀死的首领的孩子们和利比亚首领的兄弟们的割了包皮的阴茎被割下,[……]。被杀死的利比亚人的割了包皮的阴茎被割下,6 359 个。首领的孩子们,总计[……]。[……]什敦、什克莱什、埃克外什、泰瑞什等海上民族,他们都是割掉包皮的人：什克莱什二[百二十二]人,获得250只手。[2]泰瑞什七百四十二人,获得790只手。什敦[……]获得[……]。被杀死的割掉包皮的埃克外什人,他们的双手被砍下,因为他们没有包皮,[……]。成堆的[……],那些阴茎被割下的[……]被带到国王所在的地方,六千一百一十一人,割下的阴茎[……];被砍下双手的[……],二千三百六十二人。与利比亚人联盟的什克莱什和泰瑞什,[……]。[……]、凯海克人作为活俘虏被带回,二百一十八人。跟随着被杀死的利比亚首领的女人,十二人。带回[……],共计九千三百六十六人。夺得他们手中的武器：迈什外什人的铜剑,9 111 把[……],120 214 把。12 匹被杀死的利比亚首领的战马,一对利比亚首领的孩子们被带回。财产[……]迈什外什[……]陛下军队,他们与被击败的利比亚人战斗,俘获：各类牲畜 1 307 头,山羊[……];各种[……]64 头,银酒杯[……]以及查普瑞罐子[3]、瑞赫戴特罐子[4]、剑、铠甲、刀和各种容器,3 174 个。他们被俘获[……]用火烧了他们的军营和他们的皮革帐篷。

【注释】

〔1〕按,男子割掉包皮是古代利比亚人的传统习俗。

〔2〕按,原文如此,俘获的人数和手的数量不符。

〔3〕查普瑞(Tjapure)罐子,即一种器皿。

〔4〕瑞赫戴特(Rehedet)罐子,即一种器皿。

美楞普塔王宫中的演讲

他们的主人,国王,出现在宫殿中,大厅中的人们向陛下欢呼,欢呼国王的到来。陛下的仆人们欢呼雀跃,两旁的随员[……]。陛下说道:"[……]由于拉神对我的卡的护佑,我将传达他的旨意,以神的名义宣讲。正是他赐予我力量,他裁定我成为上、下埃及之王,巴恩拉-迈瑞阿蒙;拉之子,美楞普塔-赫泰普赫尔玛阿特。[……]将要联合[……]作为他们城镇中的居民,作为被征服地,库什[1]同样也要承担贡赋。我让他在我手中看到他[……]他的首领,带来了他们一年的贡赋,在[……]他们中制造了一次大的屠杀。活着的人要把神庙装满[……]他们那被击败的首领从我面前逃走了,我已经放进[……]杀死了他。他被制成烤肉,犹如一只被网住的野鸟。我赐予大地[……]为了每一位神。他们来自[……]埃及唯一的主人。被杀死的是那些有罪之人[……]拉神是胜利者,重创九弓。塞特神赐予胜利,力量属于荷鲁斯神,为真理而欢呼,打击[……]上、下埃及之王,巴恩拉-迈瑞阿蒙;拉之子,美楞普塔-赫泰普赫尔玛阿特。我是[……]强大的,他永不失败。利比亚人正在计划对埃及做出邪恶的事情。看!他们的保护者被击败!我已经杀死了他们,并且将他们制成[……]我已经使畅通犹如一条河流,人们爱戴我,就像我爱他们一样,我给予他们的城市以生命的气息,人们对我名字的欢呼响彻云霄,[……]他们发现。在青年人看来,由于我为他们创造了许多财富,我缔造了一个最为美好的时代。那是真实的遍及[……],尊崇这位优秀的君主,统治两土地之人,上、下埃及之王,巴恩拉-迈瑞阿蒙;拉之子,美楞普塔-赫泰普赫尔玛阿特。"

他们说:"在埃及所发生的这些事情是多么的伟大啊![……]利比亚人如同祈求者,以战俘的身份到来。你(国王)使他们看起来像蝗虫一样,每一条道路都被他们的尸体覆盖[……]把你(国王)的食物赐予那些需要的人。我们无时无刻不处在欢愉之中,没有[……]"

【注释】

〔1〕库什,即埃及南部邻国努比亚。

1.2　拉美西斯三世的第一次利比亚战争铭文

第二十王朝国王拉美西斯三世统治时期,以移民为目的的利比亚人伙同海上民族对埃及的入侵达到顶峰。故此,拉美西斯三世时期反抗利比亚入侵的文献骤然增多,其中最具历史价值的是拉美西斯三世的迈迪奈特-哈布铭文,它记录了发生于拉美西斯三世统治第 5 年的第一次利比亚战争,是我们研究埃及与利比亚关系的重要的文献资料。

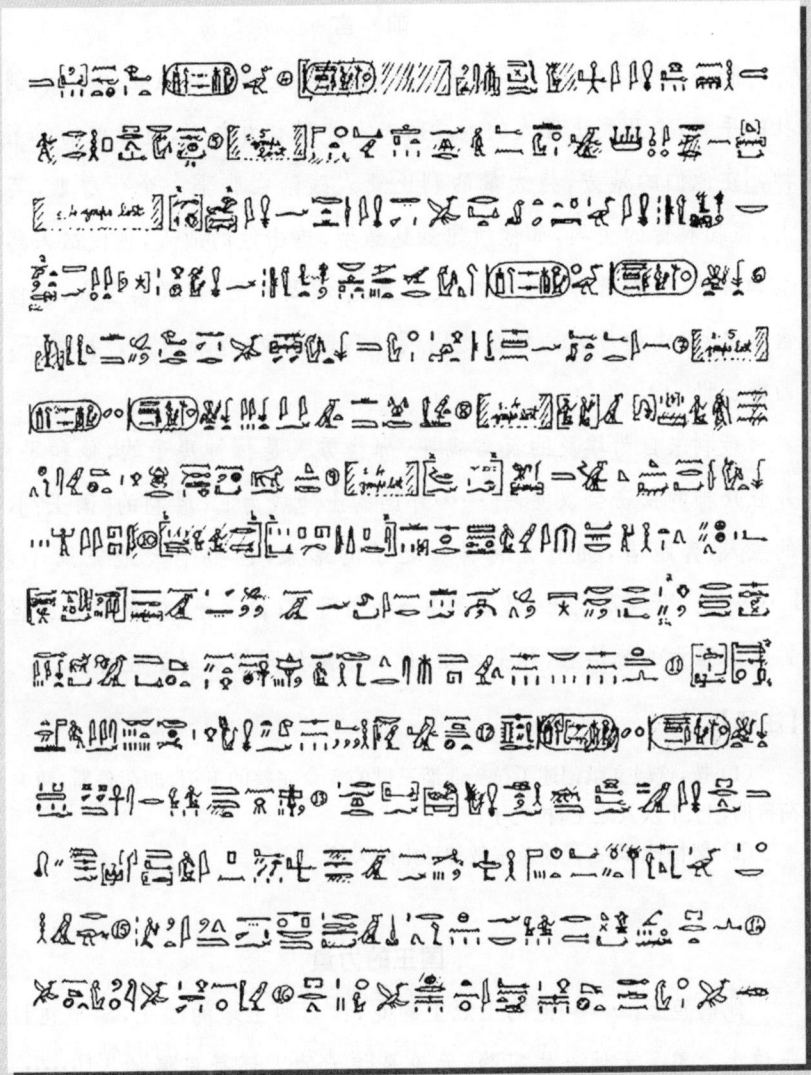

图 59　拉美西斯三世的利比亚战争铭文(部分)手描图

本译文所有原始文献版本来自科琛的《拉美西斯时代的铭文》①,同时参照了布里斯特德的翻译②。

前　言

陛下统治下的第5年。荷鲁斯,开拓埃及疆域的强壮公牛,利剑和强壮的手臂,杀死利比亚人的人。两夫人,[强有力之人,就像他的父亲普塔神,]在他们的地方,将大量的利比亚人践踏在脚下。金荷鲁斯,英勇的人,强壮双臂的主人,如他所愿到达边境,追击他的敌人,他使敌人感到恐惧和害怕,犹如盾牌保护着埃及。上、下埃及之王,年轻的主人,当他获得重生之后,犹如月亮一样金光闪闪,[乌塞迈拉-迈瑞阿蒙。拉之子,拉美西斯三世。][1]

胜利来自为埃及的英勇战斗,那些勇气是拉神赐予的,他和平而归,并且众神的秘密会议促使[……外国的土地成为]。胜利的[国王?],英勇的主人,奔跑者,拥有努特神[2]之子的形象,让整个大地充满了欢乐,[……]上、下埃及之王,乌塞迈拉-迈瑞阿蒙;拉之子,拉美西斯三世。被钟爱的强大的统治者,和平之主,他的形象如同黎明时的拉神。

【注释】

[1] 按,这段文献记述了拉美西斯三世的5个完整的王衔,即荷鲁斯,两夫人,金荷鲁斯,上、下埃及之王,拉之子。

[2] 努特神,即古代埃及宗教神话中的天神。

国王的力量

他的声望[……]他的王冠上的蛇,作为两土地的国王,端坐在拉神的王位上。整个大地一片寂静,无论是伟大的人还是卑微的人[……]他们(?)被一起带来,与他的王权合为一体。上、下埃及之王,乌塞迈拉-迈瑞

---

① K. A. Kitchen, *Ramesside Inscriptions*, *Historical and Biographical*, Vol. V, Oxford, 1977, pp.20 - 27.

② J. H. Breasted, *Ancient Records of Egypt*, Vol.IV, Chicago, 1906, §§35 - 47.

阿蒙;拉之子,拉美西斯三世。

　　一位坚强而又勇敢的国王,他的[? 手]获得(?)(当?)他看见[……];
[……]当他发怒的时候。保护者已经在埃及出现,他由远处疾驰而来,
打击每一块土地。(他是)谋划者,制定行使有效的计划,并能熟练运用
法则,[他的人民/埃及]因此而幸福。他的声望("名字")深入人心,甚
至到达(远离中心)的黑暗之地[1]。他的辉煌和令人恐怖的事迹已经传
播到世界的尽头,异邦瞬间被摧毁。他们不知道他们的主人,他们屈膝
前来,祈求只有埃及才有的"生命的气息"。荷鲁斯,强壮的公牛,具有
强大的王权;南北(上下)埃及之主,乌塞迈拉-迈瑞阿蒙;拉之子,拉美
西斯三世。

　　保护着埃及的强有力者,保护他们身体的人,他就像击败九弓的蒙图
神一样强壮。神之子,当他像赫拉赫提[2]一样行军之时,当他出现时,他
看起来就像蒙图神。他张开他的嘴,向太阳神的子民们呼出生命的气息,
两土地因他的每日馈赠而(充满生机)。珍爱之子,众神的朋友。为了他
(国王),他们(众神)使那些狂妄的敌人顺从。

【注释】
　〔1〕黑暗之地,即异邦。
　〔2〕赫拉赫提,埃及语含义是地平线上的荷鲁斯神,是太阳神的一个称谓。

击败阿姆如和利比亚入侵

　　阿姆如[1]的首领已经成为灰烬,他的子嗣不再。他的所有子民被作
为俘虏带了回来,并被遣散且处境悲惨。从他(阿姆如的首领)的土地上
来的每一位幸存者都带着赞美而来,看到了他们头上的伟大埃及的太阳,
而且漂亮的太阳圆盘就在他们面前。两位太阳神照耀着大地,一个是埃
及的太阳,一个是天空中的太阳。[2]他们说:"尊贵的太阳神! 我们的土地
被毁灭了,(但是)我们现在来到了一片生命之地,上、下埃及之王,乌塞迈
拉-迈瑞阿蒙;拉之子,拉美西斯三世破除了黑暗。"

平原和山地的国家被隔断,(人民)被掳到埃及,并作为奴隶被献给了众神。满足、食物和财富充满了两土地。这片土地上充满了欢乐,这里没有悲伤。(因为)阿蒙-拉神已经委派他的儿子来到这片土地,太阳光芒所及之地都在他的掌握之中。那些毁坏尼罗河两岸土地的亚洲和利比亚的敌人们被擒获。(然而)在从前的国王(统治时期),(埃及的)土地被废弃,被完全地毁坏,他们(从前的国王)以及众神和人民都处境艰辛。没有一位英雄能挽救他们,因为埃及是如此羸弱。

现在,这里有一个像狮鹫一样的年轻人,一位如同迈黑[3]一样精明的指挥官。他的话是[……],它们(他的话语)滔滔不绝就像从[……一位女神?]的一篇演讲,更像是从万物之主的嘴中说出的。他的士兵声音洪亮,他们如同公牛一样,准备在战场上[与大量? 敌人作战]。他的马如同猎鹰,当他们看到麻雀[……],他们发出狮子般愤怒的咆哮。战车上的勇士犹如闪电快速有力,在他们看来,上万的敌人如同小水滴一样。在他们(敌人)之前,他就像蒙图神那样强壮。他的声望("名字")和他的威严把异邦的平原和山地烧焦。利比亚土地上的人来了,他们在一个地方集合起来,包括利布人、塞普德人和迈什外什人[4],甚至还有从布瑞如[5]征募来的士兵。他们的士兵按他们的计划行动,并且信心百倍:"我们将全速前进!"而来自他们身体里的呐喊则是:"我们将要取得成功!"他们是一群充满危险的人,他们将带来死亡。然而他们的计划却被神的意愿所击碎和扭转。他们用嘴而不是用心去乞求一位领导者,只有心才是神,有力量的和通晓万事的神。[6]

【注释】

〔1〕阿姆如(Amurru),这是青铜文化中期阿卡德人对整个莱温特(叙利亚巴勒斯坦)沿海地区的称谓。

〔2〕按,这里的两个太阳是指埃及国王和太阳神。

〔3〕迈黑(Mehy),古代埃及宗教神话中的智慧、审判和书吏之神托特。

〔4〕利布(Libu)人、塞普德(Seped)人和迈什外什人是利比亚的3个部落。

〔5〕布瑞如(Buriru),地名,具体位置不详。

〔6〕按,古代埃及人认为,人是用心来思考的。故此,他们把心拟人化为一位叫斯雅的神。

击败利比亚人

现在,神如此行动,是为了给伟大的埃及带来胜利,使那些外国人发自内心地向陛下,伟大的国王,乞求领导。陛下如托特神一样精明,能够看清他们的内心。在他面前,他们的计划被(他)重新审视和判断。

陛下带来了一个利比亚小人儿,也就是一个孩子。他用他那两支强有力的臂膀提拔他,并指定他为他们的首领,拱卫他们的土地。这是在以前的国王们统治时期从来没有听说过的事。现在,陛下是那么地令人恐惧和强壮有力,犹如一头狮子。他隐藏起来,准备投入战斗。他已经装备得如同一头公牛,具有勇敢的四肢和锋利的兽角。他向山地进发,追击攻击他的人。众神反对他们(利比亚人)的计划,他们给予他(埃及国王)力量去打击那些侵犯他边界的人。陛下进军并打击他们,如同一团火焰在茂密的树林里燃烧,他们就像网中的鸟一样[被俘获(?)]。他们一批一批地被击垮,直至成为灰烬,(于是),他们从骨子里感到恐惧。他们的覆灭是严重的,无休止的。看啊,邪恶让他们无法到达天堂。他们一群人被集合到一个地点,并遭到屠杀,他们在自己的土地上就被放入了金字塔。强有力的国王,勇敢者,唯一的君主,像蒙图神一样有力。上、下埃及之王,乌塞迈拉-迈瑞阿蒙;拉之子,拉美西斯三世。

残存者被俘虏到埃及,还有无数的手和阴茎[1]。俘虏被捆绑在一起并被展示在(王室阳台)之下。外国的首领们因他们的厄运而被集合起来。(至于)三十人委员会和国王的侍从们,他们把手臂高高举起,他们的振臂高呼响彻云霄。他们(说):“阿蒙-拉神(是这场战争的)裁决之神!是统治者抗击异邦的护佑之神。”(至于)每块土地上的旅行者和信使,当他们看见了如蒙图神一样的国王时,他们的心已经被带走,已经不在他们的身体中。利比亚人的故乡已经被夷为平地,他们将永远停止践踏埃及边界的脚步。他们的首领们被安置并被组织在他们的聚居地,或在各个要塞,他们将陛下伟大的名字铭记在心。那些逃跑的人是可怜的,他们在发抖,以至于他们的嘴都无法复述出尼罗河土地上的风光。

利比亚境内的人们四下逃窜,而藏匿起来的迈什外什人则(对于是否逃走)犹豫不定。他们的故乡已被摧毁,他们不再能够被统一起来,他们身体的每一部分都是虚弱的,充满了恐惧。"她摧毁了我们的故乡。"他们所说的是尼罗河的土地。"她的主人已经永远毁灭了我们的灵魂。"当他们(利比亚人)看到那些屠杀他们的人(埃及人)时,他们十分害怕,在那些犹如塞赫迈特[2]的行刑者的追捕者面前,那些人感到恐惧和害怕。"我们将先找到逃跑路线,然后我们将浪迹于每一块土地。即使(我们)作为他们的战士,[3]他们都不愿意与我们在同一战场上作战。(事实上)进攻我们的是我们贪婪的欲望。我们是多么不幸啊!我们的心已经被带走,我们不再强大。他们的主人(埃及国王)如同被拉神钟爱的塞特神,他如狮鹫般发出战争的呐喊。他追捕我们,屠杀我们。他是无情的,他使我们再也不敢觊觎埃及。那是多么疯狂啊,我们把自己送到了死神面前,我们是惹祸上身!我们的后代将不再存在,这些人是迪迪、玛什卡努、马瑞亚威,以及沃玛若和珠特玛若[4],(上述)每一位来自利比亚袭击埃及的敌国统治者现在都被毁灭。众神已经决定报复并屠杀我们,因为我们有意进攻了他们的领地。我们知道了埃及伟大的力量,拉神赐予她(埃及)一位强壮的保护者(埃及国王),他以[……]出现,如同照耀着大地的拉神。让我们跑向(他),并向他乞求和平。让我们效忠于他!他的剑因无数的胜利而伟大有力。上、下埃及之王,乌塞迈拉-迈瑞阿蒙;拉之子,拉美西斯三世。"

【注释】

〔1〕按,在古代埃及对外战争中,如果战俘数量过多,而无法全部押回国内,埃及人通常把战俘的手或阴茎割下,以备统计战俘数量之用。

〔2〕塞赫迈特,古代埃及宗教神话中的战争女神,常以狮子的形象出现。

〔3〕按,这句话揭示出投降的利比亚人被招募到埃及军队中。

〔4〕迪迪(Didi)、玛什卡努(Mashkanu)、马瑞亚威(Mariyawi),以及沃玛若

(Wermaro)和珠特玛若(Tjutmaro),是利比亚人5个部落的酋长。

击败北方国家

北方各国,如腓力斯丁人[1]和柴克如人[2],他们的身体在颤抖。他们被从他们的土地上赶走,他们的灵魂被毁灭。他们是从陆地上来的武士,另一些则来自地中海。那些从陆地上来的人们被打败并被屠杀[……];阿蒙-拉神追击他们,并毁灭了他们。那些从尼罗河口来的人[3]就像被用网捕获的鸟,乱糟糟地聚集在一起(?)[……],他们的手臂和他们的心被带走,不再在他们的身体之中。他们的首领被带走并被屠杀,他们被制服,成为被捆绑的[俘虏……]。他们哀求道:"这里有一头精力充沛的狮子,它是愤怒的和强有力的,他用他的爪子抓住(我们)。唯一的君主已经出现在埃及,他是独一无二的,他是一位射箭技术精湛,从无失误的战士。[……]直到遥远的大海。"他们全体人员都在发抖,并说道:"我们还能去哪里?"他们乞求和平,充满恐惧的他们俯首前来,他们知道他们不再强大,他们的身体也不再有力,因为陛下的威严就展现在他们的面前。他就像站在竞技场上的公牛,他的双目好像长在了他的犄角之上,时刻准备用他的头撞向那些袭击他的人。他是英勇的战士,[有着响亮]的呐喊,他是拥有强壮手臂的迅跑者,他掠夺每一片土地,以至于他们(被征服者)怀着崇敬和畏惧之心到来。他是年轻人,像他这个时代的巴奥神[4]一样英勇,他是一位执行计划的国王,他是计划的主人。他所做的事情从未失败过,它们都将实现。上、下埃及之王,乌塞迈拉-迈瑞阿蒙;拉之子,拉美西斯三世。

【注释】

[1] 腓力斯丁(Philistines),地名,位于西亚南部,巴勒斯坦沿岸地区。腓力斯丁人是海上民族的一支。

[2] 柴克如(Tjekkeru)人,海上民族的一支。

[3] 从尼罗河口来的人,指海上民族。

[4] 巴奥神,即巴勒斯坦地区的暴雨神。

国王的胜利

痛苦属于他们,各国环绕着大地,那些意图密谋反抗尼罗河之地的人们! 处于胜利之中的伟大之主是两土地的国王,辉煌并且令人恐惧的人已经将九弓打倒,他就像一头怒狮,吼声在山中回荡,让人感到害怕,甚至那些身处远方的人也感到恐惧。双翼之主,迈着大步的格里佛[1],(对他来说)数百公里[仅仅]是一大步(?)。了解猎物的猎豹,抓住那些攻击他的人,他的爪子抓破了那些侵犯他边境的人的胸膛,他愤怒地伸出了(他的)右手,投入到战斗中。在他们国家,他将无数人屠杀在他的马下。他视那一大群敌人为小虫子,他们被击碎,被碾压,被碾成碎末。(他有着)坚实的兽角和强壮的四肢,他轻视他面前的所有敌人。当他进军的时候,他如同蒙图神。每一块土地都因他而感到痛苦。想到他,就会想到一位强有力的执行计划的统治者,就像塔嫩[2]那样,供给整个土地。他有着强有力的手臂,他是平原和山地各国之中的强有力的人,他与赫尔摩坡里斯的居民[3]一起做的一切都已经过去。上、下埃及之王,乌塞迈拉-迈瑞阿蒙;拉之子,拉美西斯三世。

【注释】

〔1〕格里佛(Griffon),希腊神话中的狮身鹫首怪兽。
〔2〕塔嫩,即普塔神的一个名衔。
〔3〕赫尔摩坡里斯的居民,即古代埃及宗教神话中的审判和智慧之神托特。赫尔摩坡里斯,位于埃及中部。

国王保护埃及

埃及人因这次胜利而心中充满了喜悦。这片土地因他的保护而一片祥和,没有悲哀。一座荫庇人们的堡垒已经建立,生活在他的时代的人们内心充满自信,因为他的臂膀为他们提供了保护。他们知晓他的双臂是如何像鹰一样抓获敌人。为了胜利,他建立了军队,用他匕首夺取的物品装满了神庙的仓库,众神因他的捐赠而感到满意。他们(众神)伴他左右,九弓因之倒下。他们让他强大,去打击那些袭击他的人,去做他威严的父亲——阿蒙神准许他做的事情。这片土地统一在他的脚下。上、下埃及之王,乌塞迈拉-迈瑞阿蒙;拉之子,拉美西斯三世。

赞美国王

现在,关于"丰年"荷鲁斯神,拉神的神圣后代,从他的身体之中而来之人;伊西斯之子庄严的栩栩如生的形象,来自她子宫之人,已经像蒙图神一样佩戴上了蓝色的王冠[1]。在尼罗河泛滥时,他是强有力的,为尼罗河的土地带来了食物,人们因此而享受着美好的东西。君主,为万能之主主持正义的人,每天都出现在他的面前。埃及和所有的土地在他的统治之下是和平的。这片土地一派祥和,这里没有贪婪。按照她的意愿,妇女自由行走,她身上穿着衣服,她的步伐没有受到阻碍,可以去她所想去的任何地方。异邦都归顺到了陛下的强大威严之下,在他们的背上是他们的贡品和孩子们。南方的人和北方的人都在赞扬他,他们注视着他,就像注视着拂晓时的拉神。他们服从于胜利之王的计划和规则。拥有完美计划的统治者,就像"公正的脸"[2],他就是南北(上下)埃及之王,两土地之主,剑的主人,乌塞迈拉-迈瑞阿蒙;拉之子,拉美西斯三世,像拉神那样永生。

【注释】

〔1〕蓝色的王冠,即古代埃及国王在战争中佩戴的王冠。
〔2〕"公正的脸",即普塔神。

2. 行政管理体系崩溃

新王国末期,在遭受着利比亚人和海上民族双重入侵的情况下,埃及内部也出现了严重的社会问题。经济衰退的同时,中央行政管理体系也处于瘫痪状态。王权失去了对官僚机构的控制,官僚机构臃肿。

2.1　都灵审判纸草文书

都灵审判纸草书写于第二十王朝国王拉美西斯三世统治期间,是一篇关于法官审理颠覆国家政权罪的法庭判例。它不仅提及了古代埃及的多项罪名,而且还反映了古代埃及特殊法庭的建构与作用。

本译文所用原始文献来自科琛的版本①,同时也参照了他的翻译②。

都灵审判纸草文书

[上、下埃及之王,乌斯玛拉-迈瑞阿蒙;拉神之子,拉美西斯三世],赫利奥坡里斯之主[……]。

[……]埃及的土地[……],[……]所有的土地[……],[……]他们的牲畜[……],[……]把他们带到[……]所有[……]在他们面前[……],[……]把他们带到[……],当[……]时候[……],[……]人,说:"[……]。"[……]他们是国家的害群之马。

(国王)对国库总管蒙特姆塔威、国库总管派弗-瑞威、御扇信史库罗、斟酒者派拜塞特、斟酒者卡登登纳、斟酒者巴勒-玛海尔、斟酒者帕-伊如-苏努、斟酒者图特-瑞赫努菲尔、王室使者派努瑞努特、书吏玛雅、信件部门书吏帕瑞姆哈布和卫戍队掌旗官霍瑞委以重任,说:"至于这些涉案人员,虽然已成为人们口中的热门人物,但是我并不熟知他们,请前去审讯他们。"

我并不熟悉涉案人员,他们前去审讯他们,他们(可能)致受害人死亡,他们(可能)亲手杀害了受害人。我并不熟悉涉案人员,也许[他们]还对受害人实施了虐待行为。

现在,[我对他们提起严厉控诉],说:"请注意,请注意,以免[因官方]的误判致使你越级对高级官员实施惩罚!"现在,我开庭审讯他们。所有的事情都处理完毕,它[1]也已审讯完毕,让他们为他们犯下的所有滔天罪

---

① K. A. Kitchen, *Ramesside Inscriptions: Historical and Biographical*, Vol. V, Oxford, 1977, pp.350 - 360.

② K. A. Kitchen, *Ramesside Inscriptions: Translated and Annotated*, *Translation*, Vol. V, Oxford, 2012 pp.297 - 302.

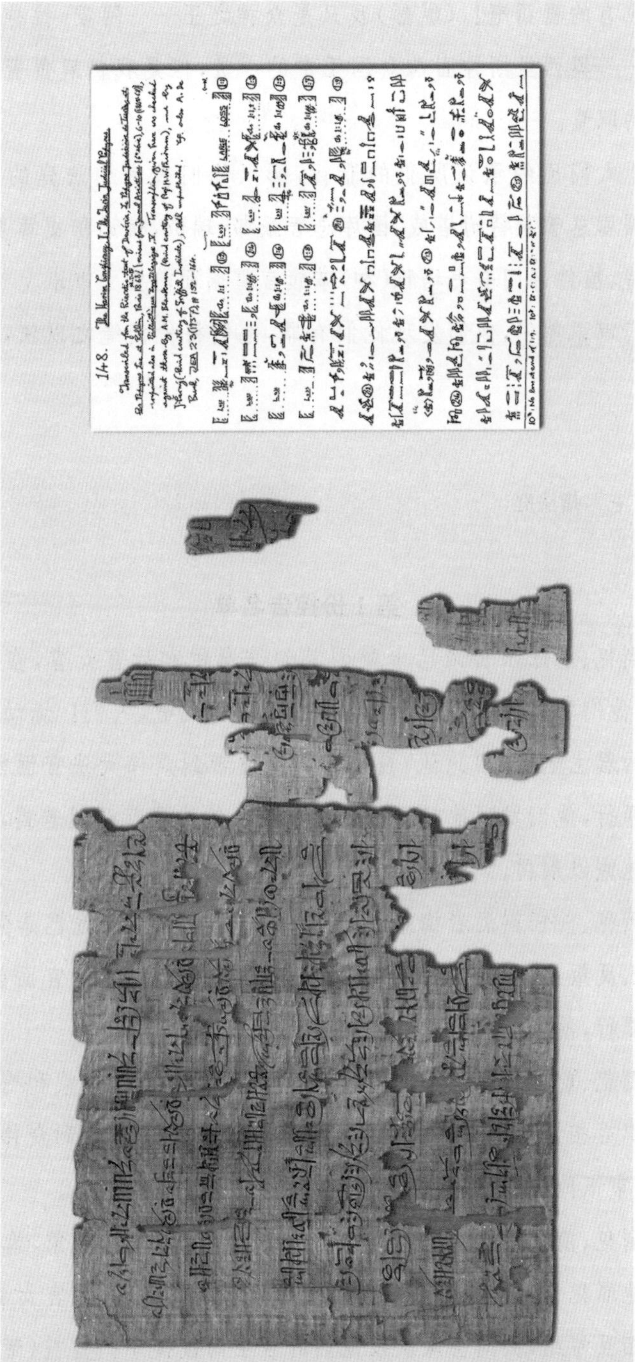

图 60　都灵审判纸草文书(部分)和手描图(部分)

行承受应有的责罚吧！（纵然）我只是众神之王——阿蒙-拉神和永恒的统治者——奥西里斯神面前众国王中的一员，但是我仍肩负着捍卫和保护永恒的职责。

由于人们已经承认所犯的罪行，所以他们被带到法庭的众高级官员——国库总管蒙特姆塔威、国库总管派弗-瑞威、御扇信史库罗、斟酒者派拜塞特、信件部门书吏玛雅（和）掌旗官霍瑞面前接受审讯。

他们审讯他们，他们发现他们有罪，他们将他们绳之以法，他们难逃罪责。

【注释】

〔1〕"它"，指法庭。

第 1 份控告名单

重刑犯、前任州长派巴卡蒙因其勾结泰伊和后官女眷，在达成共识后，他向他们的母亲和兄弟散布消息，说："起义吧，人们！煽动敌人去反叛他们的君主吧！"（因此他）被提审。他被带到众伟大法官面前，他们审问他的罪行，他们发现他对罪行供认不讳。他的罪行昭然若揭，法官审讯他并对他施以刑罚。

重刑犯、前任斟酒者梅塞德苏瑞，因勾结前任州长派巴卡蒙和妇女，煽动敌人反叛他们的君主而被提审。他被带到众伟大法官面前，他们审讯他的罪行，他们查实其罪，他们对他施以刑罚。

重刑犯、前任后官王室部门总管帕努克，因与派巴卡蒙和梅塞德苏瑞达成共识后相互勾结反叛他们的君主而被提审。他被带到众伟大法官面前，他们审讯他的罪行，他们查实其罪，他们对他施以刑罚。

重刑犯、前任后官王室部门书吏彭杜瑞，因与派巴卡蒙、梅塞德苏瑞以及其他罪犯——前任后官王室部门总管（帕努克）和后官女眷，在达成共识后相互勾结，共同密谋反叛他们的君主而被提审。他被（带到）众（伟大）法官面前，他们审问他的罪行，他们查实其罪，他们对他施以刑罚。

重刑犯、前任后宫检察官帕提阿乌埃姆迪阿蒙,因听到男人与后宫女眷的密谋谈话后没有揭发他们而被提审。他被带到众伟大法官面前,他们审讯他的罪行,他们查实其罪,他们对他施以刑罚。

重刑犯、前任后宫检察官凯尔普萨,因听到此事(但却)将其隐瞒而被提审。他被带到众法官面前,他们查实其罪,他们对他施以刑罚。

重刑犯、前任后宫检察官哈埃摩派,因听到此事(但却)将其隐瞒而被提审。[……]他被带到众法官面前,他们查实其罪,他们对他施以刑罚。

重刑犯、前任后宫检察官赫姆玛勒,因听到此事(但却)将其隐瞒而被提审。他被带到众法官面前,他们查实其罪,他们对他施以刑罚。

重刑犯、前任后宫检察官塞提-埃姆-派尔-泰胡提,因听到此事(但却)将其隐瞒而被提审。他被带到众法官面前,他们查实其罪,他们对他施以刑罚。

重刑犯、前任后宫检察官塞提-埃姆-派尔-阿蒙,因听到此事(但却)将其隐瞒而被提审。他被带到众法官面前,他们查实其罪,他们对他施以刑罚。

重刑犯、前任斟酒者瓦拉纳,因从部门总管那里听到此事(但却)将其隐瞒、没有向他们举报而被提审。他被带到众法官面前,他们查实其罪,他们对他施以刑罚。

重刑犯、前任派巴卡蒙的助手阿斯哈-赫布塞德,因听到了派巴卡蒙的密谋(但却)没有向他们举报而被提审。他被带到众法官面前,他们查实其罪,他们对他施以刑罚。

重刑犯、前任斟酒者兼国库书吏帕-卢克库,因勾结派巴卡蒙,从他那里听到了该事(但却)没有向他们举报而被提审。他被带到众法官面前,他们查实其罪,他们对他施以刑罚。

重刑犯、前任斟酒者利比亚人亚尼尼,因勾结派巴卡蒙,从他那里听到了该事(但却)没有向他们举报而被提审。他被带到众法官面前,他们查实其罪,他们对他施以刑罚。

　　后宫门卫的众妻子参与了男人的密谋事件，她们被带到众法官面前。他们查实其罪，他们对她们六人施以刑罚。

　　重刑犯、如玛之子、前任国库总管派-伊瑞，因勾结重刑犯彭胡伊比恩，与他达成共识后煽动敌人反叛他们的君主而被提审。他被带到众法官面前，他们查实其罪，他们对他施以刑罚。

　　重刑犯、库什军队将领比奈瓦塞特，因他后宫的妹妹捎口信给他说："起义吧，人们！组织反对派去反叛他们的君主吧！"而被提审。

　　他被带到卡登登努、巴阿勒-玛海尔、帕-伊如-苏努和图特-瑞赫努菲尔面前，他们查实其罪，他们对他施以刑罚。

第 2 份控告名单

　　人们因其罪行，且与派巴卡蒙、派伊斯、彭塔威瑞特串通勾结而被提审。他们被带到众法官面前，他们查实其罪，他们把他们扣留在法庭上，他们自尽身亡，不会再对他们施予刑罚。

　　（名单如下：）重刑犯、前任高级将领派伊斯，重刑犯、前任生命之屋书吏迈苏伊，重刑犯、前任首席[讲经]祭司者帕瑞克阿蒙奈弗，重刑犯、前任塞赫迈特的首席祭司伊若伊，重刑犯、前任斟酒者奈布德耶法，重刑犯、前任生命之屋书吏沙德-迈斯德杰瑞弗，总计六人。

第 3 份控告名单

　　人们因其罪行被带到法官卡登登纳、巴勒-玛海尔、帕-伊如-苏努、图特-瑞赫努菲尔和迈如特-乌斯-阿蒙面前。他们审问他们的罪行，他们查实其罪，他们将其留在属于他们的地方，他们自尽身亡。

　　曾经被起过其他绰号之人彭塔威瑞特，因与后宫女眷密谋策划煽动反对他们的君主之人、与他的母亲泰伊串通勾结而被提审。他被带到众斟酒者面前接受审讯，他们查实其罪，他们将其留在属于他的地方，他自尽身亡。

重刑犯、前任斟酒者赫图恩阿蒙,因参与后宫女眷的罪行,听到(谋反计划)(但却)将其隐瞒而被提审。他被带到众斟酒者面前接受审讯,他们查实其罪,他们将其留在属于他的地方,他自尽身亡。

重刑犯、前任后宫代理人阿蒙哈乌,因参与后宫女眷的罪行,听到(谋反计划)(但却)将其隐瞒而被提审。他被带到众斟酒者面前接受审讯,他们查实其罪,他们将其留在属于他的地方,他自尽身亡。

重刑犯、前任后宫王室部门书吏派-伊瑞其因参与后宫女眷的罪行,听到(谋反计划)(但却)将其隐瞒而被提审。他被带到众斟酒者面前接受审讯,他们查实其罪,他们将其留在属于他们的地方,他自尽身亡。

第4份控告名单

人们因放弃可以获取自由的有力证词而被割掉了鼻子和耳朵。女眷已经来到他们的住所,在这里,她们与他们还有派伊斯一起尽情欢宴。他们落入法网。

重刑犯、前任斟酒者帕白斯被就地正法:他们将其独自留下,他自尽身亡。

重刑犯、前任信件部门书吏玛雅。

重刑犯、前任卫戍队士兵塔伊纳赫特。

重刑犯、前任警长纳纳于。

第5份控告名单

重刑犯、前任卫戍队掌旗官霍瑞,因受到株连被以严词训斥后释放,未对他施予惩罚。

2.2　都灵控告纸草文书

都灵控告纸草,即都灵1887号纸草,书写于第二十王朝国王拉美西斯五世统治时期,因该纸草详细阐述了派纳努克特行贿以及滥用权力、窝藏、转移、收购、销售赃物等多项罪名而得名。

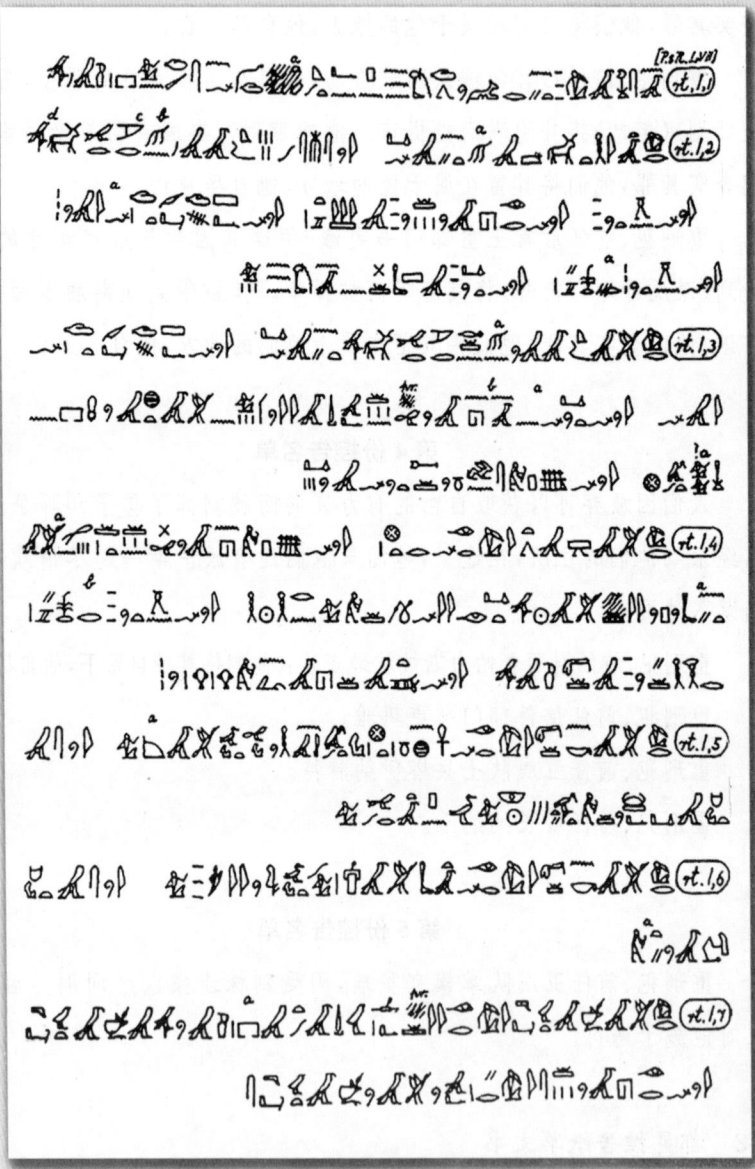

图 61　都灵控告纸草文书(部分)手描图

本译文所用原始文献来自伽丁内尔的版本①,译文则参照了波滕的翻译②。

都灵控告纸草文书

控告克努姆神庙的沐浴祭司派纳努克特,又名塞德。

控告(罪名如下):他管理的黑色公牛为蒙奈维斯[1]生了 5 头小牛犊。他牵走了它们,并利用它们在田里(耕地),随后又将其宰杀肢解后卖到了南方沐浴祭司那里。

控告(罪名如下):他将管理的姆奈维斯大公牛宰杀肢解后卖给了比伽赫要塞的迈扎伊[2],并从中获利。

控告(罪名如下):他前去底比斯,为他(自己)[3]接收了某些文件[4],拉神是永远不会允许(他)成为检察官的,他(又)把它们带到了南方,递呈在克努姆神的面前,但是神拒收它们。

控告(罪名如下):他与彭塔威尔儿子托特姆赫布的妻子,也即帕塞赫提的女儿,女市民姆特奈迈赫发生了性关系。

控告(罪名如下):他与舒伊的女儿,已婚妇女塔白斯发生了性关系。

控告(罪名如下):他[5]和他[6]涉嫌盗取了克努姆神庙的瓦杰特之眼。

控告(罪名如下):先知巴肯宏苏将放置两份证人档案的神庙提箱进行了移交,他打开了它,从里面拿出了一份证人的档案,递呈在克努姆神的面前,神对它表示同意。

控告(罪名如下):他(只有)喝完了 7 天的碱水[7]后才能进入要塞,国库书吏蒙图赫尔赫派舍弗让克努姆神的先知[8]以统治者(愿他长寿、繁荣和健康)的名义发誓,说:"我是不会让他[9]和神进去的,直至他喝完足日的碱水。"但是他[10]却违背了(自己的誓言),(让)他[11]在喝完 3 天的碱水后和神进去了。

① A. H. Gardiner, *Ramesside Administrative Documents*, Oxford, 1968. pp.73 - 82.
② B. Porten, et al, *The Elephantine Papyri in English: Three Millennia of Cross-Cultural Continuity and Change*, Leiden, 1996, pp.45 - 56.

控告(罪名如下)：维吉尔奈菲尔派特推举沐浴祭司巴肯宏苏为克努姆神的先知。沐浴祭司[12]对沐浴祭司奈布温奈菲尔说："如果我们有其他三位沐浴祭司的话，我们就会让神驱赶走这位商人的儿子。"他被审讯后发现他所说的是事实。他以君主(愿他长寿、繁荣和健康)的名义发誓不会进入神庙，但是他却把他的东西[13]给了这位先知[14]，说："让我和神进去吧!"这位先知收下了他的物品，让他和神进去了。

控告(罪名如下)：法老(愿他长寿、繁荣和健康)派国库监督者哈埃姆提尔去检查克努姆神庙的国库。[15]沐浴祭司从克努姆神庙的国库偷走了60(条)缠腰布。当人们前去调查它们的时候，发现有34(?)(条缠腰布)在他那里，而他正在将其余的(缠腰布)扔掉。

控告(罪名如下)：在未获法老(愿他长寿、繁荣和健康)的允许下，沐浴祭司将巴克塞特伊特儿子塞哈图埃姆奈菲尔的耳朵割了下来。

控告(罪名如下)：维吉尔奈菲尔派特派仆人[16]帕赫尔和仆人帕特伽乌埃姆迪宏苏去说："把神之父卡赫派施带过来[……]。"仆人找到我[17]时，我正在履行为期1个月的第一宗族的当差义务。[18]仆人把我留下，并对我说，"在[你]当差的这一个月中我们是不会把你带走的。"沐浴祭司[19]给了他们1(条)上好的缠腰布、1(只)折凳、2双凉鞋、2对象牙(?)、100捆棕榈叶、1 000(个)海[科克]水果、[……]鱼、面包和啤酒。他对他们说："不要放了他。"(结果)他有15天未对[……]克努姆神庙的官员(?)履行义务。随后[……]阿蒙神之屋的[……]控制所有[……]停泊[……]停泊处[……]埃及的水边[……]当我[……]神，在家里(?)[……]他让他们释放了他[……]。

控告(罪名如下)：在亚麻工人姆特[奈]菲尔[特]的家里有人故意纵火。[她过来]和他说[20][……]他无视[她]，他还无视了她的女儿巴克塞特伊特。今天，他们对此仍然置之不理，不[……]。

控告(罪名如下)：沐浴祭司和[克努姆]神庙的牧人帕卡蒙发生了口角。他[21]对他回应说[……]。3个月后伽伽[22]已在天上[23]，没有了控告

[······]一个人说起此事[······]。

控告(罪名如下):在伟大之[神]国王赫卡玛阿特拉-塞泰派纳蒙[24]执政的第1年,他们[25]将20头牛移交给了沐浴祭司,在他持有和[······]他们抓住了公牛。他把它们从上面(?)牵了下来,他给了公牛作为[······],他也把公牛给了[······]长官作为[······]。[26]

控告(罪名如下):沐浴祭司派纳努[克特][······]将20德本铜和20(条)品质上乘的缠腰布给了(其他)的沐浴祭司,[为了防止(?)(事态严重)],所有的指控将全部合盘托出。

控告(罪名如下):沐浴祭司[27]站在了这位神[28]的面前,说:"如果他真的没有对这个人做过一件好事,那么你随意处置他吧!"他站在[······]。

[控告](罪名如下):他们[29]从克努姆的船上偷走了1个大铜座架,随后他们把它卖掉了。

[控告](罪名如下):他们从塞伊尼[30]的女主人阿努基斯[31]神庙中偷走了5件斗篷和10件(由)上好布料(制成)的瑞乌杰衣服,总共15(件衣物)。国库书吏蒙图赫尔赫派舍弗奉埃利芬提尼市长之命审讯他们,发现它们[32]在他们那里,(但是)他们早已将它们卖给了真理之地的木匠阿蒙瑞赫,并从中获利。市长从他们那里拿走了一些东西[33],然后把他们(放走)了。

[控告](罪名如下):他们打开了督查曾在检查克努姆神庙时贴在其上的封条,并从里面偷走了180袋的大麦。

[控告](罪名如下):克努姆神庙[的······]的打开,[他们偷走了][······]瑞乌杰衣服。先知[34]发现它们在他们的手上,他把它们要了回来,(但)没有对其做任何不利之事。

[控告](罪名如下):[他们搬走]了神[······]挤满了众神之父和众沐浴祭司的衣服。[他们]发现在他们的手上。

[控告](罪名如下):伟大之神乌斯玛拉-迈瑞阿蒙[35](愿他长寿、繁荣和健康)[······]。为了能为南部的埃利芬提尼之主克努姆神收割700

袋大麦,农民[……]播种。人们开始用船把它们运输[……][到埃利芬]提尼,并被运送到了神的谷仓中。每年都会从他那里征用它们。

[在伟大之神国王乌斯玛拉-迈瑞阿蒙(愿他长寿、繁荣和健康)]执政的第28年,船长[身患重病]已故。随后[……]克努姆神庙的先知迈瑞胡把商人和警长[……]赫努姆纳赫特。他任命他[……]北部地区的大麦[……],他开始用船[运输]它。

在伟大之神国王赫卡玛阿特拉-塞泰派纳蒙(愿他长寿、繁荣和健康)执政的第1年,他盗用了大量的谷物。现在,船长[……]他[从]克努姆的[国库]中偷走了40德本的[……],[……]价值7德本的黄金。(所以)黄金已消失在了克努姆神的国库中。他已盗用了谷物,使其消失在了克努姆神的谷仓中。现在,因为他已经从他们(?)[……]偷走了[……],克努姆神船上的十五个人的[……]他们与他在他的[……]。

[在伟大之神国王赫卡玛阿特拉-塞泰派纳蒙(愿他长寿、繁荣和健康)执政的第1年,]船长[赫努姆纳赫特(?)]负责(将谷物)[运输]到埃利芬提尼(的工作),(但是他只运到了)100袋,亏空600(袋)。

在伟大之神国王赫卡玛阿特拉-塞泰派纳蒙(愿他长寿、繁荣和健康)执政的第2年,(只运到了)130袋,亏空570(袋)。

在伟大之神国王赫卡玛阿特拉-塞泰派纳蒙(愿他长寿、繁荣和健康)执政的第3年,(应运输)700袋,(但是)他并没有把它们中的(任何一粒谷物)运回到谷仓中。

在伟大之神国王赫卡玛阿特拉-塞泰派纳蒙(愿他长寿、繁荣和健康)执政的第4年,(应运输)700袋,(但是)由水手帕纳赫特塔负责的(神职)人员的船只(只运到了)20袋,亏空680(袋)。

在伟大之神国王赫卡玛阿特拉-塞泰派纳蒙(愿他长寿、繁荣和健康)执政的第5年,(应运输)700袋,(但是)克努姆神的(神职)人员的贡品(只运到了)20袋,亏空680(袋)。

在伟大之[神]国王赫卡玛阿特拉-塞泰派纳蒙(愿他长寿、繁荣和健康)执政的第 6 年,(应运输)700 袋,(但是)他并未将其运到。

法老(愿他长寿、繁荣和健康)执政的第 1 年,(应运输)700 袋,(但是)他并未将其运到。

法老(愿他长寿、繁荣和健康)执政的第 2 年,(应运输)700 袋,船长赫努姆纳赫特(只)运到了 186 袋,亏空 514(袋)。

法老(愿他长寿、繁荣和健康)执政的第 3 年,(应运输)700 袋,船长赫努姆纳赫特(只)运到了 120 袋,亏空 580(袋)。

船长、众书吏、众督察和克努姆神庙的众农民总共挪用并挥霍了利芬提尼之主克努姆神庙的谷物 5 004 袋。

现在,至于[……],(经常)偷走了他的谷物,他坐在谷仓顶上,随后谷物消失了。[36]

控告(罪名如下):克努姆神庙的船长(从)派纳努克特的儿子瑞迈特那里强制征收了价值 50 袋的税,(又从)帕特伽乌埃姆阿布的儿子帕威赫德那里强制征收了价值 50 袋的税,共计二(人),100 袋。从伟大之神国王赫卡玛阿特拉-塞泰派纳蒙(愿他长寿、繁荣和健康)执政的第 1 年至法老(愿他长寿、繁荣和健康)执政的第 4 年[37],共计(征收了)1 000 袋。他和他的家人将其挥霍,并没有将它们中的(任何一粒谷物)运回到克努姆神的谷仓中。

控告(罪名如下):克努姆神庙的船长将克努姆神庙的船只,以及船上的桅杆和用具全给烧了,他把他的东西[38]交给了克努姆神庙的督察,直至今天,他们也没有将此上报。

控告(罪名如下):他导致女市民塔瑞[皮特]流产[……]。

控告(罪名如下):由水手帕纳赫特塔[……](神职)人员给[……]。他把他的东西交给了克努姆神庙的督察,他们并没有将[它]上报[……]。

控告(罪名如下):水手[……]帕纳赫特塔败坏[……]埃利芬提尼之主克努姆神的农民[……](位于)[……]之镇[……]。

控告(罪名如下):沐浴祭司派伊瑞[……]打开箱子(?)[……]因为

他一而再、再而三地去做[……]。他发现[……]。

控告(罪名如下):蒙图神庙的先知托特霍特普派遣[……]履行克努姆神庙先知官员的职责。从神庙书吏托特霍特普[……]在他们手上的信件[……]。他们屠杀[……]致使他们的兽皮出现[……]为了强迫劳役和[……]。

【注释】

〔1〕蒙奈维斯(Mnevis),即赫利奥坡里斯的圣牛。

〔2〕比伽赫要塞的迈扎伊,即新王国时期的警察,通常为努比亚人。

〔3〕"他自己",指派纳努克特(Penanuket)本人。

〔4〕按,尚不明确文件的内容。

〔5〕"他",指沐浴祭司派纳努克特。

〔6〕"他",指沐浴祭司派纳努克特的同伙。

〔7〕按,古代埃及的一种宗教净化仪式,祭司进入神庙必须喝碱水,以示净化之意。

〔8〕"先知",指巴肯宏苏。

〔9〕"他",指沐浴祭司派纳努克特。

〔10〕"他",指巴肯宏苏。

〔11〕"他",指沐浴祭司派纳努克特。

〔12〕"沐浴祭司",指沐浴祭司派纳努克特。

〔13〕"他的东西",指贿赂之物。

〔14〕"先知",指巴肯宏苏。

〔15〕按,在古代埃及,有时政府高级官员会代表国王对神庙进行检查。

〔16〕"仆人",也即"随从"。

〔17〕"我",指神父卡赫派施。

〔18〕按,古代埃及每座神庙的祭司都被分为 4 组,轮流为神庙履行职责,即一年共履行 3 个月的职责。

〔19〕"沐浴祭司",指沐浴祭司派纳努克特。

〔20〕按,指她想要跟他述说此事。

〔21〕"他",指牧人帕卡蒙(Pakamon)。

〔22〕按,尚不明确"伽伽"这个人与整件事情之间的联系。

〔23〕"天上",可能是在委婉地表达"已故"之意。

〔24〕赫卡玛阿特拉-塞泰派纳蒙(kheka-maat-Re-en-Amon),即古代埃及第二十王朝国王拉美西斯四世。

〔25〕按,尚不明确"他们"是谁。

〔26〕按,这段话指沐浴祭司派纳努克特滥用神庙的牲畜。

〔27〕"沐浴祭司",指沐浴祭司派纳努克特。

〔28〕神,即克努姆神。

〔29〕按,尚不明确"他们"是谁。

〔30〕塞伊尼,即阿斯旺的古代埃及语称谓。

〔31〕阿努基斯,即古代埃及下尼罗河的瀑布女神。

〔32〕"它们",指偷走的赃物。

〔33〕东西,即贿赂的赃物。

〔34〕"先知",指先知巴肯宏苏。

〔35〕乌斯玛拉-迈瑞阿蒙,即古代埃及第二十王朝国王拉美西斯三世。

〔36〕按,谷仓的亏空实则为赫努姆纳赫特的欺诈所为。

〔37〕按,这句话指从拉美西斯四世至拉美西斯五世统治期间。

〔38〕按,此处暗指贿赂。

3. 社会动荡

中央行政管理体系的瘫痪和经济的衰退,必然导致社会混乱局面的形成。大量盗墓纸草的发现揭示出第二十王朝末期盗墓的猖獗,而都灵罢工纸草则反映出风起云涌的、因拖欠工资而导致的工人罢工,罢工者是建造和维修王陵的工人。利比亚人趁乱不断骚扰埃及西部边境,他们同盗墓贼联合起来大肆在埃及边境抢劫,严重干扰了埃及人的正常生活,也给埃及社会带来不稳定因素。

3.1　阿姆布拉斯盗墓纸草文书

阿姆布拉斯纸草书写于第二十王朝国王拉美西斯十一世统治时期,其中对于法律文件的具体整理过程进行了详细记录,尽管这些文件比较简单,但也在一定程度上反映了古埃及法律制度的特征。

本译文所用原始文献来自科琛和皮特的版本①,译文则参照了皮特的翻译②。

---

① K. A. Kitchen, *Ramesside Inscriptions: Translated and Annotated*, *Translation*, Vol. Ⅵ, Oxford, 2012, pp.836 - 837.

② T. E. Peet, *The Great Tomb-Robberies of the Twentieth Egyptian Dynasty*, Vol.Ⅰ-Ⅱ, Hildesheim and New York, 1930, Vol.Ⅰ, pp.177 - 182; Vol.Ⅱ, pl. ⅩⅩⅩⅧ.

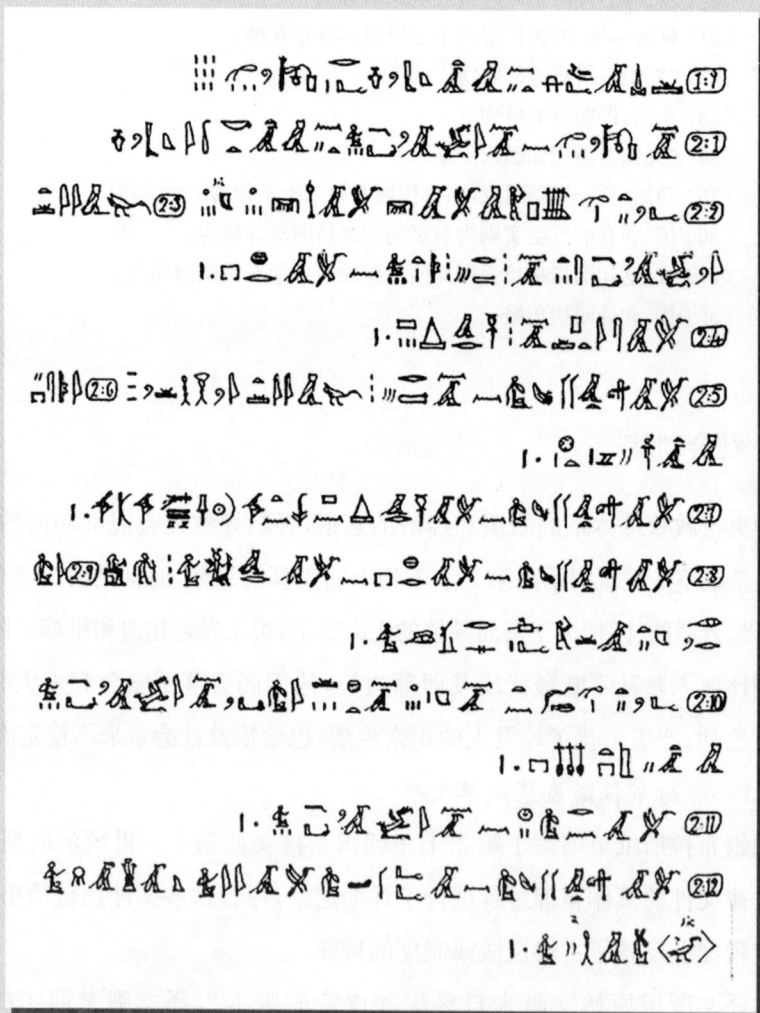

图 62　阿姆布拉斯盗墓纸草文书（部分）手描图

阿姆布拉斯盗墓纸草文书

再生的第 6 年,什特长官获得了所有的审讯卷宗,其中主要是长者的两卷银质卷宗。

祭司阿蒙哈乌利用特殊的方式将卷宗制作成了审讯卷宗,还包括乌斯玛拉-迈瑞阿蒙神庙的一些卷宗,并在纸草中包括了卷宗的副本。此外,还有一些小纸草卷宗,其数目是 4 份。所以罐子里装有的纸草卷宗数目总共是 9 份,而在其余的罐子中装有一些其他盗墓犯的卷宗。具体的清单信息如下所示:

1(份)大墓地工匠偷盗各种墓地财物的详细清单。

1(份)对各个金字塔坟墓进行检查的资料清单。

1(份)对底比斯西部盗墓人的审讯清单。

1(份)检查上埃及国王塞赫姆拉舍德塔威金字塔的结果清单。

1(份)对铜匠乌瑞斯偷盗军队指挥官坟墓的审讯清单。

1(份)对盗墓犯盗墓行为的审讯清单。

1(份)所有盗墓犯的具体名单。

1(份)对外国人派赫赫的审讯清单。

3.2 都灵罢工纸草文书

都灵罢工纸草,即都灵 1880 号纸草,由麦地那工匠村书吏阿蒙纳赫特(Amennakhet)书写于第二十王朝国王拉美西斯三世统治时期,描述了当时行政官员的贪污腐败现象和工匠村工人罢工的情况。

本译文所用原始文献来自伽丁内尔的版本[1],译文则参考了弗兰德森的翻译[2]。

---

[1] A. H. Gardiner, *Ramesside Administrative Documents*, Oxford, 1968, pp.45 - 58.

[2] Paul J. Frandsen, *Editing Reality: The Turin Strike Papyrus*, *Studies in Egyptology*, Vol.1, ed. by Sarah Israelit-Groll, Jerusalem: Magnes Press, 1990.

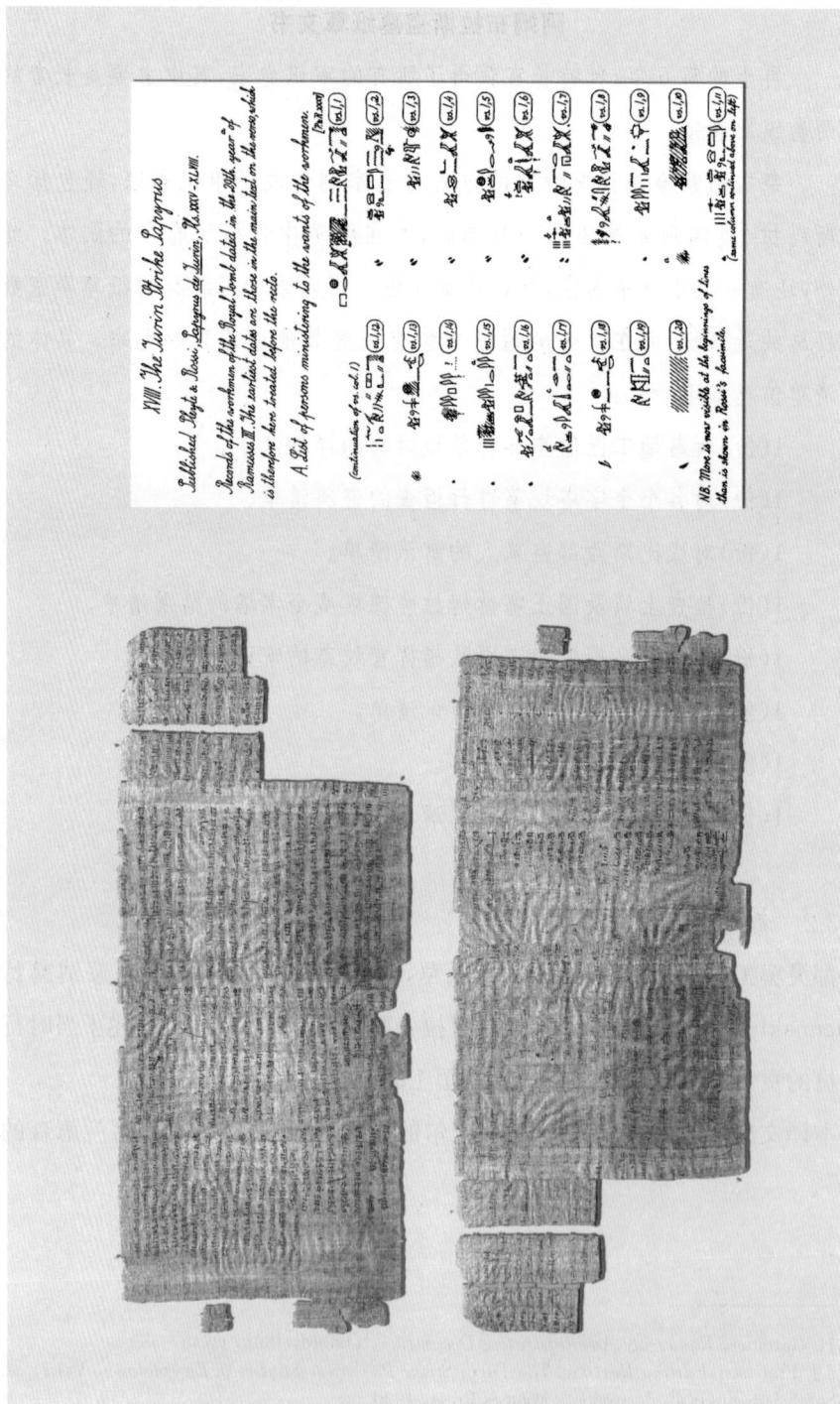

图 63 都灵塞工纸草文书（部分）和手描图（部分）

都灵罢工纸草文书

国王统治的第 29 年,冬季第 2 个月的第 10 天[1]。在这一天,工人们来到了陵墓的五位守卫人员这里[2]说道:"我们饿了,因为这个月已经过去 18 天了。[3]"然后他们在蒙赫普如拉[4]神庙后面坐下来。封闭的墓地书吏、两位长官、两位副长官和两位监督员[5]来到这里并对他们(工人)说:"进来!"他们发誓说道:"请记住,我们都是为法老服务的。"他们在陵墓中度过了一个晚上。

国王统治的第 29 年,冬季第 2 个月的第 10 天,全体工人来到陵墓的五位守卫人员这里。他们进入了法老神庙的内部[6],三位长官,两位副长官和两位监督员进来(?),他们发现他们(工人)坐在蒙赫普如拉神庙后面对外的路上。

【注释】

〔1〕按,在工匠村,每个月的第 10 天是工人的休息日。

〔2〕按,守卫人员指的是守卫墓地的迈扎伊警察。迈扎伊,原为努比亚部落名称,后特指警察。

〔3〕按,在工匠村,每个月的第 21 天是发放工资的日子。但有学者根据其他文献认为每月发放工资的日子应该是第 28 天。

〔4〕蒙赫普如拉,图特摩斯三世的第四王衔。

〔5〕监督员,类似于学校管理学生纪律的督学。

〔6〕按,法老神庙内部一般不允许非工作人员进入。

国王统治的第 29 年,冬季第 2 个月的第 10 天。在这一天,工人们因为他们的口粮问题去找守卫人员。(第 10 天,)在国王(蒙图霍特普)[1]的堤道附近,(他们)因为他们的口粮去找守卫人员。

国王统治的第 29 年,冬季第 2 个月的第 11 天。他们(工人)再次(去找守卫人员),他们(工人)到达了乌塞尔玛阿特拉-塞泰普奈拉[2]神庙南部的坦米努斯墙[3]的入口。

国王统治的第 29 年,冬季第 2 个月的第 11 天。书吏派塔瓦瑞特带来了萨布蛋糕 28(个)、萨布蛋糕 27(个),总计 55(个)。

国王统治的第 29 年,冬季第 2 个月的第 12 天。他们(工人)到达了乌塞尔玛阿特拉-塞泰普奈拉神庙。他们(工人)在它(神庙)的入口处争吵了(?)一夜。他们进入它的内部,书吏派塔瓦瑞特、两位警察长官、两位门卫和陵墓门卫室的一些门卫[……](警察长官)迈特摩斯(宣称他将要去)底比斯,并说道:"我将要请来底比斯的市长。他[……]"

我(迈特摩斯)对他说:"在乌塞尔-玛阿特-拉-塞泰普-奈-拉(拉美西斯二世)神庙中的陵墓工人。"他对我说:"[……]财富[……]你[……]这里没有[……]给你[……](在这个地方)你们是[……]"两个警察长官……法老,计数书吏赫德纳赫特,行政管理的神之父[4](出来)(?)听他们的陈述。他们(罢工者)对他们(官员)说:"饥饿和干渴的现状趋使我们如此:没有衣服、没有鱼、没有蔬菜。写信给法老(我们伟大的主)汇报这种情况,写信给维吉尔(我们的长官)汇报我们需要这些食物。"

冬季第 1 个月的口粮在今天分发给他们。[5]

国王统治的第 29 年,冬季第 2 个月的第 12 天。他们来到了上、下埃及之王,乌塞尔玛阿特拉-塞泰普奈拉的神庙[……]迈特摩斯(?)对工人们(说):"停止你们正在做的事情,我们可以出去。"

国王统治的第 29 年,冬季第 2 个月的第 13 天。在陵墓的守卫室,警察长官迈特摩斯宣布:"我将要告诉你们我的想法。拿好你们的随身物品,关好家门,带上你们的妻子和孩子,我将带领你们去迈奈姆阿特神庙,并立即在那里安顿下来。"[6]

【注释】

〔1〕蒙图霍特普,即蒙图霍特普三世(Mentuhotep Ⅲ)。

〔2〕乌塞尔玛阿特拉-塞泰普奈拉,即拉美西斯二世。

〔3〕坦米努斯(Tenminus)墙,即神庙的围墙。

〔4〕神之父,是行政管理的一个头衔,具体职司不详。

〔5〕按,发口粮的时间大约迟了 21 天。

〔6〕按,在罢工期间,警察长公开支持罢工者,但其动机有待于进一步考察。

国王统治的第 29 年,冬季第 2 个月的第 13 天。警察长[……]"'停止你们正在做的事情'[……]"[……](冬季第 2 个月,第 13 天)同样,他们带着他们的妻子[……]再次出发并说[……]税收首席长官带给他们[……]物品的清单(?)[……]税收首席长官普塔赫曼赫博[1]带来的。

冬季第 2 个月的第 15(或 16)天。[……]他说:"每人发半袋大麦(?)。"[2]迈特摩斯带来 1 卡布罐啤酒和 50(?)给他们,但(对他们)帮助不大。他们(工人)又一次前来,而且这次是夜晚他们还带着火把(?)。

第 17 天。上、下埃及之王乌塞尔玛阿特拉-迈瑞阿蒙[3]神庙的征募[4]总管来到工人面前。他听到[他们的宣布,并说:"告诉(我)事情的原委]我会写信向法老汇报这些情况。"书吏霍瑞[……]他对我说:"底比斯的市长[……]在这度过了一夜。"

我没有双粒麦给你们。有人在守卫处发了口粮[……]在冬季的第 2 个月,第 17 天(同样也分发口粮)。长官 $7\frac{1}{2}$ 袋,十八人每人 $5\frac{1}{2}$ 袋,[……]

国王统治的第 29 年,冬季的第 2 个月的第 17 天。分发第 2 个月的口粮:(右侧)一位长官 $7\frac{1}{2}$ 袋,书吏 $3\frac{3}{4}$ 袋,八人每人 $5\frac{2}{4}$ 袋,共 44 袋。左侧:一位长官 $7\frac{1}{2}$ 袋,书吏 $3\frac{3}{4}$ 袋,八人每人 $5\frac{2}{4}$ 袋,共 44 袋。二位守卫人员,四个洗衣工[……]

国王统治的第 29 年,冬季的第 3 个月。工人们来到了看守陵墓的保卫人员这里,并在陵墓附近坐了下来,三位长官出来传唤他们。工人阿那赫特之子摩斯说道:"[……]作为统治者,他的愤怒比死亡还[……]如果今天我被撤职,我会为盗墓做好准备后去睡觉。[5]"如果我不(遵守诺言),这是因为我的誓言[?]

在村庄门口处三位长官对他们大喊后,工人们从村庄后面来到守卫人员这里。封闭的陵墓中的书吏阿蒙纳赫特让两位监督员和两位副长官出来传唤他们。监督员瑞斯海派特瑞弗回来对我们说:"与鲁塔之子基纳,与胡伊之子哈伊说道:'我们将不会再来,如果你向你的上级汇报这些事情,他们站在他们的同伴前面,(我们)保证不是因为饥饿才来到这里(罢工),我们是要控告一件很严重(的事情);(我们)确定在法老的领土上(有人)做出了很不好的事情',他们说道。"

当我们去听讼他们的陈述时,他们告诉我们:"实话实说。"

国王统治的第29年,冬季的第4个月的第28天。维吉尔带着南部地区的神(像)向北出发去庆祝塞德节。警察长皮昂赫之子奈博塞蒙对站在陵墓门口的三位长官和工人们说:"维吉尔说:'我不来找你们是因为没有理由吗?我没有来不是因为没有东西带给你们!正如你所说:不要拿走我的口粮!'是因为拿走的缘故,(最近)我(维吉尔)才升职的吗?[6]上一任(维吉尔)在任时欠你们的粮食,(可能当时)恰逢粮仓里面没有(粮食)[7],这些粮食我是不会补偿给你们的,但我将会给你我所知的(拖欠的粮食)。'"

陵墓书吏霍瑞对他们说:"先给你们一半口粮,而且我会亲自把它们分配给你们。"

国王统治的第29年,夏季的第1个月的第2天。阿蒙卡伊和乌塞尔赫特给工人2袋双粒麦作为夏季第1个月的口粮。官员宏苏对工人们说:"看,我告诉你们,接受口粮,然后去警卫的市集,带着维吉尔的孩子们[8],告诉他这件事。"

当书吏阿蒙纳赫特给他们(工人)分配完口粮后,他们(工人)遵照(宏苏)告诉他们的去了市集。但当他们遇到一个守卫人员时书吏阿蒙纳赫特就出来对他们说:"不要去市集。毫无疑问,我已经给了你们两袋双粒麦。然后你们离开,我将要在你去的任何法庭上给你定罪。"然后,我再次把他们提出来。

国王统治的第29年,夏季第1个月的第13天。工人们来到警卫那里并说道:"我们很饿。"他们在拜瑞迈瑞阿蒙[9]神庙的后面坐下。当底比斯的市长走过时,他们对他大喊,然后他(市长)把他们带到牛群监管长官的园艺匠迈尼乌弗这里,并对他们说:"看,在法老给你口粮之前,我将要给你们50袋双粒麦作为粮食供应品。"

国王统治的第 29 年,夏季的第 1 个月的第 16 天。工人派纳努克向书吏阿蒙纳赫特和长官宏苏申诉道:"你们是我的上级,你们是陵墓的管理者。法老,我伟大的主,让我忠诚地发誓说:'我不会听到任何东西。在这个伟大神圣之地,我不会看到任何损坏也不会掩盖任何事情。'现在,乌塞尔赫特和派塔瓦瑞特已经从伟大之神国王奥西里斯之子乌塞尔玛阿特拉-塞泰普奈拉墓穴上面搬走了石头。他还迁走了一头刻有乌塞尔玛阿特拉-塞泰普奈拉神庙标记的公牛,而且现在它还在他的牛棚里。他还与他串通:'我的父亲,长官派奈博,派人从它(陵墓)拿走了石头,(他做)了这些事情。'基纳以同样的方式从伟大之神国王奥西里斯之子(下属)的墓穴上(拿走了石头)。我想知道你将如何处置他们,或者我将把这些事情报告给法老,我主;(报告给)维吉尔,我的上司。"

他说:"乌塞尔赫特计划偷盗他的陵墓,并准备在王后谷实施计划。"

【注释】

〔1〕普塔赫曼赫博(Ptahmenkheb)为税收长官并兼管国家粮仓。

〔2〕按,新王国时期,1 袋大约等于 80 公升。

〔3〕乌塞尔玛阿特拉-迈瑞阿蒙,即拉美西斯三世。

〔4〕征募,原始含义是"军队"。在这里,这一单词应该被译为"征募"。

〔5〕按,新王国晚期盗墓盛行,其中不乏有官员参与。

〔6〕按,拉美西斯三世统治的第 29 年,泛滥季的第 2 个月的第 3 天,下埃及的维吉尔被任命为整个国家的维吉尔。

〔7〕按,造成粮仓里面没有粮食的原因之一就是当时官员的腐败。

〔8〕维吉尔的孩子们,指下级官员。

〔9〕拜瑞迈瑞阿蒙(Beremere-Amon),指第十九王朝的第四位国王美楞普塔。

4. 埃及人与外族人的纷争

第三中间期时期的社会动荡不仅表现在埃及人内部的争斗,更表现在埃及人与利比亚人、努比亚人以及亚述人的纷争上。正是埃及人与外族人的争斗导致了埃及文明的衰落。

4.1　皮亚胜利石碑铭文

此块石碑记载了努比亚王朝法老皮亚(Piye)与埃及第二十四王朝法老泰弗纳赫特(Tefnakhet)之间的战争。碑文详细描绘了第三中间期时期埃及的混乱状况、努比亚人势力的上升和埃及三角洲地区争斗此起彼伏的场面,对于我们研究这一阶段的历史,特别是努比亚王朝的兴起,具有十分重要的史料价值。

本译文的原始文献版本来自晒弗的《努比亚王朝铭文册》[①],同时参照了布里斯特德[②]和利克泰姆[③]的翻译。

前　言

陛下统治的第21年,泛滥季的第1个月。陛下,上、下埃及之王,阿蒙神所爱的皮亚,万寿无疆。

陛下发布敕令:听听我经历的事情,(它们)超过了先辈国王们所做的,我,国王,神的显现,活着的阿图姆神! 一生下来就注定要当国王,贵族们害怕他超过他害怕贵族们。他的父亲知道,他的母亲察觉,他一出生就会做国王,(因为他是)伟大的神,众神宠爱的人,拉之子,用他的胳膊做事的人,皮亚,阿图姆宠爱的人。

泰弗纳赫特向南扩张

有人来向陛下报告:"西方的首长[1],地方王公,伟大之人,泰弗纳赫特[2],在奈柴尔州[3]、[……]州、公牛山[4]、哈皮州[5]、[……]州、阿恩州[6],派尔奈布州[7]和孟菲斯。他征服了从沼泽地到伊赤塔威[8]的全部西方。他统率数不清的军队乘船南进。两土地[9]在他的脚下,地方王公和小邦君主如丧家之犬慌忙逃窜。

"上埃及诸州的堡垒大门没有关上[……]。迈瑞阿图姆[10]、派尔塞赫

---

① H. Schäfer, *Urkunden der älteren Äthiopenkönige*, Leipzig, 1905, pp.1‑56.

② J. H. Breasted, *Ancient Records of Egypt*, Chicago, 1906, Vol.IV, §§796‑883.

③ M. Lichtheim, *Ancient Egyptian Literature*, Vol. III, Berkeley, Los Angeles & London, 1980, pp.66‑83.

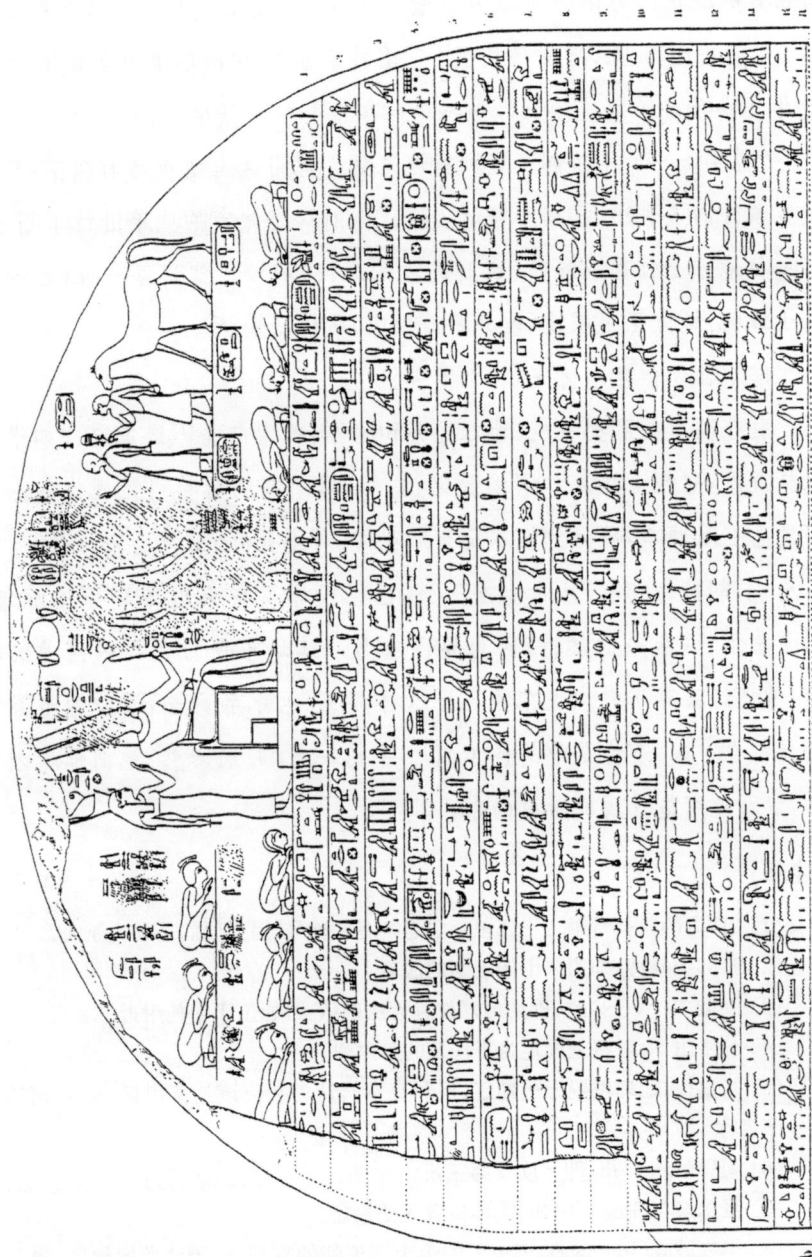

图 64 皮亚胜利石碑铭文(上半部分)手描图

姆赫普瑞拉[11]、胡特索白克[12]、派尔乌迈伊杰德[13]、柴卡奈什[14]以及所有西方的城市因为惧怕他而为他敞开了大门。接着,他挥师东进东方诸州[15],胡特比努[16]、塔伊乌扎伊[17]、胡特奈苏[18]和派尔奈布泰普伊胡[19]敞开了城门。

"现在[……]围攻赫拉克利奥坡里斯。他将这座城市团团围住,禁止城里城外的人进出,昼夜不停地攻城。他对这座城市的城墙进行了划分。每一位地方王公都了解他(所要进攻的那段)城墙。他让每一位(已经归顺于他的)地方王公围攻(被分派给他的)那段城墙。"

陛下面无惧色地听完,并无不悦。

驻守城市的那些贵族、地方王公和将军,每天向陛下送信说:"如果你保持沉默,忽视上埃及和下埃及诸州,那么,泰弗纳赫特将无视你的存在而肆意夺取城市,因为他根本没有发现你(对此有何)不满。奈玛尔柴[20]、[……]、胡特乌尔特[21]的地方王公,已经毁坏了奈菲尔乌斯[22]的城墙。由于害怕他(泰弗纳赫特)因为要围攻另一座城市而首先要攻打他的城市,他已经丢弃了它。现在他已经这样做了,他背弃了陛下。[23]他与泰弗纳赫特在一起,就像是他的羚羊州[24]中的一个[归顺者]。他向他奉献礼物,以及他所能发现的所有的东西。"

【注释】

〔1〕"西方的酋长",第二十四王朝法老特有的称号,因为他们是利比亚人。

〔2〕泰弗纳赫特,即第二十四王朝的法老。

〔3〕奈柴尔(Netjer)州,确切地理位置无法确认,可能位于布托附近。

〔4〕公牛山,一般将之勘定为下埃及的第六州。

〔5〕哈皮州,地理位置无法勘定,但利克泰姆认为它应该是塞伊斯(Sais)州的另外一个名称。

〔6〕阿恩(Anen)州,即下埃及第三州。

〔7〕派尔奈布(Per-neb)州,具体位置无法勘定。

〔8〕伊赤塔威(Itjetawy),即中王国第十二王朝的首都,位于法尤姆地区,现今的考古遗址里什特。

〔9〕两土地,即上埃及和下埃及(或者黑土地和红土地),即埃及。

〔10〕迈瑞阿图姆(Mere-Atum),即法尤姆地区的美杜姆城。

〔11〕派尔塞赫姆赫普瑞拉(Persekhemkhepere-Re),地名,位于拉胡(Lahu)和古拉布(Gurob)附近,即上埃及第二十一州。

〔12〕胡特索白克(Hut-Sobek),即法尤姆州的首府鳄鱼城。

〔13〕派尔乌迈伊杰德(Perwumeydjed),即上埃及第十九州的首府羚羊城。

〔14〕柴卡奈什,即上埃及第十九州的一座城市。

〔15〕东方诸州,指下面从南到北列举的 4 个位于尼罗河东部的州。

〔16〕胡特比努(Hutbinu),即上埃及第十八州的一座城市。

〔17〕塔伊乌扎伊(Tayudjay),即上埃及第十八州的一座城市,也即现今的埃尔-黑巴(el-Hiba)。

〔18〕胡特奈苏(Hutenesu),即上埃及第十八州的一座城市。

〔19〕派尔奈布泰普伊胡(Pernebtepe-ihu),即上埃及第二十二州的首府,也即现今的阿特菲赫(Atffikh)。

〔20〕奈玛尔柴(Nemartj),即赫尔摩坡里斯的统治者,其统治范围是上埃及第十五州野兔州。他是当时称王的四位统治者之一。

〔21〕胡特乌尔特(Hutwert),野兔州的一座重要城市。

〔22〕奈菲尔乌斯(Nefer-us),一座要塞。

〔23〕按,这句话指奈玛尔柴投靠了泰弗纳赫特,背弃了皮亚。

〔24〕羚羊州,即上埃及的第十六州。

皮亚命令驻扎在埃及的军队发动攻击

陛下派人对驻扎在埃及的地方王公、将军普瓦尔玛、将军迈瑞塞克尼以及所有驻扎在埃及的将军说:"进入战场,投入战斗,包围[……],捕获他的民众,牲畜和停泊在河上的船舰! 别让农夫种地,别让耕种者耕田。围攻野兔州[1],昼夜攻打!"他们按照陛下的吩咐行事。

陛下派遣了一支军队到埃及,他严厉地告诫他们:"不要在夜里冒失地发起攻击,在能看到人的时候[2]再作战。远远地向他们挑战。如果他们提议等到其他城市步兵和战车兵的到来,那么他们就要静静等候,直到他们的军队到来。但是在他们提议的时候(我们)就发起进攻。如果他在其他城市有同盟者,那么就让他们等着吧。应邀前来帮忙的王公以及利比亚人的部队,在他们进军途中就向他们挑战:'我们不知道你们的名字,也不知道谁召集了军队！套上最好的战马,组成你们的战阵,你们知道是阿蒙派我们来的!'"

"当你们到达底比斯的伊普特苏特[3]后,你们要跳入水中。在河水中清洗你们的身体,穿上上好的亚麻衣服。放下强弓,解开箭囊。不要向力量之主[4]吹嘘,因为没有他,英勇者就没有了力量。他(力量之主)使弱者变成了强者,虽然我的军队数量较少,但是一个士兵就可以打败一千个敌人!用圣坛上的水喷洒全身,亲吻他面前的泥土。对他说:'请为我们指示一条道路,愿我们能在你的护佑下作战!当你所派遣的部队作战时,让众多敌人在他们面前瑟瑟发抖吧!'"

他们匍匐在陛下面前:"你的名字让我们强壮,你的训诫让你的军队安全,你的面包填饱了我们的肚皮,你的啤酒消除了我们的干渴。是你的勇气让我们强壮,当你的名字被呼喊时,威严随之而生,胆怯的统帅所带领的军队不会打胜仗,谁能与你相匹敌?你是强有力的国王,使用你的臂膀战斗,战争艺术的主人!"

他们向北航行,到达了底比斯。他们遵照陛下的训示行事。

在河上向北航行的时候,他们发现了全副武装的战船载着下埃及的军队,向南航行,前来进攻陛下的军队。接着,陛下的军队展开了大屠杀,尸横遍野,数不胜数。他们的士兵和战船被捕获,他们作为俘虏被带到了陛下所在的地方。

【注释】

〔1〕野兔州,即上埃及第十五州。
〔2〕"能看到人的时候",指白天。
〔3〕伊普特苏特(Iput-sut),即卡纳克神庙。
〔4〕力量之主,即阿蒙神。

赫拉克利奥坡里斯战役

军队朝着罕奈斯前进,并向他们(叛乱者)发出了挑战。下埃及王公和统治者的名单如下：统治者奈玛尔柴和伊乌瓦普柴、玛[1]的首领布斯瑞斯[2]的沙桑克、玛的大首领蒙德斯[3]的杰德阿蒙弗安赫以及他的长子、赫尔摩坡里斯-帕瓦[4]的指挥官、世袭贵族巴肯奈弗伊特以及他的长子的军队、玛的王公和首领、罕斯布[5]的奈斯纳伊苏、下埃及每一位头戴羽毛的首领、布巴斯提斯[6]和拉奈菲尔[7]的国王俄索空[8]。西方、东方和岛屿上的所有的王公和统治者都效忠于西方的大首领，下埃及的统治者，塞伊斯[9]的女主人奈特[10]的预言者，普塔的祭司泰弗纳赫特。

他们(陛下军队)前来打击他们(泰弗纳赫特联军)，对他们展开了大屠杀，惨烈空前。他们(陛下军队)夺取了停泊在河上的他们(泰弗纳赫特联军)的战船。残兵败将渡过河，在派尔派伽[11]附近的西岸登陆。第二天拂晓，陛下的军队渡过河追杀他们，战场上敌我双方的军队搅在一起，难分彼此。他们(陛下军队)屠杀了他们(泰弗纳赫特联军)中很多人和无数的战马。在重创之下，万分惊恐的敌人逃往了下埃及。

被屠杀的敌人名单：男人[⋯⋯]。

当统治者奈玛尔柴得知陛下的军队正在攻打罕姆努[12]、城中居民和牲畜被捕获的时候，他逃向南方。他逃进了乌努城[13]，与此同时，陛下的军队正在野兔州附近的河上和河岸边向前推进。听到这个消息后，他们(陛下的军队)将野兔州团团围住，封锁进出。

【注释】

〔1〕玛(Ma)，三角洲地区利比亚人的部落。

〔2〕布斯瑞斯(Busiris)，下埃及第九州的首府。

〔3〕蒙德斯(Mendes)，下埃及第十六州的首府。

〔4〕赫尔摩坡里斯-帕瓦(Hermopolis-Parva)，下埃及第十五州。

〔5〕罕斯布(Khensb)，下埃及的第十一州。

〔6〕布巴斯提斯(Bubastis)，三角洲地区的一个重要城市。

〔7〕拉奈菲尔(Ra-nefer)，地名，具体位置不详。

〔8〕俄索空(Osorkon)，即第二十二王朝的国王俄索空四世。

〔9〕塞伊斯，三角洲地区的城市。

〔10〕奈特，古代埃及宗教中的生育女神，塞伊斯城的主神。

〔11〕派尔派伽(Perpega)，地名，具体位置不详，很有可能在赫拉克利奥坡里斯城附近，尼罗河西岸。

〔12〕罕姆努(Khenmnu)，下埃及第十五州野兔州的首府。

〔13〕乌努(Unu)城，位于下埃及第十五州，该城与赫尔摩坡里斯一起组成了赫尔摩坡里斯-帕瓦州，也即野兔州。

皮亚前往埃及

他们(陛下的军队)写信向上、下埃及之王，阿蒙钟爱的皮亚报告了他们的每一次战斗和每一场胜利。陛下对此十分震怒，像一头豹子："他们(陛下的军队)放走了下埃及的残兵败将，没有将他们全部杀死，以致他们回去报告了战况，难道不是吗？拉宠爱我，阿蒙钟爱我，我发誓要亲自北进。我将拆毁他们的工事，我将让他们永远放下武器投降！

"当庆祝新年节的时候，在那美好的节日里，我要向我的父亲阿蒙献祭，当他在新年显圣的时候，他将送我去目睹美丽的欧佩特节[1]上的他的容颜。在他的美好的'欧佩特之夜'的节日以及最初是拉为他设立的'持久的底比斯'的节日上，我将把他送上开往南方欧佩特的游行圣舟。在泛滥季的第3月的'护送神'的日子里，我将把他送回神庙，让他在宝座上休息。我将让下埃及尝一尝我的手指的味道！"

正在埃及的军队听说陛下对他们很生气后，他们攻打了羚羊州的派尔姆杰特。很快这座城市就被攻克了，其速度之快犹如旋风一样，他们写信告诉了陛下，但是陛下对此并不满意。

于是，他们又进攻了"伟大胜利的峭壁"[2]。他们发现这座堡垒由下埃及所有兵种组成的部队驻守着。他们修建了一座高塔，攻破了城墙后，在他们(驻守城堡的军队)中间展开了一场大屠杀，死伤无数，其中包括玛的首领泰弗纳赫特的一个儿子。他们写信向陛下汇报了他们的战果，但是陛下并不为此高兴。

接着他们又进攻胡特布努[3]。在攻破了内城的城墙后，陛下的军队冲进城里。他们写信向陛下通报了战况，但是陛下对此并不满意。

【注释】

〔1〕欧佩特(Opet)节,即在底比斯新年举行的庆祝阿蒙神的宗教节日。

〔2〕"伟大胜利的峭壁",下埃及第十八州的一座要塞。

〔3〕胡特布努(Hutbnut),上埃及的第十五州。

皮亚围攻赫尔摩坡里斯

泛滥季第1月的第9日,陛下北进到达了底比斯。他主持了欧佩特节日庆典。陛下向北航行到达了野兔州的港口。陛下下船,将马套在战车上。这样,敌人感受到了陛下的威严,在他面前的每一个敌人都感到惊恐不安。

陛下怒气冲冲,像一只豹子,斥责他的军队:"你们继续作战了吗?你们耽搁了我的命令。我们务必在今年结束战争,并将恐惧置于下埃及,给他们以最为沉重的打击!"

在赫尔摩坡里斯(野兔州首府)的西南边,他扎下了营帐。他每天与敌人作战,并修筑工事将(赫尔摩坡里斯)城墙围住,同时修建了一座塔楼让弓箭手在上面居高临下射击。(陛下的军队)每天都向城里投掷石块,每天都在屠杀敌人。

许多天过去了,因为缺水和拥挤,乌努(野兔州的另一座城市)变得恶臭不堪,于是乌努城匍匐在陛下面前恳求活命。它的使节带来了各种各样漂亮的东西:黄金、名贵的石头、成箱的布匹以及他[1]头上的王冠。蛇型标记[2]给他以威慑,为此他苦苦哀求了许多天。

他们派出他的王后,同时也是公主[3]的奈斯柴奈特来哀求(陛下的)王后、王妃们和公主们。在后宫里,她趴在王后面前乞求道:"请你们可怜我吧,王后、王妃和公主们,请平息王宫之主,战无不胜的、力量无比的荷鲁斯的愤怒吧!请赋予[……]。"

(皮亚对奈玛尔柴说道:)"瞧,谁操纵了你,谁操纵了你?那么谁操纵了你,谁操纵了你?你已经放弃了生命!天空下起了箭雨,这难道不是事实吗?我满意于南方人的臣服,北方人也说道:'请你保护我们!'他们

[……]带给我礼物,这难道是坏事吗?你的心就是你的舵,而神的愤怒会使舵的主人覆灭,会让他将火看作水[……]。与他的父亲一起被看到,他是年轻的,[……]你的州里孩子众多。"

他匍匐在陛下面前,说道:"请安抚王宫之主荷鲁斯吧!你的权力已经对我产生了作用。我就是向国库敬贡赋税的国王的仆人,他们的赋税[……]。我为你做的超过了他们。"紧接着,他献上了白银、黄金、天青石、绿松石、铜和各种各样的名贵石头。这些贡品塞满了国库。他右手牵着一匹马,左手拿着一只黄金和天青石做成的叉铃。

光彩耀人的陛下从他的官殿里出来,前往赫尔摩坡里斯之主托特神庙。他向他的父亲——赫尔摩坡里斯城之主托特和八神系[4]神庙中的八位神敬献牛、短角牛和家禽。野兔州的军队欢呼着,高声唱道:"在他的城市里,和平的拉之子荷鲁斯——皮亚是多么尊贵啊!因为你保护了野兔州,并为我们举行了塞德节的庆祝活动。"

陛下行进到了统治者奈玛尔柴的官殿里。他看了官殿的所有房间、他(奈玛尔柴)的国库和储藏室。他(奈玛尔柴)给他(皮亚)引见了王后和公主。他们向陛下行了妇人礼节,但陛下没有直视他们。

陛下来到马圈和禽舍。当他看到这些动物挨饿时,说道:"由于拉宠爱我,我的鼻子里呼吸着生命之息,我发誓:我的马匹挨饿对我的折磨远远大于你因鲁莽而犯下的罪行!我将教导你如何尊重你的邻居。难道你不知道神保佑着我,不会让我的行动失败吗?不管(与我敌对的)另外一个人是谁,他会这么做吗?我是在神的卵里被创造的,在神的子宫里生长的。神的精液就在我的身体里。正是他命令我如此行事!"

他(皮亚)将他(奈玛尔柴)的物品分发到国库,将他的谷仓捐赠给了底比斯的阿蒙神。

【注释】

〔1〕"他",指的是奈玛尔柴。
〔2〕"蛇型标记",指代皮亚。

〔3〕按,古代埃及王室盛行兄妹通婚,因此,这里的王后也是公主。

〔4〕八神系,即古代埃及创世神话之赫尔摩坡里斯神学中创世之前的原初八神,他们分别为努(Nu)、努涅特(Nuniet)、海赫(Hekh)、海亥特(Hekhet)、凯库(Keku)、凯开特(Keket)、阿蒙、阿蒙奈特(Amon-neith)。

赫拉克利奥坡里斯和其他城市投降

赫拉克利奥坡里斯的统治者派弗柴乌巴塞特[1]带着贡品来到法老面前:黄金、白银、各种各样的名贵石头和最好的马匹。他匍匐在陛下面前,说道:

"欢迎你,荷鲁斯,强大的国王,攻击众公牛的公牛! 地狱抓住了我,我感觉一片黑暗,哦,给予我因他而来的光芒的人! 在这不幸的日子里,我没有一个朋友,除了你,他们都在战斗。哦,强大的国王,请为我驱逐黑暗吧! 我将为你奉献我的贡物。赫拉克利奥坡里斯将属于你,你就是不朽星辰上的赫拉赫提! 你因他不朽而不朽,上、下埃及之王,永生的皮亚!"

陛下北上到达了拉罕纳[2]附近的运河入口处,看到派尔塞赫姆赫普瑞拉的城墙加高了,且大门紧闭,下埃及各兵种的士兵充满整个城市。陛下派人传话道:"在死亡的阴影笼罩下苟延残喘的你们,在死亡的阴影笼罩下苟延残喘的你们,邪恶的你们,在死亡的阴影笼罩下苟延残喘的你们! 如果在限定的时间里,你们没有打开城门投降,按照国王的指示,你们将被屠杀。不要关上你们的生命之门,关上只能逃过今天! 不要白白送死、拒绝生命! 在全国面前,[……]。"

他们派人向陛下传话道:"瞧,神保佑着你,努特的儿子赐予你他那强有力的臂膀。你心里的计划会立即付诸行动,就像神的言语一样。真的,你是神的后裔,因为我们看到你的臂膀所创造的奇迹! 瞧,你的城市和城门[……]。请让进城者进城、出城者出城,请陛下做他们希望的一切!"

于是,他们带着玛的首领泰弗纳赫特的一个儿子走出了城门。陛下的军队进入了城里,他没有屠杀任何一个他所看到的人,[……]司库,印封了国库的财产。它(派尔塞赫姆赫普瑞拉城)的财物被分给了(努比亚王朝)国库,它的谷物被捐赠给了两土地王座之主、他的父亲阿蒙-拉。

陛下继续向北进军。他发现美杜姆,索卡尔之家,塞海杰之主的城门紧闭,无法进入。于是陛下决定进行战斗[……]。出于对他(皮亚)巨大的威严的恐惧,他们不敢说话。陛下派人传话道:"瞧,你们面前有两条路可走,你们自己选择吧。打开城门,你们存活下来,关闭城门,你们赶赴黄泉。陛下不会放过任何一个敌对的城市。"于是,他们马上打开了城门,陛下随之进入了城市。他向塞海杰主神蒙赫伊献祭[……]。它(美杜姆城)的财物被分给了(努比亚王朝)国库,它的谷物被捐赠给了底比斯的阿蒙神。

陛下北上进军到了伊赤塔威。他发现壁垒紧闭,城中有许多下埃及的英勇的士兵。但不久,他们就打开了城门,爬到了陛下面前,说道:"你的父亲给了你他的遗产,两土地是属于你的,两土地上的一切都是你的,世界上的一切都属于你。"

陛下向这个城市的神灵献祭:牛、短角牛、家禽和一切好的和纯洁的东西。它(伊赤塔威城)的储藏室被分给了(努比亚王朝的)国库,谷仓被捐赠给了[他的父亲阿蒙-拉]。

【注释】

〔1〕派弗柴乌巴塞特(Peftjeubaset),即赫拉克利奥坡里斯的统治者,是皮亚胜利碑铭文中拥有统治者称号的四个人中的一个。

〔2〕拉罕纳(Ra-khenna),地名,即现今的埃尔-拉胡(el-Lahu)。

攻克孟菲斯

[陛下推进到]孟菲斯,并派人传话道:"不要关闭城门,不要跟我作战,自开天辟地以来就有的舒神[1]的家乡的人们! 让进城者进入,让出城者出来,不要阻拦那些意欲离开的人。我将向孟菲斯的普塔和众神献上祭品。我将在神秘之地为索卡尔献祭。我将参拜'他的城墙的南方'。我将安全地向北航行。[……]孟菲斯的居民是安全的,是幸福的,没有人会为他们的孩子抽泣。请看看南方的各州吧! 没有人被杀戮,除了那些亵

渎神灵的反叛者,那些叛逆者。"

他们紧紧关闭堡垒的大门。他们派出部队攻击陛下的军队,这支部队由工匠、建筑师和[已经驻扎在孟菲斯港口的水手]组成。[2]塞伊斯的首领[3]带着士兵、水手和精兵锐将约有八千人,星夜赶到了孟菲斯,他们要坚守孟菲斯:

"瞧,下埃及的精兵强将遍及孟菲斯,城中储备了大量的大麦、小麦和五谷杂粮,谷仓满满地流了出来,各种兵器应有尽有。防御工事[将城市围了起来],这道厚实的防护墙是由能工巧匠修建的。河水围绕在城市东边,没有人能够涉水作战。马圈里拴满了牛,储藏室里应有尽有:白银、黄金、铜、衣服、香料、蜂蜜和松脂。我将给下埃及的首领们赠送礼物。我将为他们打开城门。[在几天之内],我将[……],我将返回。"他不喜欢他的战车,他跨下战马,因害怕陛下而仓惶向北逃窜。

第二天拂晓,陛下到达了孟菲斯。当他在城北靠岸的时候,他发现河水涨到了城墙高,于是船只就停泊在孟菲斯[城墙边]。陛下看到城市非常坚固,城墙很高,还增添了新的防御工事,且城垛防守严密。陛下没有发现攻击的方法。于是,陛下军中的每一个士兵都献计献策。一些人说:"让我们封锁[……],因为他们的部队人数数不胜数。"另外一些人则说:"建造一个云梯,这样我们就可以直接从地面进攻到城墙上面。我们再建造一个塔楼,用原木在塔楼和城墙之间搭成天桥,通过它我们可以直接攻到城里。然后你将分兵在城市的四面,在北面架设云梯,这样我们就可以攻克城池了。"

陛下对他们所说的感到愤怒,像豹子一样,说道:"我发誓,拉宠爱我,我的父亲阿蒙钟爱我,[……]是根据阿蒙的命令的。这就是人们所说的:'[……]遥远的南方各州对他敞开了城门,尽管阿蒙没有下这样的命令,他们不知道他是如何命令的。他是为了显示他的力量,让人们看到他的威严。'我将像暴风雨那样占领城市,因为阿蒙-拉向我下了命令。"他派遣他的舰队和军队进攻孟菲斯港口。他们俘获了渡船、货船和其他船只,夺取了孟菲斯港口里所有的船只以及他们的弓箭。在陛下的军队中,没有任何一个士兵神情沮丧。陛下亲自将许多船只排放在一起。

陛下向军队下命令："向前冲锋,冲上城墙!涉水进入城市!一旦有人进入了城里,任何人都不能原地不动,任何士兵都不能打败你们!暂停进攻是可耻的行为。我们已经占领了上埃及,我们也将下埃及收入囊中。我们将坐在'两土地的天平'[4]里。"

孟菲斯像一阵暴雨似地被攻陷了。城中许多人被杀,很多人作为俘虏被带到陛下所在的地方。

第二天天亮的时候,陛下派人进城保护神庙,双臂在众神面前高高举起,为孟菲斯的神灵献祭了物品。他们用泡碱和香料清洗了孟菲斯全城,并任命祭司负责神庙事务。

陛下来到[普塔]的神庙。在净化室里举行了净化仪式。(祭司们)为他举行了每一个仪式,这些仪式是为进入神庙的国王举行的。(陛下)向他的父亲"他的城墙南方的普塔"举行了大规模的献祭活动,奉献了牛、短角牛、家禽和所有珍稀物品。然后,陛下回到他自己的宫殿。

孟菲斯地区的所有的州都听说了这件事情。赫瑞普德米、普尼纳伊乌阿、比乌之塔、比特之庄,都打开了城门逃跑了,没有人知道他们跑到哪里去了。

【注释】

〔1〕舒神,即古代埃及的空气之神。
〔2〕按,这段铭文揭示出,泰弗纳赫特的军队不是职业军队,而是一群乌合之众。
〔3〕塞伊斯的首领,即泰弗纳赫特。
〔4〕"两土地的天平",即孟菲斯。

三位地方君主投降

统治者伊乌瓦普柴、玛的首领迈尔卡奈什、王公派迪阿斯特以及下埃及所有的王公,都背着贡品,来拜见俊美的陛下。

孟菲斯的国库和谷仓被捐赠给了阿蒙、普塔和孟菲斯的九神系[1]。

【注释】

〔1〕九神系,即古代埃及创世神话中赫利奥坡里斯神学中的创世九神,他们分别为:阿图姆、舒、泰弗努特、盖博、努特、奥西里斯、伊西斯、塞特和奈弗提斯。

皮亚参拜赫利奥坡里斯神庙

第二天拂晓,陛下向东方进军。向赫尔阿哈[1]的阿图姆、九神系神庙的九位神以及众神的洞穴[2]献祭牛、短角牛、家禽。他们赐予上、下埃及之王永生的皮亚以长寿、繁荣和健康。

陛下翻越赫尔阿哈山进军奥恩[3]的途中(斯帕到赫尔阿哈的路上),陛下在伊柴[4]西边扎下营帐。他举行了净化礼仪,清理了克布布的池塘,在拉神曾洗过脸的努河[5]水中洗了脸。他到达了奥恩的大沙丘[6]上。在拉神升起的时候,陛下在奥恩的大沙丘上举行献祭仪式,祭品有牛、牛奶、没药、香料和各种芳香的植物。

(陛下)到达拉神庙,并心怀崇敬地走了进去。诵经祭司长参拜神灵,举行"驱逐国王的反叛者"的仪式。在礼拜室里行过礼仪,穿上长袍,用香料和凉水洗净身体后戴上献给小金字塔室的花环,并带上护身符。

在小金字塔室里,登上楼梯来到了窗前参拜拉神。国王一个人站在那里,剥掉门闩的封泥,打开门,看到了神圣金字塔室中他父亲拉神的圣容。对拉神的日行船和阿图姆的夜行船进行装饰后,关上门,封上封泥,并盖上了国王自己的印玺。然后国王对祭司训示道:"我已经检查了印封,其他统治者决不能进入这里。"他们匍匐在陛下面前说:"永远遵守命令,奥恩的荷鲁斯。"

(陛下)来到阿图姆神庙,参拜了奥恩的伟大者、他的父亲阿图姆-赫普瑞[7]的神像。国王俄索空[8]看到了陛下的俊美英姿。

【注释】

〔1〕赫尔阿哈,地名,位于赫利奥坡里斯的南边,希腊人称为"巴比伦"。

〔2〕"众神的洞穴",意指尼罗河泛滥的水源洞穴,共有两个,赫尔阿哈和埃利芬

提尼。

〔3〕奥恩,即赫利奥坡里斯。

〔4〕伊柴,即赫利奥坡里斯地区的一个水渠。

〔5〕努河,即原始瀛水。

〔6〕奥恩的大沙丘,即文献中经常提到的一个圣地。

〔7〕阿图姆-赫普瑞(Atum-khepere),即早晨太阳神拉的称呼。

〔8〕俄索空,即布巴斯提斯的俄索空四世,是投降皮亚的拥有统治者称号的四个人中的一个。

皮亚占领阿哲瑞毕斯宫殿

第二天拂晓,陛下率领舰队到达港口。他穿过了凯姆威尔[1]港口。在凯姆威尔东部的卡赫尼南边扎下营帐。

下埃及的那些统治者和王公,所有头戴羽毛的首领,所有的维吉尔,西方、东方和岛屿上的国王的朋友们,都前来观看陛下的俊美英姿。王公派迪阿斯特匍匐在陛下面前说道:"来到阿哲瑞毕斯,你就可以看到赫特赫特柴伊[2]了,胡伊特[3]将保佑你,你可以向他神庙中的荷鲁斯奉献牛、短角牛和家禽了。当你来到我的宫殿,我的国库为你敞开着。我将给你提供我父亲的财产。你想要什么,我就给你什么,绿松石堆积在你面前,马圈中的上好马匹和畜栏中的上好牲畜供你挑选。"

陛下到达了荷鲁斯-赫特赫特柴伊的神庙。向阿哲瑞毕斯之主、他的父亲荷鲁斯-赫特赫特柴伊献祭了牛、短角牛和家禽。陛下来到了派迪阿斯特的宫殿。他(派迪阿斯特)为他提供了白银、黄金、天青石、绿松石、大量的物品、各种王室亚麻衣服、铺着上好亚麻的床、没药、油膏以及他的马圈中上好的母马、母驴。

在下埃及统治者和王公面前,他(派迪阿斯特)发下了神圣的誓言,洗清了他的罪过:"任何隐匿他马匹和财产的人都将与他父亲同死。我说了这些,就是为了让你能够真正了解你所认识的、你的仆人我。如果我对陛下隐匿了我父亲宫殿里的金条、名贵石头、各种器皿、臂环、黄金手镯、项链、装饰有名贵石头的领饰、身体上任何部位佩戴的护身符、头巾、耳环、所有的王室饰品以及国王净化仪式使用的金子和各种珍贵石头制成的器皿，那么，请你指出来。我向国王敬献了所有东西以及我官殿中成千上万的上好的王室亚麻做成的长袍。我知道你会对此满意的。到马圈去，选择你喜爱的马匹。"于是，陛下就这样做了。

那些统治者和王公对陛下说："请允许我们回到我们的城市，打开国库，这样你就可以选择你喜爱的东西了，送给你我们马圈中最好的马匹。"于是，陛下就依照他们的要求做了。

【注释】

〔1〕凯姆威尔，即下埃及第十州，首府是阿哲瑞毕斯(Adjerebis)。

〔2〕赫特赫特柴伊(Khetkhettjey)，即荷鲁斯神。

〔3〕胡伊特(Huyt)，即阿哲瑞毕斯城的地方神。

北方君主的名录

他们的名字如下：拉奈菲尔地区，布巴斯提斯的俄索空；杰奈特瑞姆和塔阿恩的伊乌瓦普柴；蒙德斯"拉之谷仓"的杰德阿蒙弗安赫王公；他的长子、赫尔摩坡里斯-帕瓦的指挥官安赫赫尔乌；塞本尼托斯[1]、派尔赫比特、塞玛布赫德特的迈尔卡奈什；派尔斯普德和"孟菲斯谷仓"的玛的首领和王公帕柴奈弗；布斯瑞斯的玛的首领和王公普玛；罕斯布的玛的首领和王公奈斯纳伊苏；派尔伽如如[2]的玛的首领和王公奈赫特赫尔纳斯什务；玛的首领普恩塔乌瑞特；玛的首领普恩提布赫恩特；赫姆[3]之主荷鲁斯的预言家普迪赫尔斯玛塔威；派尔塞赫迈特奈布特撒特和派尔塞赫迈特奈布特瑞赫撒[4]的王公赫尔巴撒；赫特奈菲尔[5]的王公杰德赫伊乌；赫拉哈和派尔哈皮[6]的王公帕巴斯。带着他们上好的贡品：黄金、白银、名贵的石头、铺着上好亚麻布的床、装在罐子中的没药，价值连城的[……]，马匹[……]。[……]有人上前报告陛下："[……]城墙[……]他放火烧了他的国库和河上的船只。他和士兵驻守在蒙斯杰[……]。"陛下派遣他的士兵去查看那里所发生的事情，因为他是王公派迪阿斯特的保护者。他们回来向陛下报告说："我们已经杀了所能看到的每一个人。"陛下将这座城市作为礼物赠予派迪阿斯特。

【注释】

〔1〕塞本尼托斯(Sebennytos)，即下埃及第十二州。

〔2〕派尔伽如(Pergagaru)，可能是三角洲地区的一座城市。

〔3〕赫姆(Khem)，即下埃及第二州的首府瑞特坡里斯。

〔4〕"派尔塞赫迈特奈布特撒特(Persekhemetnebutesat)"和"派尔塞赫迈特奈布特瑞赫撒(Persekhemetneburekhesa)"，下埃及第二州的两个要塞。

〔5〕赫特奈菲尔(Khetenefer)，即孟菲斯州的一座城市。

〔6〕赫拉哈(Kherakha)和派尔哈皮(Perhapi)，赫利奥坡里斯南边的城市。

泰弗纳赫特宣布臣服

玛的大首领泰弗纳赫特听说这些事情后，派遣使节面见陛下，使节说："多么高尚啊！在羞愧的日子里，我不能看到你的脸。在你的火焰面前，我站立不稳。我害怕你的威严。因为你是南方土地之首奈布提[1]，你是蒙图，你是强大的公牛。无论你将目光投向哪座城市，你都不会看到你的仆人在哪里，直到我到达了大海之中的岛屿。因为我害怕你的愤怒，这些愤怒的语言是针对我的。

"陛下对我做了这么多事情，难道陛下还不满足吗？尽管我应该遭受谴责，但是你却不能依据我的罪行将我杀死。在天平上称重，以重量计算，难道要把三倍的罪责加在我的身上不成！留下种子，到时候你就可以收获。不要斩草除根。发发慈悲吧！对你的恐惧已经深深埋在我的身体里，对你的恐惧已经渗入我的骨髓中了。

"自从你听到我的名字以来，我就不能坐在宴席上喝啤酒了，不能听竖琴演奏了。我吃的是饥饿者的面包，我喝的是干渴者的水！疾病侵入了我的骨头，我的头变得光秃，我的衣服破烂不堪，直到奈特神抚慰了我的心灵。你对我的战争太长了，但是你现在仍在打击我！就在这一年，我洗净我的灵魂，洗清我的罪恶。请接受我的礼物吧——黄金、名贵石头、最好的马匹、各种用以支付报酬的物品。尽快派遣使节到我这里,驱逐我内心的恐惧吧。让我到神庙去用神圣的誓言清洗我的身体。"

陛下派遣了一个颂经祭司长派迪阿蒙奈斯特塔威和将军普瓦尔玛前往他(泰弗纳赫特)那里。他敬献了金银、衣服、名贵石头。他来到神庙,参拜神灵,通过神圣的誓言清洗自己:"我不再违背国王的命令,我不再把国王的指示当作耳旁风。没有你的同意,我不会做任何错事。我只做国王命令的事情,我不会违背他的命令。"陛下对此感到满意。

【注释】

〔1〕奈布提(Nebty),即塞特神。

皮亚班师返回努比亚

有人向陛下报告说:"胡特索白克打开了城门,迈特努[1]匍匐在地。南方和北方的州,没有一个紧闭城门反对陛下了。西方、东方和岛屿上的州害怕陛下。(他们)都匍匐在地上,给陛下送来了他们的礼物,就像(努比亚)宫廷的大臣一样。"

第二天拂晓,上埃及的两个统治者、下埃及的两个统治者[2],他们都是戴着蛇型标记的统治者来了,他们亲吻着陛下面前的尘土。现在,所有下埃及的统治者和王公都来参拜陛下的神美英姿,他们的腿像女人的腿一样虚弱。由于他们没有实行割礼并吃了鱼肉而无法进入宫殿[3]。但是,统治者奈玛尔柴可以进入宫殿,因为他是干净的,也没有吃鱼肉。而另外三个统治者却只能站在那里恭候,只有一个统治者进入了宫殿。

他们的船只上装满了白银、黄金、铜、衣服、下埃及的一切东西、叙利亚的物品和神之国[4]的植物。陛下向南航行,他心情愉悦,他身边的人放声歌唱。西方和东方同时在陛下周围欢呼。庆祝的歌词如下:

"哦,强大的统治者,哦,强大的统治者! 皮亚,强大的统治者! 你征服了下埃及后班师,你使公牛变成女人! 生育你的母亲是多么幸福啊!

养育你的父亲是多么自豪啊！河谷的居民崇拜她，生育公牛的母牛！你
生命永恒，你力量坚韧，哦，底比斯钟爱的统治者！"

【注释】

〔1〕迈特努（Metnu），上埃及第二十二州——阿弗洛地忒坡里斯。

〔2〕按，此处所指即四位反叛的统治者：奈玛尔柴、派弗柴乌巴塞特、伊乌瓦普柴
二世和俄索空四世。

〔3〕按，努比亚王朝的风俗是男子实行割礼，并禁吃鱼肉。

〔4〕"神之国"，指西亚地区。

三、波斯的兴起与近东一体化的萌芽

1. 波斯征服两河

公元前 6 世纪，源自伊朗高原西南部、在早期国家埃兰和米底以南（如今
伊朗的法尔斯省）、被称作"阿契美尼德（Achaemenid）王朝"的波斯帝国崛起。
波斯帝国的开创者是居鲁士（Cyrus）二世，于公元前 550 年开始极速扩张，相
继吞并米底和吕底亚王国。公元前 539 年，居鲁士二世来到巴比伦尼亚，成功
占领巴比伦，将新巴比伦王国的疆域收入波斯帝国的巨大版图中。波斯王似
乎很轻易地赢得了对巴比伦的占领，其中很大原因是当时的巴比伦人对其统
治者那波尼德强烈不满。在接下来超过 200 年的时间里，波斯帝国掌控着前
所未有的广袤疆域，从连接马尔马拉海与爱琴海的达达尼尔海峡，一直到印
度西北部地区，大部分时间里还包括对埃及的统治，向北延伸至中亚今哈萨
克斯坦边界，可以说，没有其他国家能与此疆域或政权匹敌。在这 200 多年
间，波斯帝国的统治成功地稳固并团结了广袤疆域内的不同群体，在帝国行
政管理上显示出巨大成就。此外，文明间的交流与融合也进入一个前所未
有的时代，《希伯来圣经》的最终形成便是波斯帝国统治时期的产物，通过对
该文本的分析，可以看到越来越多的证据表明波斯帝国时期是促进各地区

文明深层交流的时代。

1.1　居鲁士圆柱铭文

居鲁士圆柱铭文实际上是一份建筑铭文,出土于巴比伦城。居鲁士征服巴比伦后,作为合法化统治巴比伦的一个步骤,常规做法便是修建神庙。此篇铭文为纪念居鲁士建设巴比伦神庙而作,其写法措辞皆遵循两河流域的传统。在铭文中,居鲁士回顾自己受到巴比伦城保护神马尔都克的召唤,从而登上巴比伦王位的过程。巴比伦的末代君王那波尼德被描绘为不虔敬的王,他破坏原有的崇拜礼仪传统,因而也导致其王权的衰亡。居鲁士恢复巴比伦的传统,建造圣所,将巴比伦从危难中拯救出来。这篇铭文表明,在波斯帝国时期巴比

图 65　居鲁士圆柱

1879 年出土于巴比伦,现藏大英博物馆

伦的书写传统仍然得到延续,而居鲁士的统治也得到两河流域地区的认可。[1]

居鲁士圆柱铭文

[……]

一个无能之辈[1]在其国土行使王权,他强加于他们;他建成伪造的埃萨吉拉,还有乌尔和其他崇拜中心;(他设立)不恰当的礼仪,每日毫无虔敬之心,陈设不适宜的祭品;他毫无敬畏,任意终止原有合规的崇拜礼仪,干涉崇拜中心(的事务);他任意废除对众神之王马尔都克的崇拜。他终日对马尔都克的城市为非作歹,他用无休止的奴役毁灭了他们。

听到人民的哭求,众神之主怒气冲天,(离开)他们的领地,住在人民中的众神纷纷离开他们的住所,(因为)那波尼德把其他神明带到巴比伦城。至高的众神之主马尔都克转向被遗弃之地的人民。所有苏美尔和阿卡德的人民已尸横遍野。马尔都克大发慈悲。他到处寻找,终于亲手找到一名符合他心意的正义君王。他宣告安善(Anshan)[2]之王居鲁士的名字,派他做全世界之王。古提和乌曼曼达(Umman-manda)[3]地区都臣服于他的脚下。他以公平和公义对待两河流域人[4],马尔都克赐给他胜利。伟大的主马尔都克,人民的保护者,因居鲁士的正义和虔敬而心悦。

他命令居鲁士去他的巴比伦城,他安排居鲁士上路,像朋友一样陪伴他前往巴比伦城。马尔都克大军全副武装跟随在侧,如河中之水般不可计量。他使居鲁士兵不血刃进入巴比伦城。他将巴比伦城从困境中拯救出来,把不敬畏他的那波尼德交在他手中。巴比伦,苏美尔和阿卡德所有的百姓、王公和官长,都向他下拜,亲吻他的双脚。他们在他的统治下喜

---

[1] Mordechai Cogan, "Cyrus Cylinder (2.124)," in William W. Hallo and K. Lawson Younger eds, *The Context of Scripture Vol.II: Monumental Inscriptions from the Biblical World*, Leiden, New York: Brill, 2000, pp.314–316; Amélie Kuhrt, *The Persian Empire: A Corpus of Sources from the Achaemenid Period*, New York: Routledge, 2010, pp.70–74; 孟振华,《波斯时期的犹大社会与圣经编纂》(北京: 宗教文化出版社,2013),第69—74 页。

形于色。借着主的大能,从死中复活、从苦难中被拯救的人,兴奋地赞美他,称颂他的名。

我是居鲁士,世界之王,伟大的国王,威武的国王,巴比伦之王,苏美尔和阿卡德之王,四方之王,安善王冈比西斯(Cambyses)大帝之子,安善王居鲁士大帝之孙,安善王特斯佩斯(Teispes)大帝之玄孙,永恒王室的后裔。他们的统治深得贝勒[5]和那布的心。

我以和平方式进驻巴比伦城,在王宫开始我的统治,心中喜悦。马尔都克,伟大的主,让巴比伦人民以宽宏之心待我,我则每天去敬拜马尔都克。我的大军和平地进驻巴比伦城,我使苏美尔和阿卡德的人民免遭伤害。我看重巴比伦城和其所有圣区的安宁。那波尼德强加于巴比伦城人民身上的劳役并非出于神意,毫无益处,我解除他们的重负。马尔都克,伟大的主,因我的善行为而喜悦,亲切地祝福我,居鲁士,崇拜他的王;(祝福)我的儿子冈比西斯和我所有的军队。我们在他面前快乐地颂扬他高贵的神性。

世界上所有坐于王座之上的王,从地中海到波斯湾[6],所有住在遥远之地的王,所有住在帐篷里的西方之王[7],所有君王向我纳上丰富的贡品,在巴比伦城他们亲吻我的双脚。从[……],亚述城和苏萨(Susa),阿卡德,埃什嫩那(Eshnunna),扎姆班(Zamban),美特努(Meturnu),德里(Deri),直到古提地区,我把众神送回底格里斯河对岸那些被弃多年的圣所,我让他们永久地住在那里。我聚集所有的居民,让他们回到他们的住所。此外,听从马尔都克,伟大的主的命令,我把那波尼德惹恼众神之主带到巴比伦的苏美尔和阿卡德的众神,安置到合他心意的住所。

愿所有被我安置于他们圣区的众神每日在贝勒和那布面前为我祈祷,祝福我的日子长久,愿他们为我带来福祉。愿他们在我主马尔都克面前为我美言:"为居鲁士,敬拜你的君王,以及他的儿子冈比西斯[……]统治。"

我使所有的国土长治久安。我把献祭的数量提高到[……]只鹅,2只鸭和 10 只斑鸠,超过了以往献祭的鹅、鸭(和斑鸠的)数目。[……]我加固了巴比伦伟大的城墙杜尔-伊姆古尔-恩利勒(Dur-Imgur-Enlil),过去的君王曾经建[造,但没有完]成的沟渠堤坝的砖墙,过去未曾有君王征集巴比伦的劳役,[用沥青]和砖头,我重新建造。[……]我用铜覆盖,门槛和[门斗]。我看见先前的君王亚述巴尼拔的名字[……]永恒。

【注释】

〔1〕"无能之辈",指巴比伦末代君王那波尼德。

〔2〕安善,指伊朗高原南部的小诸侯国,居鲁士原本是那里的国王。

〔3〕乌曼曼达,指伊朗西北地区的米底王国。

〔4〕按,此处原文的字面意义为"黑色头发的人"。

〔5〕贝勒,指马尔都克,字面意义为"主"。

〔6〕按,此处原文的字面意义为"从上海到下海"。

〔7〕"西方之王",指阿摩利。

2. 波斯征服埃及

波斯征服埃及的历史可分为两段。首先是公元前 525 年,波斯帝国国王冈比西斯(前 530—前 522 年在位)将其疆域扩展到埃及,在埃及创立第二十七王朝,经 100 余年的统治后被赶出埃及。经过短暂的埃及人的统治后,公元前 343 年,波斯再度征服埃及,建立第三十一王朝。

2.1　乌扎赫尔瑞斯纳雕像铭文

乌扎赫尔瑞斯纳(Udjakherresna)雕像铭文是波斯统治埃及时期留下的最为重要的一篇文献。乌扎赫尔瑞斯纳是埃及第二十六王朝国王阿玛西斯(Amasis)和菩萨姆提克(Psamutik)三世统治时期的一位海军官员,他亲眼目睹了冈比西斯带领波斯军队入侵埃及以及第二十六王朝的覆灭。冈比西斯任命他为奈特神庙祭司和医生总管。由于站在了波斯人一边,他获得了重建奈特神庙的机会,进而帮助埃及人免于波斯入侵带来的伤害。

该文献没有提及他被带到波斯的原因,但是它却告诉我们,波斯国王大流士一世(Darius Ⅰ)将他派回埃及的目的是为了接受生命之屋的管理工作。因此,这篇文献的书写时间应该是大流士一世统治的早期。

　　本译文所用的原始文献版本来自布如格什①,并参照了利克泰姆的翻译②。

图 66　乌扎赫尔瑞斯纳雕像

---

① H. K. Brugsch, *Thesaurus Inscriptionum Aegyptiacarum*, 6 parts, Leipzig, 1883 - 1891, reprint, 1968.
② M. Lichtheim, *Ancient Egyptian Literature*, Vol. Ⅲ, Berkeley, Los Angeles and London, 1980, pp. 36 - 41.

神龛前面和顶棚上的 6 行文献

国王敬献给奥西里斯-赫玛格[1]的祭品有数以千计的面包、啤酒、牛和家禽,以及每一件纯净的好东西,送给塞伊斯城众神所看重之人的卡,即医生总管乌扎赫尔瑞斯纳。

国王敬献给管理王宫[2]的奥西里斯的祭品有数以千计的面包、啤酒、牛和家禽、衣服、没药和药膏,以及每一件好东西,送给众神看重之人的卡,医生总管乌扎赫尔瑞斯纳。

噢,奥西里斯,永恒之主! 医生总管乌扎赫尔瑞斯纳将他的胳膊放在你的身上以示保护。[3]愿你的卡下令给予他所有的祝福,他将保护永远保护你的神庙。

【注释】

〔1〕奥西里斯-赫玛格(Osiris-khemag),奥西里斯神在塞伊斯城的一个特殊称谓。

〔2〕"王宫",指的是位于塞易斯城的奥西里斯神的崇拜中心,其与奈特神的关系尚无从知晓。

〔3〕按,此处揭示了雕像的姿势,即雕像主人的双臂在前,抱着一座奥西里斯神龛。

右手臂下的 9 行文献

神[1]之母、伟大的奈特女神以及塞伊斯城的众神所看重的,王子,伯爵,王室掌印者,唯一的伙伴,国王所爱的真正的朋友,书吏,中枢机构书吏的监督者,伟大外厅的书吏长,王宫的管理者,上、下埃及之王罕奈米布瑞[2]统领下的王室海军司令官,上、下埃及之王安哈瑞[3]统领下的王室海军司令官乌扎赫尔瑞斯纳;(红王冠)之城堡管理者所创生的,皮城[4]的主祭司,闰普祭司[5],荷鲁斯之眼祭司[6],管理着塞伊斯州的奈特女神的先知皮弗图阿奈特说道:

"所有外国伟大的首领冈比西斯来到埃及,每一个国家的人都随之而来。当他彻底征服这片土地之时,他们在埃及居住下来,他是埃及伟大的统治者以及所有外国的伟大酋长。[7]

"陛下任命我为医生总管。他让我活了下来并以王宫的合作者和管理者的身份与他合作。我编写了他的王衔,他以迈苏提瑞[8]的名字成为上、下埃及之王。

"我让陛下知道塞伊斯城的伟大之处,它是生养了拉神,并在其还没有出生之前就创生了他的母亲——伟大的奈特女神的居所;(我让他知道了)伟大的奈特神庙的本质,在诸多方面它就是天堂;(我让他知道了)伟大的奈特女神以及所有的男神和女神的城堡的本质;(我让他知道了)伟大的王宫[9]的本质,它就是天空之主[10]——君王的居所;(我让他知道了)伟大的瑞塞奈特和迈赫奈特圣所[11]的本质;(我让他知道了)拉神之屋和阿图姆之屋(的本质)以及众神的神秘。"

【注释】

〔1〕"神",指太阳神拉。

〔2〕罕奈米布瑞(Khenemibre),即第二十六王朝国王阿玛西斯的第四王衔,也即登基名。

〔3〕安哈瑞(Ankhare),即第二十六王朝国王菩萨姆提克三世的第四王衔,也即登基名。

〔4〕皮城,地名,位于三角洲地区。

〔5〕闰普(rnp)祭司,祭司的一个等级。由于"闰普"的埃及语含义是"青年",因此这种祭司的等级应该比较低。

〔6〕荷鲁斯之眼祭司,祭司的一个等级。因为"荷鲁斯之眼"主要用于丧葬仪式,因此这种祭司的主要职责是主持丧葬仪式。

〔7〕按,此处乌扎赫尔瑞斯纳比较明确地提及了波斯对埃及的征服。

〔8〕迈苏提瑞(Mesutire),即波斯国王冈比西斯的第四王衔,也即登基名。

〔9〕"伟大的王宫",指奥西里斯的圣所。

〔10〕"天空之主",指奥西里斯神。

〔11〕瑞塞奈特(Resenet)和迈赫奈特(Mekhenet)圣所,塞伊斯城的两座圣所。

雕像左臂下面的 8 行文献

他的城市主神以及所有神所看重的,王子,伯爵,王室印玺掌管者,国王唯一的朋友,国王真正喜爱的朋友,医生总管,阿特米尔地斯所生的乌扎赫尔瑞斯纳说道：

"我向上、下埃及之王冈比西斯请求，清理所有居住在奈特神庙的外国人，以此恢复奈特神庙原有的荣光。于是，陛下将所有居住在奈特神庙中的外国人清理出去，并拆除他们建在神庙里的所有房屋和所有不洁的东西。

"当他们将他们所有的物品带出神庙围墙之外时，陛下下令清洁奈特神庙并归还神庙所有的物品，[……]以及神庙的知更祭司。陛下下令，仿效惯例，向神之母伟大的奈特和所有伟大之神献祭。仿效惯例，陛下下令举行他们的节日和他们的巡行。陛下这样做的原因是我让他知道了塞伊斯城的伟大，这是一座众神的城市，在这座城市里他们永远各归其位。"

神龛基座左边的 4 行文献

塞伊斯城的众神所喜爱的，医生总管乌扎赫尔瑞斯纳说道：

"上、下埃及之王冈比西斯来到塞伊斯城。陛下以个人的名义前往奈特神庙，与其他的国王相同，他跪倒在奈特女神面前，仿效之前每一位仁慈的国王，他向神之母伟大的奈特神和塞伊斯城所有的伟大国王献上了用所有的好东西组成的祭品。陛下这样做的原因是我让他知道了奈特神的伟大，她是拉神的母亲。"

神龛基座右侧的 3 行文献

奥西里斯-赫玛格所看重的，医生总管乌扎赫尔瑞斯纳，说道：

"陛下在奈特神庙做了所有仁慈的事儿。依照惯例，他在奈特神庙为永恒之主[1]举行了祭酒仪式。陛下这样做是因为我让他知道了每一位国王在这座神庙中所做的每一件仁慈的事，因为这座神庙的伟大之处在于它是所有永恒之神的居所。"

【注释】

〔1〕"永恒之主"，指奥西里斯神。

神龛西墙和雕像长袍上的 6 行文献

塞伊斯州的众神所看重的,医生总管乌扎赫尔瑞斯纳说道:

"按照陛下为所有的永恒之神颁布的敕令,我为神之母伟大的奈特献上了神圣的祭品。我为塞伊斯城之女主人奈特女神用各种上乘的物品建造了一座圣洁的房基,如同对他的主人有价值的仆人所做的那样。

"我是他城镇里的一位好人。当整个国家都陷入混乱之时[1],我将这座城镇的居民挽救出来,就如这座城市没有发生过混乱一样。我保护弱者免受强者的欺凌,我保护惨遭不幸的胆小者。当不幸降临到他们时,我为他们做每一件仁慈的事。"

【注释】

〔1〕按,此处乌扎赫尔瑞斯纳再一次暗示了波斯对埃及的征服。

神龛东墙和雕像长袍上的 6 行文献

他的城市之神所看重的,医生总管乌扎赫尔瑞斯纳说道:

"我是被他父亲看重,被他母亲赞美之人,我是他兄弟们的知己。我在先知办公室给予他们以扶植。按照陛下对所有永恒之神下达的旨意,我将一块产值高的土地赠与他们。我将坟墓赠与没有坟墓之人,我供养他的所有孩子。当这个州发生混乱的时候,当整个国家都处于极其混乱之中之时,我为他们置办了所有家庭用品,我做的这些事就是父亲为儿子做的。"

后基座上的 3 列文献

王子,伯爵,王室掌印者,唯一的朋友,依赖他们[1]生存的所有人的先知,医生总管乌扎赫尔瑞斯纳说道:

"当上、下埃及之王,永生的大流士在埃兰时,当他作为所有外国土地的伟大之主和埃及的伟大统治者时,陛下命令我返回埃及,在生命之屋[2]衰败后对其进行重修。外国人把我从一个国家带到另一个国家,按照两土地之主的旨意,他们把我从一个国家护送到另一个国家。

"我按照陛下的旨意做了这些事。我给所有的工作人员以最好的装备,他们中没有一个出身低贱,他们全部有着良好的出身。我让他们管理每一位学者,目的是让他们学会他们的手工技术。陛下下令发放给他们质量上乘的物品,目的是为了让他们施展出所有的手艺。我为他们提供每一件有用的物品以及他们所有记录在案的装备,亦如从前。

"陛下这样做是因为他知道这样做的价值在于可以使这座城市起死回生,并使众神的名字以及他们的神庙、贡品和他们的节日的进行成为永恒。"

【注释】

〔1〕"他们",指众神。
〔2〕"生命之屋",指古代埃及人的学校。

雕像底座右侧的 1 行文献

医生总管乌扎赫尔瑞斯纳说道:

"我是一个受到主人看重的人,我[……]赠与我金制的装饰,并为我做每一件仁慈的事。"

雕像底座左侧的 2 行文献

奈特神所看重的他将说道:

"噢,塞伊斯城的伟大之神! 请记下医生总管乌扎赫尔瑞斯纳所做的仁慈之事吧! 愿你为他做所有的仁慈之事! 愿你让他的好名声永远流传在这块土地上。"

2.2 索姆图特弗纳赫特石碑铭文

索姆图特弗纳赫特(Somuthothfnakhet)生活于埃及第三十王朝的国王奈克塔奈布(Nectanebo)统治时期,并继续活跃于波斯再次征服埃及时(前 341年),也即第三十一王朝统治时期。索姆图特弗纳赫特石碑从波斯的角度记录了亚历山大大帝(Alexander the Great)打败大流士三世的那场战斗。索姆图

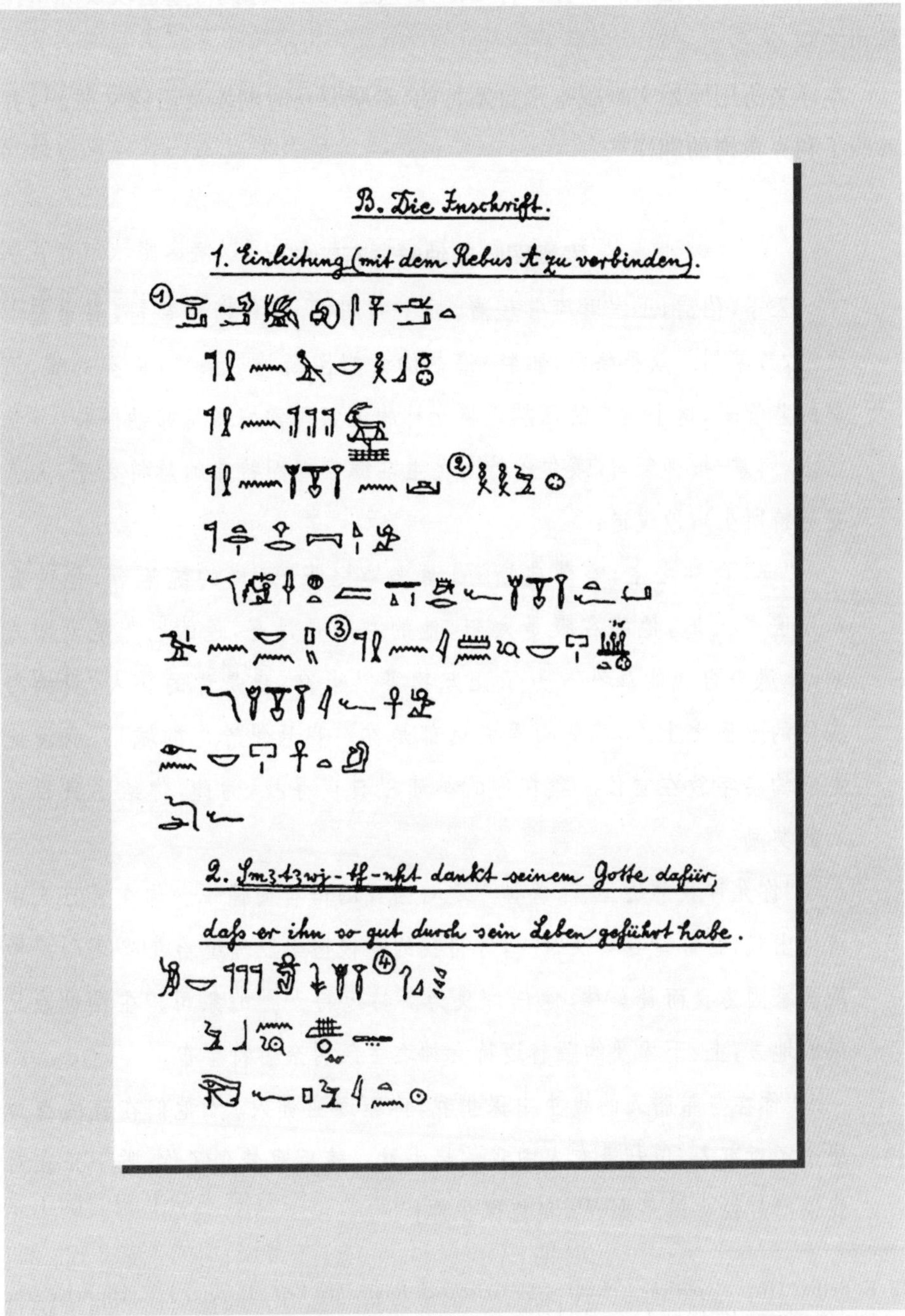

图 67　索姆图特弗纳赫特石碑铭文（部分）手描图

特弗纳赫特梦到了他的故乡保护神哈萨弗斯之后，受其指引，重返埃及并重操祭司之职。

本译文所用原始文献版本来自塞特的《希腊罗马时期埃及语铭文册》①，并参照了利克泰姆的翻译②。

索姆图特弗纳赫特石碑铭文

王子，伯爵，王室财库管理者，唯一的朋友，荷鲁斯神祭司，海布努[1]之主，羚羊州[2]众神祭司，雅特-海胡的索姆图斯神[3]祭司，神圣的嘴，河岸的监管者，这个国家的萨赫迈特女神的主祭司索姆图特弗纳赫特（谷物之主，阿蒙-拉神祭司，派尔沙特[4]之主宅德索姆图特弗纳赫特之子，夫人安赫特所生），他说道：

"噢，众神之主，哈萨弗斯[5]，两土地之王，河岸的统治者，他的升起照亮了大地，他的右眼是太阳，他的左眼是月亮，他的巴[6]是太阳光芒，北风来自他的鼻孔。为了让万物得以生存，我是你的仆人，我的心在你的水面之上[7]，我的心里满满都是你。我只供养你的城市，我没能把它的名字放在首位。我在你的神庙里日夜寻找，为此，你给了我百万次的奖励。

"你允许我靠近王宫，善神[8]之心因我的语言而愉悦。你在百万人中辨识出我，当你背弃埃及时[9]，你将我的爱根植于亚洲统治者[10]之心。他的国家因为我而赞美神，他任命我为萨赫迈特女神的祭司。在我母亲兄弟的地方，上、下埃及的萨赫迈特女神之主祭司奈赫特罕布。

"你在与希腊人的战斗中保护我，你驱逐亚洲人。[11]他们在我的身边屠杀了百万人，但却没有人向我举起手臂。随后我梦到了你，陛下正在对我说：'赶快去赫尼斯[12]，我将保护你！'

---

① K. Sethe, *Hieroglyphische Urkunden der Griechisch-Romischen Zeit*, Leipzig: J. C. Hinrichs' sche Buchhandlung, 1904, pp.1 - 6.

② M. Lichtheim, *Ancient Egyptian Literature*, Vol. III, Berkeley, Los Angeles and London: University of California Press, 1980, pp.41 - 44.

"我独自穿行于各国之间,我无所畏惧地在海上航行,因为我没有忘记你的指引。我到达赫尼斯,我的头发没有从我的头上掉下来。因为你我从一开始就是顺利的,所以你也给了我一个完整的结局。你给予我一个荣耀的长生。[13]

"噢,每一位服务于这位威严神明的祭司、两土地之王哈萨弗斯、拉-哈拉赫提[14]、万物之主、赫尼斯仁慈的公羊[15]、纳瑞特州最重要之神阿图姆[16];原始之力量公羊的高级祭司和自生出公牛的公羊的仆人。河岸之主的围巾佩戴者[17],两土地之王[18]的得宠的儿子[19],能够进入天堂并看到了那里的居住者之人,两土地之王哈萨弗斯,在他的穿衣间里的阿图姆,圣所里伟大的神克努姆,以及埃及国王温奈菲尔[20],你的名字将永存于世间,带着哈萨弗斯的祝福,两土地之王说道:'愿赫尼斯的众男神和众女神祝福你,受到他的主人祝福之人,在他的州里受到尊重之人索姆图特弗纳赫特。'这样做,对你来说是有好处的,其他人将在以后的岁月里称颂你的名字。"

【注释】

〔1〕海布努(Hebnu),地名,具体位置不详。

〔2〕羚羊州,即上埃及第十六州。

〔3〕雅特-海胡(Yat-hehu),在赫拉克利奥坡里斯-玛格纳(Heracliopolis-Magna)城有一座被命名为"雅特-海胡"的圣所。索姆图斯(Somtus)神,被称为"两土地的统治者",索姆图特弗纳赫特因其而命名。由于他经常以鹰隼的形象出现,因此他经常被等同于荷鲁斯神。

〔4〕派尔沙特(Pershat),地名,具体位置不详。

〔5〕哈萨弗斯(Hasafs),上埃及第二十州首府赫拉克利奥坡里斯-玛格纳城的主神,常以公羊的形象出现。与其他神相似,他也调用了太阳神拉的形象。

〔6〕巴,古代埃及来世观念关于精神的一个概念,常以人头鸟身的形象出现。

〔7〕按,这是对"奉献"或者"效忠"的一种暗喻。

〔8〕善神,指第三十王朝的最后一位埃及本土国王奈克塔奈布二世。

〔9〕按,此处暗示了阿塔薛西斯(Artaxerxes)三世对埃及的再度征服。

〔10〕"亚洲统治者",指波斯国王。

〔11〕按,这句话是文献的主人站在波斯的角度证实了希腊马其顿国王亚历山大

大帝击败了波斯国王大流士三世。

〔12〕赫尼斯(Khenes),即赫拉克利奥坡里斯-玛格纳城。

〔13〕按,这段话是文献作者在回忆他在国家动荡中得以保全的情景。

〔14〕拉-哈拉拉赫提(Re-harakhti),太阳神拉的一个称谓,即"双地平线上的拉"。

〔15〕赫尼斯仁慈的公羊,指哈萨弗斯神。

〔16〕按,在这里,哈萨弗斯等同于拉神和阿图姆神。并且,在赫拉克利奥坡里斯州,神圣的纳瑞特树受到崇拜。

〔17〕"围巾佩戴者",祭司的一个头衔。

〔18〕"两土地之王",指哈萨弗斯神。

〔19〕"得宠的儿子",祭司的一个头衔。

〔20〕温奈菲尔,奥西里斯神的一个头衔。在神庙中,哈萨弗斯与阿图姆神、克努姆神和奥西里斯神一起受到崇拜。

3. 埃利芬提尼的犹太社区

随着波斯帝国的建立,带来一个世界性帝国的概念。居鲁士征服了巴比伦尼亚和叙利亚巴勒斯坦地区,他的儿子冈比西斯(Cambyses)继续父亲的事业,于公元前525年征服埃及。波斯准许被巴比伦人流放的犹太人返回他们的家乡,同时犹太人也成为埃及的征服者、波斯人的盟友。

埃利芬提尼是位于阿斯旺附近尼罗河中的一个小岛,传统上这里是埃及的南部边境。小岛南北长1.2公里,东西宽0.4公里,岛上出土至少七种语言写成的文献,包括埃及僧侣体、埃及通俗体、阿拉米语、希腊语、拉丁语、科普特语以及阿拉伯语。其中,阿拉米语是阿契美尼德王朝的官方语言。根据这些文献得知自公元前495年至前399年,埃利芬提尼曾有一支犹太卫戍部队和一座犹太圣殿,离犹太圣殿不远,还有一座埃及神库努牡(Khnum)的神庙。这些犹太士兵驻守在岛上,身份是阿契美尼德王朝的边防军,他们以及他们的家庭成员在这100年间构成一个小规模犹太社区。

3.1 埃利芬提尼纸草文书

在埃利芬提尼发现的3份阿拉米语档案文书,其中2份是家族档案,另1份是公共档案。对于想要了解早期犹太群体及其文献的研究者来说,这些纸草文书的意义不亚于死海古卷,它们的写作年代早于《希伯来圣经》正典的形成年代,因而是反映早期犹太群体[1]政治经济和社会宗教生活不可多得的文献材料。此处所选文书来自埃利芬提尼纸草文书中的一个家族档案。[2]

图 68　埃利芬提尼纸草文书

此信由埃利芬提尼的犹太社区祭司用阿拉米语写给犹大总督,请求在埃利芬提尼重建犹太圣殿

白银借贷书

(正面)

基斯流月 7 日,即透特(Thoth)月 4 日,亚达薛西王九年。[1]

耶虹罕(Jehohen),美舒拉赫(Meshullach)的女儿,埃利芬提尼要塞的女士[2],对美舒拉姆(Meshullam),扎克尔(Zaccur)的儿子,埃利芬提尼

---

① 更特别的是这一犹太群体身处本土之外。

② Bezalel Porten and J. J. Farber, *The Elephantine Papyri in English: Three Millennia of Cross-cultural Continuity and Change*, Documenta Et Monumenta Orientis Antiqui Vol. 22, Leiden: Brill, 1996, pp. 202 - 204; Bezalel Porten, *Archives from Elephantine; the Life of an Ancient Jewish Military Colony*, Berkeley: University of California Press, 1968;袁指挥,《论古埃及埃勒凡塔的犹太社区》,《古代文明》第 17 卷第 1 期(2011),第 7—15、112 页。

要塞的犹太人，说道：

"你借给我白银，按照国王的石秤，一共4谢克尔，外加利息。利息按照白银数量累积，利率为每谢克尔每月2哈鲁尔(hallur)[3]，故而每月利息8哈鲁尔白银。如所获利息计入总资金，则以相同利率按新总金额计算利息。

"若第二年到了，我仍然未按照此文件规定，向你付清白银及利息，你，美舒拉姆，以及你的子女有权拿走属于我的任何物品作为抵押——砖房、白银或黄金、铜或铁、奴隶或女仆，或属于我的任何食物——大麦、小麦；直到你收到白银本金及利息总额。

"而且，若此份文件仍在你手中，我不能向你说：'我已付给你白银和利息。'我也不能向长官或法官控诉你，说：'你拿走我的抵押品'，若此份文件仍在你手中。

"若我去世时仍未向你付清白银及利息，则我的孩子将会付给你白银及利息。若他们没有付清白银及利息，你，美舒拉姆，有权拿走属于他们的任何食物作为抵押，直到你收到白银本金及利息总额。他们不能向长官或法官控诉你，若此份文件仍在你手中。此外，如果他们去诉讼此案，他们也不能胜诉，若此份文件仍在你手中。"

此文书由拿单(Nathan)，阿那尼(Anani)的儿子，按照耶虹罕的要求所写。见证人如下：

第二手，证人俄西阿(Osea)，伽古尔(Galgul)的儿子

第三手，何达卫亚(Hodaviah)，革达利亚(Gedaliah)的儿子

第四手，阿西俄(Ahio)，佩拉提亚(Pelatiah)的儿子

第五手，阿古尔(Agur)，阿西俄的儿子。

（反面）

白银借贷文书，耶虹罕，美舒拉赫的女儿写给美舒拉姆，扎克尔的儿子。

【注释】

〔1〕亚达薛西王(一世)九年，即公元前 456 年。实际上此处两种历法日期并不完全吻合，相差 4 天。

〔2〕"女士"，该词通常用来指称合同文书中的女性一方。

〔3〕每 40 哈鲁尔＝1 谢克尔。

附录 1

古代近东各文明年代对应表

时间 （公元前）	埃 及	两河流域	叙利亚巴勒斯坦地区	希 腊
3500—3000	涅伽达文化二期，三期	乌鲁克文化时期	早期青铜时代一期	新石器时代
3000—2000	早王朝，古王国，第一中间期	苏美尔城邦时期，阿卡德王国，乌尔第三王朝	早期青铜时代二期，三期，四期	青铜时代（克里特文明早中期）
2000—1550/1500	中王国，第二中间期	古巴比伦王国	中期青铜时代	青铜时代（克里特文明晚期）
1550/1500—1200	新王国第十八和第十九王朝时期	加喜特王朝/中巴比伦王国	晚期青铜时代	青铜时代（迈锡尼文明时期）
1200—750	新王国第二十王朝时期，第三中间期早期和中期	古亚述和中亚述时期	铁器时代	黑暗时代
750—478	第三中间期晚期，后王朝时期早期	亚述帝国，新巴比伦王国，波斯帝国早期	铁器时代	古风时期
478—404	后王朝中期	波斯帝国中期		古典时期
404—332	后王朝晚期	波斯帝国晚期		城邦衰落时期
332—30	马其顿帝国征服，托勒密王朝时期	马其顿帝国征服，帕提亚王国早期	马其顿帝国征服，塞琉古王朝	马其顿帝国征服，塞琉古王国
30—公元 476	罗马征服	帕提亚王国中期和晚期，罗马征服	罗马征服	

附录 2

参考文献

Ⅰ.两河文明部分

一、学术专著

Annus，Amara and Alan Lenzi. *Ludlul bēl nēmeqi: The Standard Babylonian Poem of the Righteous Sufferer*. State Archives of Assyria Cuneiform Texts 7；The Neo-Assyrian Corpus Project，Helsinki 2010.

Archi，Alfonso，and Gabriella Spada. *Administrative Texts: Allotments of Clothing for the Palace Personnel*：(*archive L. 2769*). Archivi Reali Di Ebla. Testi 20；Wiesbaden：Harrassowitz Verlag，2018.

Beckman，Gary M.，and Harry A Hoffner. *Hittite Diplomatic Texts*. Writings from the Ancient World 7；Atlanta：Scholars，1996.

Ben Zvi，Ehud，and Michael H. Floyd. *Writings and Speech in Israelite and Ancient Near Eastern Prophecy*. Symposium Series 10. Atlanta：Society of Biblical Literature，2000.

Broekema，Henriette. *Inanna，Lady of Heaven and Earth: History of a Sumerian Goddess*. Leeuwarden：Elikser Uitgeverij，2014.

Cooper，Jerrold S. *Reconstructing History from Ancient Inscriptions: The Lagash-Umma Border Conflict*. Sources from the Ancient Near East，Vol. 2，fascicle 1；Malibu，1983.

Foster，Benjamin R. *Before the Muses: An Anthology of Akkadian Literature*. 3rd ed.；Bethesda，Md.：CDL，2005.

Frayne，Douglas R. *Presargonic Period* (2700 - 2350 BC). Royal Inscriptions of Mesopotamia Early Periods 1；Toronto：University of Toronto Press，2008.

George，Andrew. *The Epic of Gilgamesh: The Babylonian Epic Poem and Other Texts in Akkadian and Sumerian*. London：Penguin，1999.

George，Andrew. *The Babylonian Gilgamesh Epic: Introduction，Critical Edition and*

Cuneiform Texts. Oxford: Oxford University Press, 2003.

Hallo, William W. and J. J. A. van Dijk. *The Exaltation of Inanna*. New Haven and London: Yale University Press, 1968.

Hallo, William W. and K. Lawson Younger (eds.) *The Context of Scripture Vol. II: Monumental Inscriptions from the Biblical World*. Leiden; New York: Brill, 2000.

Knapp, A. B. *Sources for the History of Cyprus. Volume 2: Near Eastern and Aegean Texts from the Third to the First Millennia BC*. Greece and Cyprus Research Center, 1996.

Kuhrt, Amélie. *The Ancient Near East, C. 3000 - 330 BC*. Routledge History of the Ancient World; London: Routledge, 1995.

Kuhrt, Amélie. *The Persian Empire: A Corpus of Sources from the Achaemenid Period*. London: Routledge, 2010.

Lambert, W. G. *Babylonian Wisdom Literature*. Oxford: Clarendon Press, 1960.

Lenzi, Alan. ed. *Reading Akkadian Prayers and Hymns: An Introduction*. Society of Biblical Literature Ancient Near East Monographs 3; Atlanta: Society of Biblical Literature, 2011.

Liverani, Mario. *The Ancient Near East: History, Society and Economy*. Trans. Soraia Tabatabai; London: Routledge, 2014.

Longman, Tremper. *Fictional Akkadian Autobiography: A Generic and Comparative Study*. Winona Lake: Eisenbrauns, 1991.

Luckenbill, Daniel David. *The Annals of Sennacherib*. University of Chicago Oriental Institute Publications 2; Chicago: University of Chicago Press, 1924.

Matthiae, Paolo. *Ebla: An Empire Rediscovered*. Trans. Christopher Holme; Garden City: Doubleday, 1981.

Michalowski, Piotr, and Erica Reiner. *Letters from Early Mesopotamia*. Atlanta: Scholars, 1993.

Moran, William L. *The Amarna Letters*. English-language ed. Baltimore: Johns Hopkins University Press, 1992.

Nissinen, Martti., Robert Kriech Ritner, C. L. Seow, and Peter. Machinist. *Prophets and Prophecy in the Ancient Near East*. Writings from the Ancient World 12; Atlanta: Society of Biblical Literature, 2003.

Novotny, Jamie. *The Standard Babylonian Etana Epic: Cuneiform Text, Transliteration, Score, Glossary, Indices and Sign List*. State Archives of Assyria, Cuneiform Texts 2; Helsinki: The Neo-Assyrian Text Corpus Project, 2001.

Orton, David E. K., Lawson Younger, and William W. Hallo (eds.) *The Context of Scripture Vol. I: Canonical Compositions from the Biblical World*. Leiden; New York: Brill, 2003.

Porten, Bezalel. *Archives from Elephantine: the Life of an Ancient Jewish Military*

Colony. Berkeley：University of California Press，1968.

Porten，Bezalel，and J. J. Farber. *The Elephantine Papyri in English：Three Millennia of Cross-cultural Continuity and Change*. Documenta Et Monumenta Orientis Antiqui 22；Leiden：Brill，1996.

Pritchard，James B. *Ancient near Eastern Texts Relating to the Old Testament with Supplement*. Princeton：Princeton University Press，1969.

Richardson，M. E. J. *Hammurabi's Laws：Texts，Translation and Glossary*. London：T&T Clark International，2004.

Roth，Martha T. with a contribution by Harry A. Hoffner，Jr. *Law Collections from Mesopotamia and Asia Minor*. 2nd edition；Writings from the Ancient World Series 6；Atlanta：Scholars，1997.

Smith，Mark S.，and Simon B Parker. *Ugaritic Narrative Poetry*. Atlanta：Scholars，1997.

Smith，Sidney. *The Statue of Idri-Mi*. Occasional Publications of the British Institute of Archaeology in Ankara 1. London：British Institute of Archaeology in Ankara，1949.

Van De Mieroop，Marc. *A History of the Ancient Near East，ca. 3000 - 323 BC*. 2nd ed. Blackwell History of the Ancient World. Malden，MA：Blackwell，2007.

Veenhof，K. R. *Aspects of Old Assyrian Trade and Its Terminology*. Studia Et Documenta Ad Iura Orientis Antiqui Pertinentia 10；Leiden：E. J. Brill，1972，pp.104 - 109.

Veenhof，K. R.，J. Eidem，and Markus Wäfler. *The Old Assyrian Period*. Orbis Biblicus Et Orientalis 160/5；Fribourg：Academic Press；Vandenhoeck & Ruprecht，2008.

Westenholz，Joan Goodnick. *Legends of the Kings of Akkade：The Texts*. Mesopotamian Civilizations 7；Winona Lake：Eisenbrauns，1997.

拱玉书，《日出东方：苏美尔文明探秘》，昆明：云南人民出版社，2001。

拱玉书，《"升起来吧！像太阳一样"——解析苏美尔史诗〈恩美卡与阿拉塔之王〉》，北京：昆仑出版社，2006。

孟振华，《波斯时期的犹大社会与圣经编纂》，北京：宗教文化出版社，2013。

饶宗颐编译，《近东开辟史诗》，沈阳：辽宁教育出版社，1998。

日知选译，《古代埃及与古代两河流域》，《世界史资料丛刊初集》；北京：生活·读书·新知三联书店，1957。

吴宇虹等著，《古代两河流域楔形文字经典举要》，哈尔滨：黑龙江人民出版社，2006。

赵乐甡译著，《世界上第一部史诗〈吉尔伽美什〉》，沈阳：辽宁人民出版社，2015。

二、期刊论文

Beal，Richard H. "The Ten Year Annals of Great King Muršili II of Ḫatti（2.16）." in William W. Hallo and K. Lawson Younger eds. *The Context of Scripture Vol. II：Monumental Inscriptions from the Biblical World*. Leiden；New York：Brill，2000，pp.82 - 90.

Cogan, Mordechai. "Cyrus Cylinder (2.124)." in William W. Hallo and K. Lawson Younger eds. *The Context of Scripture Vol. II: Monumental Inscriptions from the Biblical World*. Leiden; New York: Brill, 2000, pp.314 - 316.

Finkelstein, J. J. "The So-Called 'Old Babylonian Kutha Legend'." *Journal of Cuneiform Studies*. Vol.11, No.4 (1957), pp.83 - 88.

Frame, Grant and A. R. George. "The Royal Libraries of Nineveh: New Evidence for King Ashurbanipal's Tablet Collecting." *Iraq* 67 (2005), pp.265 - 284.

Greenstein, Edward L. and David Marcus. "The Akkadian Inscription of Idrimi." *Journal of Ancient Near East Studies* 8 (1976), pp.59 - 96.

Gurney, O. R. "The Sultantepe Tablets IV: The Cuthaean Legend of Naram-Sin." *Anatolian Studies*. Vol.5 (1955), pp.93 - 113.

Mccorriston, Joy. "Textile Extensification, Alienation, and Social Stratification in Ancient Mesopotamia." *Current Anthropology 38*, No.4 (1997): pp.517 - 535.

Millard, Alan. "The Babylonian Chronicle (1. 137)." in David E. Orton, K. Lawson Younger, and William W. Hallo eds. *The Context of Scripture Vol. I: Canonical Compositions from the Biblical World*. Leiden; New York: Brill, 2003, pp.467 - 468.

Robson, Eleanor. "The Tablet House: A Scribal School in Old Babylonian Nippur." *Revue d'Assyriologie et d'archeéologie orientale*. Vol.95, No.1 (2001), pp.39 - 66.

Singer, Itamar. "The Battle of Niḫriya and the End of the Hittite Empire." *Zeitschrift Für Assyriologie Und Vorderasiatische Archäologie* 75, no. 1 (1985), pp.100 - 123.

Sjöberg, Å. W. "The Old Babylonian Edubba," in *Sumerological Studies in Honor of Thorkild Jacobsen on His Seventieth Birthday*, *June 7, 1974*. S. Lieberman ed. Assyriological Studies 20; Chicago, 1976, pp.159 - 179.

Spada, Gabriella. "A Handbook from the Eduba'a: An Old Babylonian Collection of Model Contracts." *Zeitschrift für Assyriologie und vorderasiatische Archäologie* 101 (2011), pp.204 - 245.

Winter, Irene. "After the Battle is Over: The *Stele of the Vultures* and the Beginning of Historical Narrative in the Art of the Ancient Near East," in H. Kessler and M. S. Simpson eds., *Pictorial Narrative in Antiquity to the Middle Ages*. CASVA/Johns Hopkins Symposium in the History of Art; Washington, D.C., National Gallery, 1985, pp.11 - 32.

Yamada, Masamichi. "The Second Military Conflict between 'Assyria' and 'Ḫatti' in the Reign of Tukulti-Ninurta I." *Revue D'assyriologie Et D'archéologie Orientale* 105, no. 1 (2011), pp.199 - 220.

狄兹・奥托・爱扎德著,拱玉书,欧阳晓莉,毕波译,《吉尔伽美什史诗的流传演变》,《国外文学》,2000(1),第 54—60 页。

董为奋,《"埃杜巴"——世界历史上最早的学校》,《苏州大学学报》1987(3),第 151—157 页。

拱玉书,《论苏美尔文明中的"道"》,《北京大学学报》第 54 卷第 3 期(2017),第 100—114 页。

国洪更,《马尔都克不是太阳神》,《世界历史》2003(1),第 110—113 页。

国洪更,《古代两河流域的创世神话与历史》,《世界历史》2006(4)。

李宏艳,《古代两河流域智慧文学研究综述》,《古代文明》第 4 卷第 1 期(2010)。

李铁匠,《试说乌鲁依尼姆基那改革》,《南昌大学学报》1990(2)。

李伟,《古巴比伦的度量衡单位制》,《中国计量》2006(5)。

刘健,《苏美尔王权观念的演进及特征》,《东方论坛》2013(5)。

梅华龙,《从阿玛尔纳书信看古代西亚北非大小国家间的关系》,《阿拉伯世界研究》2017(4)。

欧阳晓莉,Christine Proust,《两河流域六十进制位值记数法:早期发展的新证据及其分析》,《自然科学史研究》第 34 卷第 2 期(2015)。

欧阳晓莉,《两河流域王权观念的嬗变》,《文汇报》2016 年 6 月 24 日。

王光胜,《〈秃鹫碑铭文〉译注》,《古代文明》第 12 卷第 2 期(2018)。

王献华,《卢伽尔扎吉西数字标记计时法与早王朝末期南部两河流域年代学》,《历史研究》2016(3)。

杨炽,《关于乌鲁卡基那改革铭文的译注和评述》,载于《世界古代史研究》,北京:北京大学出版社(1982),第 1—11 页。

袁指挥,《阿马尔那时代近东大国的礼物交换》,《东北师大学报》2019(2)。

袁指挥,《论古埃及埃勒凡塔的犹太社区》,《古代文明》第 17 卷第 1 期(2011)。

三、原始文献数据库

新苏美尔文献数据库 BDTNS (Database of Neo-Sumerian Texts):http://bdtns.filol.csic.es

美国宾夕法尼亚大学博物馆古代美索不达米亚学术文库 CAMS (Corpus of Ancient Mesopotamian Scholarship):http://oracc.museum.upenn.edu

楔形文字数字图书馆计划 CDLI (Cuneiform Digital Library Initiative):https://cdli.ucla.edu

埃卜拉数字档案 EbDA (Ebla Digital Archives):http://ebda.cnr.it

古代近东档案及电子工具 ETANA (Electronic Tools and Ancient Near East Archives):http://www.etana.org

牛津大学苏美尔文学电子文库 ETCSL (The Electronic Text Corpus of Sumerian Literature):http://etcsl.orinst.ox.ac.uk

美国宾夕法尼亚大学博物馆苏美尔王室铭文电子文本库 ETCSRI (Electronic Text Corpus of Sumerian Royal Inscriptions):http://oracc.museum.upenn.edu/etcsri/corpus

Ⅱ. 埃及文明部分

一、原始文献

Allam, S., *Hieratische Ostraka und Papyri aus der Ramessidenzeit*, Tubingen, 1973.

Allen, J. P., *The Ancient Egyptian Pyramid Texts*, Antlanta, 2005.

Allen, T. G., *The Book of the Dead or Going Forth by Day*, SAOC 37, Chicago, 1974.

Barguet, P., *Le Livre des Morts des anciens Egyptiens*, LAPO 1, Paris, 1967.

Blackman, A. M., *Middle-Egyptian Stories*, Bruselles, 1972.

Borchardt, L., *Denkmäler des Alten Reiches (ausser den Statuen) im Museum von Kairo*, CG Nr. 1295 - 1808, Vol. I , Teil I. Berlin, 1937.

Breasted, J. H., *Ancient Records of Egypt*, Vol.I - V, Chicago, 1906 - 1907.

Brugsch, H. K., *Thesaurus Inscriptionum Aegyptiacarum*, 6 parts, Leipzig, 1883 - 1891, reprint, 1968.

Budge, E. A. W., *Facsililes of Egyptian Hieratic Papyri in the British Museum*, London, 1923.

Budge, E. A. W., *The Teaching of Amen-em-apt, Son of Kanekht*, London, 1924.

Caminos, *Late Egyptian Miscellanies*, London, 1954.

Cumming, B., *Egyptian Historical Records of the Late Eighteenth Dynasty*, Vol.I - II, Warminster, 1982 - 1984.

de Buck, A., *The Egyptian Coffin Texts*, Vol.I - VII, Chicago, 1935 - 1961.

de Buck, A., *Egyptian Readingbook*, Chicago, 1948, pp.67 - 72.

Edgerton, W. F., and J. A. Wilson, *Historical Records of Ramses III*, Chicago, 1936.

Erman, A., *The Literature of the Ancient Egyptian*, translated into English by A. M. Blackman, London, 1927, Reprint New York, 1966 under title: *The Ancient Egyptian: A Sourcebook of Their Writings*.

Erman, A. and F. Krebs, *Aus den Papyrus der königlichen Museen*, Berlin, 1899.

Faulkner, R. O., *Book of the Dead*, New York, 1972.

Faulkner, R. O., *The Ancient Egyptian Coffin Texts*, Vol.I - III, Warminster, 1972 - 1978.

Faulkner, R. O., *The Ancient Egyptian Pyramid Texts*, Oxford, 1969.

Faulkner, R. O., *The Book of the Dead*, London, 1985.

Frandsen, Paul J., *Editing Reality: The Turin Strike Papyrus*, Studies in Egyptology, Vol.1, ed. by Sarah Israelit-Groll, Jerusalem, 1990.

Foster, J. L., *Echoes of Egyptian Voices*, Norman, 1992.

Gardiner, A. H., *Ramesside Administrative Documents*, Oxford, 1968.

Gardiner, A. H., *Late-Egyptian Stories*, Bruxelles, 1981.

Gardiner, A. H., *The Adonitions of an Egyptian Sage*, Hildesheim, 1969.

Gardiner, A. H., *The Kadesh Inscription of Ramesses II*, Oxford, 1960.

Goedicke, A. H., *The Protocol of Neferty*, Baltimore, 1977.

Griffith, F. Ll., *The Petrie Papyri — Hieratic Papyri from Kahun and Gurob*, 2 Vols, London, 1898.

Habachi, L., *The Second Stela of Kamose*, Glückstadt, 1972.

Helck, W., *Der Text der Lehre Amenemhets I. für seinen Sohn*, Wiesbaden, 1969.

Helck, W., *Der Text"Nilhymnus"*, Wiesbaden, 1972.

Helck, W., *Die Beziehungen Äyptens zu Vorderasten im 3. und 2. Jahrtausend v. Chr.*, Wiesbaden, 1971.

Helck, W., *Die Lehre des Djedefhor und die Lehre eines Vaters an seinen Sohn*, Kleine Ägyptische Texte, Wiesbaden, 1984.

Helck, W., *Die Prophezeiung des Nfr.tj*, Wiesbaden, 1992.

Helck, W., *Urkunden der 18. Dynastie*, Übersetzung zu den Heft 17 - 22, Berlin, 1955 - 1958.

Hornung, E., *Das Totenbuch der Aegypter*, Zurich, 1979.

Kitchen, K. A., *Ramesside Inscriptions: Historical and Biographical*, Vol. I - VIII, Oxford, 1974 - 2001.

Kitchen, K. A., *Ramesside Inscriptions: Translated and Annotated*, Translation, Vol.I - VI, Oxford, 1993 - 2012.

Lichtheim, M., *Ancient Egyptian Literature*, Vol. I - III, Berkeley, Los Angeles & London, 1973 - 76.

Maystre, Charles, *Les declarations d'innocence (Livre des Morts, chapitre 125)*, Recherches d'archeologie, de philology et d'histoire 8, Cairo, 1937.

Mercer, S. A. B., *The Pyramid Texts*, New York, London and Toronto, 1952.

Moran, W. L., *The Amarna Letters*, Baltimore, 1992.

Parkinson, R. B., *The Tale of Sinuhe and Other Ancient Egyptian Poems 1940 - 1640 B. C.*, Oxford, 1997.

Peet, T. E., *The Great Tomb-Robberies of the Twentieth Egyptian Dynasty*, Vol.I - II, Hildesheim and New York, 1930.

Petrie, W. M. F., *Koptos*, Vol.VIII, London: Rarebooksclub.com, 2012.

Porten, B. et al, *The Elephantine Papyri in English: Three Millennia of Cross-Cultural Continuity and Change*, Leiden, 1996.

Pritchard, J. B. (ed.), *The Ancient Near East in Pictures*, Princeton, 1954.

Sandman, M., *Texts from the Time of Akhenaten (Brussels - 1938)*, Bibliotheca Aegyptiaca VIII, compiled by L. G. Leeuwenburg, Leiden, 1943.

Schäfer, H., *Urkunden der älteren Äthiopenkönige*, Leipzig, 1905.

Sethe, K., *Ägyptische Lesestücke*, Leipzig, 1924.

Sethe, K. and W. Erichsen, *Urkunden Mittleren Reiches*, Leipzig, 1935.

Sethe, K., "Das 'Denkmal memphitischer Theologie' der Schabakostein des Britischen Museums," *Untersuchungen zur Geschichte und Altertumskunde Äyptens*, Leipzig, 1928.

Sethe, K., *Die altagyptischen Pyramidentexte*, Vols. I -IV, Leipzig, 1908 - 1922.

Sethe, K., *Die Alt Äyptischen Pyramidentexte*, Vol.I - II, Darmstadt, 1960.

Sethe, K., *Hieroglyphische Urkunden der Griechisch-Römischen*, Vol. I - II, Leipzig, 1904.

Sethe, K., *Urkunden der 18. Dynastie*, Vol. I - IV, Leipzig, 1906 - 1909.

Sethe, K., *Urkunden des Alten Reichs*, Leipzig, 1935.

Simpson, W. K. (ed.), *The Literature of Ancient Egypt*, New Haven and London, 2003.

Strudwick, N. C., *Texts from the Pyramid Age*, ed. by R. J. Leprohon, Leiden and Boston, 2005.

Vandier, J., "Moàlla: La tombe d'Ankhtifi et la tombe de Sebekhotep," *Bibliotheque d'etude*, 18, Cairo, 1950.

Walls Budge, E. A., *The Egyptian Book of The Dead*, New York, 1967.

二、学术专著

Breasted, J. H., *De Hymnis in Solem sub Rege Amenophide IV conceptis* (*On the Hymns to the Sun Composed under Amenophis IV*), A Dissertation of Berlin Univerisity, 1894.

Breasted, J. B., *Development of Religion and Thought in Ancient Egypt*, Philadelphia, 1972.

Davies, N. de G., *The Tomb of Rekhmire at Thebes*, Vol. II, New York, 1944.

Davies, N. de G., *The Rock Tombs of el Amarna*, London, 1908.

Erman, A., and H. Grapow, *Wörterbuch der ägyptischen Sprache*, Vol. I - V, Leipzig, 1926 - 31.

Gardiner, A. H., *Ancient Egyptian Onomastica*, 3 Vols, Oxford, 1947.

Gardiner, A. H., *Egyptian Grammar*, London, 1957.

Gardiner, A. H., *Egypt of the Pharaohs*, New York, 1966.

Grimal, N., *A History of Ancient Egypt*, Oxford and Cambridge, 1992.

Hannig, R., *Grosses Handwörterbuch Ägyptisch-Deutsch: die Sprache der Pharaonen* (*2800 - 950 v.Chr.*), Mainz, 1995.

Hart, G. A., *Dictionary of Egyptian Gods and Goddesses*, London and New York, 1986.

Helck, W., and Otto, E. (eds), *Lexikon der Ägyptologie*, Vol. I - VI, Wiesbaden, 1975 - 86.

Hornung, E., *Conceptions of God in Ancient Egypt: The One and the Many*, translated by T. Baines, Ithaca and New York, 1977.

Lucas, A., *Ancient Egyptian Materials and Industries*, London, 1948.

Morent, S., *Egyptian Religion*, translated by A. E. Keep, Ithaca and London, 1984.

Redford, D. B., *The Oxford Encyclopedia of Ancient Egypt*, Oxford, 2001.

Shaw, I. and P. Nicholson, *British Museum Dictionary of Ancient Egypt*, London, 1995.

Shaw, I., *The Oxford History of Ancient Egypt*, Oxford, 2000.

van den Boom, G. P. F., *The Duties of the Vizier: on the Internal Government of Egypt in the Early New Kingdom*，Leiden，1987.

三、期刊论文

Altenmueller，H.，and A. Moussa，"Die historische Inschrift Amenemhets II aus dem Ptah-Tempel von Memphis Ein Vorbericht," *SAK* 18 (1991)，pp.1 - 47. pl.1.

A. H. Blackman，"The Stele of Thethi，Brit. Mus. No.614，" *JEA* 17(1931)，pp.55 - 61.

Blumenthal，E.，"Die Prophezeiung des Neferty，"*ZÄS* 109 (1982)，pp.1 - 27.

Faulkner，R. O.，"The Installation of the Vizier," *JEA* 41 (1955)，pp.18 - 29.

Faulkner，R. O.，"The Man Who Was Tired of Life，"*JEA* 42 (1956)，pp.21 - 40.

Gardiner，A. H.，"Ramesside Texts Relating to the Taxation and Transport of Corn," *JEA* 27(1941)，pp.22 - 37.

Griffith，F. Ll.，"The Teaching of Amenophis the Son of Kanacht，Papyrus B. M. 10474," *JEA* 12 (1926)，pp.191 - 231.

Gunn，B.，and A. H. Gardiner，"New Renderings of Egyptian Texts：II. The Expulsion of the Hyksos," *JEA* 5 (1918)，pp.36 - 56.

Montet，P.，"Les dernieres lignes de grande inscription de Beni Hasan," *Kemi* III (1930 - 1935)，p.112f.

Stern，Ludw，"Urkunde über den Bau des Sonnentempels zu On," *ZÄS* 12 (1874)，pp.85 - 96.

Tobin，V. A.，"A Re-Assessment of the Lebensmude," *BiOr* 48 (1991)，pp.342 - 363.

Wilson，J. A.，"The Texts of the Battle of Kadesh," *AJSLL* 43 (1972)，pp.278 - 281.

四、网站

http：//www.catchpenny.org/thoth/Palermo/index.htm

http：//www.Khusobek/Stela%20of%20Khusobek,%20named%20Djaa.htm

http：//www.reshafim.org.il/ad/Egypt/texts

http：//www.sofiatopia.org/equiaeon/zaba01.htm

附录3

专有名词中英对译表

A

阿阿塔	Aata
阿巴	Aba
阿巴尔内（布料）	*abarne*
阿巴乌	Abau
阿拜多斯	Abydos
阿卜底里提	Abdi-liti
阿布-古如布	Abu-Gurob
阿布斯尔	Abusir
阿布斯尔-埃尔-迈莱克	Abusir-el-Melek
阿布祖亚	Abzuya
阿达德	Adad
阿达德尼拉里	Adad-nirari
阿迪干涸河道	Wadi-Adi
阿恩	Anen
阿尔	Aer
阿尔哈	Alha
阿尔马塔纳	Armatana
阿尔努万达	Arnuwanda
阿尔什	Alshi
阿尔塔塔玛	Artatama
阿尔塔亚	Artaya
阿尔西诺埃	Arsinoe
阿弗洛地忒坡里斯	Aphroditopolis
阿格尼	Ageny
阿古尔	Agur
阿哈	Akha
阿赫比特	Akhebit
阿赫蒙	Akhemen
阿赫米姆	Akhmim

阿赫普尔卡拉	Akheper-ka-Ra
阿赫普如拉	Akheperu-Ra
阿赫普瑞奈拉	Akheper-n-Ra
阿胡	Akhu
阿胡丹迪	Ahudandih
阿胡姆	Ahum
阿胡尼	Ahuni
阿基特舒普	Akiteshup
阿基亚	Akiya
阿卡德	Akkad
阿卡乌奈弗尔	Akaunefer
阿克帕鲁	Akparu
阿克萨赖	Aksaray
阿肯	Aqen
阿拉伯-埃尔-黑森	Arab el-Hisn
阿拉德穆	Arad-mu
阿拉伽	Alaga
阿拉哈提	Arahati
阿拉克干涸河道	Wadi Allaqi
阿拉拉赫	Alalakh
阿拉鲁	Araru
阿拉什亚	Alashiya
阿拉瓦纳	Arawanna
阿勒颇	Aleppo, Halab
阿里瓦纳	Ariwana
阿琳娜	Arinna
阿鲁拉	Arouras
阿马乌	Ama'u
阿玛尔纳	Tell el-Amarna
阿玛纳	Amarna
阿玛努斯	Amanus

阿玛特	Amatt	阿普克	Apeq
阿玛西斯	Amasis	阿普苏	Apsu
阿曼特	Armant	阿契美尼德	Achaemenid
阿美尼	Ameny	阿如拉	Arura
阿美尼摩普	Amenemope	阿如纳	Aruna
阿蒙	Amon	阿瑞阿	Aria
阿蒙哈乌	Amonkhau	阿什多德	Ashdod
阿蒙霍特普	Amenhotep	阿什姆莱	Ashmulen
阿蒙卡伊	Amonkay	阿什如	Ashru
阿蒙纳赫特	Amennakhet	阿淑尔-乌巴里特	Assur-ublit
阿蒙纳赫特	Amonnakhet	阿舒尔巴尼拔	Assurbanibal
阿蒙奈姆赫特	Amenemhet	阿述穆	Ashum
阿蒙奈特	Amon-neith	阿斯弗-埃尔-马塔阿依那	Asf-el-matayna
阿蒙努阿	Amenua		
阿蒙努塞瑞	Amenusere	阿斯哈-赫布塞德	Asha-khebused
阿蒙瑞赫	Amonrekh	阿斯纳	Arsina
阿蒙乌塞尔哈特	Amen-wser-khat	阿斯旺	Aswan
阿米亚	Ammiya	阿塔苏玛拉	Artasumara
阿谟拉比	Ammurapi	阿塔薛西斯	Artaxerxes
阿姆布拉斯	Amuburas	阿泰弗	Atef
阿姆尼什	Amunish	阿特菲	Atfih
阿姆如	Amurru	阿特菲赫	Atffikh
阿姆舒特	Amushut	阿特米尔地斯	Atemirdis
阿那赫特	Anakhet	阿特瑞比斯	Athribis
阿那尼	Anani	阿图姆	Atum
阿纳哈拉特	Anaharath	阿图姆-赫普瑞	Atum-khepere
阿纳卡	Anaka	阿图瑞伊	Aturoy
阿纳斯塔斯	Anastart	阿吞	Aten
阿娜特	Anat	阿瓦利斯	Avaris
阿奈地提	Anediti	阿万达	Awanda
阿奈吉布	Anedjib	阿维鲁	*awilum*
阿奈克特	Aneqet	阿乌布	Awubu
阿奈苏弗	Anesuf	阿乌塞尔拉	Awser-Ra
阿努	Anu	阿乌伊布拉	Awu-ib-Ra
阿努比斯	Anubis	阿西俄	Ahio
阿努比斯蒙安赫	Anubis-m-ankhe	阿修特	Assiut
阿努基斯	Anukys	阿伊	Aye
阿努杰斯	Anudjes	阿哲瑞毕斯	Adjerebis
阿努那奇	Anunnaki	阿祖鲁	Azuru
阿努纳	Anunna	埃阿	Ea
阿皮纳	Apina	埃阿杜斯	Aiadws
阿皮如	Aperu	埃安纳	Eanna
阿皮斯	Opis	埃安纳吐姆	Eannatum
阿匹斯	Apis	埃波月	Abu
阿坡菲斯	Apophis	埃卜拉	Ebla

埃德弗	Edfu	安哈瑞	Ankhare
埃杜巴	Edubba	安赫-拉赫拉赫提	Ankh-Ra-Kherekhety
埃尔-阿拉伯埃尔玛德弗纳	al-Araba al Madfuna	安赫特	Ankhet
埃尔-阿什姆嫩	el-Ashmunein	安赫提菲	Ankhetyfy
埃尔-巴赫纳撒	el-Bahnasa	安杰提	Andjety
埃尔-巴拉蒙	el-Bal-Amon	安库瓦城	Ankuwa
埃尔巴尼	Errabani	安努巴尼尼	Anubanini
埃尔-布里	el-Buli	安努尼	Annunitum
埃尔-格噶	el Girga	安皮勒沙	Apillasha
埃尔-黑巴	el-Hiba	安善	Anshan
埃尔-卡布	el-Kab	安塔奥坡里斯	Antaopolis
埃尔-库斯亚赫	el-Kusiyah	安塔拉特利	Antaratli
埃尔-拉胡	el-Lahu	安提诺坡利斯	Antinoopolis
埃尔-里什特	el-Lisht	安祖鸟	*anzu*
埃尔曼	Ermann	昂赫瑞坦提	Ankhretenty
埃尔-敏亚	el-Minya	奥克芮赤特	Oxyrhynchite
埃尔-摩阿拉	el-Moalla	奥伦特斯	Orontes
埃尔-瑞兹伽特	Er-Rizeikât	奥西里斯	Osiris
埃赫那吞	Akhenaton	奥西里斯-赫玛格	Osiris-khemag
埃赫塔吞	Akhetaton	奥西里斯-肯特阿蒙提乌	Osiris-khent-amontiu
埃基达	Ezida		
埃杰	Edjō	**B**	
埃克伦	Erkelon	巴	Ba
埃克外什	Ekwesh	巴阿	Baa
埃库尔	Ekur	巴阿达	Baada
埃兰	Allen、Elam	巴巴	Baba
埃利芬提尼	Elephantine	巴巴伊	Baaby
埃麦萨拉姆	Emeslam	巴比罗斯	Byblos
埃普	Ape	巴地尔	Badier
埃萨吉拉	Esagila	巴恩拉-迈瑞阿蒙	Baenre-meryamon
埃塞俄比亚	Ethiopia	巴尔达达	Baldahdah
埃沙腊	Esharra	巴盖特	Barguet
埃什克伦	Eshkeron	巴哈里	Bahri
埃什嫩那	Eshnunna	巴赫	Bakh
埃舒瓦拉	Eshuwara	巴赫德特	Bakhedet
埃斯纳	Esna	巴赫赫	Bakhekh
埃斯派瑞特	Esperet	巴卡拉	Baka-Ra
埃塔卡马	Aitakama	巴克塞特伊特	Bak-set-it
埃塔那	Etana	巴克特	Bakhet
埃乌尔沙巴	Eurshaba	巴肯宏苏	Bakhenkhosu
埃者吞	Edgerton	巴肯奈弗伊特	Bakennef-it
艾斯纳	Esna	巴拉姆	Balamun
安	An	巴拉塔纳	Barattarna
安柏尔	Ambar	巴勒-玛海尔	Bal-Maher
		巴力	Baal

巴奈布杰德特	Banebdjedet	布克	Buck
巴奈拉-美利阿蒙	Banere-mery-Amon	布莱克曼	Blackman
巴斯	Bacs	布里斯特德	Breasted
巴斯泰特	Bastet	布鲁曼托	Blumanthal
巴坦-埃尔-哈伽尔	Batn el-Hagar	布鲁诺·特劳特	Brunnr-Traut
巴特	Bat	布鲁什安达	Burushanda
巴提尔塞特	Batirset	布奇	Budge
巴威尔戴德	Bawerded	布如格什	Brugsch
巴乌	Bau	布瑞如	Buriru
拔奈巴尔卡	Banai-barka	布斯瑞斯	Busiris
拜瑞迈瑞阿蒙	Beremere-Amon	布塔赫阿蒙	Butakh-amon
贝尔塞阿	Bersea	布托	Buto
贝勒	Bel		
贝勒提亚	Beltiya	**C**	
贝勒乌巴利苏	Bel-uballissu	茶姆	Tjamu
贝勒以利	Belit-ili	茶普瑞	Tjapure
贝蕾尼科	Berenice	茶如	Tjaru
贝蕾尼科	Psrniga	查尔斯·梅斯特	Charles Maystre
贝列特埃卡里姆	Beletekallim	查普瑞	Tjapure
贝尼-哈桑	Beni-Hasan	柴赫奈特	Tjekhenet
贝特兹提	Bit-zitti	柴赫努	Tjehenu
贝提阿里克	Bety-Alek	柴克如	Tjekkeru
本	*ban*	柴迈胡	Tjemehu
本垂什	Bentresh	柴瑞赫	Tjerekh
本尼特	Bennett	柴瑞特	Tjeret
本努	Bebenu	柴什	Tjesh
比巴	Biba	**D**	
比伽	Biga/Biggah		
比伽赫	Begakh	搭模斯月	Tammuz
比奈瓦塞特	Benewaset	达班	Daban
比特穆卡塔里沙	Bit-muqtarissah	达达	Dada
比特辛阿舍拉德	Bit-Sin-ashared	达尔登尼	Dardeny
比特辛马基尔	Bit-Sin-magir	达干	Dagan
波尔西帕	Borsippa	达马路特拉	Damaruttla
伯大衮	Beth-Dagon	达舒尔	Dashur
伯特亚扪人	Beth-Ammonite	达特	Dat
博查特	Borchardt	大衮	Dagon
博姆	Boom	戴奥真尼斯	Diagns
博瑞拉	Borella	戴德	Ded
博什	Bersheh	戴尔-埃尔-迈地纳	Deir-el-Medina
布巴斯提斯	Bubastis	戴维斯	Davies
布都伊鲁	Budu-ilu	旦德拉	Dendera
布尔	*bur*	旦德文	dedwn
布尔纳布里阿什	Burna-Buriash	道	*me*
布罕	Buhen	道曼	Dorman

道森　　　　　　　　Dawson
德·布克　　　　　　 de Buck
德尔　　　　　　　　Der
德尔登　　　　　　　Dilden
德里　　　　　　　　Deri
德什尔　　　　　　　Desher
迪迪　　　　　　　　Didi
迪尔蒙　　　　　　　Dilmun
迪乌　　　　　　　　Diu
地克森　　　　　　　Dixon
都阿肯提　　　　　　Dua-Khenty
杜阿杰达　　　　　　Dua-djeda
杜度什卡　　　　　　Duddushka
杜尔米塔　　　　　　Durmitta
杜尔-伊姆古尔-恩利勒　Dur-Imgur-Enlil
杜普里阿什　　　　　Dupliash
顿根　　　　　　　　Dungen
顿库勒　　　　　　　Dunkul

E

俄索空　　　　　　　Osorkon
俄西阿　　　　　　　Osea
恩黑杜安娜　　　　　Enheduanna
恩基　　　　　　　　Enki
恩利尔　　　　　　　Enlil
恩美卡　　　　　　　Enmerkar
恩努基　　　　　　　Ennugi
恩启都　　　　　　　Enkidu
恩西　　　　　　　　*ensí*

F

法拉弗拉赫　　　　　Farafrah
法尤姆　　　　　　　Fayum
菲里诺斯　　　　　　Philinos
腓力斯丁　　　　　　Philistines
芬地　　　　　　　　Fendjy
芬胡　　　　　　　　Fenhu
弗兰克　　　　　　　Franke
弗兰克弗特　　　　　Frankfort
福克纳　　　　　　　Faulkner
福斯特　　　　　　　Foster

G

伽丁内尔　　　　　　Gardiner
伽伽　　　　　　　　Gaga

伽古尔　　　　　　　Galgul
盖白尔-巴卡尔　　　　Gebel Barkal
盖白尔-多哈　　　　　Gebel Docha
盖白伦　　　　　　　Gebelên
盖博　　　　　　　　Geb
盖博林　　　　　　　Gebelein
冈比西斯　　　　　　Cambyses
戈伦斯奇弗　　　　　Golenischeff
革达利亚　　　　　　Gedaliah
格里佛　　　　　　　Griffon
格乌　　　　　　　　Gyu
葛瑞菲斯　　　　　　Griffith
根根　　　　　　　　Gengen
古布利人　　　　　　Gublite
古地克　　　　　　　Goedicke
古地亚　　　　　　　Gudea
古尔　　　　　　　　*gur*
古拉布　　　　　　　Gurob
古平　　　　　　　　Gubin
古提　　　　　　　　Gutium
古伊甸　　　　　　　Gu'eden

H

哈　　　　　　　　　Ha
哈埃摩派　　　　　　Ha-imop
哈埃姆提尔　　　　　Ha-imu-tir
哈俾路　　　　　　　Habiru
哈布尔　　　　　　　Habur
哈达　　　　　　　　Hadd
哈德戴夫　　　　　　Khadedef
哈恩特耶布　　　　　Khant-yeb
哈尔杰德夫　　　　　Khaerdjedef
哈弗拉　　　　　　　Khafre
哈赫普瑞拉　　　　　Khakheper-Ra
哈胡夫　　　　　　　Harkhuf，Khahuf
哈卡拉　　　　　　　Khakare
哈克特　　　　　　　Haker
哈拉贝　　　　　　　Halabei
哈拉纳　　　　　　　Harana
哈里斯　　　　　　　Harris
哈利拉　　　　　　　Halila
哈利瓦　　　　　　　Haliwa
哈马　　　　　　　　Hamath
哈姆努　　　　　　　Khaem-nun
哈奈菲尔迈瑞拉　　　Kha-nefer-meri-Ra

哈潘塔瑞斯	Hapentaris	赫尔弗哈弗	Kheref-khaf
哈皮	Hapy	赫尔赫克努	Kher-hekenu
哈如	Kharu	赫尔玛赫特	Kher-makhet
哈瑞	Khare	赫尔玛赫特-赫普瑞-	Kher-makhet-kheper-
哈萨弗斯	Hasafs	拉-阿图姆	Ra-Atum
哈塞赫姆威	Khasekhemwey	赫尔迈尔	Khermer
哈沙布	Khashabu	赫尔摩坡里斯	Hermopolis
哈斯	Khas	赫尔摩坡里斯-帕瓦	Hermopolis-Parva
哈特	Hart	赫尔摩提斯	Hermonthis, Hermothis
哈特库普塔	Hatkuptah	赫尔姆玛阿赫如	Khermu-maaru
哈特迈黑特	Khate-mekhyt	赫尔奈布玛阿特	Kher-neb-maat
哈特迈黑伊特	Hatmehyt	赫尔派尔	Kher-per
哈特努布	Hatnub	赫尔潘提瑞斯	Kherpentyris
哈特普苏特	Hathepusut	赫尔塞森布阿蒙	Khersesnbu-Amon
哈梯	Hatti	赫法特	Khefat
哈提巴	Khatiba	赫海特海特	Khetkhet
哈图沙	Hathusha, Hattusa, Hattusas	赫杰伊布胡	Khedje-ibukhu
		赫卡	Kheqa
哈图什里	Hattusili	赫卡玛阿特拉-塞泰派	Kheka-maat-Re-Setep-
哈托尔	Hathor	纳蒙	en-Amon
哈伊	Hay	赫卡特	Khekat
哈伊特	Khayet	赫卡乌拉	Khekawre
哈伊乌	Khaiu	赫凯特	Kheket
哈扎阿	Khadjaa	赫克努	Khekenu
哈兹	Hazi	赫拉哈	Kherakha
哈兹卡	Hazka	赫拉赫提	Kharakhty
海布努	Hebnu	赫拉康坡里斯	Hieraconpolis
海柴拉	Hetjera	赫拉克里奥坡里斯	Heracleopolis
海德特阿卡什特	Hedet-akasht	赫拉克利奥坡里-玛格纳	Heracliopolis-Magna
海尔克	Helck	赫拉克利奥坡里斯	Heracliopolis
海亥特	Hekhet	赫拉姆海布	Horemheb
海赫	Hekh	赫利奥坡里斯	Heliopolis
罕姆努	Khenmnu	赫迈提瑞	Khmetyre
罕奈米布瑞	khenemibre	赫蒙乌	Khemenw
罕斯布	Khensb	赫米	Khemy
汉谟拉比	Hammurabi	赫米斯	Khemmis
汉尼希	Hannig	赫姆	Khem
何达卫亚	Hodaviah	赫姆玛勒	Khemumar
荷鲁斯	Horus	赫尼斯	Khenes
赫白特	Khenbet	赫努	Khenu
赫琛	Khetjen	赫努姆赫泰普	Khenum-hetep
赫德纳赫特	Khednakhet	赫努姆纳赫特	Khenumnakhet
赫尔	Khor	赫努特赫普	Khenut-hkep
赫尔阿哈	Kher-aha	赫派什	Khepesh
赫尔巴撒	Kherbasa	赫普德瑞	Kheped-Ra

赫普尔卡拉	Kheperkara	胡伊恩-阿努比斯	Khuy-n-Anubis
赫普尔威尔	Kheperwer	胡伊特	Huyt
赫普瑞	Khepra，Khepri	胡兹	Huzzi
赫普特斯杰特	Kheput-sedjet	霍农	Hornung
赫瑞赫如	Kherikheru	霍瑞	Hor
赫瑞奈弗尔	Kherenefer	霍泰普拉	Khetepra
赫瑞莎夫	Kheryshaf		
赫瑞亚乌	Kher-yiau	**J**	
赫润卡如	kherenkaru	基安	Kian
赫塞姆哈布	Khesemukhabu	基布里达干	Kibri-dagan
赫塞塞普	Khesesep	基尔苏	Girsu
赫斯布	Khesbu	基尔塔利萨	Kirtalissa
赫斯摩斯	Khesmose	基马什	Kimash
赫斯瑞特	Khesret	基姆利里姆	Zimrilim
赫斯特	Khesyt	基纳	Qina
赫斯威尔	Khes-wer	基什	Kish
赫特赫特	Khetkhet	基斯流月	Kislimu
赫特赫特柴伊	Khetkhettjey	基祖瓦特纳	Kizzuwatna
赫特奈菲尔	Khetenefer	吉博阿撒曼	Giboa-Saman
赫梯	Hatti	吉尔伽美什	Gilgemesh
赫提	Khety	吉鲁赫帕	Gilukhipa
赫图恩阿蒙	Khetuen-Amon	吉撒	Giza
赫威威	Khewewe	吉泽	Gezer
宏苏	Khonsu	加沙	Gaza
宏苏奈菲尔赫特普	Khonsu-neferhotep	加喜特	Kassite
胡阿凯特	Huaqet	迦法	Jaffa
胡巴图姆	Hubatum	迦基米施	Carchemish
胡达迪	Hudadi	迦勒底	Chaldean
胡尔	Hur	迦萨	Gaza
胡尔马	Hurma	迦特	Gath
胡夫	Khufu	杰阿	Djaa
胡拉罕	Hulahhan	杰德阿蒙弗安赫	Djed-Amon-f-ankh
胡里特人	Hurrian	杰德弗拉	Djedefre
胡瑞亚	Huriya	杰德赫伊乌	Djedkheiu
胡索白克	Khusobek	杰德奈苏伊特米阿图姆	Djed-nesuit-mi-Atum
胡特比努	Hutbinu	杰德斯奈弗如	Djed-Snefru
胡特布努	Hutbnut	杰弗提	Djefty
胡特胡尼森特	Khut-khuny-sent	杰胡提	Djekhuty
胡特奈苏	Hutenesu	杰胡提赫特普	Djehuty-hotep
胡特塞赫泰普伊布拉	Khutsekhetep-ibu-Ra	杰胡提姆赫布	Djehuty-m-kheb
胡特森特	Khut-sent	杰吉	Djedji
胡特索白克	Hut-Sobek	杰杰特奈赫白特	Djedjet-nekhebet
胡特乌尔特	Hutwert	杰奈特	Djanet
胡特伊胡特	Khut-yikhut	杰奈特瑞姆	Djenetrem
胡伊	Huy，Khuy	杰内	Djeney

杰皮奈达	Djepineda	卡奈弗如	Ka-nferu
杰瑞特	Djeret	卡奈赫特图特哈乌	Ka-nekhett-tut-khau
杰塞尔卡拉	Djeserka-Ra	卡内什	Kanesh
杰塞尔泰普	Djeser-tep	卡诺皮克	Canopic
杰泰赫尔瑞	Djetekher-ry	卡如尔	Karur
杰特	Djet	卡瑞杰斯	Karedjes
杰乌杰乌弗	Djeudjeuf	卡瑞肯	Karekhen
界碑	*kudurru*	卡瑞瑞特	Qareret
金古	Qingu	卡瑞伊	Kare
金扎	Kinza	卡萨格提舒伽布	Kasagti-Shugab
居鲁士	Cyrus	卡什卡	Kashka
		卡什卡什	Keshkesh
K		卡特纳	Qatna
		卡西	Kasi
卡	Ka	卡修斯山	Mons Casius
卡阿	Qa'a	卡伊	Khay
卡阿乌	Kaau	卡宅瑞特	Kedjeret
卡查伊	Katjay	凯德姆	Qedem
卡达什曼恩利尔	Kadashman-Enlil	凯杜	Qedu
卡达斯曼-恩利尔	Kadasman-Enlil	凯尔凯尔	Kerker
卡德特	Qadet	凯尔普萨	Kerpusa
卡登登纳	Kadendena	凯弗提乌	Keutiu
卡尔	Kaer	凯海克	Kehek
卡尔纳	Karna	凯开特	Keket
卡伽布	Kagabu	凯库	Keku
卡格姆尼	Kagmuni	凯姆米斯	Chemmis
卡哈伊	Khay	凯姆撒特	Kem-sat
卡海地	Ka-hedi	凯姆威尔	Kem-wer
卡赫尼	Kakheny	凯普	Kep
卡赫派施	Kakhepesh	凯瑞	Kiry
卡迭石	Kadesh	凯瑞斯	Kaires
卡卡	Kaka	凯舒	Keshu
卡卡	Qaqa	凯斯	Qesy
卡库	Kaku	康纳	Connor
卡拉杜尼亚斯	Karaduniyas	考利亚	Khorian
卡拉斯马	Kalasma	靠尔	Khor
卡拉特-埃尔-姆地克	Qal'at el-Mudiq	靠门	Comer
卡罗皮克	Kalopike	靠姆-埃尔-阿赫玛尔	Kom el-Ahmar
卡梅尔	Carmel	靠姆-埃尔-黑森	Kom el-Hisn
卡美尔	Khamer	科琛	Kitchen
卡美塞斯	Kamses	科尔玛	Kerma
卡摩斯	Kamose	科普托斯	Coptos
卡姆	Kamu	克巴苏蒙	Qbasumn
卡姆特弗	Kamutf	克布布	Kebb
卡穆苏纳比	Kammusu-nadbi	克尔赫特	Qerkhet
卡纳克	Karnak		

克尔提	Kerty
克尔乌赫塔	Kerwukheta
克利亚	Keliya
克鲁赫巴	Kelu-Heba
克奈	Kinen
克努姆	Khnum
克瑞	Kry
克瑞瑞提	Qrerety
克斯	Kees
克斯白特	Kesebet
克斯奈德克斯	Qsnedeqes
克祖瓦德纳	Kizzuwatna
肯恩提亚乌弗	Khenti-iautef
肯赫霍普塞弗	Qenherkhopshef
肯迈提	Khenmety
肯姆特	Kenmut
肯姆提	Kenmuty
肯帕赫卡	Qenpakheka
肯特考斯	Khentkaus
肯特肯奈菲尔	Khentkhe-nefer
肯提	Khenty
肯提什	Khentysh
库里加祖	Kurigalzu
库罗	Kuru
库明	Cumming
库努牡	Khnum
库什	Kush, *kush*
库塔	Cuthah
库塔努（布料）	*kutanu*
库特马尔	Kutmar
库提瓦萨	Kurtiwaza

L

拉	Re
拉尔萨	Larsa
拉伽斯	Ra-gas
拉格什	Lagash
拉-哈拉赫提	Re-harakhti
拉罕纳	Ra-khenna
拉赫拉赫提	Ra-Horakhty
拉赫拉赫提·阿图姆	Ra-Harakhti-Atum
拉胡	Lahu
拉克德特	Ra-qedet
拉美西斯	Rameses
拉美西斯-赫卡伊乌努	Ra-meses-kheka-Iwunu

拉美西斯-卡伊姆瓦塞特-迈瑞阿蒙	Ramesses-kaymwaseth-meryamon
拉美西斯-美利阿蒙	Ra-meses-mery-Amen
拉奈菲尔	Ra-nefer
拉斯沙姆拉	Ras Shamra
拉斯塔乌	Ra-stau
拉乌塞尔	Ra-woser
莱德弗德	Redford
莱登	Leiden
莱姆	Lemm
莱托坡里斯	Letopolis
勒兰丘	Tell Leilan
里靠坡里斯	Lycopolis
里木什	Rimush
里什特	Lisht
利布	Libu
利赫兹那	Likhezna
利克泰姆	Lichtheim
列普修斯	Lepsius
卢伽尔迪马兰基亚	Lugaldimmerankia
卢伽尔那穆如那	Lugal-namuruna
卢伽尔扎吉西	Lugalzagesi
卢卡	Luka, Lukka
卢卢比	Lullubi
卢辛	Lu-Sin
鲁基提	Rukibti
鲁利	Luli
鲁塔	Ruta
罗塞达	Rosetta

M

马迪克丘	Tell Mardikh
马尔都克	Marduk
马干	Maganna
马哈利巴	Mahalliba
马里	Mari
马里埃特	Mariette
马利克达干	Malik-dagan
马利克拉木	Malik-rammu
马瑞亚威	Mariyawi
马提瓦萨	Mattiwaza
玛	Ma
玛阿	Maa
玛阿特	Maat
玛阿特赫尔奈菲尔乌拉	Maathorneferure

玛阿特卡拉	Maat-ka-Ra	迈瑞纳乌	Merenau
玛阿提	Maaty	迈瑞塞克尼	Meresekny
玛阿伊努弗	Maa-yinu-f	迈瑞特	Meret
玛迪尔	Madir	迈瑞特奈特	Meret-Neit
玛弗德特	Mafdet	迈瑞耶伊	Meryey
玛哈弗	Makhaf	迈瑞伊	Meriy
玛哈拉干涸河道	Wadi Maghara	迈什外什	Meshwesh
玛赫尔	Makher	迈斯	Mes
玛克瑞特	Makret	迈斯赫奈特	Meskhenet
玛那	*mana*	迈斯索白克	Mes-sobek
玛奈托	Manetho	迈苏提瑞	Mesutire
玛努	Manu	迈苏伊	Mesuy
玛瑞伊	Marray	迈特摩斯	Metmose
玛莎奈弗尔	Mashanefer	迈特努	Metnu
玛什卡努	mashkanu	迈扎	Medja
玛斯特	Mast	迈扎伊	Medjay
玛雅	Maya	麦斯桑伽乌努格	Messangaunug
玛伊乌	Mayiu	梅利利	Melili
迈白尔	Meber	梅塞德苏瑞	Mesedsure
迈策	Mercer	梅斯特	Maystre
迈达姆德	Medamud	梅藤	Methen
迈德奈特	Mednet	美杜姆	Medum
迈尔卡奈什	Merkanesh	美楞普塔	Merenptah
迈尔米普提	Mer-m-pty	美楞普塔-赫泰普赫尔	Merneptah-
迈尔奈菲尔特	Mer-nefert	玛阿特	khetephormaat
迈哈	mekha	美里卡拉	Merikare
迈赫奈特	Mekhenet	美丽塔吞	Meretaten
迈赫特	Mekhet	美路哈	Meluhha
迈赫特布特布	Mekhet-beteb	美舒拉赫	Meshullach
迈黑	Mehy	美舒拉姆	Meshullam
迈克	Meki	美特努	Meturnu
迈克迈尔	Mekemer	美祖拉	Mezzulla
迈克塔吞	Meketaten	蒙阿特胡弗	Men-at-huf
迈克特润特	Meketernt	蒙德斯	Mendes
迈罗埃	Meroe	蒙德斯	Mends
迈奈姆阿特	Menem-at	蒙赫普如拉	Men-Khepru-Ra
迈尼阿	Menia	蒙赫伊	Menkhey
迈尼乌弗	Menwuf	蒙杰特	Mndt
迈努斯	Menus	蒙考拉	Menkaura
迈普森	Mepsen	蒙玛阿特拉	Menmaatra
迈如	Meru	蒙玛阿特拉-塞泰普恩-	Menmaatre-Setepen-
迈如特-乌斯-阿蒙	Merut-us-Amon	普塔	ptah
迈瑞阿图姆	Mere-Atum	蒙姆努	Menmunu
迈瑞胡	Merekh	蒙奈维斯	Mnevis
迈瑞拉	Meri-Ra	蒙普赫提拉	Menpekhety-Ra

蒙斯杰	Mensdje	那波尼德	Nabonidus
蒙泰特	Montet	那波帕拉莎尔	Nabopolassar
蒙特姆塔威	Mentmutawy	那布	Nabu
蒙提卡乌	Mentikau	那布穆舍提克乌迪	Nabu-mushetiq-uddi
蒙图	Menthu	那赫特阿蒙	Nakht-amon
蒙图阿蒙姆伊奈特	Mentuamonmuynet	那那伊	Nanay
蒙图赫尔赫派舍弗	Mentukherkhepeshef	那派尔伊姆	Naper-imu
蒙图霍特普	Mentuhotep	那伊瑞	Nairi
孟菲斯	Menphis	纳尔迈	Narmer
米底	Medes	纳伽-埃德-戴尔	Nagaed Deir
米度度	Medudu	纳伽斯	Nagashu
米尔吉撒	Mirgissa	纳格奥图德	Nagal-tud
米伽提	Migati	纳哈林	Nahrin
米吉杜	Meggido	纳赫瑞	Nakheri
米罗达巴拉但	Merodach-baladan	纳拉姆辛	Naram-Sin
米曼达	Memandah	纳拉努姆	Nalanum
米拿现	Menachem	纳姆斯图	Namsitu
米纳	mina	纳纳于	Nanayu
米奈姆哈特	Minemhet	纳努克特	Nanuket
米派尔	Mi-per	纳帕塔	Napata
米苏特	Misut	纳如	Naru
米坦尼	Mitanni	纳瑞特	Naret
米亭提	Mitinti	纳特润	Natrun
米乌	Miu	纳特润干涸河道	Wadi Naturn
密林根	Millingen	纳提	Naty
敏	Min	纳兹马鲁塔什	Nazi-Marutash
敏霍特普	Minhotep	奈安赫斯赫迈特	N-ankhe-skhemet
摩阿拉	Moalla	奈巴蒙	Nebamen
摩瑞伽	Moringa	奈比	Nebit
摩撒	Moussa	奈博塞蒙	Nebsemon
摩押人	Moabite	奈布	Nebu
莫特	Mot	奈布阿布威	Neb-abuwy
姆尔什里	Murshili	奈布德耶法	Nebudeyefa
姆特	Mut	奈布赫普尔拉	Nebu-Kheper-Ra
姆特奈菲尔特	Mutnefert	奈布赫如	Neb-kheru
姆特奈迈赫	Mutnemekh	奈布卡乌拉	Nebkau-Ra
姆瓦塔里	Muwatalis	奈布拉	Neb-Ra
穆尔西里	Mursili	奈布玛阿特	Neb-maat
穆基什	Mukish	奈布奈柴如	Nebnetjeru
穆康尼舒姆	Mukannishum	奈布普赫提拉	Nebupekhetyra
穆舍兹伯	Mushezib	奈布森特	Nebsent
穆什钦努	*mushkenum*	奈布特撒乌	Nebet-sau
		奈布提	Nebty
N		奈布图	Nebutu
拿单	Nathan	奈布温奈菲尔	Nebwennefer

奈柴尔	Netjer	奈姆塞特	Nemset
奈柴瑞赫特	Netjerikhet	奈姆提	Nemyty
奈地特	Nedit	奈姆提–奈赫特	Nemuty-nekht
奈恩	Nen	奈纳纳	Nenana
奈菲尔赫普尔如拉	Neferkheperura	奈瑞特	Nerit
奈菲尔赫普拉瓦恩拉	Neferkheperu-Ra-wan-Ra	奈什迈特	Neshmet
奈菲尔赫普如拉乌恩拉	Neferkheprurewenre	奈斯柴奈特	Neith-tjenet
奈菲尔赫泰普	Neferhotep	奈斯纳伊苏	Neith-naysut
奈菲尔霍特普尔	Neferhotepur	奈特	Neith
奈菲尔卡拉	Neferkare	奈特赫特	Netkhet
奈菲尔奈弗如阿吞–奈菲尔提提	Neferneferuaten-Nefertity	南纳	Nanna
奈菲尔派特	Neferpet	南纳曼舒姆	Nannamanshum
奈菲尔普瑞特	Nefer-peredjet	瑙克拉提斯	Naucratis
奈菲尔如拉	Nefrure	瑙奈特	Naunet
奈菲尔瑞卡拉	Neferirkare	瑙瑞	Nauri
奈菲尔泰姆	Nefertem	内尔伽勒	Nergal
奈菲尔提	Neferty	妮撒巴	Nisaba
奈菲尔提拉	Nefertyra	尼阿瑞瑞弗	Niareref
奈菲尔乌斯	Nefer-us	尼登	*ninda*
奈菲如	Neferu	尼赫布	Niheb
奈菲如伊斯	Neferuyis	尼赫利亚	Nihriya
奈弗	Nefu	尼克普图	Nikiptu
奈弗如斯	Nefrusy	尼玛阿特拉	Nimaatre
奈弗提斯	Nephetys	尼木什	Nimush
奈弗提斯	Nephthys	尼穆瓦瑞亚	Nimu'wareya
奈伽乌	Negau	尼纳苏	Ninazu
奈伽乌	Negav	尼奈杰尔	Ninetjer
奈哈赫尔	Nekha-kher	尼尼微	Nineveh
奈罕	Nekhen	尼努尔塔	Ninurta
奈赫白特	Nekhbet	尼普尔	Nippur
奈赫白特卡乌	Nekhebet – kau	尼散月	Nisanu
奈赫布	Nekheb	尼什	Nesh
奈赫布卡乌	Neheb-kau	尼什尔	Nisir
奈赫布奈菲尔特	Nekheb-nefert	尼苏阿蒙	Nesamon
奈赫恩	Nekhen	尼苏阿蒙伊派特	Nesuamonipet
奈赫迈特阿威	Nekhemet-awy	尼乌特布塞迈赫	Niwtebusemekh
奈赫斯乌	Nehesiu	尼亚	Niya
奈赫特罕布	Nekhethenb	尼伊	Ni'
奈赫特赫尔纳斯什努	Nekhetkhernasshnu	涅加达	Naqada
奈杰弗特	Nedjfet	涅杰斯	Nedjes
奈克塔奈布	Nectanebo	宁胡尔萨格	Ninhursag
奈玛阿特赫普	Nemaatkhep	宁吉尔苏	Ningirsu
奈玛尔柴	Nemartj	宁吉瑞姆	Ningirim
		宁玛基	Nin-MAR. KI.
		努	Nu

努比亚	Nubia	帕努克	Panuk
努伯诺夫瑞特	Nubnoferit	帕诺坡里斯	Panopolis
努布赫普如瑞	Nubkheprure	帕普苏卡尔	Papsukkal
努丁木德	Nudimmud	帕瑞克阿蒙奈弗	Parek-Amonef
努尔达各	Nur-daggal	帕瑞努特	Parenut
努哈舍	Nuhashe	帕塞尔	Paser
努哈什什	Nukhashashe	帕塞赫提	Pasekhety
努涅特	Nuniet	帕沙胡	Pashahu
努斯库	Nusku	帕塔胡特瑞西	Penthores
努特	Nut	帕特伽乌埃姆阿布	Patgau-im-abu
努兹	Nuzi	帕特伽乌埃姆迪宏苏	Pat-gau-imdi-Khonsu
挪亚	Noah	帕提阿乌埃姆迪阿蒙	Patyauemudiamen
诺姆	Nome	帕瓦伊蒙	Pawa-imon

O

		帕威赫德	Pawykhed
		帕温奈什	Pawenesh
欧宾尼	Orbiny	帕乌尔阿	Pawera
欧佩特	Opet	帕亚布提乌	Payabutiu

		帕伊姆	Paymu
		帕-伊如-苏努	Pa-iru-sunu

P

		帕宅胡提	Padjehuty
帕阿哈伊	Pa-ankhy	派巴卡蒙	Pebakamon
帕巴克	Pabak	派拜塞特	Pebeset
帕巴斯	Pabas	派迪阿蒙奈斯特塔威	Pedi-Amonnesttawy
帕白斯	Pabes	派迪阿斯特	Per-ast
帕柴奈弗	Patjenef	派尔-巴尔斯特	Per-berset
帕底	Padi	派尔弗弗	Per-ff
帕赫尔	Pakher	派尔伽如如	Pergagaru
帕赫尔恩伊蒙图	Pakher-en-imentu	派尔哈皮	Perhapi
帕赫尼	Pakheny	派尔哈托尔	Per-Hathor
帕赫如	Pakheru	派尔赫比特	Perkhebit
帕赫瑞	Pakheri	派尔杰德肯	Perdjedeken
帕赫特	Pakhet	派尔克德	Per-qed
帕杰德库	Padjedeku	派尔玛达伊	Per-maday
帕金森	Parkinson	派尔迈瑞	Per-mry
帕卡蒙	Pakamon	派尔姆杰特	Permdjet
帕克尔	paqer	派尔奈布	Per-neb
帕克蒙	Pakamen	派尔奈布泰普伊胡	Pernebtepe-ihu
帕克瑞瑞	Pakeriry	派尔奈泽尔	Per-nezer
帕拉	Pa-Ra	派尔努	Per-nu
帕勒莫	Palermo	派尔派伽	Perpega
帕-卢克库	Pa-Lukku	派尔塞赫迈特奈布特瑞	Persekhemetneburekhesa
帕玛阿	Pamaa	赫撒	
帕迈扎乌	Pamedjau	派尔塞赫迈特奈布特	Persekhemetnebutesat
帕米	Pamy	撒特	
帕纳赫特塔	Panakhetta	派尔塞赫姆赫普瑞拉	Persekhemkhepere-Ra
帕奈赫西	Panekhsy		

派尔沙特	Pershat	普迪赫尔斯玛塔威	Pudikhersmatawy
派尔什斯柴特	Per-shes-tjet	普恩塔乌瑞特	Puentauret
派尔斯帕	Per-spa	普恩提布赫恩特	Puentibkhent
派尔斯普德	Per-sped	普夫吕格尔	Pflüger
派尔威尔	Per-wer	普赫鲁	Puhlu
派尔威尔撒赫	Per-wer-sakh	普赫珠	Pkhedju
派尔乌迈伊杰德	Perwumeydjed	普利斯	Prisse
派弗柴乌巴塞特	Peftjeubaset	普玛	Puma
派弗-瑞威	Pef-rewy	普如奈菲尔	Pru-nefer
派赫赫	Pekhekh	普瑞	Pere
派赫特	Pekhet	普瑞查德	Pritchard
派克尔	Peqer	普瑞特塞尼	Peretsheny
派莱塞特	Peleset	普塔	Ptah
派纳努克	Penanuk	普塔海姆杰胡提	Ptahemdehuty
派纳努克特	Penanuket	普塔赫曼赫博	Ptahmenkheb
派奈博	Peneb	普塔霍特普	Ptahhotep
派努瑞努特	Penurenut	普塔什普塞斯	Ptah-shepeses
派匹二世	Pepy II	普塔-索卡尔	Ptah-Sokar
派匹一世	Pepy I	普塔-索卡尔-奥西里斯	Ptah-Sokar-Osiris
派塔瓦瑞特	Petawaret	普塔-塔嫩	Ptah-tatenen
派伊瑞	Payre	普坦	Pten
派-伊瑞	Pe-ire	普特安赫伊尔拉	Pte-ankhe-ir-Ra
派伊斯	Peys	普瓦尔玛	Puwarma
培塔户特瑞西	Tatahuteres	普兹瑞什达干	Puzrish-Dagan
佩拉提亚	Pelatiah	普祖尔亚述	Puzur-Ashur
彭杜瑞	Pedure		
彭胡伊比恩	Penhuyben	**Q**	
彭塔威瑞特	Pentaweret	齐纳	Qina
蓬特	Punt	乔赛尔-霍普鲁拉-塞太普恩拉	Djoser-kheprura-setepenre
皮昂赫	Piankh		
皮尔沙特	Pershat	**R**	
皮弗图阿奈特	Peftuaneith		
皮诨尼亚	Pihuniya	如戴戴特	Rudedef
皮拉	Pira	如塞茶乌	R-setjau
皮拉里	Pilari	如提	Ruty
皮瑞克	Pyreq	瑞比乌	Rebiu
皮瑞拉	Perire	瑞赫戴特	Rehedet
皮特里	Petrie	瑞赫米拉	Rekhemire
皮亚	Piye	瑞赫森	Rekhesen
坡塞纳	Posener	瑞赫威	Re-khewy
珀云	Peyron	瑞迈斯	Remes
菩萨姆提克	Psamutik	瑞迈特	Remet
蒲式耳	bushel	瑞奈努特	Renenut
普安述	Puranshu	瑞奈特	Renet
普德斯	Pudes	瑞努特	Renut

瑞塞奈特　　　　　Resenet
瑞什　　　　　　　Resh
瑞什普　　　　　　Reshep
瑞斯茶乌　　　　　Restjau
瑞斯查乌　　　　　Restjau
瑞斯柴阿乌　　　　Restjau
瑞斯海派特瑞弗　　Reshepetref
瑞斯尼　　　　　　Risni
瑞特努　　　　　　Retenu
瑞乌杰　　　　　　Reudje
瑞伊迈伊布弗　　　Yiri-mu-yibu-f
闰普　　　　　　　rnp
润斯　　　　　　　Rnsy

S

撒阿姆　　　　　　Saamu
撒柴乌　　　　　　Satjeu
撒弗特-埃尔-黑纳　　Saft el-Hina
撒赫布　　　　　　Sakhebu
撒赫奈苏特　　　　Sah-nesut
撒胡拉　　　　　　Sahure
撒胡特　　　　　　Sahut
撒卡　　　　　　　Saka
撒卡拉　　　　　　Saqqara
撒利尔　　　　　　Sallier
撒玛利亚　　　　　Samaria
撒缦以色　　　　　Shalmaneser
撒瑞西沙　　　　　Sarisisha
撒斯库特　　　　　Saskut
撒塔　　　　　　　Sata
撒特乌　　　　　　Satu
撒乌特　　　　　　Saut
萨布　　　　　　　Sabe
萨尔　　　　　　　*sar*
萨尔贡　　　　　　Sargon
萨伽拉图　　　　　Saggaratum
萨赫迈特　　　　　Sakhmet
萨赫奈弗尔　　　　Sakhenefer
塞本尼托斯　　　　Sebennytos
塞本塔塞赫姆　　　Sebentasekhem
塞柴特　　　　　　Setjet
塞德　　　　　　　Sed
塞哈图埃姆奈菲尔　Sehatu-im-nefer
塞海杰　　　　　　Sehedje
塞海瑞特　　　　　Seheret

塞海泰皮布瑞　　　Sehetepibre
塞赫尔　　　　　　Sehel
塞赫迈特　　　　　Sekhmet
塞赫姆　　　　　　Sekhem
塞赫姆赫特　　　　Sekhemkhet
塞赫姆拉舍德塔威　Sekhemura-shed-tawy
塞赫潘　　　　　　Sekhepen
塞赫瑞伊乌　　　　Sekherywu
塞赫泰普伊布拉　　Sekhetep-ib-Ra
塞杰克苏　　　　　Sedje-qesu
塞杰姆尼　　　　　Sedjemuny
塞卡　　　　　　　Seka
塞卡姆　　　　　　Sekam
塞克迈姆　　　　　Sekmem
塞克奈拉　　　　　Seknenre
塞拉匹斯　　　　　Serapis
塞玛布赫德特　　　Semabkhedet
塞迈尔赫特　　　　Semerkhet
塞姆　　　　　　　Sem
塞姆巴克　　　　　Sembaq
塞姆纳　　　　　　Semna
塞尼塞奈布　　　　Seny-seneb
塞浦路斯　　　　　Cyprus
塞普德　　　　　　Seped
塞瑞奥特　　　　　Theriault
塞瑞地　　　　　　Seredy
塞瑞赫如　　　　　Serekheru
塞瑞克特　　　　　Sereqet
塞瑞斯　　　　　　Seres
塞什德　　　　　　Seshed
塞斯　　　　　　　Sethe
塞斯杰姆拉赫拉赫提　Sesdjem-Rakhe-Rakhety
塞索斯特里斯　　　Sesostris
塞特　　　　　　　Seth
塞提阿普赫提　　　Seth-a-pekhety
塞提-埃姆-派尔-阿蒙　Sety-im-per-Amon
塞提-埃姆-派尔-泰胡提　Sety-im-per-tekhuty
塞提-美楞普塔　　　Seth-mery-n-Pet
塞提奈布特　　　　Seth-nebut
塞伊尼　　　　　　Sayny
塞伊斯　　　　　　Sais
塞易斯　　　　　　Sais
塞哲　　　　　　　Sedge
桑德曼　　　　　　Sandman

森布杰胡提	Senbudjekhuty	什提特	Shetyt
森布奈布弗	Senbunebuf	寿	Shaw
森姆特	Senmut	舒	Shu
森努	Senu	舒巴特-恩利尔	Shubat-Enlil
森努特	Senut	舒伯什麦什瑞沙坎	Shubshi-meshre-Shakkan
森特	Sent		
沙巴	Shaba	舒尔吉	Shulgi
沙伯图纳	Shabtuna	舒尔沙伽那	Shulshagana
沙德-迈斯德杰瑞弗	Shad-mesdedjeref	舒拉	Shura
沙卡	Shakka	舒如帕克	Shuruppak
沙拉	Shara	舒塔	Shuta
沙鲁达利	Sharru-lu-dari	舒塔尔那	Shuttarna
沙鲁皮什	Sharrupshi	舒塔塔拉	Shutatarra
沙鲁瓦	Sharruwa	舒伊	Suy
沙马什	Shamash	舒伊什塔	Shueshtar
沙马什伊鲁班努	Shamash-ilu-banu	斯比尼	Sybiny
沙姆斯穆鲁人	Shamsimurunite	斯柴特	Stjet
沙姆希阿达德	Shamshi-Adad	斯登	Stern
沙如罕	Sharuhen	斯赫泰普伊布	Skhetep-ibu
沙塞赫	Shasekh	斯赫特	skhyt
沙赛	Shasai	斯基帕瑞里	Schiaparelli
沙什瑞姆	Shashrim	斯杰尔	Sdjer
沙特	Shat	斯杰尔乌	Sdjeru
沙提瓦萨	Shattiwaza	斯克迈克姆	Skemekem
沙乌什卡	Shaushka	斯克奈拉	Sqene-Ra
晒弗	Schäfer	斯勒	Sile
闪	Shem	斯门德斯	Smendes
绍特	Schott	斯姆努	Smnu
舍卜图	Shibtu	斯奈弗如	Snefru
舍客勒	shekel	斯帕	Sipa
圣朱利安	St Julien	斯普德	Sped
什布图恩	Shbtuen	斯润	Sern
什德赫如	Shed-kheru	斯森杰姆	Ssendemu
什敦	Sherden	斯塔瑞乌伊米	Istariuymi
什弗伊特	Shefyt	斯特如德威克	Strudwick
什坎	Shekan	斯雅	Sia
什克莱什	Shekelesh	苏巴尔图	Subartu
什肯	Sheken	苏布尔	Subir
什米克	*shmk*	苏穆达尔	Sumundar
什姆拉	Shemra	苏皮路里乌马	Suppiluliumas
什纳	Shena	苏萨	Susa
什普塞斯卡弗	Shepseskaf	苏泰赫	Sutekh
什瑞特伽赫斯	Sherit-gekhes	苏特	sut
什塔耶特	Shetayet	苏特鲁克纳胡恩特	Shutruk-Nahhunte
什泰普	Shetep	苏提	Suti

苏图	Sutu	泰尔-阿特瑞布	Tell Atrib
索白克	Sobek	泰尔-埃尔-达巴	Tell el Dabà
索白克安赫	Sebek-ankh	泰尔-埃尔-法拉因	Tell el-Fara'in
索白克巴哈乌	Sobek-bakhu	泰尔-埃尔-马斯库塔	Tell-el-Maskhuta
索白克胡	Sebek-khu	泰尔加	Terqa
索白克斯阿奈赫	Sobeks-ankh	泰弗纳赫特	Tefnakhet
索卡尔	Sokar	泰弗努特	Tefnut
索姆图斯神	Somtus	泰赫努	Tehenu
索姆图特弗纳赫特	Somuthothfnakhet	泰罗	Tello
索普杜	Sopedu	泰姆塞普	Tem-sep
		泰尼	Teny
T		泰普珠弗	Tepudjuf
塔阿	Taa	泰瑞什	Teresh
塔阿恩	Taaen	泰瑞泰塞布	Tereteseb
塔阿斯姆图	Taasmutu	泰什伊	Teshey
塔白斯	Tabes	泰舒卜	Teshub
塔尔特达达	Tartadada	泰舒卜尼拉瑞	Teshubnirari
塔哈尔卡	Taharqa	泰苏普神	Tessup
塔胡鲁	Tahuru	泰特	Tette
塔基坡沙利	Takipsharri	泰提	Tety
塔卡	Taka	泰提安	Teti-an
塔卡如巴尔	Takarubaer	泰伊乌	Teyiw
塔克姆普索	Takempso	坦米努斯	Tenminus
塔库瓦	Takuwa	特恩米	Tenemy
塔兰特	talent	特加尔马	Tegarama
塔里卡里姆	Tarikarimu	特拉森	Tresson
塔奈特阿蒙	Tanet-Amon	特普尔兹亚	Tepurziya
塔尼斯	Tanis	特瑞瑞斯	Tereres
塔努阿蒙	Tanuamon	特瑞斯	Teuris
塔瑞德	Ta-red	特斯佩斯	Teispes
塔瑞皮特	Tarepit	提别月	Tebitu
塔斯提	Tasety	提格拉特帕拉沙尔	Tiglath-pileser
塔威尔	Tawer	提里干	Tiriqan
塔威尔诺姆	Tawernomu	提马纳	Timana
塔威赫努特	Tawekhnut	提奈特阿	Tinet-taa
塔威瑞特	Taweret	提尼特	Thinite
塔威特	Tawet	提皮亚	Tipiya
塔乌塞里特	Tawserit	提什普斯	Tishepes, Tyshepes
塔耶赫	Tayeh	提斯利月	Tashritu
塔耶特	Tayet	提乌特奈弗尔特	Tiut-nefert
塔伊纳赫特	Taynakhet	提亚玛特	Tiamat
塔伊乌扎伊	Tayudjay	亭拿	Timnah
太阳神	Utu	透特	Thoth
泰布	Tebu	图德哈利亚	Tudhaliya
泰德	Taide	图尔米塔	Turmitta

图库尔提尼努尔塔	Tukulti-Ninurta	威纳蒙	Wenamen
图拉	Tura	威奈特	Wenet
图米拉特	Tumilat	威普瓦瓦特	Wep-wawat
图米拉特干涸河道	Wadi-Tummilat	威瑞尔	Werer
图尼普	Tunip	威瑞瑞特	Wereret
图尼普-伊布瑞	Tunip-ibri	威瑞特	Werit
图什拉塔	Tuiseratta, Tushratta	威斯特卡	Westcar
图特摩斯	Tuthmose	威坦提乌	Wetentiu
图特-瑞赫努菲尔	Thoth-rekhenufer	威特奈特	Wetenent
图图尔	Tuttul	威特什伊	wetshey
推罗	Tyre	维吉尔	Vizer
托宾	Tobin	温马	Umma
托德	Tod	温姆巴斯凯乌	Wenemu-beseku
托勒密	Ptolemaios	温姆斯奈弗	Wenemu-senef
托特	Toth	温奈菲尔	Wenennufer
托特霍特普	Thothkhepet	温瑞特	Weneret
托特姆赫布	Thothmukheb	温斯伊	Wensy
		温乌	Wenu
		温乌特	Wenut

W

瓦布特	Wabwet	沃尔-卡	Wer-ka
瓦尔德达姆	Waraddamu	沃玛若	Wermaro
瓦尔德伊什塔	Waradeshtar	乌巴尔图图	Ubartutu
瓦尔杜	*wardum*	乌巴鲁	Ugbaru
瓦尔提	Warty	乌比古	Ubigu
瓦格	Wag	乌德-黑	UD-hi
瓦黑特	Wahet	乌尔	Ur
瓦杰赫普尔拉	Wadjekheperra	乌尔巴伽拉	Ur-bagara
瓦杰奈塞尔	Wadje-neser	乌尔达姆	Urdamu
瓦杰瑞赫伊特	Wadje-rikhyt	乌尔敏穆	Ur-Minmug
瓦杰特	Wadjet, Wedjet	乌尔纳姆	Ur-Nammu
瓦库尔图姆	Waqqurtum	乌尔沙伽	Ur-Shaga
瓦拉纳	Warana	乌尔沙那比	Ur-Shanabi
瓦迈迈提	Wamaimaity	乌尔舒帕	Ur-Shulpae
瓦姆	Wamu	乌尔希泰舒卜	Urhi-Teshub
瓦姆巴杜拉	Wambadura	乌加里特	Ugarit
瓦那	Wana	乌卡伊拉姆	Uqqailam
瓦舒卡尼	Washukanni	乌库尔扎特	Ukulzat
万迪尔	Vandier	乌勒马什	Ulmash
威本	Weben	乌鲁卡基那	Urukagina
威尔克特尔	Werketer	乌鲁克	Uruk
威尔肯	Wilcken	乌鲁米尔基	Uru-milki
威尔森	Wilson	乌鲁依尼姆基那	Uruinimgina
威尔斯辛斯基	Wreszinski	乌路兹拉	Uluzila
威格斯	Weges	乌曼曼达	Umman-manda
威金森	Wilkinson	乌尼	Uny

乌努   Unu
乌皮伊   Upi
乌瑞斯   Ures
乌瑞伊特   Ureit
乌塞尔哈提提乌   Userhatyty
乌塞尔哈乌   User-khau
乌塞尔赫普什德尔派杰特派斯杰特   User-kheper-der-pedjt-pesdjt
乌塞尔赫特   Werkhet
乌塞尔卡弗   Userkaf
乌塞尔-玛阿特拉-迈瑞阿蒙   Wer-maatre-meryamon
乌塞尔玛阿特拉-塞泰派拉   User-Maat-Ra-Setep-en-Ra
乌塞尔玛阿特拉塞泰普奈拉   User-Maat-Re-setep-n-Re
乌塞尔奈什   User-nesh
乌塞赫奈姆泰特   Uesekh-nemetet
乌塞迈拉-美利阿蒙   Usemare-meriamun
乌塞瑞弗   Userf
乌舒   Ushu
乌斯玛拉-迈瑞阿蒙   Usmare-mery-Amon
乌特恩   Uten
乌特纳皮施提   Utanapishti
乌扎赫尔瑞斯纳   Udjakherresna

X

西底卡   Sidka
西顿   Sidon
西拉   sila
西里贝勒   Silli-bel
西玛阿人   Sim'alite
西蒙   Simon
西拿基立   Sennacherib
西帕   Hebat
西帕尔   Sippar
希阿蒙   Siamon
希伯   Eber
希西家   Hezekiah
辛   Sin
辛巴尼   Sinbani
辛努西   Sinuhe
辛普森   Simpson

Y

雅赫摩斯   Ahmose
雅悯纳人   Yaminites
雅姆   Yamm
雅特-海胡   Yat-hehu
亚达薛西   Artaxerxes
亚达月   Addaru
亚发人   Arvad
亚革悉   Akzib
亚柯   Akko
亚摩利   Amurru
亚姆   Yamu
亚尼尼   Yaniny
亚努阿姆   Yanuamu
亚什马赫阿杜   Yasmahaddu
亚实基伦   Ashkelon
亚实突人   Ashdodite
亚述   Assur
亚述巴尼拔   Ashurbanipal
亚述乌巴里特   Assur-uballit
亚述伊底   Ashuridi
亚特奈伽恩   Yat-negen
亚乌   Yau
耶尔扎   Yerdja
耶虹罕   Jehohen
叶布   Yebu
叶赫姆   Yekhemu
谒巴力   Ethbaal
伊阿   Ia
伊阿姆   Yam
伊阿特索白克   Iat-sobek
伊埃   Ie
伊巴纳   Ibana
伊比里乌穆   Ibrium
伊比斯   Ibis
伊比辛   Ibbi-Sin
伊卜拉图姆   Iblatum
伊布   Ibu
伊布哈特   Ibhat
伊布撒   Ibusa
伊赤塔威   Itjetawy
伊德瑞米   Idrimi
伊恩赫泰普弗   Yin-khetep-f
伊恩纳伊   Inen-naty

伊尔	Iry	伊瑞特赫尔	Yirit-kher
伊尔柴特	Irtjet	伊瑞提	Irity
伊海纳斯亚-埃尔-迈地纳	Ihnasiya al-Madina	伊瑞提菲伊菲姆德斯	Irity-fy-mu-des
		伊瑞伊迈伊布弗	Irymeybfe
伊赫尔奈菲尔特	Ikhernofret	伊若伊	Inuy
伊赫泰普	Ikhetep	伊塞德斯	Isedes
伊赫伊	Yikhy	伊塞斯	Isesi
伊黑	Ihy	伊什德	Ished
伊基基	Igigi	伊什库	Ishkur
伊克尔	Iqer	伊什如	Ishru
伊肯	Iken	伊什塔	Ishtar
伊库	*iku*	伊什塔威	Itjetawy
伊里埃努姆	Iliennum	伊什提提纳	Ishtitina
伊立哈兹那亚	Ilihaznaya	伊舒皮塔	Ishupitta
伊利姆伊利马	Illimilimma	伊斯	Isy
伊利提基	Eltekeh	伊斯赫尔	Iskher, Yiskher
伊鲁米德	Ilumide	伊斯瑞	Isry
伊玛	Ima	伊苏瓦	Isuwa
伊玛阿乌	Imaau	伊特尔	Iter
伊玛乌	Imau	伊特瑞瑞	Irery
伊迈尼	Imeny	伊特润	Itern
伊迈瑞斯	Yimeris	伊提奈弗尔	Itynefer
伊蒙赫特普	Imenhetep	伊图尔阿斯度	Iturasdu
伊米巴阿克	Imy-baak	伊乌德奈布	Iudeneb, Yiwudeneb
伊米乌特	Imy-wet	伊乌咖本	Yugaben
伊米乌提乌	Imy-wetyu	伊乌奈特	Iunet
伊姆如	Ymrw	伊乌尼特	Iunyt
伊姆伊特如	Imuitru	伊乌瓦普柴	Iuwaptje
伊纳赫瑞图	Inkheritu	伊西斯	Isis
伊纳姆	Yinamu	依玛	Emar
伊奈克	Inq	以东人	Edomite
伊楠娜	Inanna	以革伦	Ekron
伊尼阿弗	Ina-f	以禄月	Ululu
伊尼特	Inyt	以撒哈顿	Esarhaddon
伊尼特奈特罕特	Yinit-net-khent	因米	Inmy
伊努格撒	Yinugesa	因普特	Input
伊普	Ipu	因斯特	Inst
伊普特	Iput	因特夫	Intef
伊普特苏特	Iput-sut	印度伊朗语	Indo-Iranian
伊如沙拉	Irushra	尤拉乌斯	Uraeus
伊瑞	Iry	约帕	Joppa
伊瑞奈布提	Iry-nebty		
伊瑞奈尼	Iryneny, Yirineni	**Z**	
伊瑞斯	Iris	扎巴拉	Zabala
伊瑞特	Yirit	扎峰	Zaphon

扎格罗斯	Zagros	札巴巴	Zababa
扎黑	Djahy	宅德索姆图特弗纳赫特	Djedesomutnakhet
扎克尔	Zaccur	宅胡提摩斯	Djehutymose
扎勒赤	Djalchi	宅胡提姆海布	Djehutymuhebu
扎勒赤	Zalchi	宅胡提乌沙贝特	Djehutyushabet
扎里布图	Zaribtu	詹姆斯	James
扎鲁哈	Djarukha	珠特玛若	Tjutmaro
扎路纳	Zaruna	珠瓦布	Du-wab
扎姆班	Zamban	兹拉	Zila
扎扎姆安赫	Djadjamu-ankh	兹姆利亚	Zimurriya
扎兹阿	Zazia	兹帕兰达	Zipalanda
扎兹沙	Zazisha	佐塞	Djoser

致　　谢

　　特别感谢加拿大阿尔伯塔大学历史与古典学系荣休教授埃胡德·本兹维（Ehud Ben Zvi），本书涉及两河流域文明部分的文献挑选及写作思路得到他的鼎力支持与帮助。此外在 2017 年，本兹维教授将其个人藏书约 1 500 册慷慨捐赠给上海大学文学院历史系，其中许多资料对于本书的编写非常重要，在此谨致谢意。

图书在版编目(CIP)数据

古代近东文明文献读本 / 郭丹彤,黄薇编著. —上海:中西书局,2019.12

(全球文明史. 文献读本)

ISBN 978 - 7 - 5475 - 1669 - 0

Ⅰ.①古… Ⅱ.①郭… ②黄… Ⅲ.①文化史—研究—近东—古代 Ⅳ.①K370.03

中国版本图书馆 CIP 数据核字(2019)第 286481 号

古代近东文明文献读本

郭丹彤 黄 薇 编著

责任编辑	王宇海	
装帧设计	王轶颀	
出版发行	上海世纪出版集团	
	中西書局(www.zxpress.com.cn)	
地 址	上海市陕西北路 457 号(邮编 200040)	
印 刷	上海中华印刷有限公司	
开 本	700×1000 毫米 1/16	
印 张	25.75	
字 数	371 000	
版 次	2019 年 12 月第 1 版 2019 年 12 月第 1 次印刷	
书 号	ISBN 978 - 7 - 5475 - 1669 - 0/ K·328	
定 价	88.00 元	

本书如有质量问题,请与承印厂联系。电话:021 - 69213456